그들의 5·18

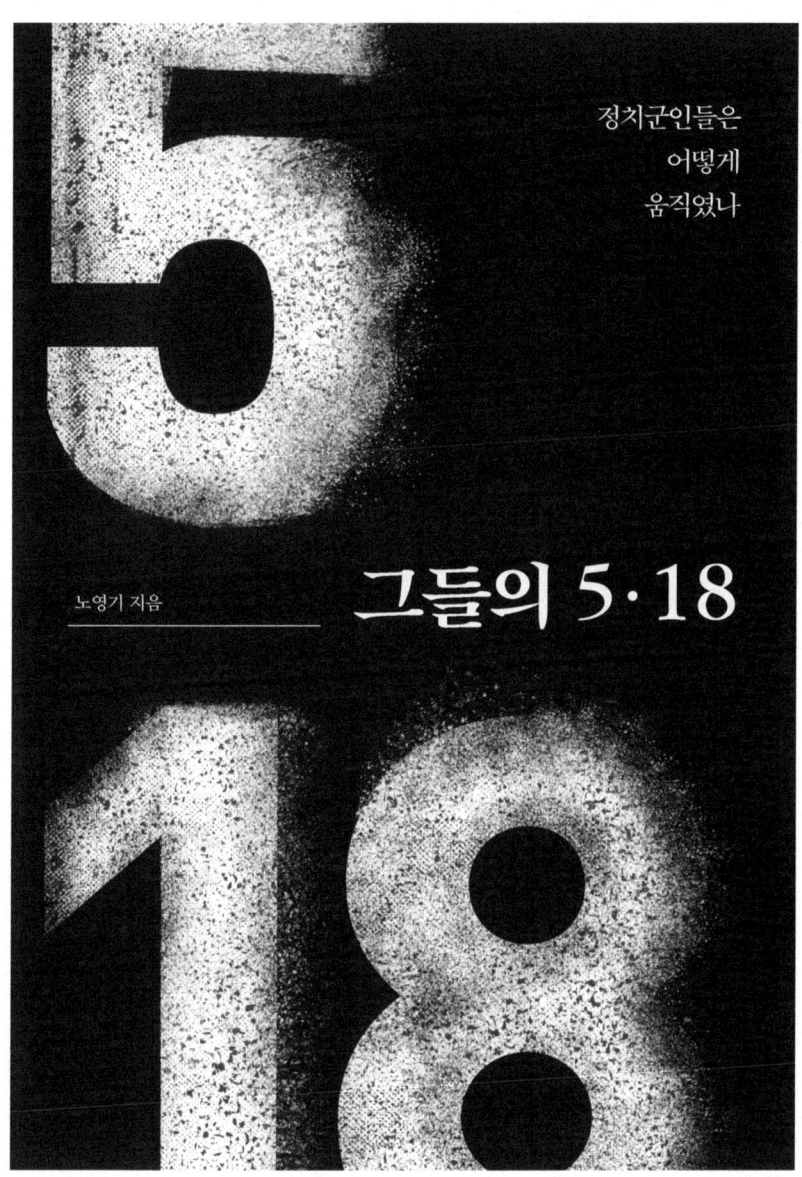

정치군인들은
어떻게
움직였나

노영기 지음

그들의 5·18

푸른역사

책머리에

왜 군인들은 국민에게 총을 쐈을까

1987년 5월 어느 날, 역사의 현장이던 남동성당에서 처음 마주한 5·18 사진전은 내게 두려움과 분노와 충격과 혼란을 주었다. 이전부터 떠돌던 이야기가 거짓이 아님을 보여주는 장면들이 사진 속에 생생하게 담겨 있었다. 가끔 지나다니던 그 거리에서 저토록 참혹한 비극이 있었다는 게 믿기지 않았다.

실제로도 그러했다. 1980년 5월 광주에서는 '국민의 군대'가 '국민'에게 도저히 상상조차 하기 힘든 짓들을 저질렀다. '끔찍하다'거나 '참혹하다'는 표현만으로 설명하기 힘들 정도였다. 어찌 보면 5·18은 사람들이 만든 '사회적 재난'이며 '재앙'이었다. 그 중심에는 공수부대로 대표되는 군대, 국가의 공권력이 있었다.

얼마 전 공수부대원들을 주인공으로 앞세운 〈태양의 후예〉라는 드라마가 높은 시청률을 기록한 적이 있었다. 드라마 속 공수부대원들은 최전선에서 목숨을 걸고 적(?)과 싸우는 용감한 군인이자 위급한 재난 현장에 투입되어 국민들에게 따뜻한 손길을 내미는 멋진 군인들이었다.

하지만 1980년 5월 광주에서의 공수부대원들은 그렇지 않았다. 그들이 시위 진압에 나서면서부터 많은 사건이 발생하고 시민들이 다치거나 목숨을 잃었다. '왜?'라는 물음이 뇌리를 떠나지 않았다.

이 책의 시작은 15년 전으로 거슬러 올라간다. 국방부 과거사진상규명위원회에 참여하여 많은 자료를 보고 사람들을 만났다. 그때까지 한 번도 세상에 알려지지 않았던 자료를 실물로 확인하는 순간이었다. 자료의 한 쪽 한 쪽을 넘기는 동안 입은 다물어지지 않았고 손은 부들부들 떨렸다.

자료뿐만이 아니었다. 많은 사람들, 그중에서도 공수부대 출신들을 어렵사리 만날 수 있었다. 1980년 5월 19일부터 광주에 있었던 공수부대 중에 11공수여단이 있다. 5·18 때는 강원도에 주둔했으나 지금은 광주 인근에 있다. 15년 전 부대를 찾아갔을 때 〈늙은 군인의 노래〉에 꼭 어울리는 분들이 있었는데, 그분들은 5·18 당시에는 막 근무를 시작한 초년병들이었다. 그분들에게 제2의 고향이 된 광주는, 5·18은 어떤 의미일까.

15년 전이나 지금이나 가장 큰 의문은 '국민의 군대가 어찌 그토록 참담한 짓을 저질렀는가'였다. 공수부대원들에게 지금도 이해되지 않는 1980년 5월 광주에서의 행적을 물었다. 잘 차려진 음식과 같은 답이 되돌아왔으나, 간혹 말할 수 없었던 아픔과 회한이 담긴 답도 있었다. 새로 발굴한 자료와 증언에 근거해서 2007년 국방부 과거사진상규명위원회의 보고서를 작성했다.

그 뒤로 13년이 흘렀다. 그 사이에 보고서를 인용하면서도 처음 발굴한 자료와 사실인 양 터져나오는 보도에 허탈해졌다. 보도되지 않아야 할 기사가 나와 분통을 터뜨린 적도 있었다. 새로운 자료를 정리하고 글로 다듬어야겠다고 다짐하며 출간 작업에 착수했다. 금방 끝낼 수 있을 것 같았는데 내 게으름 때문에 예상보다 길어졌다.

《그들의 5·18》은 40년 전 광주에서 왜 군이 국민을 폭행하고 발포했는가에 주목한 책이다. 그동안 5·18의 실체적 진실과 관련하여 많은 변화가 있었으나 핵심 쟁점들은 지금도 풀리지 않았다. 아니, 오히려 점점 심해지는 왜곡을 목격하고 있다. 예나 지금이나 자료에 대한 의구심을 떨쳐버릴 수 없다. 새로운 자료가 발굴되고 있지만 이미 핵심 자료는 조작되고 사라진 느낌이다. 이러한 의혹의 중심에는 신군부로 대표되는 정치군인들이 있다.

그럼 무엇이 필요한가. 병사들의 증언이다. 언젠가 노근리사건을 다룬 BBC 다큐 〈Kill'em all〉을 봤을 때 젊은 날로 돌아간다면 입대하지 않겠다며 눈물 흘리던 노병이 있었다. 전부는 아니겠지만 당시 광주에 투입된 병사들도 비슷한 경험과 아픔이 있지 않을까. 일부 정치군인들의 권력욕 때문에 1980년 5월 광주의 경험을 마음의 짐으로 안고 평생을 살아가는 '태양의 후예'들이 많지 않을까. 40년 전 5월 광주에 다녀오지 않았다면 자랑스럽게 이야기했을 군대 경험이 어느새 감추고픈 과거가 된 병사들, 그분들의 용기 있는 사죄와 고백을 기대해본다.

망월동 구묘역의 소담한 품이 그리워진다. 몇 년 전 어두운 밤 그곳에서 함께 술잔을 기울였던 벗들이 그리워진다. 이 책이 끝이 아닌 또 다른 시작임을 기약해본다.

2020년 5월 어느 날 빛고을 무등산 자락 아래에서
저자 노영기

차례

책머리에 … 5
서장 | 5·18진상규명투쟁의 역사 … 11

1 유신의 그림자

박정희 정권의 유산 …… 38
군의 정치 동원에 물꼬를 트다 …… 45
새로운 정치군인들, 신군부 …… 49
정치군인들, 학원 소요를 '고대'하다 …… 63
육군본부의 시위 진압지침 …… 68

2 5·17쿠데타 – 비상계엄 전국 확대

신군부, 학생 시위에 군 투입을 벼르다 …… 78
군사작전을 방불케 한 시위대책 …… 88
대국민사기극, '북풍北風' …… 100
'서울의 봄'을 앗아간 5·17쿠데타 …… 114

3 항쟁의 시작

군대, 대학을 접거하다 ······126
군, 정치 개입에서 권력 장악으로 ······130
비상계엄의 실체 ······137

4 폭력과 야만의 시간

가자, 도청 앞으로! ······148
5월 18일, 그날의 시작 ······158
학생 시위에서 시민항쟁으로 ······178
군의 최초 발포는 언제인가 ······188
'도시게릴라식 난동을 진압하라' ······207
소요 진압이 아닌 '폭동 진압' ······216
왜, 광주였는가 ······227

5 항쟁과 발포 사이

차량 시위와 집단발포의 시작 ······246
두 구의 시신, 항쟁의 전환 ······260
누가 실탄을 지급했고, 발포를 명령했나 ······265
정확히 밝혀지지 않고 있는 희생자 규모 ······286
시민들, 언제 총을 들었는가 ······296
군의 작전 변경, 광주 외곽을 봉쇄하라 ······308
분풀이 학살과 오인 사격의 조작 ······317
광주의 참상을 알려라 ······330
두 개의 지휘권 ······336

6 일어서는 광주

시민들, 공동체를 지켜내다 ······342
시민군의 수습안 대 군의 무장해제 요구 ······353
항쟁파가 주도권을 쥐다 ······362
'폭도'와 양민으로, 분리와 배제의 의미 ······368
군, 상무충정작전의 가능성을 점검하다 ······380
상무충정작전 실행 전야 ······394
아, 5월 27일 새벽 ······404
시민을 상대로 한 전투의 후과 ······417

마치며 | 5·18항쟁이 남긴 과제 ···429
주석 ···437
찾아보기 ···475

서장

5·18진상규명투쟁의 역사

1980년 5월 27일, 군은 공수부대를 앞세워 광주 시민들의 저항을 무력으로 진압했다. 그들은 항쟁이 고조됐을 때부터 광주 시민들의 저항을 '폭동'이나 '내란'으로 호명했다. 호명만이 아니었다. 대응도 '폭동'이나 '내란'에 준해 자행했다. 5월 27일의 무력진압은 그 절정이었다. 곧바로 신군부세력이 권력의 전면에 등장했다.

신군부세력은 5·18항쟁이 예전의 사건들처럼 시간의 흐름에 묻히거나 지워질 것으로 기대했는지 모른다. 그러나 신군부의 바람에도 불구하고 얼마 지나지 않아 한국사회에는 커다란 변화가 생겨났다. 5·18진상규명투쟁으로 대변되는 5월운동이[1] 시작되어 1980년대 한국사회 민주화운동의 밑거름이 되었고, 군부독재를 향한 국민들의 날선 비판과 투쟁은 1987년 6월항쟁으로 폭발했다.[2] 1980년 5월 18일부터 27일까지 열흘의 짧은 기간 동안 광주 시민들은 그렇게 역사를 만들었다. 이후 5·18항쟁은 한국 현대사에서 공권력이 국민들에게 엄청난 피해를 준 대표적인 국가폭력이며, 동시에 한국전쟁 이후 처음으로 국민들이 무기를 들고 올바르지 않은 공권력에 맞선 항쟁으로 기록됐다. 그 명칭도 '5·18광주민중항쟁'을 비롯해 '5·18민주화운동', '5·18항쟁'[3] 등으로 바뀌었다. 하지만 40여 년이 지난 현재까지도 1980년 5월 광주는 뿌연 안개 속에 갇혀 있다. 대체 1980년 5월 광주에서는 어떤 사건들이 있었던 것일까?

1980년 5월 27일 광주 시민들의 외롭고 의로운 저항은 군의 무력진압에 의해 막을 내렸다. 신군부는 이를 '내란', '폭동'으로 각색했다. 결과만 놓고 본다면, 5·18항쟁은 '슬픈 결말sad ending'이다. 하지만 살아남은 사람들에게 그해 5월의 항쟁은 끝난 게 아니라 또 다른 시작이었다. 5·18항쟁에 참여한 사람들에게 짧았던 그날의 기억은 한여름 햇살보다 더 뜨거웠다. 그들은 잊을 수 없고 잊어서도 안 되는 기억의 조각들을 이어 맞추며, 살아남았다는 마음의 빚을 간직한 채 새로운 싸움을 시작했다.

열사들의 작은 외침

5·18항쟁이 비극으로 끝난 지 얼마 지나지 않아 사람들은 다시 희망의 불씨를 되살려냈다. 1980년 5월 29일 재경전남도민 명의로 발표된 〈8백만 서울시민에게 고함〉에서는 "현 정부가 광주 시민들이 흘린 고귀한 피의 대가를 보상하는 길은 살인 명령을 내린 전두환 일당의 자폭밖에 없음을 확인한다"며 5·18의 진상규명 및 책임자 처벌을 요구했다. 그리고 비상계엄을 해제하고 민주정부를 수립하며, 5월 30일부터 6월 10일까지 희생자들을 위한 애도 기간으로 정해 국기 강하식 때 광주를

향해 묵념을 올릴 것 등을 제안했다.⁴ 진상규명 및 책임자 처벌은 이후 5·18진상규명투쟁의 원칙이 됐다.

5·18항쟁이 5월 27일 계엄군의 무력에 진압된 지 3일 뒤인 5월 30일 서강대 학생 김의기는 서울 종로의 한국기독교인권회관에서 자신의 몸을 내던졌다. 항쟁 기간 광주를 다녀갔던 그는 자신이 눈으로 직접 본 1980년 5월 광주의 진실을 세상에 알리려고 희생을 무릅썼다. 이후 5·18의 진상규명을 요구하는 열사들의 항거가 이어졌다.⁵

《죽음을 넘어 시대의 어둠을 넘어》 표지

1985년에 초판이 발행된 《죽음을 넘어 시대의 어둠을 넘어》(풀빛)은 5·18항쟁 주역들의 증언과 자료에 근거하여 5·18항쟁을 기록했다. 5공 정권은 5·18항쟁이 세상에 알려지는 걸 두려워하여 강력하게 탄압했다. 출판사 사장을 구속시키고 인쇄본을 압수했다. 그 때문에 초판의 표지는 백지 상태이다. 역설적이게도 그 복사본은 베스트셀러였다. 2017년 복간본이 다시 나와 5·18항쟁을 알리는 데 기여하고 있다.

1980년 초중반은 5·18 관련 자료를 모아 세상에 진실을 알려가던 시기이다. 5·18진상규명투쟁은 그해 5월 항쟁에 참여했던, 살아남은 자의 부끄러움을 간직하고 있던 사람들로부터 촉발됐다. 1980년 12월 9일 광주시 동구 황금동에 위치한 광주 미문화원이 화염에 휩싸였다. 가톨릭농민회 회원과 전남대 학생들이던 김동혁, 정순철, 윤종형, 임종수, 박시형은 5·18의 진상규명을 요구하며 광주 미문화원에 불을 당겼다.[6]

5·18의 진상은 몇 단계를 거치며 세상에 알려졌다. 먼저 5·18항쟁에 참여한 사람들이 몸으로 겪은 그날의 경험들을 적은 기록이다. 이 기록들을 통해 5·18항쟁이 5공 정권이 주장하듯이 '폭동'이나 '내란'이 아님을 드러내기 시작했다.[7] 대표적인 성과가 1985년에 출간된 《죽음을 넘어 시대의 어둠을 넘어》이다.[8]

《죽음을 넘어 시대의 어둠을 넘어》는 5·18항쟁의 주역들이 관련자들을 만나 채록한 증언과 책이 집필될 당시까지 확보한 자료를 모아 정리한 책이다. 항쟁 주체들의 기록은 자신들의 경험과 기억에 근거했기 때문에 5·18항쟁 자체에 초점이 맞춰져 있었다. 반면 이 책은 항쟁의 전개과정과 전후의 맥락 등을 전체적으로 서술하고 있다.

제5공화국 정권은 5·18의 진상이 세상에 알려지는 것을 막으려고 책이 배포되기 전부터 출판사 대표를 구속하고 인쇄된 책을 압수했다. 그러나 5공 정권의 강력한 탄압에도 불구하고 이 책은 몰래 복사되어 5·18의 진상이 널리 알려지는 데 크게 기여했다. 복사본은 국내뿐 아니라 미국과 일본 등 해외로까지 전해져 해외 동포들과 유학생들도 5·18의 진실을 알 수 있게 됐다.[9]

항쟁 주체들과 다른 각도에서 5·18항쟁에 접근하는 사람들도 있었다. 1980년 5월 18일 이후 광주의 상황을 취재했던 언론인들이었다. 외국 언론들이 먼저 5·18의 진상을 알리기 시작했다. 항쟁 기간에 외신 기자들은 광주의 소식을 실시간으로 전했다. 영화 〈택시운전사〉의 주인공 위르겐 힌츠페터Jürgen Hinzpeter(1937~2016)도 그중 한 명으로 독일의 TV에 출연하여 광주의 소식을 보도했다. 5·18항쟁 진압 후 전개된 5월운동의 토대가 된 상당수 자료는 몰래 들여온 이들 외국 언론인의 필름이었다.

국내 언론은 5·18항쟁이 진압된 직후 광주 지역 언론의 보도가 있기는 했으나 대체적으로 군의 감시와 통제, 회유 아래 5·18의 진상을 제대로 보도하지 못했다. 하지만 몇 년이 흐르자 국내 언론인들도 숨겨두었던 취재수첩을 열고 사진을 꺼내 5·18을 보도하기 시작했다.[10] 방송과 일간지보다는 월간지에서 먼저 5·18을 다루었다. 국내 언론인들은 5·18에 참여한 항쟁 주체 및 관련자들에 대한 인터뷰부터 군 자료를 비롯한 자료 발굴, 발포를 비롯한 5·18의 주요 쟁점에 대한 취재를 통해 5·18이 '내란'이나 '폭동'이 아니었음을 알렸다. 또 1988년 제13대 국회의 '광주청문회'를 전후하여 관련자들의 인터뷰를 보도해 이전까지 거의 알려지지 않았던 사실을 새롭게 발굴하며 국회의원들의 5·18 조사 활동을 지원했다.

공적 조사의 기폭제, 88년 '광주청문회'

1987년 6월항쟁의 승리로 쟁취한 '대통령 직선제'는 12월 16일 대통령 선거로 이어졌다. 결과는 군부독재의 연장이었다. 선거를 통한 군부독재 종식에 실패한 것이다. 하지만 다음 해 4월 26일에 치러진 총선거에서는 야당이 승리하여 '여소야대' 구도가 만들어졌다. 13대 국회가 개원할 즈음 야당들이 정부와 집권 여당(민정당)을 압박하여 '5·18광주민주화운동진상조사특별위원회'를 만들고 청문회를 열었다. TV로 생중계된 이 광주청문회를 통해 국민들은 5·18의 진상을 어느 정도 알 수 있게 됐다. 국회의 진상 조사와 광주청문회를 거치며 이전까지 공개되지 않았던 많은 자료들이 새롭게 발굴됐다. 그중 군과 그 외 국가기관의 자료는 5·18의 실체에 접근하는 기초 자료로 활용됐다.

몇 가지 한계가 있었으나 13대 국회의 광주청문회는 새로운 자료와 관련 증인을 찾아내고 5·18의 진상을 알렸다는 점에서 진상규명의 중요한 분수령이었다. 그러나 1990년 1월에 여야 3당(민주정의당, 통일민주당, 민주공화당)이 합당하여 민주자유당(민자당)을 창당하면서 정세가 변화하자 광주청문회는 결과 보고서도 채택하지 못한 채 흐지부지 끝이 났다.

문민정부가 주도한 '역사 바로세우기'는 공론화 과정을 거쳐 진행되기보다는 정권의 필요에 따라 전개됐다. 그럼에도 국민들의 요구를 수용해 '5·18민주화운동 등에 관한 특별법'(법률 5029호, 1995년 12월 21일 제정)을 제정했다. 이를 근거로 전두환·노태우 등 신군부의 핵심 인사들을 기소, 법으로 처벌할 수 있게 되었다.

그러나 진상규명도 처벌도 불충분했다. 처벌받은 자들이 얼마 지나지 않아 죗값을 제대로 치르지도 않고 사면 복권됐다. 게다가 전두환은 2017년 자신이 5·18과 어떠한 관련도 없고 잘못도 없으며 5·18은 왜곡됐고 자신은 억울하다는 내용을 담은 회고록을 펴냈다.[11] 불철저한 과거사 청산, 섣부른 용서와 화해는 언제든 심각한 역사 왜곡으로 되살

아닐 수 있음을 보여준 것이다.

한편, 광주청문회에 참가한 국회의원과 보좌진들이 개별적으로 5·18항쟁을 재조명하는 책들을 출간했다.[12] 이 책들은 광주청문회에서 수집한 자료들에 근거하여, 이전까지 '내란' 또는 '폭동'으로 왜곡됐던 5·18의 진실을 복원하고 민주화운동으로 인식을 전환시키는 단초를 마련했다는 점에서 의의가 있다.

이 무렵 주목해야 할 성과는 한국현대사사료연구소에서 간행한 《광주 오월민중항쟁 사료전집》이다.[13] 한국현대사사료연구소는 수집 가능한 문헌 자료와 관련자들의 구술을 모아 방대한 자료집으로 엮었다. 특히 5·18항쟁의 주역들로부터 채록한 구술 자료를 5·18의 주요 국면에 배치함으로써 진상규명과 새로운 분석 가능성을 제시했다. 이후 이 자료집은 5·18항쟁 연구의 기초 자료로 이용되고 있다.

검찰과 법원도 12·12군사반란과 5·18 관련자들을 수사, 재판하며 관련 자료를 수집·생산했다. 관련자들의 책임 회피성 진술들이 많았으나 자료로서 이용할 만한 가치가 있다. 특히 검찰이 채록한 관련자들의 진술과 그들이 법정에서 행한 진술은 향후 5·18진상규명에도 커다란 도움이 될 수 있는 기초 자료이다.

이 무렵 5·18항쟁을 분석한 한 사회과학자는 1980년 5월의 광주를 '절대공동체'로 설명했다.[14] 이 연구는 주로 진상규명을 위한 사실의 발굴에 치우쳤던 이전까지의 연구에서 한 걸음 더 나아가 5·18항쟁을 사회과학적으로 분석하여 '절대공동체'라는 새로운 개념을 제시했다. 이후 '절대공동체'론을 비판하며 '대중민주주의'의 개념을 대입시켜 5·18항쟁을 분석한 연구도 등장했다.[15]

1980년 5월에 《동아일보》 광주 주재기자로 근무했던 고故 김영택은

2010년 5·18항쟁 전체를 조망한 《5월 18일, 광주》를 출간했다.[16] 그는 1980년 5월 광주 시내 한복판에서 그 처참한 현장을 직접 취재해 보도했으며,[17] 이후 방대한 자료를 수집하여 역사학 분야에서 최초로 5·18항쟁을 박사학위 논문으로 제출했다. 《5월 18일, 광주》는 이를 수정 보완하여 간행한 책이다. 다만 새로 발굴된 자료를 제대로 활용하지 않고 자신의 경험과 취재를 지나치게 '객관화'하고 있다는 점은 약간의 아쉬움으로 남는다.

2007년 국방부 과거사진상규명위원회는 5·18과 관련해 새로운 자료를 수집·분석하고 관련자들을 조사한 뒤 보고서로 발표했다.[18] 이 보고서는 이전까지 세상에 전혀 알려지지 않았던 보안사령부의 자료들을 새롭게 발굴했다. 보안사령부를 비롯한 각급 부대의 《일지》뿐 아니라 광주청문회에서 발굴하지 못한 자료까지 수집함으로써, 이전까지 시민들의 기억과 구술에만 존재하던 행위가 실제로 진행되었음을 공식 문서로 확인할 수 있었다. 한정된 시간과 인력을 비롯한 여러 가지 제약 탓에 5·18항쟁을 전체적으로 조사하지 못한 점은 한계로 남는다.

쏟아지는 새로운 자료

2007년 새로 발굴된 보안사령부 자료를 비롯한 군 자료는 작성된 의도야 뚜렷하지만 사실을 기록하고 있다는 점에서 자료로서 가치가 있다. 1980년 광주에 주둔하거나 파견된 군부대는 모두 광주에서 발생한 사건을 시간에 따라 기록했다. 계엄군은 사복을 입고 다니는 편의

대便衣隊를 파견했고 이들은 광주 시내를 돌아다니며 첩보를 수집했다.[19]

수집된 첩보를 근거로 군은 5·18항쟁의 전 기간을 시간대별로 정리한 각종 《일지》를 남겼다. 군의 《일지》는 광주에 배치된 부대보다는 상급 부대(계엄사령부, 2군사령부)에서[20] 광주로부터 보고된 정보를 취합한 자료이다.[21] 광주에 주둔한 부대(전투병과교육사령부, 31사단)도 시내에 파견된 편의대가 직접 수집한 첩보나 전남도청이나 전남도경과 같은 기관에서 수집한 정보를 《일지》에 기록했다.[22] 이외에도 시민들이 전투병과교육사령부(이하 '전교사'로 줄임)와 31사단에 직접 전화를 걸어 알려준 시내 상황이나 수집된 첩보 중에서 특이사항을 기록했다.[23]

각종 자료 중 2군사령부의 《광주권 충정작전간 군 지시 및 조치사항》은 2군사령부의 명령을 일자별로 정리한 것으로, 군의 동향을 상세하게 파악할 수 있는 자료이다. 예를 들어 전두환의 회고록이 언론에 보도된 직후 논란이 된 발포 명령(자위권 발동)과 관련된 회의가 수기手記로 남겨졌다.[24]

군은 5·18항쟁을 무력진압한 뒤 각급 부대별로 평가서를 작성했다.[25] 항쟁 기간에도 중요 사안은 개별 분석했다. 예를 들어 육군본부 작전참모부장은 5월 21일 광주를 다녀온 뒤 작전의 타당성을 검토한 《작전실시 판단》 보고서를 작성했다. 또 5·18항쟁이 끝난 뒤 광주의 여론이 악화되고 군의 잘못을 사과하라는 요구가 빗발치자 군을 대표하여 전교사 사령관이 사과하는 문제를 검토했다.[26] 5·18항쟁을 진압한 뒤 진상조사단을 광주에 파견해 5·18 전반을 조사한 뒤 보고서를 작성하기도 했다.

이외에도 5·18항쟁이 끝난 뒤 경찰이 진압하지 못한 배경을 조사한

서장 19

자료가 있다.[27] 보안사령부의 《광주사태 사망자 검시결과 보고》는 505 보안부대에서 검찰이 작성한 희생자들의 검안 보고서에 근거해 각 부대의 확인을 거쳐 작성한 것으로 희생자들이 어디서 어떻게 희생됐는가를 더 밝힐 수 있는 자료이다.[28]

다음으로 군 이외의 기관에서 생산한 기록물이 있다. 전남도청과 광주시청, 그리고 금남로 한복판에 위치한 광주시 동구청, 광주지검, 전남도경찰국 등의 기관들은 시간대별로 5·18항쟁을 기록했다. 이 중에서도 전남도청의 《5·18사태 주요사건일지(5. 14~5. 27)》는 그동안 시민들의 구술로만 전해지던 5월 21일 오후 1시경 전남도청에서 애국가 연주가 있었음을 기록으로 남기는 등 광주 시내의 주요 지점에서 발생한 일을 시간대별로 정리하고 있다. 광주시청의 《상황보고》는 일지이지만 5월 27일 이후 수습을 목적으로 작성된 보고서라 날짜별 피해 상황이 상세히 기록되어 있다. 수기手記로 작성됐으나 보고서인 까닭에 비교적 정서正書로 기술됐으며, 시민들의 동향을 구체적으로 기술했다. 예를 들어 광주시청은 5월 18일 전후한 시민들의 동향을 다음과 같이 기록했다.

5월 17일(계엄확대 이전) 이전의 학생 가두시위에는 시민들이 냉담한 반응이었으나 5월 18일은 금남로 등 시내 중심부의 학생, 군인 대치 현장을 옥상에서 시민들이 보고 학생들이 던진 돌이 군인에게 맞으면 손뼉을 치는 사례도 있음. 북동에서 군인들의 난폭한 행동을 본 시민은 경상도 새끼들이 난동을 부린다고 격분하는 시민도 있으며, 일부 부녀자는 내 자식도 어디 가서 저렇게 맞고 다닐 것이라고 하면서 울음을 터트리기도 하였으며 시내 곳곳에서 학생들에게 지나치게 난폭한 군인들의 행

위를 보고 불안과 공포를 감추지 못하는 표정들임.[29]

　동구청의 《일지》는 실시간으로 광주 시내의 상황 변화를 기록했다. 5·18항쟁의 중심지인 전남도청 앞 광장을 비롯한 금남로를 포함하고는 있으나, 기록의 대상이 동구청 관할 지역에 한정됐다는 점은 한계이다. 광주지검의 《광주사태 당시 학원동향》은 기안용지의 양식에 맞춰 법무부 보고용으로 작성됐으며,[30] 광주 시내에서 발생한 사안을 서술하고 있다. 매일 보고하는 일지의 성격이지만 중요한 일은 변동 상황에 따라 수시로 보고했다. 주요 사건이 비교적 상세하게 기술되어 있고 주변 지역(목포, 장흥 등 광주지검 산하의 지청 소재지)의 보고가 더해졌다. 특히, 5월 21일 도청 앞 발포가 다른 자료에 비해 사실적으로 기술됐으며 광주교도소와 지원동(주남마을 부근) 등지에 가매장된 시체를 발굴하는 상황과 사체 검안과정이 보고됐다. 아울러 광주 시내 병원의 상황 및 희생자 수의 변동 등을 기록하고 있다는 점에서 중요한 자료이다. 전남도경찰국의 《전남도경 상황일지》는 주로 시위로 인한 경찰의 피해 상황 등을 서술하고 있다. 다만 자료가 조작됐을 가능성이 높은 자료이므로 주의가 필요하다. 이 점에 대해서는 뒤에서 좀 더 자세히 살펴볼 것이다.

　다음으로 민간에서 생산한 기록물이 있다. 언론의 취재를 통한 자료도 있으며, 민간인들의 기억을 채록한 구술도 있다. 민간 기록물 중 5·18항쟁의 주역들이 남긴 기록이 있다. 이 자료에는 군이나 행정기관의 자료와 같이 시간대별로 상황을 구체적으로 기록한 일지는 없으나 시민들이 언론으로부터 미처 접하지 못한 사실이 기록되어 있다. 예컨대 5월 19일 조선대학교 민주투쟁위원회는 〈민주시민들이여〉라

는 유인물에 "전주 일원"에서 "유혈폭력"이 발생했다고 시민들에게 알렸다.[31]

'들불야학'과 '광대' 등 민주화운동세력은 홍보팀을 조직해 유인물을 발간했다. 《투사회보》는 5·18항쟁 기간 동안 들불야학이 발간하다 통합된 홍보조직에서 인쇄한 유인물인데, 시민들에게 항쟁 소식을 알리고 정부와 계엄군을 규탄했다.[32]

이외에도 당시 광주 시내 병원 기록은 5·18항쟁의 사상자들이 어떻게 발생했는지, 즉 공수부대의 행위를 역추적할 수 있다. 전남대와 기독병원, 그리고 적십자병원의 응급실 기록과 검찰의 검시보고서 및 사망진단서 등은 공수부대의 행위를 구체적으로 확인할 수 있는 자료이다.[33]

개인의 인식을 볼 수 있는 일기와 광주의 소식을 외부에 알리는 서신도 유용한 자료이다. 민간에서 생산하고 보안사에서 수집해 묶은 자료집도 있다.[34] 민간 자료 중에서 한국현대사사료연구소에서 간행한 《광주 오월민중항쟁 사료전집》의 기초 자료는 전남대 5·18연구소에서 보관하고 있다. 5·18 당시 희생자들을 치료했던 민간병원(개인병원)과 국군통합병원의 자료도 있다. 여기에 더해 5·18과 관련해 눈여겨볼 자료로 사법부의 자료가 있다. 이 자료에는 5·18항쟁에 참여한 시민들의 군법회의 자료가 있고, 이와는 반대로 1994~95년에 있었던 전두환·노태우 수사와 재판 자료도 있다.

보안사령부 자료와 그 의미

이 책에서는 다른 자료보다 보안사령부 자료에 주목했다. 보안사령부 자료는 당시 신군부의 인식이 반영됨으로써 5·18항쟁 기간 광주 시내에서 벌어지고 있던 계엄군의 폭력과 야만 행위를 삭제하고 그에 따른 참혹한 사실들을 의도적으로 축소·생략했으며, 심지어 사실을 왜곡하기도 했다.

보안사령부의 자료 중 첫 번째로 언급할 수 있는 것은 《일지》이다.[35] 보안사령부(505보안부대 포함)의 《일지》는 다른 군부대와 다르게 실시간으로 비교적 상세하게 사실을 기록하고 있다. 대부분은 활자로 정리됐으나 간혹 수기手記가 더해진 것으로 보아 작성과정에서 누군가가 원자료를 검토하고 교정을 봤을 것으로 추정된다. 이 자료만 검토한다면, 5·18은 광주 시민들의 불법행위에 대한 정당한 공권력의 행사라는 결론밖에 나올 수 없으므로 다른 자료와 비교 검토가 필수적이다.

하지만 보안사령부의 《일지》에는 다른 군부대 자료에서는 등장하지 않는 부분이 실려 있다. 이 점만으로도 《일지》는 가치가 있다. 예를 들어 5월 19일의 최초 발포, 5월 20일 3공수여단의 실탄 장착 명령 및 철수과정, 5월 27일 상무충정작전 등의 정보이다. 이러한 정보는 민간뿐 아니라 해당 부대를 제외한 다른 부대에서는 파악할 수 없는 것이었으나 보안사령부는 실시간 속보로 정리하고 있었다. 그렇기에 보안사령부의 《일지》는 군의 시각에서 5·18항쟁을 재구성하는 데 가장 기초적인 자료라 할 수 있다.

다음으로 5·18항쟁 이후의 자료이다. 주로 연행자들의 처리와 관련된 전남합동수사단의 자료이다. 5·18항쟁을 김대중내란음모사건과 연관시키려는 의도가 반영된 자료로 신군부가 5·18과 김대중내란음모사건을 어떻게 연계시키는지 짐작할 수 있다.

보안사령부는 다른 기관의 자료도 광범위하게 수집했다. 그중에는 공수부대의 장교들이 작성한 《수기》도 포함되어 있다. 물론 수기 작성에 보안사령부가 개입할 여지가 많지만 공식화된 문헌 자료와는 다른 내용도 발견된다. 예를 들어 5월 21일 집단발포 전후한 시각의 《수기》에는 공식 자료와는 다른 내용이 수록되어 있다.

이 외에 보안사령부가 5·18 기간 주요 인물과 회의를 감시하면서 남긴 기록도 존재한다. 5월 25일 최규하 대통령의 광주(상무대) 방문 당시의 분위기, 5월 20일 민·군 회의의 속기록, 5월 22일부터 진행된 민·군 협상의 분위기 및 일자별 군의 입장 변화, 호남 출신 고급 장교단의 광주 방문과 보고, 국방부 출입기자단의 광주 취재 활동 등을 이 보안사령부의 자료에서 확인할 수 있다. 자료 기술의 관점과 서술 내용 및 용어 등에서 문제가 드러나지만, 보안사령부의 자료는 5·18 기간 동안 군과 시민의 동향을 실시간으로 정리하고 있다는 점, 다른 기관이나 부대에서 파악하지 못하는 사실을 광범위하게 정리하고 있다는 점 등에서 5·18을 재구성하는 데 필수적인 기초 자료이다.

최근 당시 발굴된 자료에 근거한 연구가 일부 진행되긴 했으나[36] 5·18항쟁 전체를 조망한 연구는 드문 형편이다. 이 책에서는 그동안의 성과와는 다른 방식으로 5·18항쟁에 접근해보고자 한다. 무엇보다 5·18항쟁 기간 광주에서 강경 진압, 폭력과 야만의 행동을 저지른 공수부대를 비롯한 계엄군의 활동에 초점을 맞추려 한다. 당시 광주에 투입된 공수부대원들 중에는 전라도 출신들도 적지 않았다. 시위대 속에 있던 가족이나 친지, 지인들과 얼굴을 마주한 공수부대원들도 있었다.

그럼에도 그들은 참담한 폭력을 행사하고 종국에는 총까지 발포했다. 왜 그랬을까? 이 책에서는 이러한 질문에 대한 답을 찾고자 한다.

역사학의 기본이자 미덕은 자료에 근거하여 사실을 재구성하는 것이다. 담담하게 자료를 엮어 사실을 쫓아가더라도 충분히 역사의 씨줄과 날줄을 엮고 뼈대와 살을 드러낼 수 있다. 이런 믿음으로 그동안 접근이 쉽지 않았던 군 자료, 그중에서도 보안사령부의 자료를 중심으로 5·18에 접근해보려 한다. 자료 작성에 정치가 개입하여 사실을 흐트러뜨리는 것은 물론 작성자의 주관이 개입될 여지 또한 많기 때문에 모든 기록물을 사실이라고 단정하기 어렵다. 이러한 문제를 염두에 두고 다른 자료와 교차 검증하는 등의 방식으로 보완하고자 한다.

전체적으로 군과 민간(행정관서 포함)은 5·18을 바라보는 관점이 달랐다. 군의 시선에는 시민들의 행위가 불법이라는 선입견과 가정이 자리하고 있다. 반면, 행정기관을 비롯한 민간은 공수부대원들이 광주 시내에서 폭력과 야만을 저질렀다고 인식했다. 이러한 시각의 차이는 군과 민간의 자료에 그대로 투영됐다. 특히, 군의 자료는 사실을 기록하기보다는 군에 불리한 사실을 은폐하거나 왜곡했다. 이러한 군 자료의 은폐와 왜곡은 오늘날까지도 5·18항쟁을 왜곡시키는 기제로 작동하고 있다. 이런 점에서 군 자료가 어떠한 의도를 갖고 사실을 왜곡했는지 살펴보는 노력도 필요하다. 이 책에서는 5·18항쟁의 재구성 후 이 같은 군의 5·18항쟁 왜곡 문제를 따져보고자 한다.

〈표 1-1〉 5월 19일 금남로 상황에 대한 군과 민간의 보고

시간	505보안부대	광주시 동구청
10:20		가톨릭센터 앞. 무장 공수부대 5명, 시민 1,000명 정도 구경. 학생들 잡으려 할 때 시민들의 야유로 저지
10:25		미국 CBS 기자 3명이 촬영기·마이크 휴대하고 상공회의소 옥상으로 올라갔음
10:35		무장군인 20명을 가톨릭센터 앞 배치로 시민들 흥분 야유
10:40	대학생 200여 명이 금남로 2가(가톨릭센터) 앞에서 경찰 및 계엄군에게 투석 중임	
10:48		무장군인 약 25명이 동구청 앞과 광주은행 사이 시민들을 해산코자 곤봉으로 시민들을 때리고 있음
10:50	###(판독 불능) 여 명의 학생들이 광주은행 앞에서 계엄군에 투석하면서 거리에 불을 놓다가 계엄군에 의해 분산. 충금지하상가에서 시민, 학생 200~300명이 무장 공수부대와 투석전 대치	
11:00		금남로통은 공수부대들이 곤봉으로 때림으로 시민들 없음. 무장군인 소위가 시민들 돌에 의해 부상. 시민들 보이면 무차별 구타 중. 탱크 2대, 군용차 15대. 가톨릭센터 앞 배치. 군용차량 1대에 학생 시민 반죽음 싣고 감
11:10	학생 300여 명이 계엄군에게 화염병을 던지며 도청 쪽으로 진출	
11:15		일반 시민 15명 정도를 충금지하상가 쪽 및 각처에서 팬티만 입고 관광호텔 앞에 있으며 등, 어깨, 다리는 곤봉 및 워커발 태죽이 보이며 빨갛게 되었음
11:25		동구청 민원홀에 학생으로 보이는 2명을 잡아 구청 변소 앞에서 공수부대 7~8명이 곤봉 및 구둣발로 때리고 있음

* 출처: 1. 505보안부대,〈광주사태시 상황일지〉, 1980. 5. 19.
2. 광주시 동구,〈5·18사태 일지〉, 1980. 5. 19(광주광역시 5·18사료편찬위원회 편,《5·18광주민주화운동자료총서》 20권, 12~13쪽).

비판과 분석으로 군 자료의 옥석 가려야

<표 1-1>은 1980년 5월 19일 오전 광주 금남로에서 발생한 사실을 기록한 것이다. 관련 기관들이 금남로의 상황을 보고받은 뒤 수기手記로 작성했다. 군 자료는 505보안부대가 작성했고, 행정기관 자료는 광주시 동구청이 기술했다. 1980년 5월 당시 각 기관의 지부와 사무실이 금

505보안부대와 동구청 일지

5월 19일 광주시 금남로에서는 야만의 풍경이 펼쳐졌다. 공수부대원들이 시민들의 겉옷을 벗겨 기합을 주고 연행했다. 동구청의 일지는 당시의 상황을 적나라하게 드러낸다. 505보안부대의 사무실은 금남로에 위치하고 있었으며, 부대원들도 금남로에서 시민들의 시위 광경을 목격하고 있었다. 그러나 군의 시선은 공수부대원들의 행위가 아닌 시민들의 시위에 초점이 맞춰져 있었고, 군의 폭력과 야만은 기록하지 않았다.

남로에 있었다. 부대원과 공무원이 같은 시간대에 같은 곳을 응시하고 있었던 것이다.

〈표 1-1〉에 나오듯이 군과 민간의 서술 기조와 시간대는 일치하지 않는다. 비슷한 시간(5월 19일 오전)에 같은 공간(금남로)에서 발생한 사실을 기록하고 있으나 동구청과 505보안부대는 전혀 다른 서술 방식으로 하나의 사실을 다르게 전하고 있다. 군 자료에서는 계엄군의 행위를 상대적으로 축소하거나 거의 생략했다. 군 기록의 특징은 군이 행위의 주체 또는 기록의 주어로 등장하지 않거나 '군·경', '계엄군'과 같이 애매하게 표현되어 있으며 군의 시위 진압 행위가 거의 생략되어 있다는 점이다. 반면 시민·학생들의 시위는 시위 대열의 규모와 주체, 시위 방법 및 구체적인 행동 등까지 상세하게 서술되어 있다.

행정기관은 시민들의 시위가 어떻게 전개되는지와 함께 군인(공수부대원)들이 어떻게 시위를 진압하는지, 그리고 시민들이 어떻게 대응하는지를 기록했다. 누가, 언제, 어디서, 어떤 상황을 만드는지 상세하게 기록한 것이다. 그날 오전 금남로에서 벌어진 공수부대의 진압 양상에 대한 구체적 서술은 공수부대로 상징되는 국가폭력을 적나라하게 보여준다. "흥분 야유"와 같이, 야만스러운 국가폭력에 대한 광주 시민들의 반응도 기록되어 있다.

왜, 비슷한 시간대에 같은 장소에서 발생한 사실을 군과 행정기관이 각기 다르게 기록하고 있을까? 답은 5·18 관련 기록물이 만들어지는 과정에서 찾아야 한다. 군은 처음부터 5·18항쟁이 왜 일어났는지에 대해, 다시 말해 사건의 원인과 배경에 대해 중요하게 생각하지 않았다. 군은 5월 17일 24시를 기해 비상계엄이 전국으로 확대됐음에도 광주 시민들이 불법시위를 전개한다는 점에만 주목한다. 왜 시민들이 그토록 분노하며 군에 저항하는지는 기록하지 않았으며, 군이 기록할 필요도 없었다. 군《일지》는 주로 시민들의 즉자적인 행동에 초점을 맞춰 기록했다. '몇 월 며칠 몇 시 몇 분에 어디에서 몇 명이 모여, 무엇을 하는지'가 기록의 중심이 되었다.

군 기록에서 광주 시민들의 저항은 '폭도'들이 일으킨 '불법행동'이나 '폭동'일 뿐이었다. 군의 폭력과 야만, 국가폭력에 맞선 국민들의 대응을 정당한 '저항'이나 '항쟁'으로 기록하지도 평가하지도 않는다.

한편 군 자료는 민간에서 파악하기 힘든 정보가 담겨 있다는 장점과 특징이 있다. 광주에 파견된 충정부대에 내려진 명령 및 계엄군의 배치와 이동, 연행자 통계, 5·18항쟁 기간 발생한 희생자들의 분류 등은 민간에서 확인하거나 확보하기 쉽지 않다. 이 같은 정보는 5·18항쟁의 진상을 규명하는 데 기초적인 핵심 정보이다.

'세척'되며 5·18을 왜곡한 자료들

5·18항쟁이 끝난 뒤 5·18 관련 자료는 군 자료뿐 아니라 민간 자료도 몇 차례에 걸쳐 정리된 것으로 추정된다. 먼저 보안사령부에서 《제5공화국 전사第五共和國前史》(《5공 전사》로 줄임)를[37] 편찬하던 1982년이다. 신군부는 정권을 장악한 뒤 5·18항쟁 관련 자료들을 수집하고, 1980년 5월 18일 이후 광주로 출동한 병사들을 대상으로 구술을 채록하거나 수기를 작성시켰다. 보안사령부는 이 자료들을 활용하여 《5공 전사》를 편찬했으나, 어찌된 영문인지 대외적으로 출간하지는 않았다. 아마도 국민들을 학살하고 집권한 신군부가 5·18항쟁을 '내란'으로 규정한 것

○ 23:20 작전지침 추가 (작상전 444호)

　・발포 금지, 실탄 통제
　・특전사 부대 외부 20사에 인제 (고대) 검토
　・특전사 부대 대대단위로 분산 접근 (융통성)
　・선무 공작을 위한 홍보활동 강화

○ 23:32 소요 확산 저지 (작상전 제445호)

　・광주시 외부로 나가는 고폭로 봉쇄

5월 21일

○ 군사령관 순시 및 작전지도, 육본회의 참석 (소탕작전 건의)

　광주 — 육본 — 국방부 — 광주 — 대구

○ 15:35 사태 수습을 위한 참모총장 지시 (작상전 455호)

　・전국에 확산 방지
　・선무활동으로 시민과 불순세력 분리
　・지휘체제 일원화 군 사기 진작
　・고도소 끝까지 방어
　・광주시 외부로 나가는 도로당 사단
　・광주시외 지역에 자제 촉구 선무 활동

○ 16:00 진도 개 "둘" 발령

전 각하 자위권 발동

많은 언론에서 주목한 자료이다. 당시 군에서는 발포를 시민들의 무장저항에 따른 불가피한 자위권 발동이었다고 주장했다. 이 자료는 2군사령부 자료이지만 내용은 군 최고 지휘부의 인식과 대응을 보여준다. 특히 합수본부장을 "전 각하"로 기술하고 있으며, 이날 회의에서 그가 "자위권"을 언급하고 있다.

에 대한 국내외의 비판 때문일 것으로 추정된다.

《5공 전사》가 처음 세상에 드러난 것은 1995년 검찰에서 전두환과 노태우를 수사하는 과정에서였다. 이후 2007년 국방부 과거사진상규명위원회에서 보고서에 본격 인용한 뒤 일부 언론을 통해 부분적인 내용이 소개됐다. 2019년에는 《경향신문》이 《5공 전사》를 입수한 뒤 각 권을 구체적으로 분석하여 특집 기사로 내보내기도 했다.[38]

군 자료 중에서 주목받은 게 하나 있다. 2007년 발표된 국방부 과거사진상규명위원회 보고서에 인용되고 《한겨레신문》을 비롯한 많은 언론에서 보도한 메모이다. "장관실에 長官(주영복 국방부장관), 總長(이희성 육군참모총장), 軍司令官(진종채 2군사령관), 合搜本部長(전두환 계엄사령부 합동수사본부장), 首警司令官(노태우 수도경비사령관), 特戰司令官(정호용 특전사령관), 陸士校長(車. 차규헌 육군사관학교장). 전 閣下: 哨兵에 對해 亂動時 軍人服務規律에 依據 自衛權 發動 使用"이라는 이 메모는 활자가 아닌 수기로 작성되고 전두환을 합수본부장과 함께 '각하'로 호칭하고 있다. 5·18의 핵심 쟁점인 발포와 관련된 내용을 담고 있기 때문에 많은 주목을 받았던 자료이다.

자료의 내용과 전두환에 대한 호칭 등으로 볼 때, 이 메모는 전두환의 대통령 취임 이후 누군가가 직접 손으로 쓴 것으로 추정된다. 원래 2군사령부의 자료에 등장하는 구절이지만 이 메모가 쓰인 날짜를 특정하기는 어렵다.[39] 전체 내용으로 볼 때, 보안사령부에서 《5공 전사》를 편찬하기 위해 자료를 정리하는 과정에서 누군가가 "육군본부 회의(소탕계획 건의)" 자료와 이 건의안을 검토하는 군 최고 지휘부의 회의 자료 등을 보고 메모한 것으로 추정된다. 이렇듯 군 자료는 민간에서 접근하기 어려운 내용을 담고 있다.

5·18민주화운동 헬기 사격 및 전투기 출격 대기 관련 국방부 5·18특별조사위원회(이하 '국방부 5·18특조위')의 조사에 따르면, 전두환 정권은 1985년 국가안전기획부(안기부) 주관 아래 대책기구(광주사태 진상규명위원회. 80위원회)를 운영했다. 1988년 13대 국회 개원을 앞두고 정부와 군은 이에 대비하는 조직을 구성했다. 국회의 광주청문회가 시작되기 전부터 육군본부는 청문회에 대비하여 80대책위원회를 구성했다.[40] 이 기구들에서는 5·18 관련 자료를 수집·검토하고 군, 그중에서도 육군에 불리할 수 있는 자료들을 조작한 것으로 알려졌다.

1988년 국방부와 보안사령부는 국회의 광주청문회에 대비하여 각각 511위원회와 511분석반을 설치했다. 이 기구들은 5·18 관련된 부대들의 광주청문회 제출 자료를 사전에 수집·검토하고 정리하며, 출석할 예정인 증인들의 합숙까지 진행하며 청문회에 대비했다.[41] 결과적으로 이 같은 자료와 증인의 '세척' 과정을 거치며 많은 자료들이 은폐, 왜곡됐다.

끝나지 않은 혹은 끝낼 수 없는 진상규명

5·18의 쟁점들 중에서 40년이 흐른 오늘날까지도 해결되지 않은 문제들이 있다. 5·18의 가장 큰 특징은 '피해자나 참여자는 많으나 가해자는 거의 없다'는 점이다. 1980년 5월, 누가 군인들에게 총과 칼, 곤봉 등을 쥐어 주고 폭행과 발포를 사주했는지 아직도 미궁이다. 자료가 전혀 없기 때문은 아니다. 앞서 살펴봤듯이 군, 그중에서도 보안사령부의 자료, 행정기관 자료, 민간 자료 등 방증 자료들은 넘칠 정도로 많지만

'결정적인 증거'가 발견되지 않고 있다.

지금까지도 많은 사람들이 가장 궁금해하는 쟁점 중의 하나가 1980년 5월 21일 오후 1시 무렵 전남도청 앞 집단발포이다. 군대라는 특성에 비춰볼 때, 상부 명령 없이 돌발적으로 집단발포가 이루어지기란 거의 불가능하다. 공수부대가 집단발포하기에 앞서 이와 관련된 어떤 명령이나 지침이 상부로부터 내려졌을 것이라는 게 합리적 의심이다. 하지만 5월 21일 공수부대를 비롯한 계엄군에게 발포를 명령한 주체가 누구인지 알 수 있는 핵심 자료가 아직 발굴되지 않고 있다. 발포 명령서는 아닐지라도 적어도 상황 변화에 따라 계엄군이 발포할 수 있는 권한을 가졌다는 자료조차 발굴되지 않고 있다. 발포와 관련한 의문이 여태 풀리지 않았다는 사실이 5·18의 현재를 반영하고 있다.

간혹 "그동안 할 만큼 했다", "지겹다"는 사람들이 있다. 그러나 1980년 5월 금남로를 비롯한 광주 곳곳에서는 수많은 사람들이 쓰러졌다. 그중에는 가슴에 자상刺傷이 남겨진 여성의 시신도 있다. 누가 이 같은 폭력과 야만을 사주하고, 언제 어디서 누가 이 같은 만행을 저질렀을까? 왜 그해 5월 군이 국민들에게 그토록 잔혹했을까? 5·18 기간 사라진 사람들은 어디로 갔으며, 왜 가족의 품으로 돌아오지 않는 것일까? 그 가족들은 지금이라도 돌아올까봐 이사도 하지 않은 채 '언젠가 돌아올지도 모를' 가족들을 40년 동안 기다리고 있다. 때때로 어디선가 시신이라도 나왔다면 혹여 가족이 있을까 '억장이 무너지는' 사람들이 있다.

최근 조사에서 제5공화국과 제6공화국 시기에 정부와 군이 5·18 관련 자료를 조직적으로 은폐, 왜곡, 조작했음이 밝혀졌다. 헬기 사격 문제를 살펴보자. 2018년 이전까지 정부와 군은 5·18항쟁 기간에 헬기가

'경고문'을 뿌리고 선무방송만 하며 날아다녔다고 했다.[42] 하지만 실상은 달랐다. 헬기 사격을 목격한 증인들도 있고 헬기 사격의 흔적이 지금도 전일빌딩 10층에 남아 있다. 여성들에 대한 인권침해(성폭력, 성추행 등)도 마찬가지다. 그런 일이 없었다는 정부와 군의 발표와 달리 피해자들은 여전히 고통 속에 있지만 가해자들은 밝혀지지 않았다. 그날의 처참함을 잊지 못해 스스로 목숨을 끊은 분들도 많다. 2018년 정부합동조사단의 조사 결과이다.

2019년 8월 5일, 16세의 고등학생으로 5·18항쟁에 참여해 '막내 시민군'으로 불렸던 박정철이 망월동 동지들의 곁으로 떠나갔다.[43] 5·18항쟁의 진상규명과 연구가 '진행형'이어야 하는 이유는 넘치도록 충분하다.

진상규명이 제대로 이루어지지 않은 후과는 역사 왜곡이다. '북한군 특수부대 침투설'이 대표적인 예이다. 이런 억지는 과거의 왜곡에서 시작하여 현재를 왜곡하며, 더 나아가 과거와 현재가 쌓아나갈 미래까지 왜곡한다. 역사 왜곡에 대한 비판이 필요한 이유이며, 40년이나 지난 오늘 다시 5·18에 주목하는 이유이다.

이 책에서는 그동안 발굴된 각종 자료의 힘을 빌려 5·18항쟁을 재구성하고, 아직까지 해결되지 못한 의문들에 대한 답을 찾으려 했다. 이를 위해 2007년 국방부 과거사진상규명위원회의 보고서를 저본으로 그동안 필자가 발표한 다음의 논고를 토대로 서술했다.

- 〈5·18항쟁기 민간인 희생자들을 위한 진혼곡〉, 《역사비평》 90호(역사비평사, 2010).

- 〈5·18항쟁 초기 군부의 대응〉, 《한국문화》 62집(서울대 규장각한국학연구원, 2013).
- 〈5·18항쟁의 배경과 참여세력〉, 《역사와 현실》 98호(한국역사연구회, 2014).
- 〈1980년 5월 21일 계엄군의 발포와 희생〉, 《민주주의와 인권》 15권 3호(전남대 5·18연구소, 2015).
- 〈상무충정작전의 입안과 실행〉, 《사림》 52집(수선사학회, 2015).
- 〈5·18민주화운동의 재구성―계엄군의 사격행위를 중심으로〉, 《민주주의와 인권》 17권 2호(전남대 5·18연구소, 2017).
- 〈5·18 기록물의 생성과 유통〉, 《역사와 현실》 104호(한국역사연구회, 2017).
- 〈다시 5·18을 묻는다〉, 《창작과 비평》 봄호(187호)(창비, 2020).

박정희 정권의 유산
군의 정치 동원에 물꼬를 트다
새로운 정치군인들, 신군부
정치군인들, 학원 소요를 '고대'하다
육군본부의 시위 진압지침

유신의 그림자

박정희 정권의
유산

1980년 5월 21일은 광주 사람들에게 무척이나 긴 하루였다. 한국 현대사에서 매우 특별한 그 하루는 이른 새벽부터 시작됐다. 전날 밤을 지새우고 이날 새벽까지 이어진 시위는 잠깐 소강상태에 들어갔다가 얼마 지나지 않아 다시 분위기가 바뀌었다. 새벽 5시경 광주역 부근에서 피 흘린 채로 남겨진 두 구의 시신이 발견되었기 때문이다. 두려움과 분노에 휩싸인 광주 시민들은 태극기로 시신을 덮어 손수레에 싣고서 전남도청으로 향했다. 시민들은 지난 3일 동안 총검과 곤봉을 휘두르고 총을 쏘던 공수부대를 정오까지 광주 시내에서 철수시킬 것을 요구했다. 그러면서도 밥 한 끼 먹지 못한 채 시위를 진압하던 공수부대원들에게 빵과 음료수, 김밥 등을 나눠줬다. 그러나 요구한 시간이 지나도록 금남로에는 공수부대원들이 남아 있었다. 오후 1시 무렵, 시민들이 몰던 장갑차가 공수부대원들을 향해 돌진했고 공수부대원 한 명이 장갑차에 깔려 사망했다. 그러자 공수부대원들의 총구에서 불이 뿜어져 나왔고 시민들이 쓰러졌다. 금남로를 가득 메웠던 시민들은 순식간에 사방으로 흩어졌다.

10만여 개의 5·18 기억

5월 21일 오후 1시 무렵 공수부대를 비롯한 계엄군의 발포만 있었던 건 아니다. 당시 전남도청 옥상에는 금남로를 향해 스피커가 설치돼 있었다. 그리고 영화 〈화려한 휴가〉의 한 장면처럼 도청 옥상의 스피커에서는 애국가가 울려 퍼졌다. 전남도청과 도청 앞 광장에는 군대와 경찰이 있었고 금남로에는 10만여 명의 시민들이 있었다. 그런데 스피커를 타고 울린 애국가 소리를 두고 사람들의 기억이 제각각이다. 쉽게 말하자면 10만여 개의 기억이 존재한다. 아마 40년 전 5월 21일 전남도청 부근에 있던 사람들에게 마이크를 들이댄다면 사람마다 서로 다른 이야기가 나올지 모른다. 시민들은 분명 애국가가 울리는 것과 동시에 계획된 것처럼 군의 발포가 시작됐다고 증언한다. 반면 군인들은 애국가 소리를 듣지 못했다고 주장한다. 시민들보다는 군경이 전남도청에 가깝게 있었다. 시민과 군인 중 누구의 기억이 맞는 것일까?

　사실만 놓고 보자면, 5월 21일 오후 1시 무렵 전남도청 스피커에서는 분명 애국가가 울렸다. 그렇다고 공수부대원들의 대답이 틀렸다고 단정 짓기도 어렵다. 시민들이 방송 차량을 가지고 와서 공수부대를 규탄하며 철수를 요구하고 있었다. 게다가 발포가 이루어질 무렵에는 시민 측 장갑차가 공수부대를 향해 돌진하고 있었다. 모든 신경이 정면의 금남로를 향해 곤두서 있는 가운데, 등 뒤에서 들려오는 애국가를 들을 만큼의 여유는 없었을 것으로 짐작된다.

애국가를 신호로 군의 발포가 시작됐다고 보는 입장에서는 이것이 중요한 문제일 수 있을 것이다. 그러나 더욱 중요한 점은 무엇보다 대한민국 군이 국민을 향해 집단발포했다는 사실이다. 전날 밤에도 광주역에서 집단발포가 있었으나 칠흑 같은 어두운 밤이었다. 반면 이날은 한낮에 10만여 명의 시민들을 향해 군의 총구가 불을 뿜었다. 곧이어 대열을 정비한 공수부대원들이 인근 건물의 옥상에서 시민들을 표적 삼아 조준 사격했다. 금남로뿐 아니라 전남대 등지에서도 비슷한 상황이 벌어졌다. 그로 인해 많은 시민들이 희생되자 시민들은 즉자적으로 무장하고 군에 대항했다.

왜 이 같은 사건이 발생했을까? 다른 부대도 아닌 공수부대가 국민들을 상대로 발포하는 것이 가능한 일일까? 왜 전선의 선봉에 서야 할

김재규의 현장 검증
10·26사건은 박정희 대통령의 죽음에 머물지 않았다. 독재자의 죽음은 유신독재의 몰락을 불러왔다. 국민들은 민주주의와 자유를 꿈꾸기 시작했고, 곧이어 '서울의 봄'을 맞이했다. 그러나 희망찬 봄날의 기운은 오래 가지 못했다(민주화운동기념사업회 소장-《경향신문》 제공).

특수부대원들이 후방에서 국민들을 향해 발포했던 것일까? 공격형 특수부대인 공수부대를 후방에 투입시킨 배경은 무엇일까? 그 답은 먼저 박정희 정권으로부터 찾아야 한다. 시위 진압에 공수부대를 투입한 것은 신군부가 아닌 박정희 정권이 시작했기 때문이다. 이제 하나씩 그 답을 쫓아가 보겠다.

1979년 10월 26일 밤 7시 40분경 청와대 인근의 궁정동 중앙정보부 안가에서 여러 발의 총성이 울렸다. "야수의 마음으로 유신의 심장을 쏜" 중앙정보부장 김재규와 그의 부하들이 쏜 총소리였다.[1] 그 결과, 1961년 5월 16일부터 대한민국의 유일한 통치자이던 박정희 대통령이 자신의 심복 차지철 대통령경호실장과 함께 쓰러졌다. 독재자가 쓰러지자 절대 무너지지 않을 철옹성 같던 유신체제도 둑 무너지듯 서서히 허물어져갔다.

모든 것을 마음먹은 대로 할 수 있었음에도 대통령 박정희는 늘 불안했다. 국민들을 믿지 않았던 독재자의 심리는 유신헌법에 그대로 투영됐다. 유신헌법에서 대통령은 모든 권한을 갖고 있었다. 대통령이 삼부三府를 자기 마음대로 통제할 수 있는 구조였고 실제로도 그러했다. 국회의원의 3분의 1을 대통령이 지명했다. 여기에 더해 중선거구제에 힘입어 여당이 또 의석의 3분의 1을 차지했다. 이에 따라 1978년 치러진 국회의원 선거는 선명 야당을 주창한 신민당이 32.8퍼센트(61석)를 득표하고 집권여당인 민주공화당이 31.7퍼센트(68석)를 득표했으나, 의석 분포는 여당이 유신정우회(77석)를 포함하여 145석을 얻어 과반수를 확보했다. 또 대법관을 포함한 법관의 임면권도 대통령에게 있었다. 대통령이 사법부를 통제할 수 있는 구조였던 것이다.[2]

독재자의 만능 무기 '긴급조치권'

유신헌법 중에서도 악명 높은 조항으로 대통령의 '긴급조치권'이 있다. "대통령은 천재·지변 또는 중대한 재정·경제상의 위기에 처하거나, 국가의 안전보장 또는 공공의 안녕질서가 중대한 위험을 받거나 받을 우려가 있어, 신속한 조치를 할 필요가 있다고 판단할 때에는 내정·외교·국방·경제·재정·사법 등 국정 전반에 걸쳐 필요한 긴급조치를 할 수 있다"는 긴급조치권은 대통령 박정희에게 만병통치약이나 다름없었다. 대통령이기보다는 절대자에 가까웠던 박정희는 정권에 위기가 닥칠 때마다 '전가의 보도'처럼 '긴급조치권'을 꺼내 들어 마음껏 휘둘렀다.

1973년 12월 24일 본격 시작된 '개헌청원 백만인 서명운동'은 들판의 불길처럼 순식간에 널리 번져갔다. 운동이 갈수록 거세지자 이를 막으려고 박정희 정권은 1974년 1월 8일 긴급조치 1호를 선포했다. 긴급조치 제1호는 "대한민국 헌법을 부정, 반대, 왜곡 또는 비방하는 일체의 행위"와 헌법 개정이나 폐지를 제안하거나 청원하는 일체 행위를 금지하며, 이를 위반할 때는 "법관의 영장 없이 체포, 구속, 압수, 수색하여 15년 이하의 징역"에 처할 수 있다는 내용을 담고 있었다. 이와 함께 민간인을 군법회의에 회부하고 중앙정보부가 수사할 수 있는 긴급조치 2호를 동시에 선포했다.[3] 활화산처럼 타오르고 있는 개헌청원운동을 탄압하려는 조치이자 국민들의 기본권을 압살하는 조치였다.

그로부터 일주일 뒤인 1974년 1월 15일 박정희 정권은 '개헌청원 백만인 서명운동'을 이끌던 장준하와 백기완을 군법회의에 회부했다. 이로부터 시작된 긴급조치는 1975년 5월 19일 결정판인 긴급조치 9호로 이어졌으며, 1979년 12월 8일 해제될 때까지 무려 2,159일간의 이른바 '긴급조치(긴조)의 시대'를 만들었다. 긴급조치 때문에 대한민국 국민들은 '이유 같지 않은 이유'로 군법회의에 회부되곤 했다.[4]

당연하게 존중되고 지켜져야 할 국민들의 인권과 민주주의는 책 속에 들어 있는 단어에 지나지 않았다. 대한민국은 어느새 민주적 절차에 따른 '토론'과 '합의'보다는 위로부터의 '명령과 복종'에 길들여진 군대 같은 나라로 바뀌어갔다.

박정희 정권은 군대에 적용되는 상명하복의 원리를 국가 통치에 그대로 적용시켰다. 여당인 민주공화당은 당 총재 박정희 대통령의 명령에 절대복종해야만 하는 또 다른 군대였다. 1979년 10월 26일까지 당 총재의 명령에 따라 원내외에서 일사불란하게 움직여야 하는 게 집권 여당의 초라한 민낯이었다. 간혹 가뭄에 콩 나듯 당 내부의 반발이 있긴 했다. 1969년 4월 8일 신민당이 제출한 '권오병 문교부장관에 대한 해임권고 건의안'의 통과와 1971년 '10·2항명파동'이 대표적이다. 그러나 대통령이자 공화당 총재였던 박정희는 이를 군대의 '항명죄' 다루듯 조치했다. 문교부장관 해임 건의안 통과 후 민주공화당은 의원총회에서 해당 안건 통과를 주도한 양순직, 예춘호, 박종태, 정태성, 김달수 의원뿐만 아니라 여당 간부들 93명까지 제명했다. '10·2항명파동' 직후 공화당 재정위원장 김성곤(쌍용그룹 창설자)은 중앙정보부에서 수염을 뽑히는 수모와 고문을 당하고 정계를 은퇴해야 했다. 이른바 '혁명동지'이던 길재호 공화당 사무총장은 고문의 후유증으로 이후 한쪽 다리를 절어야 했다.[5]

박정희 대통령은 자신의 명령에 따르지 않는 야당과 국민들에게는 더욱 혹독했다. 《사상계》 폐간(1970년 9월) 및 장준하의 죽음(1975년 8월

17일)이 있었으며, 동백림사건(1967년 7월 8일)·재일동포간첩사건[6] 등 헤아릴 수 없을 만큼 많은 공안사건들이 만들어졌다. 납치(김대중 납치사건. 1973년 8월 8일) 및 살해(최종길 교수사건. 1973년 10월 19일)나 사법살해(인혁당재건위사건. 1975년 4월 9일) 등 수단과 방법을 가리지 않고 정권에 비판적인 세력들을 솎아냈다. '나서면 죽는다'는 말이 허투루 들리지 않던 시대였다.

'우리도 한번 잘살아보세!'를 내세운 박정희 정권의 정책은 국민들의 삶과 생존을 직접 위협했다. 국가가 '돌격 앞으로!'를 외치며 국민들을 '수출전선의 전사'로 내모는 과정에서 많은 희생이 뒤따랐다. 앞만 보고 진격하는 경제개발과 조국 근대화의 어두운 그림자였다.

독재자가 쓰러지자 그의 시대는 서서히 무너져 내렸다. 대한민국 국민들은 곧 한국사회에 민주주의가 이루어질 것이라는 막연한 희망을 가졌다. 그러나 민주주의를 바랐던 국민들의 바람은 쉽게 이루어지지 않았다. 곧 고쳐질 것 같던 유신헌법은 생각만큼 금방 바뀌지 않았다. 게다가 1979년부터 불어닥친 2차 석유파동은 그렇지 않아도 팍팍한 국민들의 삶을 더욱 힘겹게 만들었다. 무엇보다 박정희 유신독재가 남긴 어두운 그림자가 국민들이 생각하는 이상으로 짙고도 길게 남아 있었다.

군의 정치 동원에
물꼬를 트다

대통령 박정희가 남긴 유산 중 하나는 나라 지키는 군대를 자주 정치에 동원해 민간사회를 직접 통제한 것이었다.[7] 1963년 12월 제3공화국이 출범한 이후 박정희 정권은 위기가 닥칠 때마다 시위 진압에 군대를 동원하곤 했다. 1964년 6·3항쟁, 1972년 10월 17일 유신 선포와 1979년 10월 부마항쟁 등의 현장에는 늘 군대가 출동했다.

계엄령 외에 위수령도 적극 활용했다. 1965년 4월 19일과 8월 26일, 1971년 10월 15일, 그리고 부마항쟁 때의 마산 지역에는 위수령을 선포했다. 특정 지역에 한정시켜 발동한 위수령은 그 모법母法조차 불분명한, '유령'과도 같은 대통령 명령이었다. 헌법에 위수령을 규정한 조항이 없음에도 대통령 박정희는 위수령을 발동했다. 군대는 계엄령 및 위수령 발동에 따라 출동하여 해당 지역을 장악했다.

군사정권 출범과 함께한 공수부대

공격형 특수부대인 공수부대를 시위 진압에 투입한 것도 신군부가 처음이 아니었다. 박정희 정권 시절 공수부대의 주요 임무 중 하나는 시위 진압이었고, 평시에도 공수부대의 훈련에는 시위 진압훈련인 '폭동 진압훈련'이 포함되어 있었다. 1961년 5월 16일 군사쿠데타 세력이 병영을 벗어나는 그 순간부터 공수부대는 정치에 동원됐다. 1961년 5월 16일 새벽 공수부대는 해병대와 함께 한강 다리를 건넜다. 5·16군사쿠데타에 참여한 부대 중에는 1공수여단이 포함됐다. 1공수여단의 여단장 박치옥(육사 5기)과 대대장 김제민(육사 9기)은 처음부터 쿠데타 모의에 참여했다. 당시 1공수여단 중대장이던 차지철도 1961년 4월경부터 쿠데타세력에 합류했다. 이후 1공수여단의 중대장급 11명으로 구성된 특수팀에게 방송국 점거와 정부 요인들을 연행하라는 임무가 주어졌다.[8] 5월 16일 새벽 1공수여단의 부대원들은 김종필과 함께 남산의 방송시설을 점거하는 한편 장면 총리를 비롯한 정부 각료들을 체포하러 반도호텔로 달려갔다. 이를 위해 김제민은 5월 16일 이전에 반도호텔 등지를 사전 답사했다.[9]

국가재건최고회의는 1961년 6월 1일 00:00시부로 수도방위사령부(수방사)를 창설하고 8월 17일부로 수도방위사령부 설치법(법률 684호)을 공포했다. 이 법의 2조 2항은 "소요, 폭동 기타 긴급사태에 제하여 경찰력으로서는 치안을 유지하기 어려울 때 치안 출동할 수 있다"였다. 군대를 정치적 목적이나 시위 진압 등에 언제든지 동원할 수 있는 법적 장치를 마련한 것이다. 뿐만 아니라 수방사 아래 편제된 공수부대를 언제든지 동원할 수 있도록 했다. 그 결과 공격형 특수부대인 공수부대는 본래의 임무와는 상관없이 시위 진압에 투입되곤 했다. 공수부대가 비정규전非正規戰이나 대비정규전對非正規戰 외에 위상과 역할에 맞지 않는 후방의 시위 진압에 투입된 것이다.

1993년 특전사령부는 정규훈련 항목 중에서 폭동 진압훈련인 충정훈련을 폐지했다. 하지만 그 이전까지 공수부대는 충정훈련을 정규 임무 중 하나로 훈련하고 중앙기동예비대로서의 역할을 수행했으며, 후방의 시위 진압에 투입될 때마다 그 효용성을 유감없이 발휘했다.[10] 12·12군사반란에 참여하고 5·18항쟁 기간 광주에 파견됐던 3공수여단의 한 대대장은 공수여단의 임무를 묻는 검찰의 질문에 평시에는 육군 중앙기동예비대로서 명령에 따라 대침투작전과 충정작전(소요 진압작전), 기타 특수임무를 수행한다고 답했다.[11]

공수부대 출신들도 1980년 5월 광주로 출동하여 시민들의 시위를 폭력진압한 것이 잘못임을 인정한다. 그러면서도 당시까지 공수부대가 중앙기동예비대로서 시위 진압의 임무가 있었다고 말한다. 즉 공수부대가 후방으로 출동하여 시위를 진압하는 것은 잘못된 일이었지만, 자신들의 주요 임무였으므로 상부 명령에 복종해야 하는 군인으로서 어쩔 수 없었다고 강변한다. 위에서 언급한 장교도 검찰 수사의 마무리에서 "앞으로 치안 문제는 경찰이 전부 해결하고 군은 국토방위라는 주어진 사명에 충실할 수 있었으면 한다"[12]고 답했다.

1964년 6월 3일 국민들은 박정희 정권이 한일국교 정상화를 강행 처리하는 것을 '굴욕외교'라고 비판하며 전국 각지에서 봉기했다. 1960년 4·19혁명 이후 최대 규모의 시위였다. 서울뿐 아니라 전국 각지에서 시위가 발생했다. 서울에서는 시위 대열이 경찰의 저지선을 무너뜨리고 청와대를 향해 행진했다. 1963년 12월 제3공화국으로 출범한 이후 박정희 정권이 맞은 최대 위기였다. 그러자 박정희 정권은 6월 3일 밤 8시를 기해 비상계엄령을 선포하고 시위 진압에 군대를 투입시켰다. 서울에 1만 7,402명(장교: 905명, 준위: 32명, 사병: 1만 6,465명)의 병력이 출동했는데, 그중에는 1공수여단 병력 386명(장교: 82명, 사병: 304명)이 포함되어 있었다.[13] 제3공화국이 출범한 이후 처음으로 공수부대가 시위 진압에 투입된 것이다. 이때부터 시작된 공수부대의 시위 진압 투입은 박정희 정권이 끝나는 시점까지 멈춰지지 않았다.

부마항쟁 진압 때도 공수부대 동원

1979년 10월 16일 부산대 학생들의 유신 반대 교내시위로부터 시작된 학생들의 가두시위에 부산 시민들이 합세하면서 시위는 시민항쟁으로 전환됐다. 항쟁은 인근의 마산으로까지 번져갔다. 부마항쟁이 시작된 것이다. 박정희 정권은 10월 18일 비상계엄령을 선포하고 부산에 3공수여단과 1공수여단, 5공수여단을 순차적으로 투입해 시민들의 항쟁을 억눌렀다. 군대를 투입하여 국민들의 시위를 무력진압하던 이전 방식을 부마항쟁의 진압에도 그대로 적용한 것이다.

 부마항쟁 진압 당시 부산시청을 방어하던 공수부대는 총검을 꽂은 채 시위대로 돌진해 닥치는 대로 총을 휘둘렀다. 그로 인해 수많은 부산 시민들이 쓰러지고 부상당했다.[14] 1979년 10월 18일 밤 부산에서 벌어진 공수부대의 진압 광경은 1980년 5월 광주에서 벌어진 참상의 예고편이었다. 5월 20일부터 광주 시내에 투입된 3공수여단은 부마항쟁 기간 부산으로 출동했던 공수부대였다.

새로운 정치군인들, 신군부

'유신의 적자' 하나회 중심의 신군부

박정희시대의 가장 큰 유산은 '국가안보'를 내팽개치고 정치에 기웃거리며 권력을 탐내다가 결국에는 총칼로 권력을 빼앗아 정치하는 군인 집단을 남긴 것이다. 정치군인들에게 박정희는 출발점이자 모범 사례였다. 박정희 정권이 몰락한 뒤에도 정치군인들은 자리를 지키고 있었다. 그들에게는 각종 무기와 정보가 그대로 남겨져 있었다. 그 중심에 '유신의 적자'이던 신군부가 있다.[15] 그들은 육사 생도시절을 거쳐 초급 장교 때부터 정치군인들이 정권을 잡고 정치할 수 있음을 눈으로 보고 몸으로 깨우친 세대이다.

1961년 5·16군사쿠데타가 일어났을 때 대위였던 전두환은 서울대 학군단 교관으로 근무하고 있었다. 당시 그가 육사로 가서 후배(생도)들의 지지시위를 이끌어낸 것으로 알려졌으나 육사 2학년 생도이던 한용원의 회고는 다르다. 육사 내부에서는 쿠데타 지지시위에 대해 대다수가 반대했다. 육사 교장 강영훈 중장이 쿠데타에 반대하다가 쿠데타세력에 의해 연행되자 육사 분위기는 군사쿠데타 반대로 기울었다고 한다. 쿠데타 세력은 이를 가만히 두고 보지 않았다. 쿠데타 주역 중 한 명인 박창암이 육사 생도들을 강당에 몰아넣고 쿠데타에 찬성토록 유도했다. 당시 육사 생도들에게 지지시위를 유도한 생도는 허화평과 허삼수 등이었다.[16] 결과적으로 이들은 신군부의 일원으로 12·12군사반란 당시 보안사령부에 근무하며 전두환을 비롯한 신군부세력이 정권을 장악하는 데 큰 기여를 한다.

신군부는 최초의 4년제 육사 출신인 11기로부터 시작한 '오성회'(뒤에 칠성회)가 발전하여 '하나회'로, 그리고 종국에는 군대 내에서 가장 강력한 파벌로 자리잡았다. 1973년에 터진 '윤필용사건' 전후로 보안사령부의 수사를 받으면서 그 실체가 드러났으나 몇 명이 전역하는 정도에서 덮어졌다. 이후 이들은 3공화국 집권세력의 후원 아래 군 핵심 요직을 차지했다. 대통령경호실과 수도경비사령부 및 보안사령부, 특전사령부 등 군 내의 핵심 보직을 장악하고, 자파끼리 자리를 돌려가며 파벌을 유지하는 등 권력을 독점했다.

10·26 직후 신군부는 어느 세력보다 재빠르게 움직였다. 보안사령부의 첩보를 통해 곧바로 대통령의 유고를 알게 된 보안사령관 전두환은 즉시 친구이자 하나회 회원인 전방의 9사단장 노태우에게 편지를 보냈다. 그의 편지를 들고 9사단으로 갔던 인물은 보안사령부 소속 홍성률 중령이다. 당시 편지에는 "대통령 각하께서 운명하신 것 같다. 더 이상의 것은 추후에 연락하겠다. 이 내용은 보안조치하고 서신은 없애버렸으면 좋겠다"고 쓰여 있었다.[17] 얼마 지나지 않아 신군부는 자신들

을 견제하려던 육군 최고 지휘부를 속아내는 12·12군사반란을 일으켰다.

12·12군사반란은 박정희 정권에서 군 내 핵심 보직들을 독점하던 하나회를 견제하려던 정승화 육군참모총장 겸 계엄사령관의 계획이 발단이었다. 그는 하나회 수장이던 전두환 보안사령관(합동수사본부장-인용자)을 12월 13일 개각과 함께 예정된 육군 보직 인사에서 동해안경비사령관으로 발령내려고 계획했다. 그러나 미리 이 정보를 입수한 전두환 보안사령관이 1979년 12월 12일 군대를 동원하여 직속상관인 정승화 총장을 연행하는 등 하극상 반란을 일으킨 사건이 12·12군사반란이다. 이날 전방에서 휴전선을 지켜야 할 9사단이 탱크를 앞세우고 서울로 들어왔다. 국민들에게 그토록 중요하다고 강조하던 '국가안보'는 내팽개치고 오직 권력 장악을 위해 전방의 군대를 후방으로 빼버린 것이다.

12·12군사쿠데타

전두환은 12월 12일 오후 6시 30분경 합동수사본부 이학봉 수사국장과 함께 정승화 육군참모총장의 연행 및 조사에 대해 최규하 대통령의 재가를 받으려고 총리공관으로 찾아갔다. 당시 최규하 대통령은 국방장관의 승인을 받아오라며 계엄사령관 체포에 동의하지 않았다고 한다. 정치군인들의 총구 앞에서 어떠한 일도 할 수 없었던 힘없는 대통령의 무기력한 반발이었다.

이상한 점은 이날 최규하 대통령의 면접기록부에 전두환의 방문이

기록되어 있지 않다는 점이다. 오전 11시 5분부터 11시 25분 사이에 국무총리실에서 노재현 국방장관과 정승화 계엄사령관을 만난 기록이 있기는 하다. 전두환은 없었다. 15시 45분 최세중 변호사를 만난 것이 12월 12일의 마지막 접견 기록이다. 그러나 이날의 상황을 기록한 《5공전사》의 기록으로 볼 때 이 시각에 전두환은 총리 공관을 방문한 것이 확실하다.[18]

오후 6시 30분 전두환의 초청을 받은 9명의 장성들이 경복궁 안의 수경사 30경비단(단장: 장세동 대령) 단장실에 모였다. 인근의 33경비단 단장 김진영 대령이 장 대령과 함께 이들을 맞이했다. 이 경복궁 회합에 참가한 군 장성급 인사들은 국방부 군수차관보 유학성 중장, 1군단장 황영시 중장, 수도군단장 차규헌 중장, 71훈련단장 백운택 준장, 9사단장 노태우 소장, 20사단장 박준병 소장, 1공수여단장 박희도 준장, 3공수여단장 최세창 준장, 5공수여단장 장기오 준장 등이다. 이들은 30경비단 단장실에서 시시각각 변화하는 현장 상황을 보고받았다고 한다.

국방장관의 승인과 대통령 재가가 떨어지지 않았는데도 허삼수 대령과 우경윤 범죄수사단장의 지휘 아래 완전 무장한 체포조가 육군참모총장 공관을 향해 출발했다. 이 체포조가 보안사령부 서빙고분실을 출발한 시각은 오후 5시 40분경이었으며, 마이크로버스 2대에 65명(4/61)의 병력을 싣고 출발했다.[19] 출발 시간으로 볼 때 전두환 보안사령관이 청와대로 떠난 오후 6시 30분보다 보안사령부 체포조가 먼저 출발했다. 사전에 철저하게 준비된 계획임을 짐작케 하는 대목이다. 체포조는 육군참모총장 공관을 경비하고 있던 해병 헌병대를 무력으로 제압한 뒤 계엄사령관 정승화 총장을 보안사령부 서빙고분실로 연행했다. 이들이 서빙고분실에 도착한 시각은 오후 7시 21분이었다.

사전에 치밀한 준비 아래 움직인 신군부와 달리 이들의 반란에 대응했어야 할 서울 지역 대전복부대對顚覆部隊의 사령관들은 그렇지 못했다. 신군부는 사전에 이들을 유인하려는 계획하에 12월 5일 보안사령관 비서실장 허화평 대령이 수경사령관을 찾아가 12월 16일 진급 축하연을 갖자고 제안했다. 그러나 장태완 수경사령관이 바쁘다며 이 초대를 고사하여 뒤로 미뤄졌다. 뒤이어 12월 8일 수경사 헌병단장 조홍 대령이 장태완 소장에게 특전사령관 정병주 중장, 육군본부 헌병감 김진기 준장 등과의 모임을 제안했다. 결국 12월 12일 저녁 보안사령관 전두환 소장의 거짓 초청에 따라 서울 지역의 대전복부대 사령관들은 연희동의 한 식당에서 전두환을 기다리고 있었다.[20] 이날 전두환이 이들을 초청한 명분은 장성 진급에 수경사령부 조홍 헌병대장이 포함된 것에 감사한다는 취지였다. 그러나 정작 초청자인 전두환 보안사령관은 약속 시간(오후 6시 30분)이 되도록 나타나지 않았다. 오후 7시 35분에 육군참모총장 납치 소식을 연락받은 사령관들은 곧바로 부대에 복귀하여 육군참모총장 구출작전에 돌입했다. 그러자 경복궁에 모여 있던 장성들은 장태완 수경사령관을 회유했다.

다음은 수경사령관과 경복궁에 모인 신군부세력들 사이에 오간 전화 통화(오후 9시 10분)의 녹취록이다. 보안사령부가 작성한 이 녹취록에 따르면, 보안사령부 소속 감청부대는 이미 각 부대의 무선망을 도청하며 시시각각 변화하는 병력 배치 및 이동 상황 등을 '부처님 손바닥' 보듯 꿰고 있었다.

유학성: 나야. 그런데 오늘 일은 정 총장이 각하 시해사건과의 관련 문제로 합수본부에서 합법적으로 조사하려다 일어난 것이니 그리 알아.

그러니 아무 소리 하지 말고 이리로 와.

장태완: 거기는 나의 부대(30경비단-인용자)인데, 당신 왜 밤에 부대에 와서 지랄이야. 빨리 돌아가지 않으면 요절내겠다.

유학성: 장 장군 그거 다 알면서 왜 그래, 그러지 말고 이리로 와.

장태완: 왜 이 지랄이야, 다 쏴 죽여버리겠다.

황영시: 장 장군! 나 1군단장 황영시야.

장태완: 군단장님 왜 그러십니까? 그 점잖은 어른을 어떻게 할 작정이야요?

황영시: 그거 통할 수 있는 처지인데, 너 왜 그래, 이리 와.

장태완: 총장을 어쩌자고 납치하는 거요. 정말 그러면 죽어!

황영시: 여기 차규헌이 와 있는데 너 이리 와.

장태완: 나는 죽기로 결심한 놈입니다. 쓸데없는 소리 마. 당신네들 그럴 수가 있어. 좋지 않아. 그러면 안 돼![21]

녹취록에 나오는 바와 같이 장태완 수경사령관은 "죽기를 결심"했다며 신군부 측의 회유를 단호히 뿌리쳤다. 이후 수경사령관은 신군부에 속하지 않은 부하들을 긴급 소집하여 급박한 상황을 설명한 뒤 황영시, 유학성, 차규헌, 30경비단장, 33경비단장, 그리고 수경사 헌병단장 등을 "너희들의 상관이었으나 이제는 국가변란을 음모한 자들이니 사살하라"는 명령을 내렸다.[22] 자신의 임무에 충실한 수경사령관으로서 내릴 수 있는 당연한 명령이었다.

그러나 장태완 수경사령관이 예하 부대에 내린 명령은 신군부가 장악하고 있던 수경사의 각 부대에서 제대로 이행되지 않았다. 수경사 소속 수도기계화사단의 출동은 보안사령부가 저지하여 취소됐고, 특전사령관 지휘 아래 있던 9공수여단도 보안사령부의 방해로 인해 출동 명령이 취소됐다. 오히려 신군부가 동원한 병력이 수경사의 저지선을 넘어 서울로 입성했다. 결국 신군부에 넘어간 수경사 병력들이 수경사령관을 연행하면서 수경사의 상황은 마무리됐다. 12월 13일 새벽 3시 30분경 연행될 당시 장태완 수경사령관이 신군부의 일원인 자신의 부하에게 전화를 걸어 부대 지휘권을 넘기며, '첫째, 이 시간 이후에는 피를 흘리지 않도록 네가 단돌이(단도리-인용자)를 잘해 달라. 두 번째는 수경사의 명예와 전통이 중요하다. 이것을 너는 꼭 지켜 달라'고 당부했다.[23] 군사반란을 저지하며 자신의 임무에 충실하려다 배신한 부하들에 의해 강제 연행된 수경사령관의 마지막 모습이었다.

특전사령부에서 벌어진 상황은 더 비극적이었다. 장태완 수경사령관의 요청을 받은 정병주 특전사령관이 부대로 돌아가 육군참모총장을 구출하고 국방부와 육군본부를 방어하며 군사반란을 저지하라는 명령을 각 공수여단에 내렸다. 하지만 이전부터 신군부와 공모하고 있던 부하들의 배신으로 군사반란을 진압할 수 있는 병력 동원에 실패했다. 특전사령관도 12월 12일 24시 15분경 특전사령부를 점거한 자신의 부하인 3공수여단 병력들에 의해 강제 연행됐다.

특전사령관을 연행하던 도중 특전사령관의 비서실장이던 김오랑 소령이 3공수여단 부대원들의 총격에 사살당했다. 3공수여단 병력을 이끌고 특전사령관을 체포한 지휘관은 3공수여단 15대대장 박종규 중령으로, 박종규와 김오랑은 특전사령부 관사에 살며 부부간에도 자주 만나던 절친한 육사 선후배 사이였던 것으로 알려졌다. 12월 13일 새벽 2시경 국방부도 신군부가 보낸 1공수여단에 의해 점거됐다. 결국 신군부에 의해 끌려온 노재현 국방장관과 전두환 보안사령관이 12월 13일 새벽 4시경 최규하 대통령을 찾아가 정승화 육군참모총장에 대한 '수사 착수 건의' 문서에 서명을 받는 것으로 12·12군사반란은 일단락됐다.

'수사 착수 건의' 문서에 최규하 대통령이 서명한 시각은 사실과 맞지 않는다. 앞에서 언급한 대로 최규하 대통령은 12월 12일 정승화 계엄사령관 체포 동의안(수사 착수 건의)의 재가를 요청받았으나 국방장관의 승인을 받아오라며 서명을 거부했다. 그런데 이 문서의 서명 날짜는 12월 12일로 기록되어 있다. 아마도 육군참모총장의 연행에 찬성하지 않았다는 것을 보여주려는 최규하 대통령의 거부 시도였을 것이다. 문서 자체가 조작됐을 가능성도 배제할 수 없지만 다른 문서와 대조해봤을 때 최규하 대통령의 서명이 맞는 것으로 보인다.

문서에 적힌 것처럼 정승화 육군참모총장에게 덧씌워진 혐의는 박정

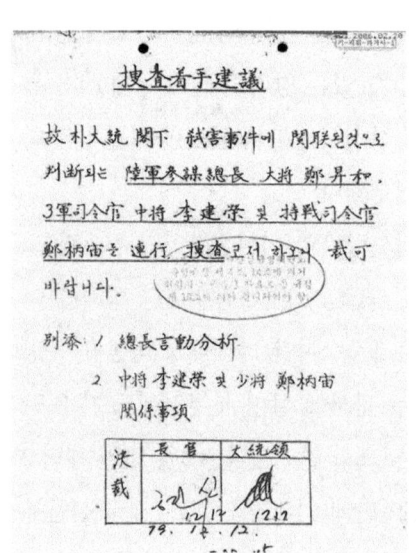

〈수사 착수 건의〉 문건

〈수사 착수 건의〉에 최규하 대통령이 서명하는 것으로 12·12군사반란이 마침표를 찍었다. 처음 최규하 대통령은 국방장관을 찾아오라며 거부했으나 결과적으로 서명했다. 이를 통해 신군부세력은 군 지휘권을 장악한 뒤 정권 장악을 준비할 수 있게 됐다.

희 대통령의 시해 현장 부근에 있으면서도 적절한 조치를 취하지 않고 김재규와 묵시적으로 내란을 공모했으며, 그로부터 불법자금을 받았다는 것 등이었다. 신군부의 군사반란에 반대하며 육군참모총장(계엄사령관)을 구출하려던 이건영 3군사령관과 정병주 특전사령관에게도 같은 혐의가 씌워졌다. 장태완 수경사령관은 자신들의 하극상 반란에 협력할 것으로 예상하고 포함시키지 않은 것으로 추정된다.

전두환을 비롯한 신군부는 하극상 군사반란에 사병들을 동원하면서도 사전에 개인들에게 이를 제대로 설명하거나 통보하지 않았다. 많은 군인들은 자신들이 무슨 짓을 하고 있는지 모른 채 신군부의 사병私兵처럼 동원되어 자신들의 사령관이나 직속상관, 동료들에게 총을 겨누고 발포했다. 그 결과 3명이 사망하고 많은 병사들이 부상당했다.[24]

신군부세력의 군 장악

1979년 12월 13일 육군참모총장을 비롯한 군대 내 주요 핵심 직위의 보직 인사가 단행됐다. 원래 예정된 보직 인사였으나 많은 핵심 보직들이 신군부세력이나 신군부에 협조적인 인사들로 바뀌었다. 〈표 1-2〉는 12월 13일 단행된 육군의 주요 보직 인사이다.

이날 단행된 군 인사의 핵심은 육군참모총장, 3군사령관, 육사 교장, 수경사령관과 특전사령관, 육군본부 헌병감 등의 교체이다. 신군부의 하극상 반란에 반대한 육군 최고위급 지휘관들은 모두 바뀌었다. 수도권 대전복부대의 사령관들도 교체됐다. 이들 대신 새로 영전 또는 진급한 인물들은 모두 신군부에 우호적인 군 선배들이거나 신군부세력이었다. 이들 중 몇몇은 12월 12일 경복궁에 있었거나 또는 병력을 동원하는 것으로 군사반란에 적극 참여했다. 즉 이날의 인사는 군부 내에서 정치군인들에 반대하며 임무에 충실했던 군인들을 솎아내고 군사반란에 가담한 이들의 공을 챙겨주는, 일종의 논공행상 격인 보직 개편이었다.

인사를 통해 군 지휘권을 장악한 신군부는 군부의 여론이 악화될 것을 우려하여 각 지역의 보안부대에 '12·12'의 정당성을 알리는 홍보 활동에 주력토록 지시했다. 12월 31일 보안사령부는 각 보안부대장들에게 '12·12사태 관계 첩보 추가 하달' 지시를 내렸다. 주요 지시사항

〈표 1-2〉 1979년 12월 13일 육군 주요 보직 인사

직위	신임	전임
군사령관급 이상 보직		
합참의장	대장 유병현(육사 7기 특임)	대장 김종환
연합사 부사령관	중장 백석주(육사 8기 특임)	대장 유병현(육사 7기 특임)
1군사령관	중장 윤성민(육사 9기)	중장 김성원(육사 5기)
3군사령관	중장 유학성(정훈 1기)	중장 이건영(육사 7기)
참모차장	중장 황영시(육사 10기)	중장 윤성민(육사 9기)
중장급 이상 보직		
직위	신임	전임
합참본부장	중장 김영선(육사 7기)	중장 신현수
육사 교장	중장 차규헌(육사 8기)	중장 백석주
3사 교장	중장 정형택(육사 8기)	중장 김영선
국방대 원장	중장 천주원(육사 9기)	중장 조문환
육군대학 총장	중장 안종훈(공병 3기)	소장 김한용
수경사령관	소장 노태우(육사 11기)	소장 장태완
특전사령관	소장 정호용(육사 11기)	소장 정병주

* 출처: 현대한국사연구회, 《제5공화국 전사》 3권, 1266~1267쪽.

은, '12·12사태 관계 첩보'를 전 부대원들에게 전파시켜 부대원들의 활동 시 자연스럽게 홍보하고 '12·12'에 대한 불필요한 유언비어가 생기지 않도록 적극적으로 활동하라고 지시했다. 이 문건에 첨부된 '첩보 요지'에는 "정승화는 육군참모총장으로서의 직무를 방기한 채 시해 사건을 방관 내지 묵인했고, 3군사령관 이건영과 특전사령관 정병주 등이 김재규의 추종세력임에도 보직 해임을 고려치 않았으며, 김재규로부터 금품을 수수하고 청와대 경호실차장 이재전을 방면하는 등의 범죄 사실이 있다"고 기록되어 있다. 나아가 "합수부에서는 정승화 참모총장을 연행할 때 수사관이 부상당하고 총장을 구출하려는 일부 군부의 동요가 있었으나 진압되어 군은 현재 안정과 평온을 되찾았다. 이러한 불상사가 발생하지 않도록 김재규 추종세력이 배제됐으며, 오히려 12·12를 계기로 군 인사 면에서 과감한 신진대사를 단행하여 침체된 장병의 사기를 높이고, 결과적으로 전투력을 향상시키는 전화위복의 계기가 되었다"고 자화자찬하기까지 했다.[25] 이 같은 지시는 1980년 1월 초순 보안사령관 주최로 열린 보안사 과장급 이상의 부부 동반 모임에서도 재차 언급됐다. 이 자리에서 전두환은 12·12에 대한 경과, 관련 유언비어 방지 및 계도를 위해 가족들이 함께 노력해줄 것을 당부했다.[26]

   결과적으로 12·12군사반란을 통해 신군부는 자파세력들을 육군 내 핵심 직위에 임명함으로써 군 지휘권을 장악할 수 있었다. 이후 신군부는 정권을 탈취하려는 준비에 박차를 가했다. 그 핵심에는 보안사령부가 있었다.

미국의 판단과 대응

한편 미국은 12·12쿠데타가 발생하기 전부터 한국에서 군부가 발호할 것을 예측하고 있었다. 12월 3일 미 국무장관이 카터 대통령에게 제출한 〈일일보고daily report〉는 '10·26사건'이 발생한 뒤 한 달 동안의 한국 정세를 평가하고 있다. 여기서 주한 미국대사는 군부의 쿠데타 가능성을 예상했다. 글라이스틴William H. Gleysteen, Jr. 미국대사는 최규하 정부가 실패한다면 군이 '국가의 자위自衛를 명분 삼아 쿠데타a coup in the name of national self-preservation'를 일으켜 권력을 장악할 정도로 한국의 상황이 악화될 수 있다고 보고했다.[27] 이 같은 미국의 예측은 빗나가지 않았다.

미국은 12·12군사반란 직후 전두환이 권력을 장악한 것으로 파악했다. 미국 국가안전보장회의NSC의 닉 플랫Nick Platt은 브레진스키에게 보낸 비망록에서 "권력의 고삐가 전두환의 손에 들어갈" 것으로 예상했는데,[28] 이후 한국의 권력은 미국의 예상과 같이 신군부의 손아귀에 들어갔다. 워싱턴의 정책 담당자들은 신군부의 12·12쿠데타를 심각한 상황으로 판단하고 있었다. 이 사건을 단순히 신군부만의 쿠데타로 한정하지 않고, 장래 한국의 군부 내에서 또 다른 분열 또는 신군부에 반대하는 행동이 발생할 위험성이 높은 것으로 판단했기 때문이다.[29]

워싱턴에서는 '12·12쿠데타' 때문에 발생할지도 모르는 남북관계에 대해 검토하려고 긴급하게 국가특별정보평가위원회Special National Intelligence Estmate가 소집됐다. 이 위원회는 한국사회에서 발생한 사건이 북한에 어떤 영향을 미치는가를 평가하는 회의였다. 그리하여 '최근 남한의 사건'을 정확하게 평가할 수 있는 북한의 능력, 그 연장선에서 군부 또는 정치불안의 효과, 북한 개입의 가장 가능한 형태, 그러한 (북한) 개입의 목표, (북한) 개입에 대한 남한의 내구성, 북한의 개입에 대한 소련과 중국의 태도' 등을 회의 안건으로 상정했다. 회의에서는 한국에서 불안정한 시기가 계속된다면 북한의 개입할 가능성이 있는 것으로 예상했다.[30]

미국이 무엇보다도 우려했던 것은 한국군의 분열이었다. 미국은 12·12쿠데타를 계기로 한국군의 지휘권이 붕괴될 것을 우려했다. 번스Cyrus Roberts Vance 국무장관과 브라운Harold Brown 국방장관이 12월 19일 카터 대통령James Earl Carter Jr.에게 보고서를 제출했다. 이 보고서에서는 12월 12일 이후 한국 군부의 상황이 위험해질 것이라 예상했다. 미 국무장관과 국방장관은 현재 상황이 일시 안정되고 있지만 12월 12일 한 집단(신군부-인용자)의 행동으로 인해 병뚜껑이 열렸기(군사쿠데타가 발생했다는 의미-인용자) 때문에 장래 한국군의 지휘계통이 무너지고 군 내부의 파벌 간에 벌이는 직접적인 행동(쿠데타-인용자)과 이것을 저지하는 행동이 한국군에 가장 큰 위험이 될 것이라 판단했다. 그리고 이러한 행동을 예방할 수 있다면 새로운 지휘부의 통제 아래 군이 정상으로 돌아갈 것이라고 예상했다. 그러면서도 보고서에서는 신군부의 정치적 야심 때문에 정치적으로 불확실하다고 평가했다.

이 비망록에서는 향후 미국의 대한정책 목표로 다음의 몇 가지를 제시했다. '한국에서 민간 통치를 지속할 수 있도록 강하게 압박하며, 한국군의 지휘계통Command Relationships(한미연합사령부-인용자)을 지키도록 요구한다. 그리고 미국이 핵심적으로 추진해야 할 목표로서 (한국)군의 통합army unity에 위협이 될 수 있는 분열을 방지하고, 민간이 주도하는 민주정부를 향한 추진력을 현 상태로 유지하며, 한국군을 강력하게 유지하여 북한의 도발을 단념시킴으로써 한국의 독립을 유지하는 것'에 초점이 맞춰져야 한다고 제안했다. 즉 카터 정부의 정책 담당자들은 대한정책의 목표로 한국군의 통합과 민간정부의 유지, 그리고 북한의 움직임에 대한 대비 등을 제시하고 있다. 그리고 신군부에 대한 군 내부의 반발을 예방할 수만 있다면, 향후 한국군이 정상적으로 기능할 것이라고 예상했다.[31] 미국의 관심사항은 북한의 움직임과 한국군 내부의 분열, 그리고 지휘계통(한미연합사령부)의 유지 등이었다.

요컨대 당시 미국에게 한국의 인권과 민주주의 등은 주된 관심사가 아니었다. 남북한이 대치하고 있는 현실에서 한국군의 분열은 심각한 문제이며, 미국의 주된 관심도 여기에 맞춰져 있었다. 그렇기에 미국은 신군부가 무력을 동원해 군 지휘권을 장악한 것보다는 군 내부의 분열과 북한의 동향에 대한 준비 등을 우려하고 있었을 뿐이었다.

정치군인들, 학원 소요를 '고대'하다

전두환의 달라진 위상

대통령비서실에서 생산한 자료 중에 《최규하 대통령의 면접인사 기록부》가 있다. 이 자료에는 12·12군사반란 이후 전두환 보안사령관의 달라진 위상을 보여주는 기록이 등장한다. 12월 19일 14시부터 15시 50분까지 청와대에서는 '안보대책회의'가 열렸다. 이 자리에는 대통령을 비롯해 국무총리, 외무장관, 내무장관, 국방장관, 문교장관, 계엄사령관, 중앙정보부 1차장, 대통령비서실장 등이 참석했다. 그런데 회의가 끝난 뒤 17시 50분부터 18시 45분까지 청와대 집무실에서 최규하 대통령과 전두환 보안사령관이 독대한 기록이 남아 있다. 12·12군사반란 이후 달라진 전두환 보안사령관의 위상을 엿볼 수 있는 대목이다. 3일 뒤인 12월 22일 11시 34분부터 13시 12분까지 대통령 집무실에서 최규하 대통령, 주영복 국방장관, 이희성 계엄사령관, 전두환 보안사령관, 이학봉 합동수사본부 수사국장 등이 참석한 회의가 열렸다. 오찬도 없이 진행된 회의였다.[32] 참석자들의 면면으로 볼 때 12·12군사반란 이후 연행자들의 처결 문제와 관련된 회의였던 것으로 보인다. 이제 전두환 보안사령관은 국방장관이나 계엄사령관 등과 대등하게 대통령을 만날 수 있는 위치에 이르렀다.

　이 자료에는 12·12군사반란 이후 뒤바뀐 보안사령관과 육군참모총장의 위상을 보여주는 사례들도 기록되어 있다. 계엄사령부 조직체계로만 보면 계엄사령관 아래에 합동수사본부가 있고, 조직 편제상 합동수사본부장(보안사령관)은 계엄사령관(육군참모총장)의 직속부하이다. 그런데 계엄사령부의 조직체계를 무시하는 면담 기록이 있다. 1980년 1월 6일 전두환 보안사령관이 오전 9시 33분부터 10시 50분까지 청와대를 방문해 보고하고, 같은 날 오후 1시부터 1시 45분까지 이희성 육군참모총장이 최규하 대통령에게 보고했다. 시기로 볼 때 이날의 주제는 '신년 업무보고' 정도로 보인다. 그런데 계엄사령관이 보고하기에 앞서 계엄사령부의 합동수사본부장이 오전에 1시간 20분가량 보고하고, 그의 직속상관인 계엄사령관은 오후에 그것도 기껏해야 45분 보고했다. 계급과 서열을 중시하는 군대의 특성과 업무의 성격 등으로 볼 때 도저히 이해되지 않는 순서와 시간이다.[33] 이는 다른 정부 각료와 비교해도 쉽게 이해되지 않는 부분이다. 정부 각료(장관)들의 보고 시간이 평균 30분가량인 데 비해 합동수사본부장은 거의 1시간이나 많다. 1월 26일 전두환 보안사령관은 15시 22분부터 17시 55분까지 무려 2시간 33분 동안 보고했다. 물론 김재규의 수사와 재판 등 중요한 문제를 보고한 것으로 볼 여지가 있지만, 보고 시간이 지나치게 길다. 비상계엄 시기라지만 12·12군사반란 이후 눈에 띄게 달라진 보안사령관의 위상이 여실히 드러나는 사례이다.

학원 소요에 대한 대비

2월 5일 15시 30분부터 16시 24분까지 청와대에서는 '학원 소요사태 대비 군 보고'가 이루어졌다. 이날 보고에는 주영복 국방장관, 이희성 계엄사령관, 전두환 보안사령관, 노태우 수경사령관, 최광수 대통령비서실장 등이 참석했다. 군 보고라는 명분이어서인지 주무 부처의 장관들인 내무장관과 문교장관이 빠져 있다.

회의 참석자들과 의제가 주목되지만, 이 회의의 중요성은 다른 데 있다. 아직 겨울방학인 까닭에 대학가는 별다른 움직임이 없었으나 정부와 군, 신군부는 이미 신학기의 '학원 소요'에 대비하고 있었다는 점이다.[34] 그 중심에는 신군부의 핵심들이 자리하고 있었.

2월 14일에는 '수도권 방어훈련관계 보고회의'가 열려 신현확 국무총리, 주영복 국방장관, 김종환 내무장관, 유병현 합참의장, 이희성 계엄사령관, 노태우 수도경비사령관, 수도경비사령부 작전참모 등이 참석했다. 참석자들의 면면으로 볼 때 치안과 관련된 논의가 있었을 것이라 추정된다. 일상적인 '수도 방위'에 관한 회의일 수 있지만, 수도권 지역의 시위에 대비한 회의일 가능성도 있었다. 결국 이러한 추정은 뒤이은 조치로 단순한 추정이 아님이 드러난다.

폭동 진압용 '충정훈련' 강화

1980년 2월 18일 육군본부에서는 1·2·3군사령관과 특전사령관, 수경사령관에게 특별지시를 내렸다. 후방의 충정부대에 특별지시를 내린 것이다. 1/4분기의 폭동진압교육훈련(충정훈련)을 2월 중 조기 실시해서 완료하라는 내용이었다. 이에 따라 공수부대도 정규 교육훈련을 거의 포기한 채 오로지 충정훈련에 매진했다. 주간에는 CS탄, 500-MD 헬기와 장갑차까지 동원됐고, 매일 밤 출동 준비 군장을 꾸렸다가 해체하는 혹독한 훈련이 기계처럼 반복됐다.[35]

의아한 점은 당시 국방장관이던 주영복이 폭동 진압훈련을 실시하라는 육군본부의 지시를 알지 못했다는 것이다. 주영복은 시위 진압훈련 실시를 지시했느냐는 검사의 질문에 "국회 광주특위 청문회에 출석하여 처음 알았다"며 "계엄하에서의 시위 진압훈련은 육군본부에서 통상의 업무 차원에서 실시할 수 있는 것이므로 국방장관에 대한 보고사항이 아니다"라고 진술했다.[36] 자신의 책임을 벗어나려는 책임회피 진술일 수도 있으나, 주무부서 장관인 국방장관조차 모르게 시위 진압훈련이 진행됐을 가능성도 배제할 수 없다.

육군본부의 특별지시에 따라 강원도 화천에 주둔한 11공수여단에서도 충정훈련이 강화했다. 11공수여단장은 검찰 조사에서 1980년 2월 18일 "육군본부로부터 전국 각 부대에 내려진 충정훈련 강화 지시를 받았느냐"는 질문에 "정확한 내용은 잘 기억나지 않으나 연간 교육계획표상의 충정훈련이 계획되어 있었는데, 그 계획보다 충정훈련을 더 많이 하라는 내용이었다"고 진술했다. 11공수여단의 다른 지휘관도 검찰 조사에서 충정훈련은 "폭동진압대형훈련"으로 "횡대형, 종대형, H형 등 여러 가지가 있고, 행동 요령으로 방어형, 진격형, 주모자 체포형 등이 있는데, 이것을 반복 연속적으로 훈련"하는 것이며, "하루에 한두 시간 정도" 했다고 진술했다.[37]

공수부대는 아니지만 후방의 충정부대로 배치된 20사단도 충정훈련을 실시했다. 20사단에서 근무한 장교 출신은 검찰 조사에서 2월 18일 충정훈련을 실시하라는 지시가 있었다면서, 어떤 방법으로 충정훈련에 임했느냐는 질문에 "시위대에 위압감을 주는 총검술, 시위대를 뚫기 위하여 대형을 갖추는 방법, 상대방에게 엄격성을 과시하기 위하여 복장을 착용하는 방법, 국가보위라는 사명감 고취를 위한 정신교육 등을 실시했다"고 답했다.[38]

이렇듯 1980년 2월부터 군은 충정훈련을 강화하고 있었다. 충정훈련은 신군부의 정권 장악을 위한 사전 작업이었다.

육군본부의
시위 진압지침

 이 무렵 보안사령부 정보처의 언론반은 "안정세력 구축을 목표로 오도된 민주화 여론을 언론계를 통하여 안정세로 전환하고, 보도검열단을 통한 봉사 활동과 언론계 중진들과 개별 접촉하여 회유 공작을 실시"하는 이른바 'K-공작'을 기획했다. 보안사령부 언론반은 이후 언론통제(보도검열 지침 마련 및 통제), 언론인 해직, 언론 통폐합 등을 시행하여 자유로운 언론 활동에 직접적인 영향을 미쳤다.[39] 군이 언론을 검열하고 통제하는 데에서 한걸음 더 나아가 '여론 조작'을 시도하고, 종국에는 정권 장악의 걸림돌이 될 수 있는 언론을 제거하거나 순화시키는 공작이었다. 'K-공작'은 이후 국보위의 '언론 통폐합 및 언론인 해직' 등으로 이어지며 신군부의 권력 찬탈에 초석이 됐다.
 이와 함께 신군부는 자신들이 권력을 잡는 데 방해가 될 것으로 예상되는 국민적 저항, 그중 대학가의 시위 진압을 계획했다. 군을 동원하여 학생 시위를 진압한다는 구체적인 방안까지 수립했다. 신군부가 군 동원을 계획하며 작성한 몇 가지 문건들이 있다. 이 문건들을 살펴보면 신군부의 최종 목표가 무엇이었으며, 동시에 1980년 5월 광주에서 계엄군이 왜 그토록 잔인했는지 추론해볼 수 있다.

부마항쟁의 교훈, 초동단계 강경 진압

작성 시기가 제일 앞선 보고서는 보안사령부가 작성한 〈부마지역 학생소요사태 교훈〉이다. 이 보고서는 계엄군이 부마항쟁을 무력으로 강제 진압한 뒤 보안사령부에서 작성한 일종의 작전평가서이다. 최근 언론

〈부마지역 학생소요사태 교훈〉
부마항쟁이 진압된 이후 보안사령부에서는 평가보고서를 작성했다. 특히 이 문건에서는 군이 출동했을 초동단계에서 강경 진압을 강조하고 충정훈련의 강화 등을 제안했다. 결과적으로 이 같은 제안은 1980년 상반기부터 수용됐으며 5월 광주에서는 더욱 강경하게 실현됐다.

보도에 따르면, 1979년 부마항쟁 당시 전두환 보안사령관이 10월 18일 오후 2시 10분경 부산으로 내려가 현지 지휘관들과 함께 시위 진압작전계획을 검토한 뒤 초동단계에 강경 진압할 것을 결정했다고 한다.[40] 이 평가서는 신군부가 아직 군 지휘권을 장악하지 못한 박정희 정권기에 작성됐다. 하지만 당시 보안사령부는 신군부 핵심들이 장악하고 있었으며 이후 신군부의 집권에 핵심 역할을 담당했다. 그렇기에 보안사령부의 보고서에는 신군부의 인식과 대응이 담겨 있으며 1980년 5월 광주와 관련해서도 몇 가지 시사점을 준다.

〈부마지역 학생소요사태 교훈〉은 '1. 개요 - 2. 소요사태에 대한 군 조치사항 - 3. 계엄군 및 위수부대 조치 - 4. 교훈 - 5. 결론 - 첨부. 1. 학생소요사태 일지 - 2. 비상계엄 및 위수령 신문 스크랩' 순서로 구성되어 있다. 1979년 10월 16일 부마항쟁이 발생하자 박정희 정권은 10월 18일 00시 01분에 비상계엄을 선포하고 해병 7연대를 부산대에, 3공수여단을 동아대에 각각 출동시켰다. 이날 부산의 남포동 등 7곳의 시위 발생 지역에 3공수여단을 투입, "철저하고 간담이 서늘하게 진압작전 실시"하여 "학생이나 깡패들의 데모 의지"를 "말살"시켰다. 다음 날에는 1공수여단과 5공수여단을 부산 지역에 추가 배치하고, 특전사령부 지휘부도 부산으로 이동시켰다. 10월 20일에는 1공수여단 2대대와 5공수여단을 마산 지역에 투입했다.

보고서에는 시위계층을 "학생이나 깡패들"로 명시하고 있다. 이 점은 5·18항쟁을 왜곡하는 논리 및 단어와 유사하다. 뒤에 나오듯이 보안사령부는 5·18항쟁을 주도한 계층을 '학생, 깡패, 불순분자, 야당 정치인' 등으로 언급하고 있다. 항쟁 주체를 특정 계층으로 축소시켜 계엄군의 진압작전을 정당화하는 논리이다.

〈부마지역 학생소요사태 교훈〉의 3장(계엄군 및 위수부대 조치) '소요사태 진압 시 유의사항'에서는 출동 부대가 "초동단계에 신속 진압─군이 진압을 위해 투입되면 인명을 상하지 않는 범위 내에서 과감하고 무자비할 정도로 타격, 데모대원의 간담을 서늘하게 함으로써 군대만 보면 겁이 나서 데모의 의지를 상실토록 위력을 보여야" 하고, "군이 출동하면 최강의 위엄과 위력을 과시하여 위압감을 주어야" 한다고 강조했다. 또한 "총기 피탈 방지, 화염병 등의 기습 공격에 대비", "경계 초소 주변에 민간인 학생 접근 금지" 등을 제시했다. 추가로 "사회 일각에서 발생되는 사소한 불안 요소라 할지라도 이를 예의주시, 필요시에는 즉각 출동, 초동단계에 완전히 진압할 수 있는 대책을 강구해야 하며, 사회불안의 요인이 될 수 있는 학원과 종교, 기타 행정관서에 인접해 있는 각급 부대들을 지역 내 소요에 능동적이고 융통성 있게 대처하기 위하여 평상시 출동 역량의 확보와 철저한 폭동진압계획 및 훈련 등 대비책이 요망된다"고 결론 내리고 있다.[41]

위의 보고서에서는 진압지침으로 군이 시위 진압에 투입됐을 때는 초동단계에서 강력하게 진압하라고 했다. 그 가운데 "인명이 상하지 않는 범위 내"와 "과감하고 무자비한 타격"을 하라는 항목은 언뜻 보기에 모순되는 내용이다. 강력한 초동 진압뿐만 아니라 마치 다음 해 광주에서의 군 동원을 예상하듯이 평시에 충정훈련(폭동진압계획 및 훈련)을 강화하라고 강조하고 있다. 보안사령부의 제안은 다음 해에 후방의 충정부대에서 충정훈련의 강화로 이어졌다. 또 "인명이 상하지 않는 범위 내"와 "과감하고 무자비한 타격"을 하라는 지침은 1980년 5월 광주에서 한층 강력하게 실행됐다. 이 보고서가 실제 시위 진압에서 지침으로 반영됐는지 구체적으로 확인하기는 힘들지만, 뒤에서 살펴보듯이 적어도 보안사령부의 평가보고서가 다음 해 5월 광주에서는 적극 실현됐다.

1979년 10월 부산에 투입된 공수부대가 자행한 폭력적인 시위 진압은 다음 해 광주에서 발생한 무자비한 폭력의 예고편이었다. 원래 공수부대는 시위 진압에 투입해서는 안 되는 공격형 특수부대이다. 전시가 아니라면 공수부대를 포함한 군대를 민간의 시위 진압에 동원해서는 안 된다. 설혹 전시일 때조차도 군대의 권한과 행동은 엄격하고 적절하게 통제되어야 한다.

1948년의 제주 4·3사건과 여순사건, 그리고 한국전쟁 전후의 민간인 학살은 공권력이 절제되지 않았을 때 어떤 참극이 발생할 수 있는지를 보여주는 대표적인 예이다. 공권력이 올바르게 통제되지 않은 채 무제한으로 자행되어 수많은 사람들이 이유도 모른 채 학살당한 것이다. 게다가 민족분단과 연좌제는 오랜 기간 피해자들과 그 가족들의 삶을 옥죄었다.[42]

박정희 정권은 군대를 정권 유지의 수단으로 전락시켜 민간의 시위 진압에 자주 동원했다. 이 같은 선례를 보며 성장한 신군부가 시위 진압에 군대를 동원하는 것은 너무도 자연스럽고 익숙한 일이었다. 1980년 5월 신군부가 군대를 시위 진압에 투입한 것은 오랫동안 길들여진 관행을 실행에 옮긴 것이었다.

충정작전 대비지침

이 무렵 육군본부는 〈충정작전 대비지침〉이라는 문건을 작성했다. 양식과 내용으로 볼 때 육군본부에서 보고용으로 작성한 문건으로 보이며,

작성자와 작성 시기를 특정하기는 어렵다.[43] 〈충정작전 대비지침〉은 '개요 – 병력 출동 및 병기 사용 법적 근거 – 진압작전 개념 – 대비지침 – 부대 운용계획 – 통신·항공·군수 지원계획 – 강조사항 – 준비일정 – 결론'의 순서로 구성됐다.

구체적인 시행 '방침'으로 "전방 방어태세의 약화 없이 소요사태 ***(판독 불능), "경찰 능력 최대 활용, 경찰 능력 초과 시 지원, 군 투입 시 강력한 응징" 등이다. 이 중 1980년 5월 광주에서 지켜진 방침은 "군 투입 시 강력한 응징"뿐이었다. 군은 1980년 5월 18일 이후 광주 시내에서 시위를 진압하는 과정에서 경찰력을 제대로 활용하지 않았다. 5월 18일 오전 금남로 시위에서 시위대의 기세가 경찰을 압도한 것도 아니었는데 정부와 군은 이날 오후 4시부터 공수부대를 투입시켜 시민들을 "강력"하게 "응징"했다. 이전에 작성한 육군본부의 시위 진압지침조차 지켜지지 않았다. 군이 만든 원칙과도 상반되게 행동한 것이다.

문건에서는 '사태별 부대 운용' 계획으로 경찰과 군을 구분하고, 군 작전은 다시 3단계로 나누었다. 군 작전의 2단계는 시위가 도심지에서 확대되는 단계로, 군은 "최소 부대 지원(특전사령부)"으로 운영한다. 3단계는 시위에 "시민과 합류"하는 단계로서 "대규모 지원"을 제시했다. (군이) 출동했을 때도 "계획단계부터 경찰과 사전 충분한 협조"를 하고 "작전 초기 군이 투입되더라도 가급적 소요 인원과 직접 마찰이 없도록 경찰이 일선을 담당하며 군은 2선에서 지원"하도록 제안했다. 즉 경찰이 시위를 진압하고 군은 뒤에서 지원하는 역할을 제시했다. 그러나 1980년 5월 18일 오후 4시부터 광주 시내의 시위 진압은 공수부대가 앞장서고 경찰이 지원하는 형태로 전개됐다. 군 스스로 마련한 지침조차도 지켜지지 않았을 뿐 아니라 오히려 군경의 역할이 뒤바뀌었다.

'진압작전 개념' 중에서 '도심지 소요'가 소규모일 때는 "다수의 순찰조 운용 및 경계조 배치, 주요 '목'에 선점 배치 성군成群(무리를 이룸, 즉 대열을 짓는 것) 방지, 도피로 차단, 소요 인원 체포(경찰 또는 수사 요원**. 판독 불능)"하고, 대규모일 때는 "강력한 기동타격대 투입, 증원세력 차단 및 타격, 주민과 소요 인원(학생)의 분리, 소요 중심세력 전원 체포. * 주요 시설 방지 병행, 필요시 문제 대학 점령" 등을 제시했다. 또 "최악의 사태를 고려하여 (작전계획을) 작성"하고 "우발계획을 다양하게 준비"하며, "자체 계획에 의한 CPX(command post exercise: 지휘소 훈련) 및 제한된 FTX(field training exercise: 야외기동훈련) 실시" 등을 규정했다.

지켜지지도 않은 '육군본부 진압지침'

1980년 5월 18일 이후 광주 시내에서 육군본부의 지침은 아무 소용 없는 허황된 지침일 뿐이었다. 5월 18일 이후 광주 시내의 시위 진압을 주도했던 공수부대는 이 지침을 지키려 하지도 않았고 그래서 지켜지지도 않았다. 1980년 5월 18일 오후 4시에 공수부대가 투입되는 순간부터 광주 시내에서는 이 지침과는 정반대 상황이 펼쳐졌다. 군이 시위 진압의 일선을 담당하고 경찰이 지원하는 식이었는데 이것마저 제대로 지켜지지 않았다. 경찰들이 시민들을 집으로 돌려보내려 할 정도로, 1980년 5월 광주에서 벌어진 공수부대의 시위 진압은 잔혹했다.

육군본부의 지침이 얼마나 실효성 있는 방안이 될 수 있었을지도 의문이다. 대규모와 소규모의 구분, 시민 합류의 기준 등이 명확하지 않기 때문이다. 지침에 따라 계엄군이 시위와 그 대열에 대처하는 방식이 달라지기에 명확한 기준이 제시되어야 하지만, 이 문건에는 그 기준이 불분명했다. 현장 지휘관들의 자의적 판단에 따라 얼마든지 군의 대처가 달라질 수 있었던 것이다.

　더욱 심각한 문제는 군이 투입되는 순간부터 원래의 계획과 지침 등이 무용지물이 되어버렸다는 점이다. 위의 지침에 제시된 군의 역할은 경찰을 지원하는 것이었다. 하지만 1980년 5월 17일 24시부로 비상계엄이 전국으로 확대되면서부터 군대와 경찰의 역할이 뒤바뀌었다. 군이 민간사회를 통제하는 계엄령이 시행되는 상황에서 육군본부의 지침은 결코 적용될 수 없는 지침이었던 것이다. 군이 경찰을 통제하는 구조 아래에서는 군과 경찰의 역할이 제대로 지켜지는 게 불가능하다. 실제로 시위 진압에 투입된 군 병력은 지침대로 행동하지 않았다. 내용으로 볼 때 보안사령부 문건에 근거해 작성된 것으로 여겨지지만, 〈충정작전 대비지침〉은 보안사령부의 〈부마지역 학생소요사태 교훈〉과 함께 시위 진압의 지침으로 변용됐다.

신군부, 학생 시위에 군 투입을 벼르다
군사작전을 방불케 한 시위대책
대국민사기극, '북풍北風'
'서울의 봄'을 앗아간 5·17쿠데타

5·17 쿠데타
— 비상계엄 전국 확대

신군부, 학생 시위에
군 투입을 벼르다

전두환, 중앙정보부장에 취임하다

신군부의 군 동원계획은 중앙정보부와 육군본부 작전참모부의 계획에도 반영됐다.[1] 1980년 4월 14일 중앙정보부장 서리에 전두환이 취임했다. 전두환은 취임 전부터 군 정보기구의 수장인 보안사령관으로서 1979년 10월 27일부터 계엄사령부 산하의 합동수사본부장을 맡고 있었다. 보안사령관과 합동수사본부장을 겸하면서 비상계엄하의 모든 수사기관을 통제하는 가운데, 민간과 군의 정보기관 최고 책임자 자리까지 차지한 것이다. 이에 대해 묻는 검사의 질문에 20사단장이었던 박준병은 "한 사람에게 군사 정보를 비롯한 국내외 정보가 집중되는 것은 바람직한 일이 아니라고 생각한다"며 "현역 군인이 중앙정보부장직까지 겸직하는 것은 문제가 있는 것"이라고 답했다.[2]

한 개인이 민간과 군의 정보기구 수장을 겸직하는 것은 법적으로도 문제가 있으며 전례도 없었다. 중앙정보부법(법률 2군590호, 1973. 3. 10. 일부 개정) 제7조에서는 "부장·차장 및 기획조정관은 일체 타직을 겸할 수 없다"고³ 규정하고 있다(겸직 금지). 한 사람에게 국가의 모든 정보가 독점되면, 여러 가지 면에서 파장이 커지기 때문에 법률로 금지시킨 것이다. 그럼에도 군 정보와 함께 국내외의 모든 정보, 여기에 비상계엄령 아래에서 군·검·경의 수사권까지 한 사람의 손아귀에 들어갔다. 1979년에 일으킨 12·12군사반란 이후 군부의 실권자가 된 전두환은 대한민국의 모든 정보와 수사권을 독점하게 되었다.

전두환이 중앙정보부장 서리에 취임하자 한반도 정세를 예의주시하던 미국은 한국의 상황을 심각하게 받아들였다. 신군부가 한미동맹에 가장 위협이 되는 행동을 한 것이다. 미 국무부와 글라이스틴 주한 미대사는 여러 차례 협의한 끝에 1980년 6월에 열릴 예정이던 한미 간의 연례안보회의SCM(Security Consultative Meeting)를 연기토록 제안했고, 미 중앙정보부CIA의 동아시아담당관 그레그Donald Phinney Gregg 또한 이 조치에 동의했다.⁴ 결국 한미연례안보협의회는 다음 해로 넘겨져 1981년 4월 29~30일 제13차 한미안보협의회가 미국에서 열렸다.

학원사태를 안보 문제로

전두환이 중앙정보부장에 취임하고 얼마 지나지 않아 중앙정보부는 〈학원대책 방향〉이라는 보고서를 만들었다. 이 보고서는 학원 소요가 학내 문제를 떠나 현실 정치 문제를 쟁점 삼아 대정부 전복을 목표로 한 2단계 투쟁으로 전환할 것이라 예상한 후 시기별로 정부의 각 부처들이 어떻게 학원 문제에 대처해야 하는지 구체적인 방안을 담고 있다. 1단계(5. 7~10)는 문교장관의 경고 담화 발표 및 학생들의 교외 진출 저지, 2단계(5. 11~13)는 주동자 색출 및 범법자 처벌, 3단계(5. 14~16)는 대학 휴교 및 주동자 등 일제 검속 및 계엄사령관 담화 발표, 4단계(5. 17 이후)는 비상대책을 강구하여 적시에 조치한다는 요지이다.

계엄사령부에 보고된 〈학원대책 방향〉을 토대로 5월 8일 긴급 계엄위원회[5] 회의가 열렸다. 안보 소위원회에서 토의된 학원 소요사태 대비책에 따른 계엄사령부의 세부 활동계획을 수립하기 위한 회의였다. 회의에서는 중정이 제출한 〈학원대책 방향〉의 단계별 대책을 각 부처별로 준비하여 5월 9일 계엄위원회 회의 때 발표, 토의한 뒤 세부계획을 만들기로 결의했다. 또 5월 9일 이후 계엄회의에 육군본부 작전참모부 작전처장(준장 이종구)과 동원참모부 동원조직 처장(준장 채종석)을 참석시키기로 결정했다. 아울러 각 지방에서도 '학원사태 수습대책협의회'를[6] 구성하여 5월 9일부터 매일 운영토록 결정했다. 회의 참석자들은 '학원 자율화' 방침이 한계에 도달했으므로 이후 국가 안보 및 치안 차원에서 강력하게 대처할 것을 주장했다.[7] 뒤이어 정부 차원의 조치들이 잇따랐다.

먼저 5월 2일부터 병원에 입원해 있던[8] 김옥길 문교장관이 5월 8일 전국 대학의 총·학장들에게 공한公翰을 발송했다. 여기에는 "우리는 지금 너무나 엄청난 역사의 시련에 직면하여 그 어느 때보다도 대학인의 슬기와 지성을 요청하는 역사의 전환기에 함께 서 있다는 것을 인식하라"면서 "학생들이 과격한 행동으로 사회의 안녕질서와 어려운 경제생활에 위협과 불안을 조장하는 결과를 가져와서는 안 된다"는 내용이 담겼다. 이어 "교외 시위, 수업 중단, 사회혼란, 휴업 조치, 학사 운영의 지연, 수업일수 부족 등"을 "지난날의 (대학가의) 악순환"으로 규정하면서 학생들의 시위를 자제시키려는 노력을 각 대학이 해 달라고 호소했다.[9] 이 공한은 '유신독재의 청산'이라는 한국사회의 당면 과제를 해결하지 못해 나타나는 문제들에 대해서는 애써 눈 감은 채, 그 책임을 대학과 학생들에게 전가하고 있다. 다른 각도에서 보면, 군 투입 명분을 축적하기 위한 서한처럼 비춰진다.

문교장관의 공한에 뒤이어 5월 10일 오전 11시부터 문교부 상황실에서는 전국 85개 대학 총·학장들이 참석한 회의가 열렸다. '학원사태 수습방안'을 논의하는 비공개회의였다. 정부는 이날 회의에서 전국 대학장들에게 "대학인 모두는 조속한 시일 내에 학원이 정상화되도록 자제할 것을 촉구한다. 교권은 마땅히 수호되어야 하며 어떠한 경우라도 이를 침해하는 행위는 단호히 배격한다. 교육의 정치적 중립은 보장되어야 한다"는 요지의 결의문 채택을 유도할 계획이었다.[10] 문교부는 '학생시위가 계속될 경우 학교 측의 자진 휴강, 또는 정부 직권으로 휴업, 휴교 등을 실시, 학생들의 교외 시위에 단호하게 대처, 파괴 방화 등은 형사입건' 등을 담은 학원대책을 제시하며 각 대학을 압박했다.[11] 이 조치들은 모두 중정의 〈학원대책 방향〉 1단계에 포함된 것이었다.

이렇듯 〈학원대책 방향〉에서 설정한 1단계는 어느 정도 계획된 시기에 맞춰 실행됐으나, 2단계 이후부터는 계획의 모든 단계가 어그러진 채 곧바로 군대를 투입시키는 것으로 통합됐다. 정세가 급변하고 학생시위가 일시 중단되는 순간부터 이후 모든 단계가 생략된 채 진행된 것이다.

군 투입계획 준비

신군부는 1980년 초반부터 시위 진압에 군대를 투입시키려는 계획을 하나하나 준비해갔다. 3월 4일부터 6일까지 수도경비사령부에서는 충정훈련을 시연한 뒤 3월 6일 1차 충정회의가 열렸다. 노태우 수경사령관, 정호용 특전사령관과 1공수여단, 3공수여단, 5공수여단, 9공수여단장, 20사단, 30사단, 2군, 20사단장 및 각 부대의 작전참모, 치안본부장과 서울시경찰국장 등이 참가한 이날 회의는 수도권 소요사태에 대한 대비 태세를 점검하는 자리였다. 회의 결과 다중의 집단이 사회 법질서를 파괴할 목적으로 폭도가 될 경우, 군과 경찰이 공세적으로 진압하여 시위대를 와해시키고 재집결을 분쇄하며 주모자를 체포하는 것으로 결정했다.[12]

신군부는 학생들이 교내를 벗어나 가두시위로 반정부투쟁을 전개함에 따라 경찰력만으로 한계에 이르렀기 때문에 비상계엄을 전국적으로 확대하게 되었다고 주장했다. 그러나 1차 충정회의에서처럼 신군부는 대학생들이 본격 가두시위에 나서기 전부터 학생 시위에 강력 대처하려는 목적에서 군을 시위 진압에 투입시키려는 계획을 점검하고 있었다. 11공수여단장은 "충정회의를 할 정도의 사태가 발생할 위험이 있었느냐"는 질문에 "비상계엄하에서 정치인 등이 비상계엄 해제를 요구하고 정치일정을 빨리 진행하라는 등의 요구가 있고, 대학이 개강되어 소요가 생길 우려가 있어 추진한 것으로 판단한다"고 답했다.[13] 아직 발생하지도 않은 상황에 대비하여 대학이 개강하기 전부터 군 투입을 준비하고 있었던 것이다.

육군본부 작전참모부도 〈학생시위 대처방안〉을 작성했다. 여기서는

5월 7일부터 17일까지 군 투입을 예정하고 있었다. 육군본부 작전참모부는 4월 19일 사회불안이 고조되고 5월 14일부터 19일까지 고비에 이를 것이라 예상하고 4단계 대응 방안계획을 작성했다. 1단계(5. 7~10)는 문교부에서 담화를 발표하며 군 투입을 준비하고, 2단계(5. 11~13)는 학교별로 자진 휴업하며 시위 주동자들은 부모에게 알리고 시위대가 시가지로 집결할 때는 포고령을 발포한다. 3단계(5. 14~15)는 전 학교를 휴교시키며 시위 배후자를 색출하고 계엄포고 담화문을 발표한다. 4단계(5. 17)는 계엄군을 시위 진압에 투입한다는 계획이었다.[14]

육군본부의 〈학생시위 대처방안〉은 중앙정보부의 〈학원대책 방향〉을 참고한 것으로 여겨지나 중정의 계획에 비해 군 투입에 초점이 맞춰져 있었다. 여기서는 각 단계별로 군의 역할을 구체적으로 적시하며, 4단계에서 군 투입을 명시하고 있다는 점이 중앙정보부의 문건과는 다르다. 그러나 이 계획도 원래 계획대로 진행되지 않았다. 각 대학의 휴교와 계엄사령관의 포고문 발포 및 예비검속 등은 5월 17일의 '비상계엄 전국 확대'와 동시에 진행됐기 때문이다. 마지막으로 군을 투입하려던 원래 계획의 실행단계가 대폭 단축됐다. 이는 정세가 신군부의 예상과는 달리 급박하게 돌아갔기 때문일 것이다. 당시 중앙정보부와 육군본부 작전참모부 문건의 차이점은 〈표 2-1〉에서 확인할 수 있다.

이전에도 이와 비슷한 사례가 있었다. 1961년 박정희와 김종필을 비롯한 5·16군사쿠데타 주도세력이 4·19혁명 1주년을 맞이하여 혹시 있을지 모를 민중봉기나 학생 데모를 진압한다는 명분 아래 군을 동원하여 종국에는 군사쿠데타를 일으키겠다는 계획을 수립했다. 봉기가 발생하면 "폭동 진압 차 출동한 군대가 중앙청, 반도호텔, 방송국, 육군본부 등 주요기관을 점거하고 공수단을 비롯한 특수행동대는 정부 고관 등 요인을 체포"함으로써 정권을 장악한다는 시나리오였다. 쿠데타 주도세력들은 4월 19일 출동할 부대를 미리 조직하여 서울을 비롯한 전국에서 쿠데타를 실행할 예정이었다. 하지만 이들의 계획은 실행되지 못했다. 전국에서 어떠한 상황도 발생하지 않아 군대가 출동하지 못했기 때문이다. 이때 미루어진 쿠데타 계획은 결과적으로 5월 16일에 실행됐다.[15] 신군부가 군대 투입단계를 단축시킨 것도 비슷한 맥락으로 이해된다. 1961년 4월과 비슷한 상황이 1980년 5월에도 발생한 것이다. 신군부가 예정하던 모든 계획들이 5월 15일을 전후하여 어긋나고 있었다.

5월 12일 국회의 각 교섭단체 총무들이 모여 5월 20일부터 20일 동안 임시국회를 열기로 합의했다. 5월 17일 민관식 국회의장 직무대리가 5월 20일 국회 소집 공고를 내고, 5월 24일부터 열리는 국회 본회의에서는 대정부질문을 비롯하여 '개헌'과 '정치범 석방' 등의 현안을 토

〈표 2-1〉 중앙정보부와 육군본부의 학원대책 방안

작성기관	제목	주요 내용
중앙 정보부	학원대책 방향	1단계(5. 7~5. 10.) - 문교부장관의 경고 담화 발표 및 학생들의 교외 진출 저지 2단계(5. 11~13)-주동자 색출 및 범법자 처벌 3단계(5. 14.~5. 16.) - 대학 휴교 및 주동자 등 일제 검속 및 계엄사령관 담화 발표 4단계(5. 17. 이후) - 비상대책 강구, 조치
육군본부 작전참모부	학생 시위 대처방안	1단계(5. 7.~5. 10.) - 문교부 담화 발표, 군 투입 준비 2단계(5. 11.~5. 13.) - 학교별로 자진 휴업, 시위 주동자 부모에게 통보, 시위 대열 교외 시위 때는 포고령 발포 3단계(5. 14.~5. 15.) - 휴교, 시위 배후자 색출, 포고 담화문을 발표 4단계(5. 17.) - 계엄군 투입

의하는 것으로 계획했다. 이전부터 여야 지도자들은 정부가 주도하는 개헌 논의의 중단을 요구하고 있었다. 공화당 대표인 김종필은 임시국회가 열리면 계엄령 해제 등을 논의하겠다는 입장을 밝혔다. 신민당 총재인 김영삼은 정치일정의 연내 매듭과 정부의 개헌 심의기구 해체 등을 촉구했으며, 김대중은 정부 당국의 자중을 촉구했다.[16]

국회는 1979년 11월에 헌법개정심의특별위원회(개헌특위)를 구성했다. 여야 동수의 총 28인으로 구성된 개헌특위는 공청회와 토론을 거쳐 개정된 헌법 전문을[17] 국회에 제출했다. 임시국회 개회와 동시에 1979년 10월 27일부터 계속된 '비상계엄령'의 해제가 안건으로 상정될 것은 불을 보듯 뻔했다. 법적·제도적으로 유신독재의 청산이 가능해질 수 있었던 것이다. 신군부는 이를 가만히 두고 볼 수 없었다. 무언가 행동을 해야 했다. 결국 신군부는 이후 계엄군을 동원해 국회의사당을 무력으로 봉쇄하고 헌정질서를 중지시켰다.

무력으로 국회 개원을 막아 헌정질서를 유린한 신군부는 5월 31일에 국가보위비상대책위원회(국보위)를 발족시켰다. 당연직 위원으로 국무위원(중앙정보부장과 대통령비서실장 포함)들과 합참의장, 3군 참모총장 및 보안사령관, 임명직 위원으로 한미연합사 부사령관, 대통령 국제정치특보, 1~3군사령관, 육군참모차장, 육사교장, 해군 참모차장, 수경사령관, 특전사령관 등이 임명됐다. 상임위원장에는 전두환이 취임했다.[18] 국보위가 실질적으로 입법부, 사법부, 행정부를 장악하게 된 것이다. 신군부는 국보위를 설치한 뒤 개헌뿐 아니라 언론 통폐합 및 언론인 해직, 공무원 숙청, 10·27법난, 삼청교육대 설치 및 운영 등 무소불위의 불법적인 일들을 저지르며 제5공화국의 출범을 기획했다.[19]

이 무렵 개학 후 교내외에서 시위를 전개하며 '서울의 봄'을 이끌던 대학생들이 일보후퇴를 선언했다. 5월 11일 14시 30분부터 5월 12일 9시까지 서울대 총학생회실에서는 재경 24개 대학과 지방 총학생회장단이 모여 회의를 열었다. 이 회의에서는 '5월 12일부터 17일까지 평화시위를 하고 총리의 시국담화 발표 후 구체적 방안 모색, 휴교 시 가두시위 참가, 방송 취재는 생방송에만 대응, 전국대학 총학생회 결성, 총리에게 학생과의 대화 촉구, 5월 16일 14시 이화여대에서 재모임' 등을 결의했다.[20] 결의사항만 보면, 5월 15일 '서울역 회군'은 이미 예정된 것이었다. 뒤에 서술하겠지만 5월 16일 광주의 전남도청 앞 집회 및 횃불시위 또한 이날의 결의사항을 실행에 옮긴 것이었다. 광주만의 독자적인 행동이 아니었던 것이다.

예상치 못한 '서울역 회군'

5월 15일 서울역에서 회군한 전국대학 총학생회장단은 가두시위를 일시 중단하고 정부 발표를 기다리기로 결의했다. 보안사령부에는 "(5월 16일) 10:40 현재 재경 전 대학이 정상수업 중임. 5월 16일부터 5월 18일까지 휴식했다가 5월 19일(월)부터 행동할 것이라는 첩보가 접수되고 있다"고[21] 보고됐다. 이렇듯 군에서는 대학생들이 시위를 일시 중지한 것을 파악하고 있었다. 국회 개원과 함께 학생들도 군 개입의 명분을 제공하지 않으려고 시위를 일시 중단하기로 결정한 것인데, 이는 신군부의 예상과는 전혀 다른 움직임이었다.

5월 16일 오전 9시부터 10시까지 야권 지도자인 김대중과 김영삼이 동교동 김대중의 자택에서 만났다. 이 회합에서 두 사람은 "비상계엄령

즉시 해제, 모든 정치범의 석방 복권, 정부 주도의 개헌작업 포기, 정치 일정 연내 완결의 확정 발표" 등 총 6개항에 합의했다.[22] 이날의 합의사항 중에서 핵심은 정부 주도의 개헌 포기와 향후 정치일정의 단축이었다. 즉 연내에 개헌을 이루어 유신체제를 청산해야 한다는 의미였다.

당시는 야권과 국민들이 힘을 모아 유신체제를 청산할 가능성이 어느 때보다 높은 시기였다. 이제 유신헌법을 폐기하고 민주공화국에 어울릴 만한 헌법을 채택하여 새로운 대한민국을 만들자는 국민들의 바람이 멀게만 보이지 않았다.

국민들이 유신헌법의 철폐 및 개헌을 요구하고, 학생들이 시위를 일시 중지하며, 국회가 개원하여 개헌특위의 개헌안을 본회의에 상정해서 통과시키고, 야권의 두 지도자인 김대중과 김영삼이 합의한 것 등은 각각의 사안마다 신군부의 계획에 치명적인 것들이었다. 이전부터 군을 투입하려던 신군부의 계획을 무력화시킬 수 있는 사안들이었다. 군 지휘권을 장악하고 있던 신군부는 단계를 구분하거나 군 투입에 유리하게 정세가 변화하기를 마냥 기다릴 수 없었다. 군 지휘권을 장악하고 정권 찬탈을 준비하고 있던 신군부에게 불리해지는 변화였기 때문이다. 그리하여 신군부는 중앙정보부와 육군본부의 보고서의 마지막 단계인 군 투입을 곧바로 실행에 옮겼다.

군사작전을 방불케 한 시위대책

정치일정과 상관없이, 신군부는 5월 초순경부터 군대를 동원할 수 있는 비상계엄 전국 확대 조치를 상정했다. 국내에서 가두시위가 발생하여 사회가 혼란해졌으므로, 이에 대처하여 국난을 극복하려고 군이 나선다는 게 군 동원의 명분이었다. "친애하는 애국동포"들에게 "은인자중하던 군부가 나선다"고 강변하던 5·16군사쿠데타의 논리와 유사하다. 그러나 이러한 주장은 신군부가 5·17비상계엄 전국 확대를 정당한 조치로 만들기 위해 꾸며낸 거짓이었다.

5월 16일 오전 10시에 열린 계엄위원회 회의에서는 '학생 시위 분석 및 대책' 토의가 있었다. 이 회의에 참석한 당시 701보안부대장의 진술에 따르면, 참석자들 중 군 인사들이 학생 시위가 '폭도화'할 가능성이 있다며 강경 조치를 주장했다.[23] 공군참모차장은 (비상)계엄이 해제된다면 수습 불가능한 일들이 일어나리라 본다며 지역 계엄을 전국 계엄으로 전환하는 강경책이 필요하다고 주장했다. 해군참모차장은 극렬

학생과 문제 교수들을 발본색원해야 한다고 목소리를 높였다. 국방부 동원예비국장은 휴교령 등의 단호한 조치를 역설하였고, 국방부 기획관리국장도 계엄의 전국 확대를 주장했다.[24] 사전에 약속이나 한 듯이 이날 회의에 참석한 군 인사들은 하나같이 강경한 발언을 쏟아냈다. 비상계엄을 전국으로 확대시켜 군이 민간사회를 통제하는 구조를 만들려는 주장이었다.

5·17비상계엄 확대 조치 이후 보안사령부에서 작성한 〈5·17전국 비상계엄의 배경〉에서는 "학원 및 노조의 소요사태로 극도의 사회혼란, 적색분자 개입의 본격화, 국민경제의 도탄" 등을 틈타 북한의 비정규전 부대가 침투하면 국가가 망하게 될 것이므로 "국가를 보위하고 3,700만 국민의 생존권을 수호하며, 안정 속에 성장과 발전을 희구하고 있는 대다수 국민의 여망에 부응코자 5. 17조치가 필요하다"고 결론내렸다. 이 같은 결론을 토대로 5·17비상계엄 전국 확대가 국가의 공산화를 예방하고, 정치발전 일정에 기여하도록 민간생활 안정과 사회정의 구현에 박차를 가할 것이며, 이른 시일 내에 계엄을 해제하겠다고 약속했다.[25]

여기서 주목해야 할 점은 신군부가 "북한의 비정규전 부대의 침투"를 꺼내들고 있다는 점이다. 최근 5·18항쟁을 왜곡하는 주요 논거 중 하나가 북한의 특수부대가 광주에 침투하여 폭동을 선동했다는 주장인데, 이러한 왜곡의 논거가 이미 1980년 5월부터 등장하고 있다. 다만 위의 문건에는 북한 침투의 가능성을 언급하고 있을 뿐 북한군이 침투했다는 구절은 없다. '북한군 침투설'이 근거 없는 이유를 보안사령부의 이 문건에서도 확인할 수 있다. 전체 내용으로 볼 때 1980년대 민주화운동에 덧씌운 논리와 비슷하다.

한 달 전부터 헬기 운영까지 구상

군을 동원하려는 구체적인 준비는 이전부터 차곡차곡 진행되고 있었다. 정호용 특전사령관은 4월 12일 자로 재경 지역 충정작전에 출동하기 위한 차량 배차를 육군참모총장(계엄사령관 겸직)에게 요청했다. 육군본부 작전교육참모부는 4월 19일 이전부터 시위 진압에 대비한 공중지원 방안을 연구하여 〈소요진압 공중지원 방안 연구〉를 작성했다. 이 보고서는 "공지空地 협동작전으로 조기에 소요 군중을 무력화하여 병력 및 장비의 피해를 방지하고 신속한 작전 종결을 보장"하려는 목적에서 작성됐다. 육군본부는 1항공여단에 중앙기동부대인 5개의 항공조

〈표 2-2〉 1980년 5월 충정작전 관련 조치

일자	주요 내용	비고
5월 2일	7공수여단장과 대대장 대전·청주·공주 정찰(3관구 요청에 의거 동태 파악)	
5월 3일	9공수여단 수도군단에 배속	
5월 5일	육군참모총장, 국방장관에게 해병1사단 1개 연대를 대구와 부산에 투입하도록 건의	
5월 6일	국부장관, 육군참모총장에게 해병 1사단 1개 연대를 소요사태 투입 지시 11공수여단과 13공수여단 이동	
5월 7일	13공수여단 부대 이동 완료	서울
5월 8일	11공수여단 부대 이동	김포
5월 9일	육군참모총장, 국방장관에게 해병 1사단 1개 연대 추가 건의. 국방장관 병력 추가 건의 승인	
5월 10일	육군항공사령부 소요진압 지원 헬기 대기 11공수여단 이동 완료 특전사령부 충정임무 수행을 위한 사령부 회의. 각 여단장과 작전참모 참석	
5월 12일	3군사령부에서 7대의 방송 차량이 특전사령부로 출동	

5월 13일	* 장갑차 차출 - 1군 26대 → 수경사 배속 - 3군 24대 → 수도군단 배속	

5월 14일	* 소요사태 진압부대 투입 준비 지시(08:50)
	* 특전사령부 소속 7개 여단 출동 준비 지시
	* 소요진압본부 개소(13:00)
	* 특전부대 이동을 위한 차량 245대(총395명) 지원(13:40)
	  - 2군 500MD 5대 지원
	  - 3공수여단 국립묘지 배치
	  - 청와대 특정 경비 지역 봉쇄
	* 7개 방송국 경계 강화
	* 학생소요 진압 지원차량 1공수여단, 3공수여단으로 이동
	* 학생소요 진압 항공기 이동	

5월 15일	* 방송국 병력 배치(기독교 방송국, KBS 청천 중계소)
	* 20사단 부대 이동
	  - 62연대, 사단사령부 → 잠실운동장(15:30)
	  - 61연대 → 효창운동장(15:50)
	* 특정 경비 지역 봉쇄
	  - 수경사 33단(22:12)
	  - 수경사 헌병단(23:15)
	  - 수경사 30단(5. 16. 00:30)
		서울로
		이동

5월 16일	* 20사단 60연대, 포병단 사용 협조
	  (연합사 동의 회신. 16:00)
	* 수경사 작전통제하에 수도권 강북 지역
	  소요사태 임무 수행
	* 특전사령부 500MD 1대 지원받음
		육사로
		이동

5월 17일	* 해병 1사단 작전통제권 2군사령부 인수 및 이양 → 2군 * 부대 투입 작전명령 하달(1, 2, 3군, 수경사, 특전사령부)	

5월 18일	* 전국 92개 대학 병력 배치
	  - 병력: 1865/20,477
	  - 전차: 3대
	* 전국 109개 보안 목표 병력 배치(02:00)
	  - 병력: 144/2,254
	  - APC: 60대
	  - 전차: 4대	

* 출처: 1. 계엄사령부, 〈계엄상황일지 1980. 5. 1.~5. 30.〉.
    2. 《충정업무 대비현황》, 1980. 5. 17.
    3. 육군본부, 〈정기작전보고(80-5)〉, 1980. 6. 20.
    4. 계엄사령부, 《충정상황》, 1980.
    5. 정상용 외, 《광주민중항쟁-다큐멘터리 1980》, 돌베개, 1990, 139~140쪽.

를 편성, 대기하도록 지시했고, 특전사령부에는 공중 지원에 소요되는 화학탄과 화염방사기 및 병력을 1항공여단에 지원하며, 각급 부대는 500MD 운용계획을 수립하고 필요한 훈련을 실시토록 지시했다.[26] 시위 진압에 헬기를 운영하겠다는 육군본부의 구상은 5월 19일 이후 광주에서 시위 진압에 헬기를 동원하는 것으로 실행됐다. 뒤에서 살펴보겠지만 5월 19일부터 광주에서 헬기가 운용되고, 심지어 헬기에서 사격까지 했다.[27]

군은 5월 들어 후방 투입에 대비하여 후방의 군부대(충정부대)를 이동시켰다. 충정부대는 계엄사령부의 지시에 따라 서울을 비롯한 대도시 인근으로 이동해서 군 투입에 대비하고 있었다. 〈표 2-2〉는 1980년 '5·17조치'가 발표될 때까지 5월에 있었던 충정작전(폭동진압작전)과 관련된 군의 조치를 정리한 것이다.

〈표 2-2〉에서처럼 '5·17조치'가 시행되기 전인 1980년 5월 초순부터 군은 시위 진압에 투입될 준비를 하고 있었다. 후방의 충정부대 이동과 배치뿐 아니라 시위 진압에 동원될 헬기와 차량도 준비시켰다. 5월 10일 특전사령부에서는 '충정임무 수행을 위한 회의'가 열려, 각 여단장 및 여단 작전참모가 참석했다.[28] 회의 명칭에서 드러나듯이 시위 진압에 공수부대를 투입하기 위한 특전사령부의 회의였다. 5월 14일 13시에는 '소요진압 대책본부'를 개소했다. 본부장은 육군본부 작전교육 참모장, 보좌관은 작전처장, 조치반장은 작전처 과장(4개조)과 조치조 등으로 구성됐다. 조치조는 최초 10명이었으나 6월 2일부터는 축소 운용됐다.[29] 이보다 앞선 5월 14일 오전 8시 50분에는 각급 부대에 소요 진압부대의 투입을 준비하라는 명령이 내려졌다. 이에 따라 수경사는 4개의 공수여단을, 수도군단은 공수부대 1개 여단을, 2군사령부

는 해병 1사단의 2개 연대와 1개 공수여단의 작전통제권을 각각 이양받았다.

전두환은 공수부대 이동을 알았다

전두환 보안사령관이 공수부대의 이동을 인지하고 있었음을 보여주는 자료가 있다. 미국의 국가안보회의NSC에서 카터 대통령에게 올린 5월 9일 자 〈일일보고Daily Report〉다. 이 〈일일보고〉 중 공수부대의 사전 투입을 설명하는 부분이 있다. NSC는 학생들이 5월 15일 정부와의 충돌을 향해 가고 있으며, 이것이 군부의 반발을 불러일으킬 수 있다고 보았다. 중앙정보부장 서리 전 장군Acting KCIA director General Chon은 5월 9일 주한 미대사에게 경찰이 (학생 시위에) 대처할 수 없게 될 것에 대비하여 서울 부근으로 2~3개의 정예부대(원문은 'elite army units' 공수부대-인용자)를 이동시켰음을 밝혔다. 〈표 2-2〉와 비교해보면 11공수여단과 13공수여단이 서울과 김포로 이동한 것을 의미한다. 전두환은 공수부대가 사전에 이동하는 것을 알고 있었으며, 미국도 공수부대의 이동을 사전에 통보받았던 것이다.[30]

이렇듯 신군부는 학생들이 가두로 진출하기 전부터 군을 시위 진압에 투입시키며 비상계엄 전국 확대에 대비하고 있었다. 5월 17일 '비상계엄 전국 확대'가 결정되기 전부터 군은 '작전통제권 이양, 부대 배치' 등 충정부대 병력을 출동시키기 위한 사전 실무 준비를 마친 상태였다. 3공수여단은 5월 14일 오후 4시 40분에 서울의 동작동 국립묘지에 배치됐다. 한미연합사령부 소속 20사단 병력도 주둔지를 벗어나 서울로 들어왔다. 20사단은 이미 1979년 10월 27일부터 한미연합사령부에서 육군본부로 배속이 변경되어 있었다. 육군 기동예비대로서의 임무를 부여받아 1980년 2월 5일까지 서울에 주둔하면서 계엄 임무를 수행했으며 부대로 복귀한 후에는 2월 18일부터 충정훈련을 실시했다.[31] 5월 15일에는 명령에 따라 서울의 효창구장과 잠실운동장 등지로 이동, 숙영했다. 이날까지 전국의 모든 공수부대는 '폭동 진압훈련'을 하고 있었다. 5월 17일에 전남·북과 충남에 배치될 예정이던 7공수여단은 '폭동진압훈련 경연대회'를 자체적으로 개최했다. 육군 수도기계화사단(수기사)은 진압봉과 방석망을 제작하고 있었다. 이 모든 것이 비상계엄 전국 확대에 뒤따르는 군 투입에 대비한 조치들이었다.

지방도 상황은 비슷했다. 부산·경남 지역에는 500MD 헬기 1대와 수송학교 장갑차 5대가 지원됐다. 전남·북의 계엄 업무를 통괄하는 전투병과교육사령부(이하 '전교사'로 줄임)가 31사단에 헬기 1대를 지원하고 충정부대에 수류탄 856발을 보급했다. 대구와 전주에서는 향토사단 주관 아래 '학원사태 긴급대책회의'가 열렸다.[32] 아직 비상계엄이 전국으로 확대되지 않았을 때였다. 형식으로나마 전군주요지휘관회의나 국무

〈표 2-3〉 공수부대 배치 예정 지역

부대	지역
1, 5, 11, 13공수여단	수도권 강북 지역(수경사 작전통제)
9공수여단	수도권 강남 지역(수도군단 작전통제)
3공수여단	육군 대비
7공수여단	대전, 전주, 광주(2군 작전통제)

* 출처: 특전사령부, 〈광주소요사태작전〉, 1980.

회의와 같은 법적 절차가 남아 있었음에도 군에서는 이를 무시한 채 비상계엄 전국 확대를 상정하고 실질적 대비에 돌입했던 것이다.

5월 14일과 15일 서울 시내에서 학생 시위가 발생하자 수경사(사령관 노태우)는 8개 중대(46/1,163명)를 투입시켰다.[33] 5월 14일에는 특전사령부 소속 7개 공수여단에 출동 준비 명령이 내려졌다.

〈표 2-3〉에서처럼 5월 17일 이후 총 7개 공수여단 중에서 5개는 수도권에, 7공수여단은 호남권(전남북과 충남)에 배치될 계획이었다. 경상도에는 해병대가 배치될 예정이었다.[34] 경상도에 해병대가 배치된 이유는 2군사령관의 건의 때문이다. 2군사령관은 시위 진압 태세를 점검한 후 "해병사단을 의명依命(명령에 따라-인용자) 부산 및 대구 지역에 투입 사용할 수 있도록 작전지시 하달 요망. 특전 7공수를 광주, 전주 및 대전 지역에 투입 사용할 수 있도록 작전지시 하달 요망"을 요청했다.[35] 부마항쟁기에 공수부대 투입으로 인해 악화된 지역 여론을 의식한 건의사항으로 추측된다.

충정작전 미리 준비되다

광주에서도 군 투입을 준비하는 조치들이 하나씩 진행됐다. 〈표 2-4〉는 광주의 군 투입에 대비하여 취한 조치들을 정리한 것이다.

5월 10일 전교사 사령관은 전남·북의 향토사단장들에게 '학원을 포함한 지역 내 무기고 경계 및 통제 철저' 지시를 내려 "학원을 포함한 지역 내 무기고 및 탄약고의 통제책을 재확인, 점검하여 불순분자에 의한 피탈사항이 없도록 강구할 것"을 명령했다. 군이 5월 17일 비상계엄 전국 확대 전부터 실탄을 통제하고 있었음을 확인할 수 있는 대목이다. 같은 날 14시 56분 2군사령부는 전교사에 '2군 학원소요에 대한 증원 계획 지시'를 내려 전북대에 7공수여단 32대대, 충남대에 7공수여단 31대대, 전남대와 광주교대에 7공수여단 33대대, 조선대와 전남대 의대에 7공수여단 35대대를 각각 배치토록 지시했다. 충남대와 전북대에는 7공수여단의 1개 대대씩 각각 배치하고 광주의 대학가에는 2개 대대를 배치할 예정이었다. 무슨 이유에서인지는 분명하지 않지만, 5·17조치 이후 실제로는 충남대와 전북대에 배치될 대대가 뒤바뀌었다.

〈표 2-4〉 5월 17일 이전 군 투입에 대비한 조치

일자	지휘계통 및 회의	주요 내용
5월 10일	전투병과교육사령부	학원을 포함한 지역 내 무기고 및 탄약고의 통제책 재확인. 불순분자의 피탈방지 강구
5월 10일	2군사령부→ 전투병과교육사령부	전남·북 대학가 7공수여단 병력 배치 전북대에 32대대, 충남대에 32대대, 전남대와 광주교대에 33대대, 조선대와 전남대 의대 35대대
5월 13일 17시	31사단	충정작전 부대 비상대기
5월 13일 19시	31사단	주요 시설물에 경계병 배치
5월 14일	전투병과교육사령부→ 전남·북 향토사단장(작전참모)	주요 목표의 위치 파악
5월 14일 10시45분~11시	민관합동학원사태수습 대책위원회	
5월 14일 14시~16시30분	학생가두시위대책합동 작전회의	지역 계엄군 지휘관 작전회의
5월 15일	전투병과교육사령부	충정작전 지휘조 훈련

* 출처: 1. 계엄사령부, 〈계엄상황일지〉, 1980.
    2. 전투병과교육사령부, 〈광주사태 시 전교사 작전일지〉, 1980.
    3. 31사단, 〈작전상황 일지〉, 1980.
    4. 전투병과교육사령부, 〈광주 소요사태 분석〉, 1980. 9.

5월 13일 오후 5시 후방의 충정작전 부대들은 비상대기하며 출동을 준비하고, 같은 날 저녁 7시 31사단에서는 각 방송국과 전일빌딩 등의 "시설 보호를 위하여" 경계병들(5/70)을 배치시켰다.[36] 5월 14일 전교사 사령관은 전남·북의 향토사단장들(참고: 사단 작전참모)에게 5월 18일의 작전에 대비하여 주요 목표물— 학교, 교도소, 통신시설, 발전 및 변전시설, 급수 및 정수시설, 주요 은행, 기타— 과 그 위치(소재지)를 파악하여 보고토록 지시했다. 5월 17일에 계엄령이 확대될 것에 대비한 명령으로 보인다.[37]

5월 12일 계엄사령부는 '학원사태 수습대책협의회 운영지침'을 내렸다. '일정은 지역에 따라 조정, 주요 내용 및 건의사항'을 보고하라는 지시에 따라 5월 14일 10시 45분부터 11시 20분까지 전남도지사실에서는 민·관·군 합동 학원사태 수습대책협의회가 열렸다. 이날 회의에는 전남도지사, 전남대 총장, 조선대 총장, 중앙정보부CIA 광주지부장, 광주전남 합동수사단장(505보안부대장), 전남도경국장 등이 참석했다. 계속되고 있던 대학가의 시위에 대한 대책을 마련하기 위해, 관민이 합동으로 모여 학원 소요사태를 분석하고 그 대책을 세워 계엄위원회에 보고하는 게 목적이었다. 뒤이어 14시부터 16시 30분까지 '학생가두시위대책 합동작전회의'가 개최됐다. 이 회의는 CIC장(방첩부대장. 505보안부대장-인용자), 31사단장, 7공수여단장 등이 참석한 지역 계엄군의 작전회의였다. 오전 회의는 민·관 합동회의였으며, 오후 회의는 군 작전회의였다. 이날 회의의 결론은 알려지지 않았으나 충남 및 부산·경남의 사례에 비춰볼 때, 학생 시위에 대한 군의 대처방안을 모색하는 자리로 추정된다.[38]

5월 15일에는 전교사의 충정작전 지휘조의 훈련이 실시되어 230명

(55/175)의 병력과 2.5톤 트럭 12대를 비롯한 20대의 차량이 동원됐다. 전교사는 이 훈련에 132명(35/97)의 병력과 2.5톤 트럭 7대의 장비를 지원했다. 31사단은 5월 15일 23시부터 다음 날 01시 20분까지 야간 중요시설 경계병 배치훈련(52/168명)을 실시했다. 31사단에서는 13시 40분부터 14시까지 군과 경찰의 실무자들이 참석한 충정대책회의가 열렸다. 이외에도 후방 각지의 충정부대에서는 충정훈련이 실시됐다.[39] 군 투입은 5월 17일 이전부터 기획되고 있었고, 민간과는 달리 군은 긴박하게 움직이며 계엄 확대에 대비하고 있었던 것이다.

5월 초순경부터 시작된 공수부대를 비롯한 군(충정부대)의 후방 배치는 매우 중요한 사안이다. 정부와 신군부는 학생 및 국민들의 시위가 사회혼란을 일으켜 북한의 도발을 유발한다며 5월 17일 24시를 기해 제주도를 포함시키며 비상계엄을 전국으로 확대했기 때문이다. 5월 17일 오전부터 열린 전군주요지휘관회의에서도 마찬가지로 북한의 남침 위협이 제기됐다.

그러나 북한의 남침 위협 주장은 앞뒤가 맞지 않으며, 기본적인 사실을 왜곡하고 있다. 학생들이 교내를 벗어나 가두시위에 본격적으로 나선 때는 5월 13일 이후부터이다.[40] 아직 학생들의 가두시위가 시작되기 전부터 군은 이동하고 있었으며, 동시에 충정부대로서 후방에 배치될 군 병력을 준비시키고 있었다.

5월 9일 주한 미대사를 만난 전두환은 '유신독재 청산'과 '민주화'를 요구하는 국민들의 소망을 계급투쟁으로 왜곡하면서 학생과 노동자의 문제를 길게 언급했다. 정부가 법과 질서를 유지하기 위한 조치를 취할 것이며, 5월 15일에서 17일이 한국 정부가 그러한 조치를 시행하는 '결정적 시기critical time'가 될 것이라고 강조했다. 특히 이 조치에는 군대

를 동원하는 문제가 포함될 것이라고 덧붙였다.[41]

　마치 'D-day'가 5월 17일로 고정된 것처럼 일련의 명령과 군대 이동이 이어지고 있었다. 군 내부에서 이미 5월 17일을 실행일로 결정하고 있었던 것이 아닌가 하는 추정을 불러일으키는 대목이다.

대국민 사기극,
'북풍北風'

1980년 5월 10일부터 7박8일 예정으로 중동을 순방하던 최규하 대통령이 일정을 하루 앞당겨 5월 16일 급작스럽게 귀국했다. 대통령의 중동 순방은 제2차 석유파동이 발생한 뒤 안정적인 원유 공급선을 확보하려는 목적에서 오래전부터 예정된 일정이었다.

대통령의 주요 산유국 순방계획은 1979년 12월 초순으로 예정되어 있었으나 '10·26사건'으로 무기한 연기됐다.[42] 1980년 1월 7일 제1차 무역진흥확대회의에서 박동진 외무장관은 최규하 대통령에게 사우디아라비아를 비롯한 주요 산유국의 방문을 건의했다. 이 건의에 따라 최규하 대통령의 중동 순방이 이루어졌다. 그런데 국내 정세가 급변함에 따라 예정보다 하루 앞당겨진 5월 16일 밤 10시 32분 최규하 대통령이 청와대에 도착했다. 곧이어 10시 55분부터 12시까지 청와대 소접견실에서 회의가 열렸다. 최규하 대통령, 신현확 국무총리, 김종환 내무장관, 주영복 국방장관, 이희성 계엄사령관, 전두환 중앙정보부장 서리,

최광수 대통령비서실장, 고건 청와대 정무수석, 이원홍 청와대 민정수석 등이 참석했다.[43] 이 회의에서 내무장관과 국방장관은 군의 동원을 적극 주장했다. 내무장관은 경찰만으로 시위 진압이 어렵다고 발언하고, 국방장관은 대북 관련 첩보가 입수됐으므로 군 차원의 대비책을 강구하겠다고 했다.[44] 이 회의의 결론이 무엇인지는 정확히 알려지지 않았으나 군 투입과 관련한 결정이 이루어졌을 것이다.

중앙정보부, '북괴 남침설' 유포

이보다 앞서 중앙정보부는 '북괴 남침설'을 조작·유포하고 있었다. 5월 10일 중앙정보부 2차장 김영선은 일본 내각조사실로부터 입수한, 북한이 남침할 가능성이 높다는 이른바 '북괴 남침설' 첩보를 전두환 중앙정보부장 서리에게 보고했다. 중앙정보부가 입수한 정보는 제대로 검증조차 되지 않은 첩보 수준이었는데, 핵심 내용은 다음과 같다.[45]

북한은 한국 정부가 80년 4월 중순경에 김재규를 처형할 것으로 예상을 하고, 김재규 처형 시에는 항의데모사태가 발생을 해서 남침을 위한 결정적 시기가 조성될 것으로 판단하여 남침 시기를 4월 중순경으로 예상을 했으나, 김재규의 처형이 지연됨에 따라서 이를 연기하여 오던 중에 80년 5월 들어 학생과 근로자의 소요사태가 격화되자 한국 내 소요사태가 최고조에 이를 것으로 예상되는 80년 5월 15일부터 5월 20일 사이에 남침을 감행하기로 결정했다.

5월 10일 육군본부 정보참모부에서는 '북한 남침설' 첩보가 북한의 일반적 남침 가능성을 제기한 것에 불과하다며 "북한 군사동향은 정상적인 활동수준으로서 특이 전쟁 징후는 없음. 입수 첩보(5월 남침설 및 전방 병력 배치 완료설)는 신빙성이 희박하며, 이는 우리의 국내 정세 추이에 따른 북괴 남침방책의 일반적 가능성을 추측한 것으로 평가된다"[46]고 결론내렸다. 북한의 동향이 이전과 달라진 것이 없으며 의례적인 활동으로 평가한 것이다. 1979년 '10·26사건'이 터진 이후 북한의 동향을 예의주시하고 있던 미국도 특이한 징후를 발견하지 못했다면서 근거 없는 첩보로 판단했다. 미국은 10·26사건 이후부터 대통령 성명, 한미연합사령부 성명 등을 통해 북한에게 어떠한 도발도 하지 말도록 경고하면서 한미동맹에는 문제가 없음을 여러 차례 밝혀왔다.

미국과 육군본부 정보참모부의 판단을 보고받은 육군본부 수뇌부는 '북한 남침설'이 근거 없는 첩보에 불과하다고 평가했다. 그럼에도 '북한 남침설'은 계엄사령부 회의에서 계속 제기됐다. 그러자 5월 12일 계엄사령부 일반참모부회의에서 황영시 육군참모차장 겸 계엄사령부 부사령관이 "북괴가 남침 준비를 위해 병력 전개를 완료했다는 일본의 첩보가 벌써 6회다. 이렇게 거짓말을 하고도 체면이 선다는 것인가? 혹시 그들의 고등술책일 수도 있다"고[47] 짜증낼 정도였다.

계엄부사령관의 발언을 유추해보면, 이날 회의를 포함하여 총 7차례나 확인되지 않은 거짓 첩보가 계엄사령부에 계속 보고됐다. 그렇기에 이날 회의에서 육군참모차장도 일본의 첩보에 다른 의도가 있는 게 아닌지 의심하며 짜증낸 것이다. 아울러 일본을 내세우며 잘못된 첩보를 계속 보고하는 중앙정보부의 행태를 에둘러 비판했다.

그럼에도 중앙정보부의 시도, 정확히는 집권계획을 상정한 신군부의 시도는 멈추지 않았다. 오히려 거짓 첩보는 증폭되고 있었다. 5월 12일 임시 국무회의가 긴급 소집되고 전두환 보안사령관 겸 중앙정보부장 서리와 중앙정보부 담당국장이 〈북괴 남침설 분석 결과〉를 보고했다. 그 결과 "최근 국내 소요사태 발생에 편승하여 북괴의 대남도발 침투가 예상된다"며 전국의 군과 경찰에 비상경계체제 돌입 명령이 내려졌다.[48]

예정되었던 비상계엄 확대 결의

5월 17일 오전 11시 40분 국방부 1회의실에서는 전군주요지휘관회의가 개최됐다. 주영복 국방장관을 비롯, 총 44명의 육·해·공군의 주요 지휘관들이 전국 각지에서 참석했다. 이날 회의는 신군부의 일원인 합동참모본부 최성택 정보국장이 북한 동향과 국내 정세 등을 보고하는 것으로 시작했다. 그는 북한의 침공 가능성이 높고 국내 시위가 확산되므로 위기 상황이라고 발표했다. 뒤이어 주영복 국방장관은 "국기조차 위협되고 있는 현실에서 북괴 도발에 대비해야 될 이 시점에서 어떤 단안을 내리지 않으면 안 될 시기입니다. …… 어떤 조치를 취하지 않으면 안 되겠다는 뜻에서 여기에 그 안을 제시해서 국무회의에 올려 대통령 각하의 재가를 받아 시행코자 합니다"는 말로 개회를 선언했다. 토의를 유도하는 것이 아니라 이미 결론을 내린 듯한 말투였다.

국방장관의 지명을 받고 공사 교장, 해사 교장, 3관구 사령관 등이 차례로 나서 군의 정치 개입을 적극 주창했다.[49] 주영복 국방장관은 "국무회의 의결을 거쳐야 한다. 합법적으로 한다. 동시에 이러한 정치풍토를

이 기회에 쇄신해야겠다. 이때까지 사회혼란을 조성하는 불순세력이 배후에 많다. 정치 및 중도단체의 문제 인물을 완전히 제거해야 한다. 이 시점에서 요망되는 것이다"고 발언했다. "사회혼란을 조성하는 불순세력"을 '발본색원'하자며 군의 정치 개입을 선동한 것이다. 그러자 계속 발언을 요청하던 군수기지사령관 안종훈 소장이 국방장관의 지명 없이 발언했다. 회의를 속기한 보안사령부에서는 이날 회의의 발언들을 다음과 같이 기록했다.

○ 군수기지사령관 안종훈—(의시疑視-의심스러운 눈초리와 고성으로 지명 없이) 군이 직접 개입한다는 것은 중요한 결과가 된다. 3,700만 명 똑같이 생각할 수 없다. 학생이 몇 명이 되는가. 군과 경찰이 잘했다. 국민들이 절대 호응하고 있다. 군이 개입하는 것은 마지막이다. 전체 여론이 그렇게 하기를 원할 때 국민 합의에 의해서 할 때 해야 한다. 국민의 합의, 총화를 가지고 그렇게 되기를 바란다. 회의는 그 방식에 있어서 미리 결정해놓고 하면 의의가 없다.

○ 특전사령관 소장 정호용—국민이 원한다는 것을 어떻게 표현하는가. 각자의 소신과 정세를 어떻게 보느냐에 달려 있다. 현재 보기에는 소수가 다수를 지배하는 시대다. 만약 이것을 더 놔두면 점점 위험하다. 정권욕 없이는 그대로 볼 수 없는 상태다. 군은 국방의무다. 국방은 내우외환에 관한 것이다. 지금은 내환의 시대다. 정세가 수상하게 돌아간다. 군부가 정치에 관여 안 함으로 사회안정이 돌아온다면 즉시 해제할 수밖에 없다. 칼과 전차를 갖다 대겠습니까? 무력으로 해결할 수 있습니까? 그때 늦습니다. 소수 주장을 허용해서는 안 된다고 믿는다. 비상계엄을 지지하고 있다. 국회가 개원되면 국가를 오도할 사례가 많아진다. 우리나

라 장래가 극히 염려된다. 전 국민이 모여서 비상대책회의를 설치하여 난국 타개가 요망된다. 이런 주장에는 학원, 정치, 경제 문제 중 여러 문제가 있다. 이대로 간다면 하루아침에 경제가 무너진다. 어떤 일이 다가와도 달갑게 받아들일 것을 각오하고 말씀드리는 바입니다.

○ 국방장관 주영복—어떤 불순분자도 색출해내야 한다. 전국에 200~300명 될까요? 그들을 뽑아버리면 문제가 해결될 수 있다. 그런 뜻에서 안 장군이 소신을 밝히는 것도 좋다.

○ 육군참모총장 이희성—결정을 해놓고 따라오라는 식의 회의와 어떤 것을 토의하는 식 등 여러 가지가 있다. 회의는 이런 안을 내어놓고 얘기 듣는 방법이다.

○ 국방장관 주영복—(안종훈 장군을 쳐다보면서) 이해될 수 있느냐?

○ 안종훈 장군—(눈을 의시하면서 고개만 두 번 끄덕끄덕)

뒤이어 발언에 나선 대다수 지휘관들도 군의 개입을 주장하는 발언을 이어갔다. 다음은 이날 노태우 수경사령관의 발언이다.

(손을 들어 발언권 요청) 소요 진압의 결정에 직접 개입은 안 했으나 경찰의 배후에서 용기와 의지를 돕는 일을 했다. 육군은 정부 안정과 민주 발전 노력에서 중립을 지키면서 착실히 발전시켜왔다. 물리적 방법으로 막는 것은 쉬운 일 같으나 국민이 원하는 정부의 힘이 부족하면 군이 도와드려야 한다. 정치는 완전히 불신이다. 이렇게 나가면 정당은 없다. 학원은 무정부주의다. 여러 기업도 항의하고 있다. 영세기업의 50~60만 달러 계약이 취소됐다, 원성을 듣고 있다. 왜 우리가 정부를 도와야 하느냐 하는 시기에 왔다. 무기력하고 소신 없는 것이 개탄스럽고 생존과 안

정, 국민이 바라는 민주역량 비축 장애 요소를 제거해야 한다. 각종 부패, 소신 없는 사항과 자기반성과 난국 수습하는 데 군이 이바지할 것을 건의한다.

주영복 국방장관은 이날의 회의를 다음과 같이 정리했다.

……어제 15시 30분에 결심해서 장관 훈시문도 자연스럽게 작성하여 준비했다. 각 군 총장도 만나기도 오늘 아침이 처음이다. 어제 밤에 각하께 말씀드리고 오늘 새벽 6시까지 다행히도 여러분의 의견을 듣고 싶었다. 여러분의 의견을 요약하면 현 정세하에서 전국비상계엄선포 건의로 본다. 둘째, 정치풍토를 쇄신해서 각하가 일할 수 있게 뒷받침하게 하는 것이다. 셋째는 배후 조종자를 색출하고 넷째는 군이 일치단결하여 일사불란한 지휘체제로 각하가 시국을 슬기롭게 대처할 수 있도록 해야 하며 유의해야 할 것은 북괴가 군의 정면 및 비정규전에 대비해야 한다. 행정기구는 그대로 밀고 나가야 한다. 여러분이 깊이 이해하리라 생각한다. 국무회의에 상정하려 한다. 각하께 건의 후 채택되면 여러분에게 지시하겠다. 특히 당부할 것은 오늘 회의에 대한 보안의 문제이다. 내 보좌관도 안 나왔다. 절대 보안을 유지하라. 그리고 여러분의 뜻을 결의서로 준비했으니 각자 서명해주기 바란다. 이의가 없습니까? (일동 박수)

위의 속기록에 나오듯이 군수기지사령관 안종훈은 군의 동원은 국민들의 여론에 따라야 하고 군은 마지막 순간에 개입해야 한다며 군의 정치 개입에 강력하게 반대했다. 그러나 그의 발언과 소신은 신군부가 주축이 된 다른 군 지휘관들의 반대에 의해 이내 묻혀버렸다. 그는 이의가 없냐는 국방장관의 질문에 자포자기 심경으로 고개만 끄덕일 뿐 이 회의에서 더 이상 한마디도 덧붙이지 않았다.

1995년 1월 안종훈은 검찰에 출석하여 이날의 회의 분위기를 진술했다. 그는 검찰에서 최성택 합참 정보국장이 "대략적으로 학생들 시위가 확대, 과격해지고 북괴 동향으로 휴전선에 병력을 집결하여 언제든지 남침을 할 수 있는 태세를 준비하고 있다"고 발언했는데, 이 발언은 (안종훈) 자신이 "반대 발언을 하자 또 다른 반대 발언이 나오는 것을 막고 비상계엄 전국 확대를 찬성하는 쪽으로 분위기를 몰아가기 위하여 강력하게 이야기를 한 것으로 생각했다"고 전군주요지휘관회의의 분위기를 회상했다. 그리고 전두환이 전군 주요 지휘관들의 백지서명을 시국대책안에 첨부한 것이라면 "신군부들이 정권 찬탈을 위하여" "신현확 총리를 속인 것으로 생각"한다고 진술했다. 그는 "대부분의 군인들은 군인의 본분을 수행하는 데 하나회를 중심으로 한 신군부세력이 정치에 개입을 했다는 것이 역사적으로 큰 오점이 될 것으로 생각을 합니다. 그리고 12·12사건의 고발인으로서 검찰에서 12·12사건을 열심히 수사를 하여 전두환 등에게 반란수괴죄 등을 인정하여 준 것에 대하여 감사합니다"는 말을 남겼다.[50] 정치군인들이 군을 정치적으로 동원하는 것에 반대하다 좌절한 한 군인의 마지막 회한이었다.

전군주요지휘관회의 전에 준비된 결의안

이날 회의에서 국방장관의 발언 중 주목해야 할 부분이 있다. 전군주요 지휘관회의가 있기 전인 5월 16일 오후 3시 30분에 이미 장관 훈시문과 백지 결의안을 준비해놓았다는 대목이다. 즉 회의가 열리기 전부터 주영복 국방장관이 이미 회의의 결론을 내려놓은 것이었다. 국방장관의 발언은 이 회의가 장관 훈시문을 작성하려는 하나의 요식 행위에 불과했다는 추정에 힘을 실어준다. 좀 더 정확하게는 군의 개입을 결정한 상황에서 형식적 정당성을 확보하려는 자리에 불과했다.

또 한 가지 이날 회의를 주도한 인사들의 면면이 주목된다. '북한 남침설'의 논거를 제시하며 발표한 인물은 신군부의 핵심인 합동참모부 정보국장(최성택)이고, 이날 회의에서 강력하게 군의 개입을 주창한 인물들도 신군부의 핵심인 수경사령관(노태우)과 특전사령관(정호용) 등이다. 모두 육사 11기 출신으로 신군부를 구성한 하나회 출신들이었다. 앞서 전두환의 발언과 신군부 인사들의 발언으로 볼 때 이날 회의가 열리기에 앞서 신군부는 어떤 결정을 내려놓고 있었던 게 아닌지 의심스러운 대목이다.

오후 2시 20분에 전군주요지휘관회의가 끝난 뒤 전군의 주요 지휘관들은 육군회관에서 점심식사를 하고 부대로 돌아가서 비상계엄 전국 확대를 대비했다.[51]

5월 17일 오후 18시부터 20시 40분까지 청와대에서는 '시국수습을 위한 비상계엄 전국 확대 선포 관계회의'가 열렸다. 최규하 대통령, 신현확 국무총리, 주영복 국방장관, 이희성 계엄사령관, 전두환 중앙정보부장 서리 등이 참석했다.[52] 관련 자료가 없어 이 회의에서 어떤 이야기들이 오갔는지 구체적인 내용을 파악하기는 어렵다. 회의 명칭과 참석자들의 면모로 볼 때 이 회의가 군 투입을 결정하는 최고위급 정책회의였던 것으로 보인다. 이보다 앞서 오전 10시부터 10시 46분까지 전두환 중앙정보부장 서리가 청와대를 방문했는데, 여기에는 이학봉 보안사령부 대공처장도 동행했다.[53] 전두환은 여기서 예비검속 대상자들에 대한 최규하 대통령의 재가를 받아냈을 것으로 추정된다.

청와대 회의가 끝난 뒤 21시 42분부터 중앙청에서는 국무총리가 주재하는 국무회의가 열렸다. 회의가 열리는 중앙청 밖에는 탱크와 중무장한 수경사 병력이 경계하고 있었고, 복도에도 총을 든 수경사 병력이 도열하고 있었다. 국무회의는 시작한 지 불과 8분 정도인 21시 50분에 끝났는데, 비상계엄 전국 확대를 건의하는 국방장관의 제안을 승인하는 회의였다.[54] 군이 민간사회를 직접 통제함으로써 국민들의 삶과 일상까지 지배할 수 있는 구조를 만드는, 국민들의 생존과 일상이 걸린 매우 중요한 안건이 채 10분도 걸리지 않은 시간에 국무회의를 통과했다.

냉정하게 보자면, 안건 상정만으로도 10분은 훌쩍 지나갈 수 있다. 안건 상정의 배경 및 의미 등에 대한 설명이 이루어졌다는 가정에서이다. 예를 들어 이날의 안건이 상정된 배경으로 이른바 '북괴 남침설'과 정세 및 전군주요지휘관회의의 결의 등을 설명하는 것만으로도 10분 이상의 시간이 소요될 수 있다. 그런데 이날 국무회의는 8분 만에 끝났다. 결국 이는 최소한의 법적 요건만을 갖추려는 형식적 절차에 지나지 않았음을 반증한다.

뒤이어 23시 40분 정부 대변인 이규현 문공장관이 기자회견을 열어 "정부는 비상계엄 선포 지역을 17일 24시를 기해 전국 일원으로 변경한다"고 공식 발표했다. 배경은 "북괴의 동태와 전국적으로 확대된 소요사태 등을 감안할 때 전국 일원이 비상사태하에 있다고 판단되었기 때문"이며, 기간은 "평상상태로 회복될 때까지"라고 다소 애매하게 설정됐다.[55] 뒤이어 5월 18일 자로 최규하 대통령 명의의 특별성명이 발표됐다. 아래는 최규하 대통령의 특별성명 중 일부분을 발췌한 것이다.[56]

국민 여러분!
작금의 국제 정세는 동서 간 긴장이 고조되고 있는 가운데 아프카니스탄과 이란사태를 위시하여 동서양에 있어서의 소련의 군사력 증강 등 평화와 안전을 위협하는 불안요인이 증대하고 있습니다. 국내적으로는 계속되는 사회혼란을 이용한 북한 공산집단의 대남적화책동이 날로 격증되고 우리 사회 교란을 목적으로 무장간첩의 계속적인 침투가 예상되고 있습니다. 그들은 우리 학원의 소요사태 등을 고무, 찬양, 선동함으로써 남침의 결정적 시기 조성을 획책하고 있습니다.
이 같은 중대한 시기에 일부 정치인, 학생 및 근로자들의 무책임한 경거망동은 이 사회를 혼란과 무질서, 선동과 파괴가 난무하는 무법지대로 만들고 있으며 …… 노사분규 실업이 증가함으로써 사회불안을 더욱 가중시키고 있어 …… 중대한 위기에 직면해 있다 하지 않을 수 없습니다. …… 계엄하에서 학원 소요가 진정되기는커녕 오히려 시간이 갈수록 현실 정치 문제에 깊이 관여하면서 교외 소요로 과열 폭력화되어감으로써 …… 지도급 정치인이 정부의 안정유지를 외면하고 오히려 사회불안을 선동, 자극함으로써 소요사태는 더욱 심각해지고 있습니다. …… 이에 정부는 국가를 보위하고 3천 7백 만 국민의 생존권을 수호하며 …… 일대 단안을 내리지 않을 수 없게 된 것입니다. …… 대통령으로서 헌법과 관계법규의 규정된 바에 입각하여 1980년 5월 17일 24시를 기하여 현재의 지역 계엄을 전국 비상계엄으로 전환 선포하고 …… 앞으로 정부는 국민 생활안정과 사회정의의 구현에 심혈을 기울일 것이며 군은 국토방위의 신성한 임무를 성실히 수행하여 북한 공산집단의 위협에 철통같이 대처하여 나갈 것입니다.

최규하 대통령의 특별성명은 중앙정보부의 논리, 실질적으로는 신군부의 '북괴 남침설' 논리를 재확인하는 성명이다. 이 성명에서는 북한의 책동이 강화되는 가운데 사회가 혼란스러워져 불가피하게 지역 비상계엄에서 제주도를 포함하는 전국 비상계엄으로 전환한다고 했다. 특히 북한의 위협을 내세우며 5·17조치가 불가피하다고 역설했다. 노사분규와 학원소요 등이 '북한의 침투'를 유발시킨다며 비상계엄 전국 확대의 명분으로 제시하고 있다. 오늘날 5·18항쟁을 왜곡하는 핵심 논거인 '북한 침투'가 1980년 5월 17일에 이미 제시되고 있었다. 하지만 이는 명확한 근거는 빠진 가정일 뿐이었다. 북한이 침투할 수 있다는 가정 아래 비상계엄을 전국으로 확대시킨 것이다.

비상계엄 전국 확대와 동시에 계엄사령관은 5월 17일 자로 '정치 활동의 금지, 정치 활동 이외의 옥내외 집회의 신고 및 언론의 사전 검열, 대학의 휴교, 태업 및 파업의 금지, 유언비어 날조 및 유포 금지, 선동적 발언 질서문란 행위 금지, 포고령 위반자는 영장 없이 체포, 구금, 수색' 등을 규정한 포고령 10호를 공포했다.[57] 포고령 10호에 따라 헌법에 보장된, 심지어 유신헌법에서조차 보장된 국민들의 기본권은 무시되었고 계엄포고 위반을 들어 무차별적으로 국민을 처벌할 수 있는 근거가 마련됐다. 한국사회는 다시 1979년 10·26 이전의 유신독재 시절 긴급조치보다 훨씬 더 강력한 계엄령이 작동하는 시대로 되돌아갔다. 계엄법에 따르면 계엄령 해제는 국회의 권한이었다. 하지만 탱크와 완전 무장한 군인들이 지키는 국회 개원은 불가능에 가까웠다. 1980년 5월에도 끝내 국회의 문은 열리지 못했다.

남북 총리회담 준비하며 남침 위협설 유포

전군주요지휘관회의와 대통령의 특별성명 모두 북한의 남침 위협과 그에 부화뇌동하는 정치인, 대학생, 그리고 노동자들의 시위 등으로 인해 사회가 혼란스러워진다고 했다. 이런 이유로 비상계엄을 전국으로 확대시킨다고 주장했다. 과연 이러한 언급이 충분한 근거가 있는 주장일까?

 결론부터 이야기하면, 군과 대통령의 주장은 '대국민 사기극'에 다름 아니었다. 대한민국 정부와 군, 신군부 등이 집단으로 국민들을 기만한 것이다. 1979년 12월 북한은 1980년 모스크바에서 열리는 올림픽에 남북한이 단일팀으로 참가할 것을 제안했다. 북한의 제안에 대해 정부는 1980년 1월 24일 남북조절위원회를 통해 남북 총리회담을 개최하자고 역제안했다. 그리하여 1980년 2월 6일 판문점에서 '남북 총리회담을 위한 실무 접촉'을 시작으로 이후 총 10차례의 실무회담이 열렸다. 총 10차례 열린 회담의 시간과 장소는 〈표 2-4〉와 같다.

 정부는 5월 초순부터 계속해서 국민들에게 '북한 남침설'을 유포시켰다. 그러면서도 〈표 2-4〉에서와 같이 2주에 한 번씩 북한과 회담하고 있었다. 심지어 5월 21일 전남도청 앞을 비롯해 광주 시내에서 계엄군이 집단발포하고 광주시 외곽으로 철수한 다음 날인 5월 22일에도 남북회담 실무진이 판문각에서 접촉했다. 이후로도 두 차례나 더 만났으나 남북 실무 접촉에서 어떠한 합의에도 이르지 못한 채 마무리된다. 국민들에게는 북한의 남침 위협 때문에 비상계엄을 전국으로 확대한다면서 그 위협의 배후이자 당사자인 북한과 실무 접촉을 진행하고 있었던 것이다. 게다가 전군주요지휘관회의와 국무회의가 열리기 전부터 전두환은 '결정적 시기'를 운운하며 군 동원을 계획하고 있었으며, 정부의 발표가 있기 전부터 군에서는 병력 투입 준비를 진행하고 있었다. 12·12군사반란으로 군 지휘권을 장악한 신군부는 이미 정권 장악을 준비하고 있었던 것이다.

〈표 2-4〉 남북 총리회담을 위한 실무 접촉

차수	개최일	장소
1차	2월 6일	판문점 중립국감시위원회 회의실
2차	2월 19일	판문각
3차	3월 4일	자유의 집
4차	3월 18일	판문각
5차	4월 1일	자유의 집
6차	4월 18일	판문각
7차	5월 6일	자유의 집
8차	5월 22일	판문각
9차	6월 24일	자유의 집
10차	8월 20일	판문각

* 출처: 통일부 남북회담본부.

'서울의 봄'을 앗아간 5·17쿠데타

정부 대변인이 5월 17일 24시를 기해 비상계엄을 전국으로 확대하는 조치를 공식 발표하기 전부터 계엄군 병력은 부대를 떠나고 있었다.[58] 비상계엄 전국 확대에 대비한 조치도 이미 실행되고 있었다. 5월 17일 밤과 5월 18일 새벽 사이에 전국 각지에서 군·검·경합동수사본부 수사관들이 예비검속 대상자들을 연행한 것이다.

예비검속은 정부가 어떠한 결정을 내리기 전부터 보안사령부에서 준비하고 있던 조치이다. 5월 16일 보안사령부에서 열린 전국 보안부대 대공과장회의에서 보안사령부는 각 지역 보안부대 대공과장들에게 예비검속 명단을 전달하고 검거 지시를 내렸다. 이에 따라 서울의 합수부는 김대중을 비롯한 재야인사와 학생운동 지도부, 그리고 김종필 등 유신체제의 부정·부패자들을 연행했다. 상황은 지방에서도 비슷하게 전개됐다.

예비검속으로 민간 반대세력 압살

계엄사령부가 발표한 예비검속자들(총 26명)은 크게 두 부류이다. 첫 번째는 권력형 부정축재 혐의자들이다. 김종필(공화당 총재), 이후락(전 대통령비서실장, 국회의원), 박종규(전 청와대 경호실장, 국회의원), 김치열(전 내무부장관), 김진만(국회의원), 오원철(전 청와대 경제수석), 김종락(코리아타코마 사장, 김종필의 형), 장동운(전 원호처장), 이세호(전 육군참모총장) 등이다. 두 번째는 민주화운동 관련자들(원문에는 "사회혼란 조성 및 학생, 노조 소요 관련 배후 조종 혐의자"임)이다. 김대중(전 신민당 대통령 후보), 예춘호(국회의원), 문익환(목사), 김동길(전 연세대 부총장), 인명진(목사), 고은(시인), 리영희(한양대 교수) 등 야당 정치인 및 재야인사, 그리고 학생운동 지도부 등이다. 그런데 이 명단은 서울에서 연행된 예비검속자들이며, 지방은 지방대로 예비검속이 진행됐다. 보안사령부에서 만든 《5공 전사》에는 야권 인사들과 학생운동 지도부 등을 망라한 총 485명의 대학가 계보도가 있었다.[59] 5월 18일 동국대를 점거한 11공수여단의 여단장도 합수부 요원들이 명단을 가지고 분류작업을 하여 연행했다고 진술했다.[60]

505보안부대 대공과장은 5월 16일 서울에서 열린 전국 보안부대 대공과장회의에 참석해 보안사령부로부터 예비검속 명단을 받고 광주로 돌아왔다. 광주에서도 505보안부대를 중심으로 구성된 군·검·경합동수사단이 17일부터 예비검속 대상자들의 검거에 나섰다. 광주의 예비검속 대상자들은 전남대 12명, 조선대 10명 등 총 22명이었다. 대부분 각 대학의 복적생들과 교내외 시위와 농성을 주도하던 학생회나 학생자치기구의 간부 등이었다.

합동수사단 요원 86명이 22대 차량으로 타고 출동하여 예비검속 대상자 22명 중 12명을 검거했다.[61] 나머지 10명은 예비검속되기 전에 몸을 피했다. 광주의 민주화운동세력을 이끌던 윤한봉과 전남대총학생회장 박관현도 피신했다. 반면 녹두서점을 운영하던 김상윤을 비롯한 몇몇은 미리 피신하지 못하고 연행됐다. 김상윤은 서점으로 찾아온 전남합수단 소속 수사관들에 의해 505보안부대로 연행됐다.[62] 이 모든 조치들이 5월 17일 정부 대변인의 공식 발표가 있기 전에 진행됐다.

신군부가 비상계엄을 전국으로 확대한 것은 두 가지 이유에서이다. 첫째, 지역 계엄에 제주도를 포함시켜 전국으로 비상계엄을 확대하면 계엄사령관이 국방장관(내각)을 경유하지 않고 대통령에게 직접 보고할 수 있다. 즉 군이 민간사회를 직접 통제할 수 있는 구조가 된다.[63] 이는 신군부가 정권을 장악하는 데 걸림돌이 될 만한 민간의 반대세력들을 손쉽게 탄압할 수 있는 구조가 조성됨을 의미한다.

둘째, '서울의 봄' 시기에 계속되던 대학가의 시위를 잠재우려는 의도에서이다. 이전부터 군은 대학을 비롯한 민간의 동향을 실시간으로 감시하고 있었다. 계엄사령부의 《계엄상황 일지(1980. 5. 1~5. 31)》에는 당시 학원과 노동계의 동향, 심지어 고등학생들의 움직임까지 실시간으로 보고되고 있었다. 군은 5월 17일에 가까워질수록 학원 시위와 노사분규를 집중 감시하고 있었으며, 5월 14일에는 헬기까지 띄워 서울 시내의 시위를 감시하고 있었다.[64]

보안사령부가 작성한 〈광주사태 상황 보고〉는 보안사령부가 당시 민간사회를 얼마나 세밀하게 감시하고 있었는지 잘 보여준다.[65] 〈광주사태 상황 보고〉에서는 시간대별로 학생들의 활동과 유인물(벽보 포함) 등을 보고하고 있다. 서울 지역 대학들의 상황 보고가 주를 이루고 있으나 전국 대학가의 동향도 포함됐다. 각 대학의 집회에 대한 보고에서는 집회 시간, 집회에서 발언한 인물과 내용, 주요 구호, 유인물의 주요 내용, 집회 참가 인원 및 농성 참가 인원 등이 상세하게 보고됐다. 이를 통해 보안사령부는 학생들을 비롯한 민간사회의 동향을 손금 보듯 파악하고 있었다. 다음 몇 가지 사례는 당시 보안사가 한국사회를 얼마나 촘촘하게 감시하고 있었는지 쉽게 알 수 있게 한다.

5월 2일 고려대 앞에 "경찰과 군은 총구를 유신 잔당에게 돌려라. 괴수 전○○(전두환-인용자) 사퇴하라. 떡고물 이후락, 김종필, 주구 김옥길(문교부장관-인용자) 사퇴하라. 간신 신현확, 허수아비 최○○(최규하-인용자)"라는 벽보가 붙었다. 같은 날 오전 11시경 전북대 학생 1,000여 명은 "계엄령 해제", "전두환 물러가라" 등의 구호를 외치며 가두 진출을 꾀하다가 경찰이 최루탄을 쏘며 진압에 나서자 12시 10분에 해산했다. 경찰의 진압으로 일단 해산했던 전북대 학생들은 이후로도 계속 가두 진출을 시도하다가 18시 30분에 "금번 사태로 구속학생은 없어야 한다. 금번 사태에 대한 책임은 절대 응치 않는다(책임을 묻는 조사 등에 응하지 않겠다는 의미-인용자). 피해는 전부 정부에서 보상하라. 계엄은 철폐하라(이후 판독 불능)"는 결의안을 채택하고 학생회 간부 20명만 학교에 남고 학생들은 귀가했다.

5월 11일 보고에는 사북항쟁(4월 21일~24일)이 어떻게 처리됐는지 나온다. 사북항쟁이 일단락된 뒤 합수단의 연행과 조사가 계속되자 사북 지역 주민들이 김영삼 신민당 총재에게 전화로 도움을 요청했다. 합수단이 이원갑을 연행하고 사북 주민 150여 명을 연행조사하고 있으므로, 김영삼 총재가 정치적으로 해결해 달라는 청원이었다. 5월 8일 주민들은 신민당 출신 국회의원에게 전화해 천만성이 연행됐으니 국회의원이 구해줄 것을 요청했다. 사북항쟁이 노동자들의 요구대로 해결되긴 했으나 어느 정도 안정된 뒤부터 항쟁을 주도했던 인물들에 대한 합수단의 연행과 수사가 이어지자 급박하게 요청한 것이다. 군에서는 전화를 도청하여 주민들의 이러한 움직임을 속속들이 파악하고 있었다.

5월 12일 보고에는 고려대 학생들이 5월 13일 대규모 시위(민주화 대행진)를 계획하며 화염병까지 준비하고 있다는 설이 유포되자, 고려대를 담당하던 성북경찰서 경찰들이 집에도 들어가지 못한 채 비상근무했다. 이 때문에 경찰 내부에서 "군에서 언제까지 이런 식으로 끌고 갈 것인지 원망"하는 움직임이 생겨나기까지 했다.

〈광주사태 상황 보고〉에는 학내 농성 현황표가 포함됐다. 전국 대학 농성 현황표는 농성 중인 학교, 형태 및 규모, 장소, 주요 쟁점, 비고 등

〈표 2-5〉 전국 대학 농성 현황표

학교	형태 및 규모	장소	쟁점	비고
고려대	농성 500명	도서관	유신잔당 퇴진	
경희대	농성 30명	총장실	총장 퇴진	휴강 중
한양대	농성 30명	비서실	총장 퇴진	휴강 중
숭전대	농성 80명	학생회관	총장 퇴진	휴강 중
서울보건전문대	농성 10명	강당	이사장 퇴진	휴강중
대한 유도대(강남구)	농성 20명	학장실	정규대학 인가	
전북대	농성 50명	학생회관	계엄 철폐	
조선대	농성 60명	총장실	총장 퇴진	
항공대	농성 20명	휴게실	국립대학 환원	
상지대	농성 10명	학생회관	이사장 퇴진	휴강 중
상지전문대	농성 10명	강의실	이사장 퇴진	휴강 중
동산 보건전문대	농성 118명	휴게실	학교재단 분리	

* 출처: 보안사령부, 〈광주사태 상황 보고〉, 1980. 5. 5.

으로 작성됐다. 이 표는 재경 지구(경인 지구, 서울 포함 – 인용자)와 지방으로 나누어 정리하고 있다. 5월 2일 10시 현재 재경 지구 10개 대학(1개 전문대 포함)과 지방 7개 대학(2개 전문대 포함)이 학내에서 농성 중이었다. 이 현황표에는 1980년 5월 전국의 대학에서 제기되는 주요 문제들이 드러난다. 대학가 농성의 주요 쟁점은 병영 집체훈련 거부에서부터 이사장·총장·어용교수 등의 퇴진, 국립대학 환원(항공대), 무능재단 퇴진(청주사대), 구속학생 석방(경북대), 저질교수 퇴진(원광대) 등이었다. 〈표 2-5〉는 5월 5일 9시 30분까지 전국 대학가의 농성 현황을 보안사에서 정리한 것이다. 〈표 2-5〉에 나오듯이 학생들은 당면한 문제를 해결하려는 투쟁을 전개하고 있었다.[66]

광주의 대학가도 민주화운동을 활발하게 벌이고 있었다. 유신체제 붕괴와 함께 각 대학에서는 학원 민주화운동이 전개됐다. 먼저 박정희 정권이 강제로 부활시킨 학도호국단이[67] 사라지고 총학생회가 부활했다. 1971년 전국의 대학가에 교련 반대투쟁이 전개되자 박정희 정권은 강제 징집을 시행하며 강력하게 탄압했다. 그리고 1975년 9월 2월 학도호국단을 부활시켜 체제 안정화를 꾀했다. 10·26 이후 유신체제 청산운동 과정에서 학생들은 학도호국단을 해체하고 학생회를 부활시켰다. 이 운동은 1980년 이른바 '서울의 봄' 시기의 대표적인 흐름 중 하나였다.

광주·전남 대학가의 민주화운동 불붙다

전남대에서는 4월 25일 들불야학[68] 강학 출신 박관현(행정학과)이 총학생회장에 당선되고, 학내에서는 복적생들이 어용교수 퇴진운동을 주도했다. 조선대에서도 학내 민주화운동이 활발하게 전개되어 박철웅 총장의 사퇴를 요구하며 점거농성투쟁을 전개했다. 이외에도 광주·전남의 대학가에서는 민주화운동이 활발하게 전개되고 있었다.

5월 14일 13시 교내시위를 마친 전남대 학생들이 가두 진출을 시도했다. 경찰이 교문 앞에서 막아서자 이를 뚫고 광주의 중심가인 금남로로 진출했다. 학생들은 전남도청 앞 분수대 광장에서 '민족민주화성회'를 열었다. 다음 날에도 전남도청 앞에서 집회가 열렸다. 이날 집회에서는 전남대의 〈시국성토 선언문〉 낭독에 이어 광주교육대와 조선대 민주투쟁위원회의 선언문, 전남대의 〈대학의 소리〉와 전남대·조선대 학보사의 〈결의문〉, 광주교육대학 대표의 〈시민에게 드리는 글〉 등이 낭독됐다. 그리고 "비상계엄 즉각 해제하라!", "노동삼권 보장하라!", "정치일정 단축하라!" 등의 구호가 외쳐졌다. 집회를 마친 학생들이 각 학교로 돌아갈 때 대형 태극기를 들고 행진하자 많은 시민들이 함께했다. 이날 오후 법원 앞 광장에서는 1,000여 명의 학생들이 "사법권 독립!"을 외치며 시위를 벌이기도 했다.[69]

전국총학생회장단 회의에서 가두시위의 중단을 결정하고 서울을 비롯한 전국의 다른 지역에서 시위가 소강상태에 들어간 반면,[70] 광주에서는 5월 16일, 전남대, 조선대, 광주교육대, 조선대공업전문대, 동신실업전문대, 송원전문대, 성인경상전문대, 기독병원 간호전문대, 서강전문대 등 시내 9개 대학 학생과 시민 등 3만여 명이 오후 3시부터 전남도청 앞 광장에 모여 시국성토대회를 열었다. 이날 집회에는 동신고, 대동고, 전남고 등 고등학생들도 참가했다.[71] 시국성토대회에서는 각 대학 학생대표들이 함께 작성한 〈제2시국선언문〉(5월 15일 자)이 낭독

5월 16일 횃불시위

5월 14일부터 16일까지 전남도청 앞 광장에서는 '유신체제 청산'과 '민주주의 실현'을 바라는 시민·학생들의 함성이 가득했다. 5월 16일에는 집회뿐 아니라 횃불시위도 있었다. 이날의 집회와 횃불시위는 경찰의 협조 아래 평화롭게 진행됐다. 그러나 이틀 뒤부터 이곳의 평화는 군(공수부대)에 의해 파괴됐다(나경택 촬영, 5·18기념재단 소장).

됐다. 〈제2시국선언문〉은 한국사회의 당면 문제(농촌 문제, 노동자 문제, 학원 문제, 계엄령, 과도정부, 언론 등)를 제기하고 총 15개의 강령을 제시했다. "민중이 역사의 주인 노릇을 하는 위대한 민중의 시대, 민족통일의 벅찬 시대가 열릴 때까지 모든 민주·민족세력은 온몸으로 투쟁해 나아갈 것이며, 이 거대한 민족의 대열에 우리 대학인도 적극 동참, 민족의 민주제단에 희생물이 되기를 바라면서" 행동강령으로 "평화적이고 질서 있는 행동 통일을 결의한다. 이러한 우리의 노력이 저지될 때는, 온몸으로 투쟁할 것을 결의한다. 우리는 민족의 지성으로 부끄러움이 없는 행동을 최후까지 견지할 것을 결의한다"고 선언했다.[72] 또한 신군부의 준동을 나열하며 그들에게 군이 이용당하면 안 된다는 요지의 '국군장병에게 보내는 메시지'를 발표했다.[73]

5월 16일 학생들은 18시 30분부터 전남도청 앞 분수대를 돌며 가두시위를 벌였다. 광주 시내에 진출했던 시위 대열은 전남도청 앞 광장에 다시 모여 20시부터 2개조로 나뉘어 '계엄 철폐' 등의 구호와 〈정의가〉, 〈투사의 노래〉 등을 부르며 횃불시위를 벌였다. 학생들은 "비상계엄 해제, 정치일정 제시, 유신잔당 물러가라, 누가 우리를 거리로 나오게 했나. 만일 북괴 남침 시 제일 먼저 학도병으로 갈 것" 등을 주장하며 가두시위를 전개했다.[74] 무엇보다 "북괴 남침 시 제일 먼저 학도병으로 가겠다"는 주장이 이채롭다. 5월 초순경부터 신군부가 유포하고 있던 '북괴 남침설'을 정면으로 비판하는 구호였다. 이날 집회에서 박관현[75] 전남대 총학생회장은 "휴교령이 떨어지면 오전 10시 전남대 정문, 오후 2시 전남도청 앞으로 모여서 투쟁하자"는 행동지침을 선언했다.[76]

1978년 〈우리의 교육지표〉 사건으로 해직·구속됐다가 전남대에 복직한 송기숙은 횃불시위를 앞두고 교수와 경찰도 긴장했다고 구술했다. 그는 화재가 나지는 않을까, 경찰과 충돌이라도 생긴다면 (민주화운동에 대한) 공격 무기가 되지 않을까 염려했다. 그러나 7열의 대열 중 가운데 3~4미터 간격으로 횃불을 들 것이라는 학생들의 계획을 듣고 안심했다.[77] 실제 횃불시위는 경찰의 협조 아래 평화롭고 질서 있게 마무리됐다. 횃불시위를 마친 학생들은 다시 전남도청 앞 광장에 모여 유신체제와 5·16군사쿠데타를 응징한다는 의미로 '5·16화형식'을 가졌다.

경찰은 주변의 질서유지에만 힘쓰고 학생들도 담배꽁초와 휴지를 줍는 등 평화로운 분위기에서 가두시위와 집회를 마쳤다. 횃불시위를 마친 학생운동 지도부는 사태를 관망한 뒤 5월 19일 다시 성토대회를 열자고 결의하고 자진 해산했다.[78] 5월 18일까지 시국을 관망하자는 전국 총학생회단의 결의안에 따른 결의였다. 경찰이 시위를 지켜보는 것에서 한걸음 더 나아가 시위 대열을 보호해주는 가운데 5월 16일의 집회 및 횃불시위는 아무런 불상사 없이 끝났다. 그러나 이날의 평화로웠던 분위기는 그리 오래가지 못했다.

군대, 대학을 점거하다
군, 정치 개입에서 권력 장악으로
비상계엄의 실체

3
항쟁의 시작

군대,
대학을 점거하다

5·17조치가 공표됨과 동시에 5월 18일 새벽 전국의 201개 보안시설에 총 2만 4,740명(2,009/22,731)의 계엄군이 배치됐다. 군이 투입된 시각과 병력의 배치 비율을 살펴보면, 비상계엄을 전국으로 확대한 의도가 무엇이었는지 쉽게 확인할 수 있다. 이날 전국의 주요 도시에 배치된 계엄군 병력 중에서 2만 2,342명(1,865/20,477)이 전국 92개 대학에 들어간 반면, 국가의 주요 보안시설 109개에는 불과 2,398명(144/2,254)이 배치됐다.

정부와 신군부의 주장처럼 북한의 남침 위협 때문에 비상계엄을 전국으로 확대하는 것이라면, 당연히 국가 보안시설의 경계를 강화하고 계엄군 병력도 그곳에 집중 배치되어야 하는 게 상식에 맞다. 그런데 이날 전국 국가 보안시설에 배치된 계엄군의 비율은 채 10퍼센트도 되지 않는다. 〈표 3-1〉은 5·17조치 이후 전국 대학의 계엄군 병력 배치 현황이다.

〈표 3-1〉에서 보듯이 계엄군 병력의 90퍼센트 이상이 휴교령이 내려진 대학에 배치된 것은 이 무렵 국민들의 민주화 요구, 그중에서도 1980년 이른바 '서울의 봄'을 이끌던 대학생들의 시위에 군대를 투입하여 물리력으로 억누르려는 목적 때문이었다. 〈표 3-1〉에서 확인할 수 있는 것처럼 계엄군 병력의 대부분은 수도권 대학, 특히 한강 이북 대학에 상대적으로 많은 군 병력이 투입됐다. 대학의 숫자는 수도권보다는 2군사령부가 관할하는 지역들이 많았으나 병력과 장비는 수도권에 집중 배치됐다. 또한 2군사령부 중에서도 전남·북을 관할하던 전교사에 제일 많은 병력이 배치됐다. 장갑차는 아직 배치되지 않았다. 5월

〈표 3-1〉 지역별 계엄군의 배치도

구분		대학 수	병력	장비
수도권	강북	15	1,149/9,763	경장갑차: 39
	강남	3	217/1,782	경장갑차: 20
	소계	18	1,366/11,545	경장갑차: 59
2군지역	2관구	12	161/2,089	경장갑차: 2
	3관구	8	90/929	
	5관구	9	123/1,979	경장갑차: 2
	전투병과교육사령부	30	133/1,820	
	소계	59	385/6,817	경장갑차: 4
기타	경기	4	78/1,304	경장갑차: 21
	강원	11	36/811	경장갑차: 7 전차: 3
	소계	15	114/2,115	경장갑차: 28 전차: 3
총계		92	1,865/20,477	경장갑차: 91 전차: 3

* 출처: 국방부 과거사진상규명위원회, 《12·12, 5·17, 5·18 진상조사보고서》, 55쪽.

18일 광주 시내에 장갑차가 출현하지 않은 이유이다. 어떤 이유에서인지 분명치 않지만, 강원도에는 전차 3대까지 배치됐다. 전방에서 가까운 지역이었기 때문으로 추정된다.

그러나 이후 광주에서 학생 시위가 발생하고 시민항쟁으로 전환되자 서울에서 광주로 계엄군 병력이 추가 파견됐다. 매일 광주에 추가 병력이 파견되었으며, 5월 19일부터는 광주 시내에 2대의 장갑차가 돌아다니고 헬기가 떠다녔다. 5월 27일 최종 진압작전인 상무충정작전이 실시될 때는 광주 시내에 18대의 탱크까지 진입했다. 〈표 3-2〉는 광주에

〈표 3-2〉'5·17조치' 이후 계엄군 배치 현황

구분	서울 및 기타 지역	광주	비고
특전 사령부	1공수여단 4개 대대: 160/1,257 5공수여단 4개 대대: 246/1,156 9공수여단 3개 대대: 176/1,358 13공수여단 2개 대대: 156/1,062	3공수여단 3개 대대: 265/12,16 7공수여단 2개 대대: 82/604 11공수여단 3개 대대: 163/1,507	1공수여단(서강, 연세, 홍익) 5공수여단(고려, 동국) 9공수여단(서울, 숭전) 13공수여단(성균관) 3공수여단(광주교도소) 7공수여단(광주 – 화순도로) 11공수여단(광주 – 화순도로)
소계	738/4,833	510/3,327	
20사단		사단(-): 263/4,637	상무대, 송정, 광주비행장
26사단	75연대(-):		경희, 국민, 외국어
30사단	90, 91연대		한양, 산업, 국민, 단국, 서강, 홍익, 명지
33사단	101연대		안양
해병 1사단	대구 2개 연대 부산·마산 3개 연대		81/1,469(경북대) 74/1,449(부산대, 경남대)
기타	수경사	31사단: 40/1,195 전투병과교육사령부: 2,138/3,503	
총계	1,037/9,334	2,951/12,662	

* 출처: 합동상황실, 《수시 상황 보고》.

병력이 집중된 이후의 병력 배치 현황이다.

　병력이 배치된 비율과 장소로 볼 때, 〈표 3-2〉는 5월 22일부터 24일 사이 광주 외곽이 봉쇄된 시기의 병력 배치 현황으로 판단된다. 공수부대가 광주 외곽을 봉쇄했고, 5월 24일에 20사단과 공수부대가 임무를 교대하기 때문이다. 위의 시기와 5월 18일 처음 계엄군이 배치된 때와 비교하면 광주에 배치된 계엄군 병력 수와 진압 장비가 크게 증가했다. 5월 18일부터 연달아 서울에서 광주로 병력(11공수여단, 3공수여단)이 이동하고, 뒤이어 20사단 병력(3개 연대와 사단 직할대)이 추가로 파병됨에 따라 광주의 병력은 다른 지역(서울 포함)의 병력보다 많아졌다. 전국에 배치된 병력이 2만 2,342(1,865/20,477)명이었는데, 5월 21일 이후 광주에 1만 5,613(2,951/12,662)명이 배치됐다(〈표 3-2〉). 5·18항쟁이 확산되자 전국에 배치된 계엄군 병력 중 절반 이상이 광주에 집중된 것이다. 광주와 달리 다른 지역에서는 점차 계엄군 병력을 줄여가고 있었다.

군, 정치 개입에서
권력 장악으로

군, 삼부를 지배하다

비상계엄을 전국으로 확대하고 전국 각지에, 그중에서도 대학가에 계엄군 병력을 집중 배치했다고 해서 군이 모든 걸 장악한 건 아니었다. 형식적이긴 했지만 아직 해결해야 할 법적 문제가 남아 있었다. 무엇보다도 코앞에 닥친 5월 20일의 국회 개원이 문제였다. 국회가 임시국회를 열어 계엄 해제를 결의하면 5·17조치가 무용지물이 되기 때문이다. 계엄사령부도 이 점을 잘 알고 있었다.

5월 18일 오전 8시부터 8시 30분에 계엄사령관 주관 아래 육군본부의 일반 참모부장과 계엄사령부 참모들이 모인 연석회의가 열렸다.[1] 이날 회의에서 계엄사령관은 몇 가지 중요한 지시를 내렸다. 그의 지시사항은 크게 두 부분으로 나눌 수 있다. 우선, 계엄사령관은 참모들에게 "각 학교 및 보안 목표에 진입한" 계엄군들의 화장실 사용 등 군수 지원과 군기 유지, 중식비 지원, 보안 목표 배치 병력 중 불필요한 병력 철수 검토 등 주로 계엄 업무와 관련된 군수 지원을 지시했다. 또 5월 17일 이화여대에서 회의 중이던 학생들의 검거 현황을 확인했다. 이에 이화여대 총장이 계엄사령부를 항의 방문했는데, 이날 회의에서 계엄사령관은 이화여대 총장의 항의 방문을 힐난했다.

다음으로 계엄사령관은 행정부의 장관들을 계엄사령관이 지휘 감독할 수 있는 근거—명분 및 구체적인 방안(한계, 방법 등)—를 검토하여 대통령에게 보고할 수 있도록 준비하라고 지시했다. 또 계엄사령부의 합동수사본부(본부장: 보안사령관 전두환)와 5월 20일로 예정된 임시국회의 연기 또는 의사일정 변경 등을 협의하며, 국회에 보고할 수 있도록 "학생들의 불순성과 공산화에 대한 내용을 전부 분석하여 하루 종일이라도 좋으니 보고하도록 준비하라"고 지시했다. 아울러 임시국회에 답변할 자료—데모 주동 학생의 배후관계, 학생 및 정치인 검거 현황 및 이유 등—를 보안사령부에 준비토록 요청했다.

그러나 계엄사령관의 지시는 필요 없어졌다. 결과적으로 계엄군이 국회 개원을 원천 봉쇄했기 때문이다. 계엄사령관은 대국민 홍보대책을 강구하고 언론이 백지보도를 하지 않도록 "잘 조종"하여 국민과 언론을 자신들 편으로 유도하라고 강조했다. 이미 계엄포고문을 공포하여 언론을 검열, 통제하고 있는 것에서 더 나아가 언론을 회유하여 여론을 조작하려는 의도가 드러난 지시였다. 이 같은 언론 통제와 회유 지시는 5·18항쟁이 발생한 광주에서 더욱 강력하게 시행됐다.

계엄사령관의 지시에 따라 합수부는 홍보 자료를 준비하면서 각 지방관서의 업무에 계엄분소보다 합수부가 더욱 적극적으로 관여할 것을 지시했다. 지방에서의 계엄 업무에 지방의 보안부대가 관여하라는 지시였다. 또한 계엄사령관은 정부 부서 장악을 연구하라는 지시도 내렸다. 이에 대해 법무처장은 "각 부에 감독관을 파견해야 하며 필요시 국무회의 및 차관회의 등에 참석하여 지휘감독권을 행사하는 것이 가능하다"고 답했다. 이어 계엄사령관은 공무원들의 인식을 바꿀 기회로 삼아 전문 지식을 가진 장교를 감독관으로 파견토록 지시했다. 군이 민간의 영역을 직접 관리, 감독, 통제하겠다는 의도를 드러낸 회의 및 지시였다. 5·18항쟁이 진압된 직후 국보위에서 추진한 '공무원 숙청'을 연상시키는 대목이다.

이 같은 지시들은 군의 권한을 비상계엄 전국 확대 이상으로 강화하는 것이었다. 전국 계엄 아래에서도 국회는 개원할 수 있으며, 개원한 국회에서 계엄령 해제를 결의하면 비상계엄령을 해제할 수밖에 없다. 그러나 실제는 정반대로 진행됐다. 계엄사령부는 계엄군을 동원하여 국회 개원을 무력으로 막아 국회를 폐쇄시키고, 국회의원이나 정치인들의 회합까지 금지시켰다. 군이 헌정질서 유린에서 나아가 헌정을 아예 중단시킨 것이었다.

비상계엄 전국 확대의 목적

5월 18일 계엄사령부는 각 계엄사령부에 치안처(과)를 두고 치안처(과)장을 헌병대장으로 임명하며 기구의 개편 없이 시행토록 지시했다. 계엄사령부 치안처는 치안본부 및 각 도경에 중·대령급 헌병장교 1명씩을 감독관으로 파견했다. 이는 경찰의 기능을 군이 접수하는 것이었으며 동시에 군이 경찰을 통제하는 것이었다. 5·16군사쿠데타 이후 권력을 장악한 뒤 현역 군인들이 경찰서장과 과장직에 임명된 사례와 비슷한 의도에서 시행된 조치이다.[2] 이에 따라 민간사회의 치안마저 군이 장악하는 구조가 형성되었다.

계엄사령부 법무처는 5월 18일 법무기관에 법무장교를 감독관으로 파견하고, 5월 20일부터는 대법원과 법무부에 각 1명씩 파견할 계획을 세웠다. 또 계엄사령부는 각 지역의 계엄분소장들에게 5월 20일부터 6월 19일까지 한 달 동안 "사회안정과 질서유지를 위해" 군경합동 단속을 실시하여 "사회의 암적 존재인 폭력깡패를 발본색원"하라고 지시했다. 동시에 깡패 단속은 지역 책임제로 하되 "암적 깡패는 군재에 회부"하고 단속 결과를 매일 보고토록 지시했다.[3]

5·17조치 이후 취해진 이러한 일련의 조치들은 무슨 의미를 담고 있을까. 먼저, 비상계엄 전국 확대에 따른 명분과 국민적 동의를 얻으려는 시도의 일환으로 볼 수 있다. 5·16쿠데타 이후 이정재 등을 잡아들인 것과 비슷한 맥락으로, 정치군인들이 권력을 장악하며 자신들이 사회안정을 추구하는 세력인 것처럼 여론을 호도함으로써 군의 정치 개입에 대한 비판 여론을 순화시키기 위한 의도이다.

주목할 것은 '지역 책임제'라는 형식을 빌려 연행자의 수를 지역별로 할당한 점이다. 그로 인한 부작용은 엄청난 파장을 낳을 가능성이 높다. 단속 대상인 "암적 깡패"의 인권은 애초부터 고려 대상이 되지 않는다. 그 외 대상자들의 인권도 무시될 수밖에 없다. 명확한 기준이 없을 경우 임의의 원칙, 다시 말하면 군이나 행정기관의 자의적 판단 아래 국민들의 인권이 말살되는 것은 불을 보듯 뻔하다. 결과적으로 이 같은 지역 할당제는 삼청교육대의 피해자들에게 그대로 적용됐다.[4]

또한 계엄사령부는 모든 정치 활동을 원천 봉쇄했다. 좀 뒤의 일이지만, 5·18항쟁이 진압된 직후인 5월 28일에 신민당은 광주사태 대책위원회를 구성하는 문제를 논의하기 위해 확대간부회의 개최계획을 세웠다. 그러나 남대문경찰서 정보과장이 회의가 불법집회임을 신민당 당원들에게 통지하며 강제 해산시켰다.[5] 5월 17일 24시 이후 모든 정치활동을 금지시킨 포고령에 근거하여 경찰이 야당의 회합을 원천봉쇄한 것이었다. 계엄령 포고문의 '정치 활동 금지' 조항은 결과적으로 입법부의 권한 및 야당의 정상적인 활동 등을 금지시킴으로써 임시국회의 개원을 비롯한 모든 정치 활동을 막을 수 있었다.

5·18항쟁을 진압한 직후인 5월 31일에 설치된 국보위는 입법, 행정, 사법의 삼권을 장악한 무소불위의 권력기구로 기능했다. 국보위가 헌법을 개정하고 새로운 정권을 출범시키는 것은 예정된 수순이었다. 군이 민간을 통제하고 배제시킨 뒤 권력을 독점하고 정권을 새로 만들어버린 것이다. 군이 정치에 개입하는 것에서 한걸음 더 나아가 아예 권력을 장악했다. 이는 5·16쿠데타 직후의 모습과 마찬가지였다.

5·17조치가 취해진 뒤 계엄사령부는 대학 총학장 및 언론 중진들과의 회의를 예정했다. 5월 19일 계엄사령부는 보안사령부에 이들과의 회의에 필요한 자료를 요청하는데, 핵심 내용은 국내외 정세, 비상계엄 확대 선포 배경 설명, 관련 사진 등이었다. 이것은 계엄사령부와 보안사령부와의 위상 및 역할을 보여주는 사례이다. 일반적인 계엄 업무는 계엄사령부에서 담당했으나, 계엄의 배경과 같은 정치적 사안은 보안사령부에서 담당한 것이다.[6] 신군부가 보안사령부를 장악하고 있는 상황에서 계엄사령부는 하나의 실무 집행기관에 지나지 않았다. 보안사령부가 정책을 기획하며 실권을 장악한 기구였다.

계엄령의 위력

계엄령이 어떻게 작동하는지는 한국 현대사에서 그 답을 찾을 수 있다. 계엄법이 없을 때조차 계엄령이 선포되어 기능했다. 1948년 4·3사건과 여순사건 때의 일이다. 당시 군은 계엄령이 선포된 지역에서 국민들의 생사여탈을 관장했다. 그로 인해 수많은 국민들이 이유도 모른 채 정식 재판도 없이 군경 및 우익단체에 의해 학살당했다.[7] 간혹 국회가 열리긴 했지만 쓸모없었다.[8]

1952년 5월 25일 0시를 기해 이승만 정권은 임시수도 부산과 경남 일원, 전남·북 일부 지역에 비상계엄령을 선포했다. 다음 날인 5월 26일에는 국회의원 통근버스를 임시 국회의사당 정문에서 헌병대로 끌고 가 곽상훈 등 야당 의원 12명을 구속시켰다. 5월 28일 열린 국회 본회

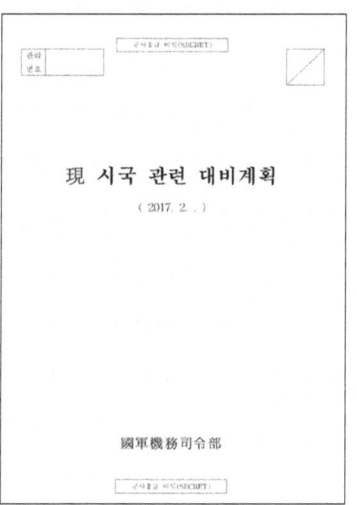

기무사령부 계엄 대비 문건
2017년 2월 기무사령부는 탄핵 이후에 대비한 계획을 기획했다. 군을 동원하여 국민들의 촛불시위를 종식시키고 정권을 연장시키려는 시도였다. 1980년 5월 17일 24:00시를 기해 비상계엄이 제주도를 포함한 전국으로 확대됐고 그로부터 5·18이 시작됐으며, 군이 국민들을 학살하는 지경에까지 이르렀다. 계엄 대비 문건이 무서운 이유이다(군인권센터 소장).

의에서 계엄령 해제 및 구속의원 석방 결의안이 통과됐으나 이승만 정권은 국회의 결의안을 무시했다. 결국 미국의 중재와 야당을 압박하는 실력행사가 이어진 뒤 7월 4일 국회 본회의가 열렸다. 군경과 우익청년 단체들이 국회의사당을 포위한 가운데 열린 본회의에서 정부의 개헌안이 기립투표로 통과됐다. 부산정치파동기의 '발췌개헌안'이 통과된 과정이었다.[9] 이렇듯 비상계엄령이 선포되면 국회의 권한과 역할은 군에 의해 물리적으로 통제될 수밖에 없다. 총칼을 앞세운 독재정권은 계엄령을 '전가의 보도'처럼 악용했다.[10]

계엄령이 선포될 때마다 국회는 무기력하고 제 역할을 할 수도 없는 '있으나마나 한 헌법기관'에 지나지 않았다. 군의 탱크가 막고 서 있는 국회에서 무엇을 할 수 있겠는가? 계엄령이 선포되기 전에 예비검속된 국회의원들도 있었다. 계엄령이 실제 선포됐을 때 나타나는 무서운 현상이다.

5월 18일 글라이스틴 주한 미대사는 이희성 계엄사령관을 만나 미국의 입장을 전달했으나 뚜렷한 결론 없이 서로의 입장을 확인하는 데 그쳤다. 미국은 비상계엄이 확대되는 과정에서 이희성 계엄사령관은 자신의 역할에 충실히 임했고 최규하 대통령은 방어적이며 제한적인 역할을 한 것으로 평가했다. 또 주한 미대사는 최규하 대통령과 국무회의가 비상계엄 전국 확대를 승인하는 과정에서 어떠한 논쟁이나 열정도 없었다고 보고했다. 미국은 자국민들에게 대한민국에서 떠날 것을 권고하며, 한국 정부에도 이를 통보했다.[11] 이제 한국은 '고요한 아침의 나라'가 아닌 미국이 세계에서 가장 '위험한 나라' 중 하나라고 공인한 나라가 됐다.

비상계엄의
실체

대학을 점령하라

1980년 5월 17일 16시 50분에 육군본부는 각 군, 관구, 그리고 사단의 작전참모(원문은 G-3-인용자)들에게 "정위치에서 작전 참모부장 지시를 받을 준비를 할 것"을 지시했다.[12] 5·17비상계엄 전국 확대에 대비한 명령이다. 아직 어떠한 결정도 이루어지지 않은 시간이었다. 곧이어 2군사령부는 17시에 '(2)군 사령관 구두지시' 사항으로 "충정작전 유효, 5. 18. 00:01을 기해 불순분자를 체포, 5. 18. 04:00 이전 주요 학교 점령"토록 명령하고, 17시 30분에는 '부대 이동 및 작전준비 지시'를 예하 각 관구 작전참모와 해병대사령부, 7공수여단에 지시했다. 19시 15분에는 '충정작전 지시 80-2호(작상전 414호)'를 내려 "5. 18 00:01부로 충정작전 지시 80-1호 유효(작전 개념, 부대 배속, 목표 점령 우선순위)하다"고 확인했다. 뒤이어 19시 35분에 2군사령관은 5월 18일 0시 01분을 기해 불

3부 항쟁의 시작 137

순분자를 체포하고 04시 이전에 학교를 점령하도록 명령하고, "군 기본자세 확립(학원 진입군의 점호, 하기식 행사 준수 등), 불순분자 신속 체포 등 과감히 실시, 허위 보고·사적 비호 조치 엄벌" 등을 덧붙였다. 22시 45분에는 '학교 점령 시간 변동 지시(육군본부 지시에 의거)'를 내려 점령 시간을 04시에서 02시로 앞당기도록 명령을 변경했다.[13]

2군사령부의 명령을 받은 전교사는 19시 40분에 "5월 18일 00:01분부로 충정작전 지시가 유효하다"며, "학교 점령은 18일 04:00시 이전"에 병력을 배치하고, "불순분자 체포는 18일 00:01분부터 일제히 실시(합수단 및 경찰과 합동)"토록 지시했다. 2군사령관은 "학교에 학생 출입을 금지시키고 휴교 간판을 부착"토록 명령했다.

5월 17일의 일련의 명령에 따라 전북 지역은 5월 18일 01시 30분 이

〈표 3-3〉 5월 17일 각급 군부대에 내려진 명령

시간	명령자	주요 내용
16:50	육군본부	각 부대 작전참모 정위치 지시 대기
17:00	2군사령부	충정작전 유효, 5월 18일 00:01에 불순분자 체포, 04:00이전 학교 점령 (충정작전)
17:30	2군사령부	예하 부대 이동 및 작전 준비
19:15	2군사령부	충정작전 유효 확인
19:35	2군사령부	군 기본자세 확립, 불순분자 신속 체포 등
19:40	전투병과교육사령부	충정작전 지시 유효, 불순분자 체포
19:40	2군사령관	학생 출입금지, 휴교 간판 부착
	전투병과교육사령부	전북은 5월 18일 1시 30분 이전, 전남은 동일 2시에서 2시 30분 이전 점령
22:45	2군사령부	학교 점령 시간 변경(04시에서 02시)
22:35	전투병과교육사령부	학교 내 기숙인은 귀가, 주모자는 체포

* 출처: 1. 2군사령부,《광주권 충정작전간 군 지시 및 조치사항》, 1980. 5. 17.
   2. 전투병과교육사령부,《작전일지》, 1980. 5. 17. 19:40.

전에, 전남 지역은 5월 18일 02시부터 02시 30분 사이에 학교를 점령하며, 체포·수송 수요자·부상자가 발생치 않도록 하라는 지시사항이 전교사에 내려졌다. 23시 55분에는 "학교 내 기숙사 투숙 요원은 전원 귀가조치할 것, 투숙 요원 중 주모자는 합수단 요원과 협조하여 전원 체포할 것"을 지시했다. 5월 17일에 각급 군부대에 내려진 명령을 시간대별로 정리하면 〈표 3-3〉과 같다.

〈표 3-3〉에 나오듯이 5월 17일의 명령은 '육군본부 - 2군사령부 - 전교사'로 이어지는 정식 지휘계통으로 내려졌다. 또 각 대학의 점령 시간은 원래 계획된 시간보다 앞당겨졌다.

5월 17일의 명령은 몇 가지 점에서 주목된다. 먼저 각각의 명령이 내려진 시각의 문제이다. 계엄사령부에서 각급 부대의 작전참모들에게 정위치에서 지시를 받도록 준비하라는 대기 명령을 내린 때는 16시 50분이고, 2군사령관이 처음 명령을 내린 시간은 17시이다. 하급 부대인 전교사의 명령은 그보다 뒤에 내려졌다. 또 전국의 계엄군에게 지원될 수송 차량과 장갑차가 각 부대에 배치됐다.[14] 그런데 이 모든 지시들이 내려진 시간은 전군주요지휘관회의가 끝난 지 얼마 되지 않은 시각이며, 국무회의가 열리기 훨씬 전이었다. 아직 국무회의에서 군 투입과 관련된 어떠한 결정도 내려지지 않은 상황에서 군은 마치 '비상계엄 전국 확대', 즉 군의 동원이 결정된 것처럼 충정작전 시행에 대비하고 있었다.

최상급 부대인 계엄사령부의 명령은 추상적인 명령이었지만, 하급 부대로 내려가면서 구체적인 작전지침으로 전환됐다. 이날 각급 부대에 내려진 명령의 핵심은 각 대학의 휴교 및 폐쇄와 주동자(농성 학생-인용자)의 연행이었다.

군 명령에서 자주 사용되는 용어도 문제이다. 2군사령부와 전교사는 명령에서 공통으로 '불순분자'를 언급하고 있다. '불순분자'는 그전부터 '불온세력'과 비슷한 의미로 쓰였지만 실제 적용될 경우 많은 문제를 일으킬 수 있었다. 특히 이 시기 정부와 군에서는 '불순분자'를 간첩과 거의 동일한 의미로 사용하고 있었다. 1980년 1월 21일 중앙청 중앙회의실에서 열린 대간첩 대책회의에서 최규하 대통령은 "관계 기관들은 불순분자나 불온세력, 그리고 간첩 등의 각종 파괴 행위를 미연에 방지하고 발본색원할 수 있도록 물샐 틈 없는 경계태세를 갖추어주기 바란다"고 훈시했다.[15] '불순분자'와 '불온세력' 그리고 '간첩'을 구분해 사용하고 있으나 각 단어의 구체적인 차이점은 발견되지 않는다. 정부와 군은 용어만 구분하고 있을 뿐 실제로는 각종 파괴 행위 등을 일삼는 세력으로 동일하게 취급하고 있었던 것이다. 이후 이 용어들이 혼재되고, 실제 이 용어를 어떻게 구분하여 적용할지 그 차이가 분명하게 드러나지 않는다.

용어상의 구분이 분명하지 않는 가운데, 대비정규전이 주요 임무인 공수부대원들에게 학교를 폐쇄(휴교)하고 불순분자를 체포하라는 명령은 대간첩작전에 준하는 행동을 하라는 의미로 해석된다. 즉 앞의 명령과 용어는 군의 무자비하고 무차별적인 폭력을 행사토록 명령한 것과 다르지 않았다.

5월 18일 새벽 각 대학을 점거한 공수부대원들은 학교에 있던 학생들을 '불순분자'와 마찬가지로 취급했다. 공수부대원들은 학생들이 학교에 남아 있던 이유를 알려고도 하지 않은 채 무자비하게 폭행했다. 그로 인해 누구도 예상치 못한 비극을 낳았다. "부상자가 발생하지 않도록 하라"는 전교사의 지시는 '불순분자'를 체포하라는 명령과는 모순

될 수밖에 없었다. 더욱이 공수부대원들이 물리력을 행사하던 현장(각 대학과 광주 시내 등)은 상급 부대와 멀리 떨어져 있어 실현되기도 힘든 명령이었다. 명령은 멀고 폭력은 가까웠기 때문이다.

5·17조치가 발표되기 전부터 7공수여단은 충남 대전과 전북 전주, 전남 광주 등지에 각각 배치될 예정이었다. 7공수여단이 부대에서 처음 출동한 시각은 5월 17일 22시이며, 그중 35대대가 조선대에 도착한 시각은 5월 18일 01시 40분이다. 점거한 대학들— 조선대와 전남대 의대—을 뒤져 학생들을 잡아들이고 각 부대의 주둔을 최종 완료한 시각은 5월 18일 02시 30분이다.[16] 〈표 3-4〉는 5월 18일 새벽 전남·북과 충남을 점거한 7공수여단이 부대를 출발하고 각 대학을 점거한 시간이다.

앞에서 살펴보았듯이 5월 17일 2군사령관과 전교사의 명령이 내려진 시각은 모두 국무회의에서 안건이 통과되기 전이었다. 전남대 주둔 예정인 7공수여단 33대대가 부대를 출발한 시간은 정부 대변인의 공식 발표(23시 40분)가 있기 1시간 40여분 전이다. 또한 각 대학에 계엄군이 배치되며 내려진 군 지휘부의 명령은 공수부대가 대학을 점거하는 순간부터 지켜질 수 없었다. 전교사 사령관은 학교에 있는 학생들을 귀가

〈표 3-4〉 5·17조치 이후 7공수여단 부대 출발 및 대학 점거 시간

대대	출동 인원	주둔지	부대 출발 시간	점거 시간
33	45 / 321	전남대, 광주교대	5. 17. 22:00	5. 18. 02:00
35	39 / 283	조선대, 전남대 의대	5. 17. 22:30	5. 18. 02:30
본부	10 / 76	조선대, 전남대 의대	5. 18. 08:00	5. 18. 11:50
계	148 / 1,143			

* 출처: 제7특전여단, 《광주소요사태 진압작전(전투상보)》.

시키도록 명령했지만, 공수부대가 점거한 각 대학에서는 상급 부대의 명령과는 정반대의 상황이 펼쳐졌다.

점령의 파장

7공수여단 31대대가 전북대를 점거하고 학생들을 체포하던 도중 전북대 학생이 사망하는 사건이 발생했다. 전북대에 진주하던 공수부대를 피해 도망하던 전북대 학생 이세종(농학과 2학년)이 사망했는데, 7공수여단은 그 사인을 '좌상박부 골절 및 우측 두개골 함몰 골절'로 인한 즉사로 상급 부대(전교사: 전남·북계엄분소 – 인용자)에 보고했다. 그리고 "변사자는 이 포위망을 탈출을 목적으로 지상 13미터 동 회관(학생회관 – 인용자) 옥상 북편 전등주에 매달려 은신하려다 힘이 빠져 변사한 것"이며, "첩보 즉시 전주지검 안상수 검사가 현장에 입장, 지휘하여 진상규명 후 사체를 전북의대 부속병원 시체실에 안치 중"이라고 보고했다.[17]

사망사고가 발생하면 경찰 또는 검찰이 사망자의 시신과 신원, 사망원인 등을 확인한다. 정확한 사망 원인을 밝히기 위해 시신의 부검이 이어지기도 한다. 그런데 이 사망사건은 검사의 시신 검안과 정확한 부검도 없이 흐지부지 덮어졌다. 당시 전주지검의 당직 검사가 전북대로 출동했으나 사고 현장에 접근할 수 없었다. 공수부대원들이 현직 검사를 막아서고 사고 현장을 통제했기 때문이다. 계엄령이 선포된 탓에 군이 민간사회의 모든 걸 통제할 수 있었으며, 이것이 신군부가 비상계엄을 전국으로 확대한 의도였다.

안상수 검사는 2004년 10월 11일 열린 17대 국회의 전북도교육청 국정감사 자리에서 자신이 보기에는 "총 개머리판에 맞아서 사망"했으나 "수사권이 비상계엄하라서 군부에 있었기 때문에" 자신이 끝까지 밝히지 못해 "분통을 터뜨린 일이 있었다"고 발언했다.[18] 현직 검사조차 군의 왜곡(보고)에 대해 침묵할 수밖에 없었을 정도로 살벌한 분위기였던 것이다. 그럼에도 위의 군 보고에는 마치 전주지검의 검사가 현장에서 수사를 지휘한 것처럼 사실을 왜곡하고 있다.

사망자는 나오지 않았으나 광주도 전주와 상황이 비슷했다. 전남대 총학생회 부회장 이승룡은 계엄군이 진주하자 학교를 빠져나가다 일행과 함께 공수부대원들에게 붙잡혔다. 이들은 포승줄에 묶인 채로 공수부대원들에게 무자비하게 구타당했다. 이들 외에 시험 공부나 건축 작품을 준비하느라 학교에 남아 있던 학생 30여 명도 끌려와 공수부대원들에게 무자비하게 구타당했다.[19]

조선대에서도 학교에 남아 있던 방송국 학생들이 7공수여단 35대대에 연행됐다. 공수부대원들은 학교를 수색하여 학교 방송국에 있는 학생들을 연행하며 구타했다. 이날 공수부대원들에게 구타당한 학생들 중에서 부상 정도가 심했던 3명은 조선대병원으로 치료 받으러 가고 20여 명이 넘는 학생들도 피투성이가 될 정도로 구타당했다.[20]

연락을 받고 급히 학교로 나간 전남대 학생과장의 증언은 앞의 상황이 사실이었음을 뒷받침해준다. 그에 따르면, 학교에 진주한 공수부대원들이 학교에 남아 있던 학생들을 얼굴이 부을 정도로 구타했으며, 5월 18일 아침 전남대 정문 앞의 시위에서 연행된 학생과 시민들도 무자비하게 구타당했다.[21] 오전 10시 이전 조선대 정문에 도착한 임낙평(전남대 학생)은 공수부대원들이 학생 1명을 가로수에 묶어놓고 구타하고 있었으며, 동네 주민들이 항의하자 한참 뒤에 풀어줬다고 증언했다.[22]

가자, 도청 앞으로!
5월 18일, 그날의 시작
학생 시위에서 시민항쟁으로
군의 최초 발포는 언제인가
'도시게릴라식 난동을 진압하라'
소요 진압이 아닌 '폭동 진압'
왜, 광주였는가

폭력과 야만의 시간

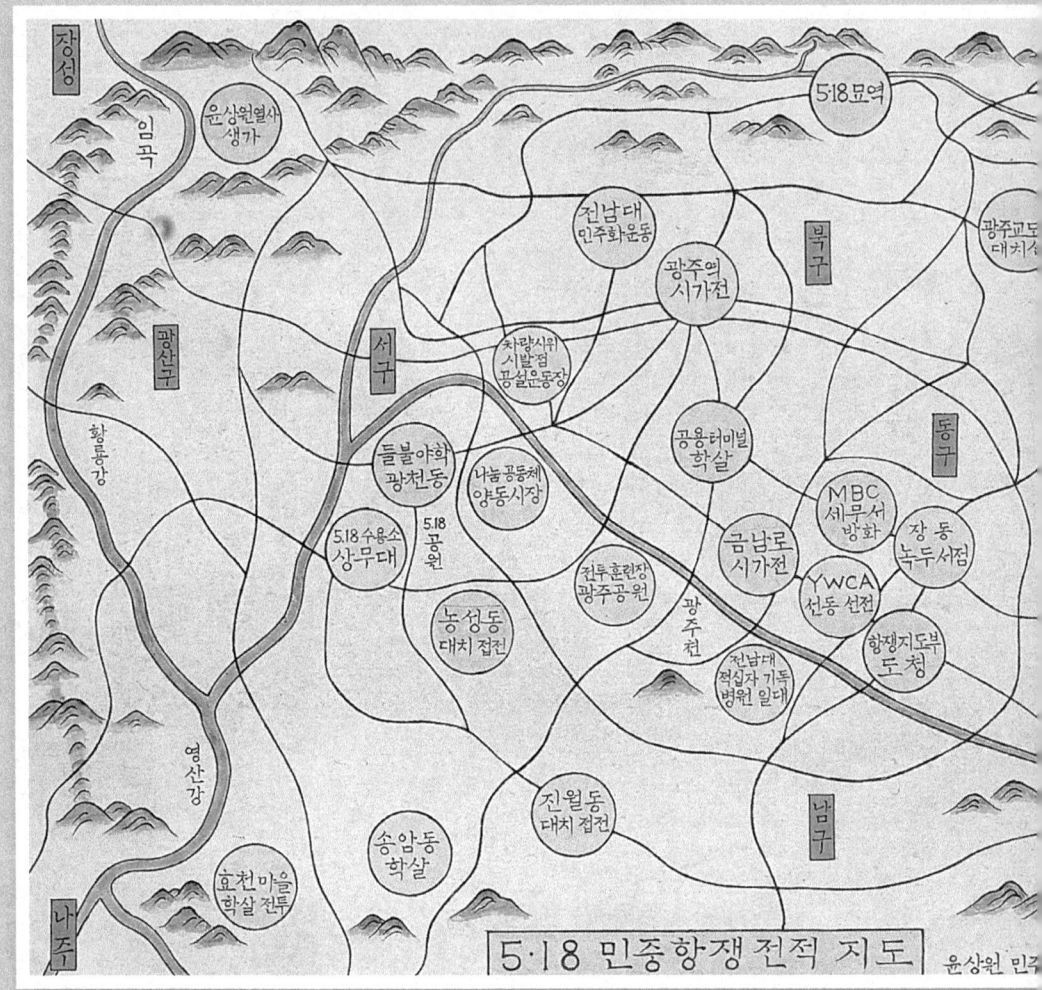

5·18민중항쟁 전적 지도

이 지도는 윤상원 민주사회연구원이 제공한 5·18항쟁의 대표적인 공간을 이상호 화백이 그린 작품이다. 지도 속 공간은 5·18항쟁의 주요 사건 발생 지점을 표시하고 있다. 5월 18일 전남대 정문 앞에서 시작된 항쟁은 전남도청 앞 금남로를 거쳐 광주 전역으로 확산됐다. 공수부대는 광주 시내에서 폭력과 야만을 저질렀으며 이에 맞서 광주 시민들은 저항했다. 5월 19일 계림동에서는 군이 최초로 발포했고 5월 20일 밤 광주역 앞에서는 공수부대가 집단 발포를 시작했다. 5월 20일 차량 시위를 계기로 시민들의 저항은 더욱 상승했고, 군의 잔혹한 행동에 분노한 시민들이 광주세무서와 광주MBC에 불을 놓았다. 5월 21일 부처님 오신 날에 자비慈悲 대신 계엄군의 총격이 있었으며 이에 대항해 시민들은 총을 들었다. 5월 21일 오후 광주 외곽으로 퇴각한 계엄군은 광주를 고립시켰다. 군의 봉쇄선은 '삶과 죽음'이 교차하며 군과 시민군이 대치하는 곳이었다. 송암동, 효천마을, 주남마을, 광주교도소 등지에서는 군의 총격에 애꿎은 시민들이 학살당했다. 5월 27일 새벽과 함께 군은 다시 광주 시내로 들어섰고(상무충정작전), 윤상원 열사로 대표되는 시민들은 마지막이 될 것임을 알면서도 죽음을 각오하고 그 자리를 지켰다. 〈5·18민중항쟁 전적 지도〉는 1980년 5월 열흘 동안 광주에서 펼쳐진 폭력과 야만, 저항을 입체적으로 잘 재현하고 있다. 광주의 민주화운동세력은 남동성당, 녹두서점과 YWCA 등지에서 머리를 맞대고 선전물을 만들었다. 윤상원 열사는 〈임을 위한 행진곡〉의 실제 주인공이며, 들불야학은 그가 항쟁에 참여하기 전에 교장으로 있으며 민중들과 함께 했던 야학이다. 5·18항쟁이 발생하자 윤상원은 들불야학 성원들과 함께 선전물을 만들고 항쟁의 주역으로 끝까지 함께했다. 상무대는 전투병과교육사령부(전교사)가 있던 곳으로 군의 작전이 준비되고 시민들이 잡혀가 고초를 겪은 공간이다. 지도 위의 공간은 지도가 그려진 광주의 공간에 5·18항쟁을 입히고 있다. 〈이상호 화백 제공〉

가자, 도청 앞으로!

폭력의 시작, 저항의 시작

5월 18일 아침, 전남대 정문 앞에는 비상계엄 전국 확대와 휴교령을 미처 알지 못하고 일요일임에도 등교하던 학생들과 계엄령이 발동되면 일차로 '정문 앞에서 모이자!'는 박관현 전남대 총학생회장의 말을 기억하던 학생들이 모여들었다. 200여 명의 학생들이 어느 순간 "계엄 해제"를 외치며 시위하기 시작했다. 전남대 정문에는 7공수여단 33대대 1개 지대(11명)가 경계를 서고 있었는데, 학생들이 항의시위를 벌이자 2개 지대가 증원되어 해산에 나섰다. 이에 맞서 학생들은 돌을 던지며 공수부대에 대항했다.[1] 학생들을 해산하러 나선 7공수여단 33대대 대원들은 인근 집이나 상가까지 학생들을 쫓아가 연행했다.

이날 오후 1시 15분 전남대 상대생 300여 명이 시내버스를 타고 31사단 쪽으로 가면서 "계엄군은 물러가라"는 구호를 외치자, 7공수여단

부대원들이 전남대 후문에서 버스를 멈춰 세운 뒤 학생들을 연행하여 전남대 운동장(원문에는 '연병장' – 인용자)에 무릎 꿇렸다가 오후 2시 5분 훈방했다.[2] 전남대 정문 앞에서의 시위 진압은 오후 4시 이후 광주 시내에서 전개되는 공수부대원들의 시위 진압의 예고편에 지나지 않았다.

전남대 정문 앞에서 학생들은 돌을 던지며 공수부대에 대항했으나 몇 개월 동안 충정훈련만 집중해오던 최정예 특수부대원들과 학생들의 충돌은 그 결과가 이미 정해져 있었다. 공수부대원들이 학생들을 해산시키며 많은 사람들이 연행되거나 다쳤다. 오전 11시경 학생들은 "도청 앞에서 다시 모이자!"며 흩어졌다. 이보다 앞서 해산된 학생들은 광주역을 거쳐 금남로로 진출했다.

오전 10시 50분경부터 전남대생 300여 명이 광주역 앞을 지나가고 있었다. 11시경에는 수백 명의 학생들이 금남로 3가의 광주관광호텔로부터 광주우체국을 지나 충장로 쪽으로 이동하며 "계엄 철폐"를 외쳤다. 학생들은 전남도청 앞 금남로에서 연좌농성하면서 11시 15분경에는 충장로파출소에 돌을 던져 유리창을 깨뜨렸다. 이어 11시 40분 가톨릭센터 앞에서 "계엄 철폐, 전두환 물러가라"는 플래카드를 들고 시위했다.[3]

전남도경국장 안병하의 비극

학생들이 시내에서 시위하자 오전 11시 40분경부터 전남도경 안병하 국장의 지휘 아래 경찰이 진압에 나섰다.[4] 경찰이 투입되기 전인 오전 11시에 전남도경국장은 "분산되는 자는 너무 추격하지 말 것, 부상자가 발생치 않도록 할 것, 기타 학생은 연행할 것"을 지시하고, 11시 55분에는 "연행과정에서 학생의 피해가 없도록 유의하라"고 지시했다. 12시 55분에는 시위 학생을 철저히 검거토록 지시했으나, 오후 3시 32분에는 "16:20부터 공수단이 투입되어 협동작전을 하게 되니 각 부대장은 현장을 유지하고 가스차 피탈이나 인명피해가 없도록 조치하라"고[5] 지시했다. 안병하 국장의 지시는 시위 대열은 해산시키되 학생과 시민들의 피해가 없도록 하라는 취지였다.

그가 남긴 비망록에는 '데모 저지에 임하는 경찰의 방침'으로 "절대 희생자가 발생하지 않도록 (경찰의 희생이 있더라도) 일반 시민 피해 없도록, 주동자 외는 연행치 말 것(교내서 연행 금지), 경찰봉 사용 유의(반말, 욕설 엄금), 주동자 연행 시 지휘 보고(식사 중 유의)하라"고 적혀

안병하 전남도경 국장의 비망록
전남도경찰국 안병하 국장의 비망록이다. 육사(8기)를 졸업하고 참전용사이던 그는 군에서 전직한 경찰이었다. 그는 경찰이 시위를 진압하며 희생자가 발생하지 않도록 주의하라고 지시했다. 그의 지시는 5·18이 진압된 직후 진압 실패의 책임으로 돌아왔다. 군에서 고문을 당한 그는 강제 퇴직을 당한 뒤 그 후유증으로 사망했다.

있었다. 5월 18일에 내린 그의 명령은 평소 그의 입장이 반영된 지시였다. 그러나 5월 14일부터 16일까지 있었던 학생들의 가두시위, 특히 5월 16일의 횃불시위 등에서 시민과 학생들을 보호하던 경찰에 비해 이날 진압의 강도는 강했다. 군이 모든 걸 장악하고 있는 비상계엄 아래에서 평화를 지향한 그의 소신은 실현되기 힘든 '이상'에 가까웠다.

5월 27일 이후 안병하 전남도경 국장은 '직무유기' 혐의로 서울의 합동수사본부에 소환되어 수사를 받았다.[6] 합동수사본부는 안병하 전남도경국장을 수사한 뒤 다음과 같이 결론을 내렸다.[7]

…… 관할 계엄 분소장에게 군 동원의 필요성을 외면한 채 단순 경찰 병력으로만 저지 가능하리라는 안일한 판단으로 사태가 악화되는 오류를 저질렀으며, 5. 17 22:00경 관내 30사단(31사단의 오류일 것임 – 인용자) 작전계획에 따라 군이 시내에 진주하여 대학과 공공건물은 군이 담당 경비한다는 기본 방침에만 의존, 구체적인 군과의 협조를 소홀히하여 경찰 병력 배치계획을 수립치 않았고, 5. 18계엄군 진주 시 경찰은 도로변을 담당 11:00경부터 작전에 임했으나 계엄군에만 의존한 소극적인 작전계획과 협조 미비로 데모 저지에 미진하였으며, 또한 100여 명의 무분별한 시위 주동자의 연행으로 시위 군중의 감정을 유발시킨 사실이 있으며, 시위가 폭력 폭동화할 경우에 대비하여 지역 내 국민의 재산과 생명을 보호할 의무가 있는 치안 책임자임에도 불구하고 경찰 무기를 폭도들로부터 피탈을 방지하겠다는 소극적인 발상하에 치안본부장에 건의한 후 경찰 2개서 및 4개 기동대의 무기 약 1,300정을 도경 안전가옥에 소개시킴으로서 5. 21 '진돗개 둘'이 발령되고 5. 22 '자위권'이 발동됐음에도 광주 시내에 근무하는 경찰의 무장을 불가능케 하였고, 5. 21

사태가 악화되자 계엄 분소장의 사전 승인을 득하고 도청에서 철수하였으나 이후 병력을 재정비 시위 진압을 위한 진입을 결행해야 하나 5. 18 무기를 소개시킨 사실과 철수 시 병력에 대한 집결지를 명시하여 지시하지 않음으로써 사태 수습을 위한 경찰의 재정비가 불가능하였음.

위의 조사 결과를 바탕으로 '수사관 소견'은 다음과 같이 결론내렸다.

본 명에 대한 수사 결과 이상과 같은 작전 지휘의 실패로 인하여 국민의 생명과 재산을 보호할 책임이 있는 지역 치안 책임자로서 경찰관 순직 4명, 부상 144명, 경찰 무기 200여 정 피탈 등 많은 인적·물적 피해를 입혔고, 그 외에 막대한 도민의 인명과 재산의 피해가 발생하였으며 1주일여 치안부재라는 역사적 민족의 비운을 초래하는 결과의 간접적 요인이 되었음.

결과적으로 그는 합수부에서 14일간 고문을 받은 뒤 '자진 사표' 형식으로 석방되었으나 고문 후유증으로 1988년 10월에 사망했다.[8]
그런데 의외의 흥미로운 사실이 있다. 당시 계엄사령관을 비롯한 군 최고 지휘부가 안병하 전남도경 국장과 육사 동기(육사 8기)였다는 점이다. 안병하 국장은 이희성(계엄사령관), 진종채(2군 사령관), 윤흥정(전교사 사령관) 등과 육사 동기였으며, 5·16군사쿠데타 주역인 김종필, 김형욱 등도 그의 동기생들이었다. 그는 한국전쟁에 참가해 화랑무공훈장을 수여받은 참전용사이며, 1962년 군에서 경찰로 이직하여 1979년도에 전남도경 국장에 부임했다. 그런데 1980년 5월 전남도경찰국 국장으로 경찰들에게 평화로운 시위 진압을 지시했다가 피해를 입게 된 것이다. 정치군인들이 남긴 또 다른 비극의 희생양이었다.

공수부대 출동 명령

5월 18일 오전 11시 50분경 시내 곳곳에서 산발적으로 시위하던 800여 명의 학생들이 가톨릭센터 앞에 모여 "비상계엄 해제하라, 전두환 물러가라!"는 플래카드를 들고 시위했다. 이미 광주 시민들은 전두환을 비상계엄 전국 확대의 배후, 정부의 실세로 인식하고 있었다. 진압에 나선 경찰 1개 중대가 시위하던 대열을 해산시켰다. 경찰은 가스차를 앞세워 세 겹으로 방패를 들고 도로와 인도를 통해 전남도청 쪽에서 가톨릭센터 쪽(금남로 2가에서 3가 쪽 방향)과 광주은행 쪽에서 가톨릭센터 쪽(금남로 3가에서 2가 쪽 방향)의 양 방향에서 시위 대열을 포위하여 최루탄을 쏘고 사복 경찰들이 학생들을 연행하는 방식으로 대열을 해산시켰다.[9] 이에 12시 30분경 시위대 200여 명은 사직공원 쪽으로 흩어지고, 100여 명은 한일은행 쪽으로 향했다. 경찰은 학생 시위를 진압하며 금남로에서 6명의 전남대 학생들을 연행했다.[10]

경찰에 의해 해산된 학생들은 금남로를 벗어나 시내 각지로 흩어졌다. 학생들은 광주천변이나 산수동 방면으로 흩어져 '김대중 연행'과 '비상계엄 전국 확대' 등을 시민들에게 알리며 시위를 계속했다. 시위 대열은 다시 충장로로 돌아와 오후 3시 40분경 학생회관 앞에 세워진 경찰 지프차와 가스차를 불태웠다. 산수동 방향으로 나간 대열은 지산동파출소에 돌을 던져 파출소의 유리창을 깨뜨리고 기물을 파손했다.[11]

한편 경찰이 시위 진압에 투입된 11시 40분경부터 "7공수여단 33대대가 출동 예정"에 들어갔다.[12] 정식 명령은 '전교사-31사단-7공수여단'의 계통으로 내려져야 했지만, 이 출동 예정 명령은 정식 명령계통을 통해 내려진 지시와는 시간부터가 다르다. 게다가 이 시각은 경찰이 시위 진압에 나서기 시작할 무렵인데, 전남대에 주둔한 7공수여단 33대대에 출동 명령이 내려진 것이다. 자료 조작과 지휘권 이원화 가능성이 모두 존재한다. 하지만 군에 불리한 기록이 조작됐을 가능성은 희박하고, 그보다는 정식 명령계통과는 다른 계통으로 명령이 내려지고 있었던 것으로 보인다. 이 사실이 보안사령부 자료에만 기록된 것으로 보아 다른 지휘계통이 작동했을 가능성이 높다. 7공수여단 보안반의 보고일 가능성도 배제할 수 없다.

공수부대를 광주 시내에 투입하라는 정식 명령이 내려진 시각은(오전 11시 40분) 11공수여단의 광주 파견과 연관시켜 검토해볼 사안이다. 경찰이 해산에 나서기 전부터 11공수여단의 광주 파견이 결정됐기 때문이다. 검찰 수사에서 11공수여단장은 7공수여단이 진압에 어려움을 겪고 있어서 광주로 파견된다는 말을 특전사령관으로부터 들었다고 진술했다.[13] 이 진술과 7공수여단에 내려진 지시 등을 고려하면, 11공수여단의 추가 투입은 광주 시내의 시위와는 상관없이 결정된 사항이며, 더군다나 이 명령은 전교사나 31사단의 지휘계통과도 상관없이 결정됐을 가능성이 높다.

조작된 정보의 효과

그런데 과연 5월 18일 경찰력만으로 오전 금남로에서 발생한 학생 시

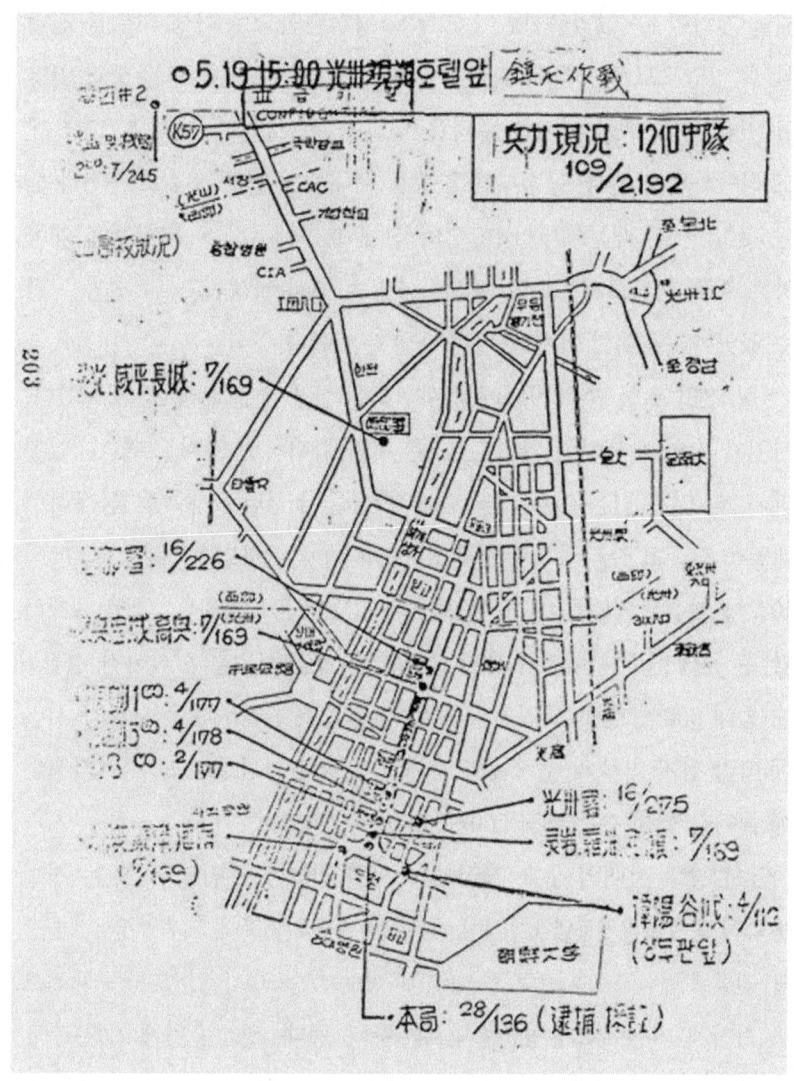

경찰 배치도

군 자료에 나오는 경찰 배치도이다. 위의 자료에 나오듯이 1980년 5월 18일 현재 광주 시내에는 많은 경찰들이 있었다. 전남도경과 광주경찰뿐 아니라 광주 이외의 지역에서 지원 온 경찰들이 있었다. 군이 공수부대를 투입해 시위를 진압할 상황도 아니었으며, 충분히 경찰 병력만으로도 시위를 진압하는 데 어려움이 없었다.

위를 진압할 수 없었을까? 이 의문은 경찰력만으로 학생 시위를 진압할 수 없었으므로 군을 투입할 수밖에 없었다는 신군부의 주장과 맞닿아 있다. 신군부의 이러한 주장을 뒷받침함으로써 이전의 '5·17조치'도 정당하게 만든다. 공수부대를 광주 시내에 투입하는 주요 근거가 되는 것이다. 이 때문에 5·18항쟁의 전체 흐름에서나 5·18항쟁을 왜곡하는 주요 근거로서, '과연 경찰이 금남로에서 발생한 시위 진압을 할 수 없었나?'에 대한 답은 무척 중요한 문제이다.

5월 18일 오전 광주 시내에서 시위하던 학생 수는 수백 명 정도였다. 시위가 거의 발생하지 않았던 다른 지역에 비하면 많다고 볼 수 있지만, 그리 많은 편은 아니었다. 이날 학생들이 금남로에 처음 등장하여 대열을 갖추고 본격적으로 시위를 진행한 시각은 11시 30분이며, 11시 40분에 가톨릭센터 앞에서 연좌하며 "전두환 물러가라!", "계엄 해제하라!"는 구호를 외치며 시위했다. 학생들이 연좌시위를 시작하자 경찰 6개 중대 800여 명이 투입되어 시위 대열을 해산시켰다.[14] 자료와 시간에 따라 참가 학생의 숫자에서 차이가 있지만 금남로에 모여 연좌시위에 들어간 학생 수는 대략 200~1,000여 명이었다.

당시 광주 시내의 주요 지점에는 시위 진압에 투입할 수 있는 경찰 병력이 총 10개(기동대 4개 중대, 광주·서부서 2개 중대, 지원 9개서 3개 중대, 전남 도경찰국 1개 중대) 중대(1,925명-95/1,830)가 있었다. 구체적으로 시가지 거점에 2개(영암중대, 무안중대) 중대, 광주공원에 2개(3중대, 118중대. 군 배속) 중대, 예비대(상무관) 1개(영광) 중대, 채증·체포 1개(전남도경찰국) 중대, 그 외 전남대(서부서 중대, 장흥중대)와 조선대(광주서 중대, 담양중대) 주변에 각각 2개 중대가 배치되어 있었다.[15] 다음 날에는 경찰 병력 수가 더욱 늘어났다. 5월 19일 현재 광주 시내에 출동할 수 있는 경찰 병력은 총 2,092명(109/1,983)이었다. 구체적으로 세분하면 자체 병력(광주경찰서, 서부경찰서)이 485명(24/461), 기동대 병력(기동1중대, 기동 2중대, 118중대)이 557명(22/535), 지원 병력(영광, 함평, 장성, 광산, 담양, 곡성, 영암, 나주, 화순, 해남, 강진, 장흥, 보성, 고흥, 무안)이 880명(35/845), 전남도경 병력(진압부대, 체포·체증, 감독관)이 170명(28/142)이었다.[16]

5월 18일 오전 금남로에서 발생한 학생 시위에 경찰 6개 중대 800여 명을 투입하고 해산시킨 데에서 확인할 수 있듯이, 이날의 학생 시위 진압은 경찰만으로도 충분히 가능했다. 굳이 공격형 특수부대인 공수부대를 시위 진압에 투입할 이유가 없었던 것이다. 경찰이 진압에 나서자 금남로에서 시위하던 학생들이 이내 흩어졌다. 해산된 학생들은 금남로를 벗어나 다른 곳을 다니며 시위를 이어갔다. 경찰의 물리력만으로도 학생 시위에 대처할 수 있었으나 공수부대를 추가로 투입했고, 이것은 엄청난 파장을 일으켰다.

11공수여단의 광주 파견 결정도 마찬가지이다. 아직 7공수여단이 광주 시내에 투입되기도 전에 11공수여단의 광주 파병이 결정됐다. 광주 시내의 실제 상황과는 상관없는 결정들이 내려져 실행되고 있었다. 광주 시내에서의 시위 진압에 책임이 있는 전교사의 요구가 없었음에도 내려진 명령이었다. 이날 오후 4시경 7공수여단이 광주 시내에 첫발을 내딛고 시위 진압에 본격 투입되면서, 금남로를 비롯한 광주 시내의 상황은 급변했다.

5월 18일,
그날의 시작

비극의 시작

5월 18일 공수부대의 시내 투입에 관한 정식 명령은 최초 투입 예정(오전 11시 40분)보다 한 시간여 뒤인 12시 45분에 내려졌다. 31사단이 7공수여단에 내린 '31사단 작전명령 1호'였다. 전남대와 조선대 및 전남대 의대에 주둔 중이던 7공수여단에 최소 경계 병력만 남겨두고 출동하라는 명령이었다. 오후 2시 30분, 조선대에서는 31사단장이 주재하는 작전회의가 열렸다. 31사단장과 7공수여단의 각 대대장 및 경찰서 경비과장 등이 참석한 회의였다. 7공수여단 33대대(35/267)와 35대대(26/196)가 광주 시내에 출동한 시각은 오후 3시 40분과 오후 3시 50분이다. 각 연대가 금남로와 충장로에 본격 투입됐던 시간은 오후 4시경이다.[17]

이날 오후 4시경부터 군이 시위 대열의 정면에서 시위대를 밀어붙여 해산시키고, 경찰은 샛길에서 시위하던 사람들을 체포했다. 공수부대가 시내에 투입된 지 채 1시간도 되지 않은 오후 4시 40분 현재 금남로(원문에는 가톨릭센터 – 인용자)로 출동한 7공수여단의 33대대는 100여 명을, 충장로로 출동한 35대대는 6명을 각각 연행했다.[18]

군 자료에는 학생들이 광주 시내에서 시위하고 파출소를 점거하며 기물을 파손한 것으로 기록되어 있다. 이 기록은 부분적으로는 사실이다. 5월 18일 오전 경찰에 의해 금남로에서 해산된 학생들은 시내 각지를 다니며 파출소에 돌을 던지고 기물을 파손했다. "옥내외 집회 및 시위를 일체 금하는" 계엄사령부 포고령 10호를 어기고 공공시설(파출소)을 파괴하며 치안과 공공질서를 어지럽히는 행동을 한 셈이다. 이런 관점에서는 계엄군이 시위대를 제지하고 체포하는 것이 법에 따라 치안과 공공질서를 유지하는 적법한 행위이다.

하지만 군 자료는 어디까지나 군의 관점이 투영된 것이었다. 군 자료는 학생들의 폭력 행위가 공수부대의 시내 투입을 촉발시킨 양 기술한다. 그러나 학생들이 경찰에 의해 해산되기 전부터 공수부대의 시내 투입이 결정됐으므로 설득력이 떨어진다. 공수부대가 학생 시위를 진압하면서부터 광주의 중심가에서는 상상하기도 힘든 끔찍한 상황이 벌어졌다. 공수부대원들은 도망가는 학생들을 끝까지 추적하여 마구 때리고 찼으며 심한 경우에는 대검으로 찌르는 등 잔혹한 폭력을 자행했다.

5월 19일 조선대학교 민주투쟁위원회 명의의 〈전두환의 광주살육작전〉이라는 제목의 유인물에서는 1980년 5월 18일 공수부대가 투입된 후 광주의 상황을 다음과 같이 묘사했다.

아! 민족사의 대 비극이다. 하늘은 이리도 무심하단 말인가! 신성한 국토

방위의 의무를 국민들로부터 위임받은 군인이 2군의 거창양민 학살사건을 자행하고 있다. …… 민주시민들의 평화적인 시위에 대해 3만여 명의 전투경찰을 동원하여 시민들의 앞과 뒤를 막아 페퍼포그를 쏘아대면서 포위망을 좁혀 도망가지 못하게 하고, 서울에서 급파된 3천여 명의 공수특전단들은 대검을 빼어들고 미친 망나니처럼 호박을 찌르듯이 닥치는 대로 찔러 피가 강물처럼 흐르는 시체들을 군 트럭에다 내어 던지고 그것도 부족하여 달아나는 시민들과 어린 여학생들을 대문까지 부수고 끌어내어 시민들이 보는 앞에서 대검으로 난자하였다. 이러한 만행에 온 시민들은 치를 떨며 저항하기에 이르렀다. 그러나 맨손인 시민들은 도리어 칼질을 당하였고, 손녀 같은 여학생이 죽어가는 것을 보고 공수부대의 멱살을 잡은 70 노파는 도리어 칼로 찔리어 죽음을 당하였다.
남학생들에게 돌을 날라다 주었다는 여학생을 대낮 사람들이 보는 앞에서 대검으로 난자하였고, 피를 보고 울부짖는 시민들을 향하여, 공수부대는 피 묻은 칼을 흔들어대며 죽이겠다고 소리쳤다. 여학생들의 옷가지는 다 찢어지거나 발가벗긴 채로 피를 흘리며 트럭에 실려 가기도 하였다. 이제 시민의 항거에 당황한 공수특전단들은 지나가는 시내버스와 승용차까지 세워 젊은이들을 닥치는 대로 군화발로 짓이겨 병신을 만들거나 연행해 갔고, 시외버스 터미널에서는 이러한 만행에 항거하는 시민들과의 싸움 중에 공수부대의 칼에 맞아 죽은 젊은이들의 시체가 대합실에 즐비하였고, 미처 치우지 못한 시체는 밤늦게까지 길가에 그대로 놓여 있었다. …… 전두환의 친위대 공수특전단에 의해 무참히 살육당한 광주 시민의 참상은 필설로써 설명할 수 없고 눈 뜨고는 볼 수 없었으니 나이 먹은 어른들은 하나같이 6·25 때 인민군들도 이렇게 잔인하지는 않았다고 통탄하였다. …… 뿐만 아니라 피를 흘리는 여학생의 시체를 시민들이 병원으로 옮겨 응급처치를 받게 하자, 공수부대는 병원까지 뛰어들어 간호원을 구타하고 기물을 파괴함으로써 치료까지 불가능하게 하였으니, 베트남전쟁에서 양민을 학살하였던 만행의 실례를 이렇게도 같은 형제들에게 보여줄 수 있단 말인가. 세계 역사상 찾아볼 수 없는 만행에 분노한 광주의 애국 시민들은, 중무장한 공수부대에 대해 맨손으로 항거하다 끝내는 이런 사태를 보고도 계속 허위보도하고 있는 언론에 대한 응집(응징의 오기 - 인용자)의 조치로 문화방송을 불태웠고, 몇 군데 파출소와 군용트럭, 페퍼포그 차를 불태우기에 이르렀다. 공용터미널에서는 시민이 화염병으로 맞서 불바다가 되기도 하였다. ……부마사태 때는 전라도 출신 군인들을 진주시켰고, 금번 광주 살육작전에는 경상도 출신의 공수부대들을 투입시켜 지역감정을 유발시키고 잔인하게 행동하게 함으로써 그의 속셈을 채우려고 하는 전두환 일파의 반민족적 만행을 온 국민은 그대로 묵과해서는 안 될 것이다(이하 생략).[19]

위의 유인물에 기록된 광주 시내의 상황은 단순히 선전물에 적힌 유언비어만이 아니었다. 다소 과장되고 사실에서 어긋나는 부분도 있지만, 대체로 5월 18일 오후 4시 공수부대가 투입된 이후의 광주 시내 상황을 상세하게 묘사하고 있다. "경상도 군인들이 전라도에 투입됐다"는 다분히 선동조의 유언비어가 섞여 있으나 광주 시내 현장에서 벌어진 사실을 일정하게 반영하고 있다. 이 유인물의 필자[20]가 직접 보거나 전해들은 이야기, 시민들의 반응을 상세하게 묘사하고 있다.

특히 유인물에서 한국전쟁기 거창과 베트남전쟁에서의 한국군의 민간인 학살 문제를 제기하고 있다는 점이 주목된다. 당시까지만 해도 한국사회에서는 아직 한국전쟁과 베트남전쟁에서의 한국군의 민간인 학살 문제가 본격적으로 제기되지 않았는데, 이 유인물에서는 이 문제들을 광주의 상황에 빗대어 지적하고 있다. 적어도 이 유인물의 작성자는 한국군의 민간인 학살 문제를 인지하고 있었던 것이다. 또한 공수부대원들이 잔혹하게 시위를 진압하고 있음을 구체적으로 서술하며, '인공'(인민공화국. 한국전쟁 때를 일컬음-인용자) 때보다 잔인하다는 광주 시민들의 비판적 여론을 기록했다. 공수부대원들이 "대검을 빼어들고 미친 망나니처럼 호박을 찌르듯이 닥치는 대로" 시민들을 찌르고 있다고 비난했다. 이는 소총에 대검을 부착한 채로 시민들을 쫓아다니는 사진, 5·18항쟁 기간에 자상刺傷으로 피해를 입은 사람들을 통해 사실로 확인된다.

공수부대의 진압작전

5월 18일 오후 4시경부터 광주 시내에 투입되어 시위 진압에 나선 공수부대의 행동은 일반의 상상을 초월했다. 공격형 특수부대인 공수부대를 후방에서 시민들의 시위 진압에 투입하면 어떤 끔찍한 일이 일어나는가를 보여준다. 젊은이로 보이는 청년들에게 자비란 없었다(나경택 촬영, 5·18기념재단 소장).

5월 18일 "금남로에서 군인들에게 쫓긴 학생들이 북동쪽 민간에 잠입하자 군인들이 가정집을 수색하여 대학생으로 보이는 장발 청년과 여자를 마구 때리고 차고 대검으로 찌르는 등 난폭한 행동을 한 후, 차에 실어 연행(군인 대부분이 경상도 사투리를 쓰고 있음)"하고 있었다.[21] 5월 18일 저녁 8시 30분 전남대병원 정문 앞에서는 공수부대원들이 학생 10여 명을 구타했으며, 밤 9시에는 조선대 앞 철로 변에서 공수부대원들이 지나가던 학생 11명을 총 개머리판으로 1시간 20분 동안 구타하다가 시민들의 항의로 풀어줬다.[22] 당시 상황이 얼마나 심각했는지, 공수부대원들이 어떻게 시위를 진압했는지를 보여주는 대목이다.

고故 김영철은 5월 27일 전남도청에서 최후의 항전을 전개하다 연행되어 전남합수단에서 심하게 고문을 당하던 도중 자결을 시도하며 머리를 벽에 부딪쳤는데, 결국 그 후유증으로 사망했다. 살아생전에 그는 M16 소총을 메고 긴 곤봉을 든 공수부대원들이 남녀를 가리지 않고 구타하며, 심지어 자전거를 타고 가던 청년까지도 후려쳤다고 기억했다.[23]

이재의는 공수부대원들이 지나가는 시내버스를 세우고 (버스에) 올라 젊은이들을 두들겨 패고 차에서 끌어내렸으며, 시위하던 학생들을 잡으면 먼저 곤봉으로 머리와 어깨를 때려 쓰러뜨리고 3~4명이 한꺼번에 달려들어 군화발로 찼다고 증언했다. 이 광경을 본 시민들은 놀라서 가게나 다방 등으로 도망쳤으며, 공수부대원들은 가가호호 수색하는 등 끝까지 쫓아가 학생들을 질질 끌고 갔다고 구술했다. 그는 북동우체국 옥상에서 공수부대원들이 학생들을 연행하는 광경을 목격했다. 이재의에 따르면, 공수부대원들은 골목마다 다니며 숨어 있는 청년들을 잡아 구타한 뒤 포승줄로 묶어 차에 강제로 태웠다. 그러면 차 위에 있던 무전병은 잡혀온 사람들을 발로 차고 몽둥이로 구타했다. 이 같은 행위를 반복하다가 차가 (연행자들로) 차면 어디론가 떠나고 빈 차가 왔다고 한다.

이재의는 "거리에는 살기가 돌고 골목마다 비명이 요란"했으며, 한 할아버지가 울먹이며 "내 세상에 6·25도 경험하였지만 이렇게 잔인한 것은 처음 봤다. 저놈들은 백정과도 같은 놈들이다. 학생들이 무슨 죄가 있다고 저러느냐?"고 소리쳤다고 증언했다.[24] 그의 구술처럼 5월 18일 금남로를 비롯한 광주 시내에서 자행된 공수부대의 폭력은 대상을 가리지 않았을 뿐 아니라 어떠한 자비도 없었다.

공수부대, 총검을 휘두르다

5·18 당시 광주 시내에서 자행된 공수부대의 폭력은 여러 사진 속에 담겨 있다. 교련복을 입은 학생을 곤봉으로 내리쳐 피가 흐르는 장면을 연속 촬영한 사진도 그중 하나다. 5월 18일로 추정되는 이 사진에서 주목해야 할 점은 하얀 바탕에 십자가가 그려진 완장을 찬 공수부대원이다. 이 완장에서 알 수 있듯이 그는 공수부대의 위생병이었다. 전쟁 중에 적군일지라도 부상당했다면 치료해줘야 할 병사였다. 하지만 1980년 5월 18일 이후 광주 시내에서 벌어진 현실은 정반대였다. 오히려 위생병이 곤봉을 들고 고등학생으로 보이는 젊은 남성의 뒤통수를 내려치고 있었다.[25]

한 시민은 공수부대원들이 남학생을 개머리판으로 내려치고 여학생은 뺨을 계속 때려 결국 두 학생이 실신하자 질질 끌고 갔고, 주변에서 이 광경을 본 고등학생들이 야유하고 돌을 던졌다고 증언했다.[26] 금남로를 비롯한 광주 시내만이 아니었다. 공수부대가 주둔한 전남대와 조선대에는 시내에서 연행된 시민들이 수용됐다. 당시 학교에 근무하던 직원들은 공통으로 학교 내에서 행해지는 가공할 폭력을 보고 난 뒤 놀라움과 두려움에 떨었다고 증언했다.[27] 5월 27일 이후 작성된 광주시청의 보고에는 공수부대가 시내에 투입된 이후 시민들의 반응이 상세히 기록되어 있다. 다음은 당시 상황을 기록한 광주시청의 보고를 그대로 옮긴 것이다.

> 5월 17일 (계엄 확대 이전) 이전의 학생 시가행진 시위에는 시민들이 냉담한 상태이었으나 5월 18일엔 금남로 등 시내 중심가의 학생, 군인 대치 현장을 옥상에서 시민들이 보고 학생들이 던진 돌이 군인에게 맞으면 손뼉을 치는 사례도 있음. 북동에서 군인(특전대)들의 난폭한 행동을 본 시민은 경상도 새끼들이(군인들이 경상도 사투리를 쓰고 있음) 난동을 부린다고 격분하는 시민도 있으며 일부 부녀자는 내 자식도 어디 가서 저렇게 맞고 다닐 것이라고 하면서 울음을 터트리기도 했으며 시내 곳곳에서 학생들에게 지나치게 난폭한 군인들의 행위를 보고 불안과 공포를 감추지 못하는 표정들임. 거부장 옥상에서 구경하고 있던 시민들이 군인들에게 투석하자 군인들이 거부장에 들어와 거부장 음식점 종업원 3명을 연행함에 따라 일부 시민들이 학생 편에 가담할 우려도 있음.[28]

위의 보고에서처럼 시민들은 공수부대의 잔혹한 진압에 치를 떨고 분노하며 공수부대의 행위에 공포를 느끼면서도 점차 시위에 합류하고 있었다. 공수부대원들의 폭력이 난무하는 광주 시내의 상황을 지켜본 후 나온 자연스러운 반응이었다. 앞서 폭력의 참상을 목격한 김영철이 항쟁에 참여해 총을 든 것이 대표적인 예이다. 김영철의 항쟁 참여는 한 개인의 경험이 아닌 광주 시민들의 집단 경험이었다.

　5월 18일 오후 4시부터 광주 시내에 투입된 공수부대원들은 시위 진압을 하며 대검까지 휘둘렀다.[29] 공수부대 출신들은 대검의 성능이 시위 진압에 쓸 수 있을 만큼 좋지 않아 사용하지 않았다고 부인했다. 공수부대원들의 말처럼 모든 공수부대원들이 총에 대검을 부착한 것은 아니다. 그렇다고 공수부대원들이 전혀 대검을 사용하지 않았다는 말도 사실이 아니다. 1980년 5월 광주 시내에서 촬영된 사진 또는 영상에서도 일부 공수부대원들이 착검하고 있는 장면을 쉽게 확인할 수 있다.

　당시 공수부대원들이 시위 진압에서 대검을 사용했음을 보여주는 몇 가지 자료가 있다. 먼저 공수부대의 주요 훈련 과목에는 '폭동 진압'이 있었는데, 교범의 '총검 휴대 시 상해 동작' 항목이 '위로 쳐, 찔러, 내려 쳐, 돌려 쳐'이다. 이 중 '찔러' 자세는 '총검 끝은 적의 인후부(목)를 지향하고 좌측 발이 1족장 앞으로 이동하면서 적의 앞가슴을 찌르는 자세'이다.[30] 즉 공수부대의 교범에 시위를 진압할 때 총검을 사용하는 항목이 있었으며, 이 같은 훈련교범은 광주 시내의 시위 진압에서 실제로 적용됐다. 전교사의 〈작전상황 일지〉 중 5월 18일 20시 15분 대처 상황 중 수습 및 작전 항목에 "7공수대 총검 진압"이라는 기록이 등장하고 있다.[31] 군 기록에서처럼 공수부대는 곤봉과 총 개머리판뿐 아니라 대검도 사용하며 시위를 진압했다. 시민들의 유인물에 나오는 대검 사용은 광주 시내에서 실제로 저질러진 참상이었다.

　대검으로 인한 상흔이 희생자들에게 그대로 남아 있기도 했다. 희생자들을 검안하고 작성된 광주지검의 〈검시조서〉에는 총 11명의 자상 사망자들이 있다. 5월 23일 발생한 지원동 총격사건('주남마을사건')의 사망자 중 2명의 젊은 여성들의 시신에는 총상 외에도 자상이 남아 있었다. 한 명은 좌유방부, 다른 한 명은 좌취부(왼쪽 겨드랑이와 가슴 사이)였다.[32] 자상의 부위만으로 봐도 도저히 일어나서는 안 되는 만행을 저지른 것이었다.

5월 22일경 전교사 연병장에서는 공수부대원이 헬기에서 내리는 연행자를 죽인 사건이 발생했다. 전교사 전투발전부장 김순현 준장과 전교사 작전참모 백남이 대령 등은 국방부 과거사진상규명위원회와의 면담에서 공수부대원들이 연행자의 왼쪽 귀 뒷부분을 칼로 찌르는 장면을 보았다고 증언했다. 김순현은 부상자들 중 한 명이 전교사에서 광주국군통합병원에 후송됐으나 사망한 것으로 진술했다.[33]

이들의 진술에 근거하여 민간인 희생자들 중에서 자상으로 사망한

최초 희생자 김경철 검시 내용
김경철은 갓 백 일 된 아이가 있는 평범한 가장이자 직장인이었다. 듣지도 말하지도 못하지만 행복하게 가족들과 살던 지극히 평범한 시민이었다. 그는 길을 가다 난데없이 공수부대원들에게 붙잡혀 외마디 항의 한 번 제대로 못하고 온몸을 구타당한 뒤 희생됐다. 김경철의 죽음은 시작에 불과했다. 옆의 자료는 그가 어떻게 구타당했는가를 구체적으로 보여준다.

희생자들을 추적해볼 수 있다. 광주 국군통합병원에서 검시된 사망자는 총 15명이다. 검시된 직후 1명은 가족들에게 시신이 넘겨졌으며, 나머지 14명은 상무대의 백일사격장에 가매장됐다. 광주 국군통합병원에서 검시된 사망자들 중에서 사인이 자상인 희생자는 송정교와 전재서이다. 송정교는 5월 24일 송암동에서 사망한 것으로 기록됐다. 전재서는 5월 22일 밤 9시 30분에 앰뷸런스로 통합병원에 도착한 후 5월 23일 새벽 05시 20분에 사망한 것으로 기록됐다. 그의 사인은 우측 두부(귀 뒷부분)의 자상과 총상이었다.[34] 전교사 참모들의 증언과 각종 자료에 비춰볼 때 5월 22일 전교사 연병장에서 사망한 사람은 전재서일 가능성이 높다.

최초의 희생자들

공수부대가 광주 시내에 투입되어 잔혹하게 시위를 진압한 결과 5·18 항쟁기 최초 희생자가 발생했다. 최초 희생자는 5월 19일 새벽 3시경 국군통합병원에서 사망한 김경철이다. 보안사령부의 〈검시결과 보고〉에 농아자로 기술된 것처럼, 그는 듣지도 말하지도 못하는 장애인이었다. 그는 5월 18일 오후 친척을 배웅하고 귀가하다 공수부대원들에게 붙잡혀 외마디 소리 한 번 제대로 못 지른 채 온몸을 무자비하게 구타당했다. 〈검시결과 보고〉에서 그의 사인은 '후두부 찰과상 및 열상에 의한 뇌진탕'이었으며, 예리한 물체로 인한 타박사로 기록됐다. 〈검시조서〉에 서술됐듯이 그는 머리에서부터 몸통 아래에 이르기까지 온몸을 구타당했다. 혼수상태에 빠진 그는 병원으로 후송됐고, 결국 머리

뒷부분을 맞아 입은 뇌출혈로 사망에 이르렀다. 김경철은 5월 19일 새벽 3시경 적십자병원에서 사망한 뒤 국군통합병원으로 옮겨져 검시되고 5월 28일 상무대의 백일사격장에 묻혔다.[35] 이후 가족들이 그의 시신을 백일사격장에서 발견하여 망월동으로 이장했다.[36] 제화공이었던 그는 사망 당시 백일이 갓 지난 아이가 있는 지극히 평범한 가장이었다.[37]

김안부도 공수부대에 무자비하게 구타당한 뒤 사망했다. 공수부대원들에게 구타당한 뒤 광주공원 부근에 처참하게 남겨진 그의 시신을 가족들이 수습했다. 그는 머리 쪽과 가슴을 맞은 뒤 뇌출혈로 사망에 이르렀다. 그의 시신은 전남대병원을 거쳐 상무관으로 옮겨진 뒤 5월 27일 망월동에 안장됐다.[38]

김경철과 김안부의 죽음은 5월 18일 오후 4시 이후 금남로를 비롯한 광주 시내에서 공수부대원들이 얼마나 잔혹하게 시위를 진압했는지 여실히 보여주는 사례이다. 두 명의 사망자 외에도 수많은 시민들이 공수부대원들의 곤봉이나 개머리판에 맞고 때로는 대검에 찔리기도 했다. 어느새 광주는 공권력의 무자비한 폭력에 상처입고 피 흘리는 도시가 되었다. 김준태 시인의 시처럼 광주는 "죽음과 죽음 사이에 피눈물을 흘리는 우리들의 영원한 청춘의 도시"[39]가 되고 있었다.

군에서도 부분적으로 공수부대원들의 강경 진압을 인정했다. 5·18 항쟁을 분석한 보고서에서 '소요 폭도화 동기(과정)'로 "5. 20 난동자 투석에 격분한 군인들은 극렬 난동자와 주민 구분함이 없이 일부 주민에게 구타를 함에 따라 일부 양민들이 피해를 보았다"고 평가하며 부분적으로 공수부대의 잔혹한 폭력을 인정하고 있다.[40] 7공수여단의 《전투상보》에서 '지휘관 건의사항' 중에는 "특전부대(공수부대-인용자)의 직접

투입은 신중한 고려 후 결정 요망"을 제안하고 있다.[41]

연행되는 시민들

〈표 4-1〉은 5월 18일과 19일에 연행된 사람들의 통계이다. 자료마다 약간의 차이가 있는 것은 최종 집계가 아니라 시간의 흐름에 따라 연행자 수를 정리했기 때문으로 보인다. 또 작성기관에 따라 약간의 차이가 있다.

이를 종합해 보면, 5월 18일 하루 동안 군경에 의해 총 405명이 연행된 것으로 추정된다. 광주시청은 5월 19일까지의 인명피해 중에서 학생들의 정확한 수는 명기하지 않았으나 "5트럭 연행(인원 미상)"된 것으로 파악했다.[42] 5월 18일까지 연행된 시민들 중 학생이 224명(대학생 152명, 고교생 6명, 재수생 66명)이고, 일반인 연행자 수는 181명이다. 일반인들의 직업은 공원 87명, 상업 29명, 무직 47명, 기타 23명이다. 연행자의 직업 비율에 나타나듯이, 5월 18일 시위 및 연행자 수에는 학생 또는 젊은이들이 많았다. 공수부대원들이 학생들을 연행한다며 젊은이들까지 구분하지 않고 잡아들인 결과이다.

〈표 4-2〉는 5월 19일 오전까지 군경에 의해 연행된 통계이다. 다음 날 오전까지 연행자 수는 공수부대원들이 짧은 시간에 얼마나 폭력적으로 시위를 진압하고 시민들을 체포했는지를 간접적으로 보여주는 통계이다.

공수부대가 시위 진압에 본격 투입되기 시작한 시간은 5월 18일 오후 4시이며, 경찰은 같은 날 오전부터 학생들의 시위를 진압하고 있었

⟨표 4-1⟩ 5월 18~19일 연행자 통계

출처	상황
광주사태 일일 속보철	5. 18. 18:15까지 학생 231명
광주사태 상황 보고	5. 18. 19:30 현재 118명
광주소요사태 분석(교훈집)	계엄군 2개 대대 투입, 전남대 및 조선대에 대한 진압작전 실시.
광주사태 당시 학원동향 보고	5. 18. 총 364명(경찰 검거 인원 61명, 계엄군 검거 인원 303)
광주사태 시 전교사 작전일지	5. 18. 24:00까지 총 405명
광주사태 시 전교사 정보처 일지	5. 18.까지 총 405명
충정 병력 출동 및 광주사태 상황일지	5. 19. 06:55 광주 시내 검거 현황. 405명(학생 155명, 민간 240명)
31사단 상황일지	5. 19. 13:10까지 총 401명
광주사태 동향	5. 19. 14:30 오전 소요 시 학생 107명을 연행한 바 있음.
광주사태 일일 속보철	5. 19. 20:00 현재 검거 인원 405
상황일지	5. 18. 10:00~12:00 주동학생 약 10명을 경찰서로 연행. 14:50. 학생 20명 정도 연행(경찰이 연행 – 인용자). 17:00 현대극장 앞 군인과 학생 투석전 중 학생 및 시민 군용차량으로 2대 연행함(40명), 17:00 광주은행 앞 학생 1차 연행(20명), 18:15 청산학원 앞 학생 40명 군용차량에 연행.

* 출처 : 1. 보안사령부, 《광주사태 일일 속보철》, 1980. 5. 18.
  2. 보안사령부, ⟨광주사태 상황 보고⟩, 1980. 5. 18.
  3. 전투병과교육사령부, ⟨광주소요사태 분석(교훈집)⟩, 1980. 9.
  4. 광주지검, ⟨광주사태 당시 학원동향 보고⟩, 1980. 5. 19.
  5. 전투병과교육사령부, ⟨광주사태 시 전교사 작전일지⟩, 1980. 5. 19.
  6. 전남합수단, ⟨광주사태 시 전교사 정보처 일지⟩, 1980. 5. 18.
  7. 특전사령부, ⟨충정병력 출동 및 광주사태 상황일지⟩, 1980. 5. 19. 06:55.
  8. 31사단, ⟨상황일지⟩, 1980. 5. 19.
  9. 700보안부대, ⟨광주사태 동향⟩, 1980. 5. 19. 14:30.
  10. 보안사령부, 《광주사태 일일 속보철》, 1980. 5. 19.
  11. 광주시 동구, ⟨상황일지⟩, 1980. 5. 18.
  12. 국방부과거사진상규명위원회, 《12·12, 5·17, 5·18진상조사 보고서》, 68쪽.

⟨표 4-2⟩ 5월 19일 오전까지의 체포 현황

일시	군	경찰	계
5월 18일	287명	118명	405명
5월 19일	187명	99명	286명
계	474명	217명	691명

* 출처: 전투병과교육사령부, 《광주사태 시 전교사 작전일지》, 1980. 5. 19.

다. 그런데 〈표 4-2〉에 나타나듯이 경찰에 비해 공수부대에 의한 연행자 수가 훨씬 많았다. 경찰이 전남도경 국장의 명령에 따라 해산에 초점을 맞춰 진압한 반면 공수부대원들은 체포 위주로, 심지어 민가와 상가 건물, 학원, 병원 등 장소를 가리지 않고 쫓아가 뒤지며 젊은이들을 연행한 결과이다. 그렇기에 경찰보다 뒤늦게 광주 시내에 투입된 공수부대가 거의 두 배가량 많은 시민들을 연행했다.

광주시청에는 "15:40경 특전부대원 시내 투입 학생 시위 저지 및 쫓긴 학생 검거 시작(가택 및 업소를 수색하여 학생으로 보이는 젊은이들을 폭행 연행)"했으며 "쫓긴 학생들이 충장, 지산, 동산, 산수파출소 유리창, 책상, 전화기 등 기물을 파손"한 것으로 보고됐다.[43] 학생들은 아직 공수부대에 직접 대항하지 못한 채 이리저리 공수부대를 피해 다니며 파출소에 돌을 던지거나 기물을 파괴하는 등의 저항을 하고 있었다.

11공수여단의 한 장교는 훗날 "과잉 진압으로 생각하지 않느냐"는 검사의 질문에 "머리를 심하게 다칠 정도로 타격한 점 등에 비추어 진압 방법이 다소 강경했다"며, 그 당시 분위기가 "시위대 진압, 체포 자체를 하나의 성과로 보는 분위기였다"고 진술했다. 또 시위 진압이 "시위대 자체를 해산시키고 선전, 선동의 주모자만 체포하면 되는 것"이지만, "그 당시 분위기는 시위대 전부를 체포하여 계엄법 위반으로 넘기려는 분위기였다"고 답했다.[44] 공수부대의 시위 진압 방식이 잘못됐음을 인정하면서도 당시 분위기에서는 어쩔 수 없이 불가피했다는 투의 답변이었다.

공수부대원들이 학생 시위를 진압한다며 무자비하게 시민들을 폭행하여 많은 피해를 입게 되자 자연스럽게 시민들의 공분이 높아졌다. 5월 18일의 연행자 중 68명이 부상자로 분류될 만큼 공수부대의 진압은 폭력 그 자체였다. 5월 18일 경찰관 17명도 피해를 입었는데, 이 중 2명(담양경찰서 소속)은 중상 환자들이고 15명은 경상 환자들로 분류됐다.

〈표 4-3〉은 5월 18일 부상당해 치료를 받은 시민들의 통계이다. 〈표 4-3〉에서 부상당한 시민들 중 국군통합병원으로 후송될 만큼 상태가 위중한 환자가 12명, 광주 국군통합병원 군의관이 상무대 영창으로 가서 치료해준 중상자가 56명이다. 계엄사령부의 〈계엄상황 일지〉에는 자상 환자들이 기록되지 않았으나, 2군사령부의 《상황일지》와 광주 국군통합병원의 진료 기록에는 자상 환자들이 7명이나 기록되어 있다.[45] 이 자상 환자 통계는 공수부대원들이 5월 18일 오후 4시 이후 광주 시내의 시위를 진압하면서 대검이나 날카로운 물건을 사용했음을 간접적으로 증명한다.

〈표 4-3〉의 통계는 전교사로 연행된 사람들 중에서도 국군통합병원의 군의관에게 치료를 받을 만큼 부상의 정도가 심한 중상자들이다. 5월 18일 연행자 중에서 병원으로 후송되지 않거나 의사들이 진료할 정도가 아닌 경상자, 그리고 군경에 연행되지 않고 민간병원에서 치료받은 부상자까지 포함하면 그 수는 기하급수적으로 늘어난다. 당시 광주기독병원에 근무하던 외과의사는 5월 18일 늦은 오후부터 공수부대원들에게 몽둥이, 개머리판, 군화발로 얻어맞아 중상을 당한 시민들로 인

〈표 4-3〉 5월 18일 부상자 통계(5월 19일 09:00 현재)

계	후송		치료	
	관절	기타(머리 등)	두부 열상	타박
68	8	4	25	31

* 출처: 2군지구계엄사령부, 〈계엄상황 일지〉, 1980. 5. 19.

해 응급실이 북새통을 이루었다고 기억했다.[46]

11공수여단의 추가 파병

한편, 서울에 주둔 중이던 11공수여단의 추가 파병이 결정됐다. 11공수여단 선발대가 비행장에서 광주로 이동한 시각은 5월 18일 오후 4시 35분이다. 아직 광주 시내에서 7공수여단의 2개 대대 병력이 시위 진압에 어떤 어려움도 겪지 않았던 시각에 11공수여단의 파병이 실행되고 있었던 것이다. 이는 광주의 상황과는 관련 없는 정보와 명령이 작동하고 있었음을 의미한다. 서울의 부대를 광주로 이동시키는 명령이므로, 계엄사령부와 특전사령부의 승인과 명령 없이 실행될 수 없는 조치이다. 11공수여단의 이동 명령은 '육본 작전명령 19-80호(80. 5. 18)'에 따른 것이며, 수경사에 소속되어 있던 11공수여단의 작전통제권도 2군사령부로 변경됐다.[47]

11공수여단의 선발대(48/213명)가 광주에 도착한 시각은 오후 5시 50분이었다. 이들은 곧바로 송정리비행장에서 조선대로 이동하여 군장을 풀었다. 그러나 곧바로 광주 시내에 투입되지는 않았다. 아직 열차를 타고 이동하는 11공수여단 본대가 광주에 도착하지 않았기 때문이다.

이와 관련 11공수여단장은 "광주로 출동하라는 작전명령을 받은 사실이 있느냐"는 검사의 질문에 동국대에서 정호용 특전사령관을 만나니 "7여단 2개 대대가 계엄군으로 나가 있는데 소요 진압작전을 제대로 못하고 고전을 면치 못하고 있다"며 "11여단이 광주에 가서 7여단을 도와 임무 수행(시위 진압-인용자)을 잘하도록 하라는 지침을 받았다"고

했다.⁴⁸

그런데 검찰 수사에서 11여단 대대장 중 한 명은 여단장과는 전혀 다르게 진술했다. 이미 5월 18일 오전 10시경에 "61대대장이 저에게 와서 61대대가 지금 광주로 이동하기 위하여 성남비행장으로 간다고 하면서 61대대의 보급품을 인계를 받아 있으라고 하였다"며, "그 후 12시경 여단장이 참모들과 대대장을 불러 출동 예비 명령을 내리면서 광주로 간다고 했다"고 답했다.⁴⁹

이 진술에 근거하여 추론하면, 11공수여단의 광주 파병은 5월 18일 오전에 결정됐을 개연성이 크다. 앞서 오전 11시 40분경 7공수여단에 출동 명령이 내려진 것을 고려한다면, 아마도 이즈음에 11공수여단에도 광주 파견 명령이 내려졌을 가능성이 있다. 다시 말하면, 광주 시내(금남로)에서의 시위와는 상관없이 11공수여단의 광주로의 추가 파병이 진행되고 있었다.

산발적인 소규모 시위들

공수부대원들이 잔혹하게 시위를 진압하자 시민·학생들은 금남로와 충장로를 벗어나 시위를 계속했다. 공수부대원들이 금남로를 중심으로 시위 진압작전을 전개해서 그 외의 지역으로 나간 것이다. 공수부대 또한 시위 대열이 형성되는 곳으로 출동했다. 자연스레 공수부대가 진압하는 지역이 금남로 밖으로 넓어졌다.

5월 18일 오후 4시 현재 사직공원에 모여 있던 학생 600여 명이 충장로에서 이동한 학생 100여 명과 합세하여 전남도청 앞 광장으로 이동하다 경찰의 제지를 받고 해산했다. 또 다른 대열 100여 명은 동산동파출소를 점거한 뒤 광주시장 관사에 돌을 던지고 지산동파출소 방향으로 나아갔다. 뒤이어 학생 300여 명이 지산동파출소를 점거하여 유리창을 비롯한 기물을 파손한 뒤 경찰의 제지를 받고 도주했다. 오후 5시 30분경 전남도청 부근 노동청 앞에서 1,000여 명이 대열을 지어 시위했는데, 출동한 경찰과 군에 의해 해산됐다. 또 100여 명의 대열이 한국은행 광주지점 앞(금남로 3가)에서 경찰과 대치하고, 그 뒤로 제일은행 앞에서 공수부대에 돌을 던지며 대항하다 경찰에 의해 해산됐다.[50]

광주지검에서는 5월 18일 20시경에 시위가 "산발적으로 진행되다가 완전 진압"된 것으로 보고했으나 그 뒤로도 광주 시내에서는 소규모 시위가 여기저기에서 계속됐다. 검찰은 경찰 18명(중상 2명, 경상 16명)이 부상당한 것으로 파악했다. 얼마나 많은 시민들이 어느 정도 부상당했는지는 파악도 못했다. 충장로파출소를 비롯하여 지산동파출소, 동산동파출소, 풍향동파출소, 산수동파출소 등이 시위대에 의해 피해를 입었으며, 경찰 가스차 1대가 반쯤 불타고 경찰버스 2대가 파괴됐다. 광주지검은 이날 경찰이 61명을, 공수부대가 303명을 연행한 것으로 보고했다.[51] 이날 20시 40분 가톨릭센터 앞에서 대치 중이던 100여 명이 경찰 투입으로 해산하면서 광주에서의 시위 발생 및 진압은 더 이상 보고되지 않았다.[52]

이 무렵 광주·전남의 민주화운동세력 중 상당수는 합수부에 예비검속되거나[53] 도피 중이었다. 홍남순 변호사와 〈우리의 교육지표〉 관련 교수들도 일시 광주를 떠났다가 다시 돌아왔다. 5월 15일과 16일의 민족민주화성회와 횃불시위를 이끌며 "휴교령이 떨어지면 학교 앞으로 모이고, 12시에 전남도청 앞으로 모이자"던 전남대 총학생회장 박관현 및 총학생회 간부들과 조선대 민주화투쟁위원회 간부들, 윤한봉 등은 피신 중이었다.[54] 그러나 백제야학, 전남대 '대학의 소리', 극단 광대, 들불야학 등 민주화운동세력 중 일부는 항쟁 초기부터 유인물이나 화염병을 만들어 항쟁에 직접 참여해 공수부대에 대항했다.[55] 녹두서점은 주인인 김상윤이 예비검속됐으나 그의 부인이 문을 열어 윤상원과 예비검속자들의 부인들이 모였다. 윤상원과 김상집은 그곳에서 화염병을 만들어 시위에 참여했다.[56]

5월 18일 23시 20분, 광주 시내 주요 지점—총 36개 지점. 주요 도로의 교차점, 파출소(31개 중 18개), 전남도청 및 경찰서 등—에 공수여단 12개 지대와 경찰 1~2개 분대가 함께 배치됐다. 11공수여단이 5월 19일 새벽에 광주에 도착했다. 23시 40분경 전남도청 앞 광장에 공수부대 300여 명이 모여 점호한 뒤 그중 30여 명이 전남도청에 배치됐다.[57] 5월 19일 새벽 4시부터 6시 사이에 7공수여단은 11공수여단과 임무를 교대했다. 아울러 5월 19일의 시위 진압 방침이 정해졌다. 소규모 소요는 병력이 배치된 지역에서 체포하며, 집중 소요(대규모 시위-인용자) 시 예비대가 즉각 출동하여 진압한다는 방침이었다.[58]

4부 폭력과 야만의 시간

학생 시위에서
시민항쟁으로

5월 19일 오전 7시, 공수부대원들은 2인 1조로 시내를 순찰하며 시민들의 통행을 막았다. 동시에 전남도청 앞 광장도 택시를 제외한 모든 차량의 통행을 금지시켰다. 광주지검에는 이날 오전 9시부터 정오까지 전남도청 앞(금남로 1가)부터 금남로 3가까지 공수부대원들이 시민들의 통행을 막은 것으로 보고됐다.[59] 이제 광주의 가장 큰 번화가인 금남로에는 공수부대원들이 조를 이루어 활보하며 사람과 차량의 통행을 막아선 가운데 강요된 침묵만이 흐르고 있었다. 불과 며칠 전까지만 해도 전남도청 앞 광장과 금남로는 유신독재의 청산과 민주주의의 실현을 바라던 시민과 학생들이 집회를 열어 민주화의 함성으로 가득하던 곳이었다. 그러나 5월 18일 이후 총검과 곤봉으로 무장하고 얼룩무늬 군복을 입은 군인들이 시민들을 대신했으며, 폭력으로 강요된 정적만이 광장과 거리를 가득 메웠다.

11공수여단 본대(102/696명)는 5월 19일 00시 50분 광주역에 도착하여 버스와 트럭을 타고 02시 10분에 조선대로 이동했다. 이날 오전 10시 20분 11공수여단 병력(84/536명)은 장갑차 2대와 차량 30대에 나눠 타고 조선대를 출발하여 전남도청, 충장로, 금남로 등지를 지나며 11시 30분까지 위력시위를 전개했다. 그리고 얼마 지나지 않아 11공수여단은 광주 시내에 투입됐고 본격적으로 시위 진압에 나섰다.[60]

학생들이 주도하며 수백 명 단위로 시위하던 5월 18일과 달리 5월 19일부터는 시민들이 시위에 본격 참여함으로써 그 숫자가 전날에 비해 기하급수적으로 늘어났다. 군은 이날의 시위에 참가한 수를 수천 명으로 기록하고 있으나, 전남도청은 오후 2시 금남로에 2만여 명의 시민들이 모인 것으로 파악했다.[61]

5월 19일 10시 50분경 금남로에 위치한 광주관광호텔 앞에서 2,000여 명이 전남도청 방향으로 진출을 시도하며 저지하는 경찰에 맞서 화염병을 던졌다. 전남도청 앞 광장을 공수부대원들이 막아서자 오후 2시 30분경부터 시민들은 전남도청으로부터 조금 떨어진 금남로 3가의 가톨릭센터와 광주은행 부근이나 금남로 4가 한일은행 앞으로 모여들었다. 이미 시민들의 손에는 돌이 들려 있었고, 이들이 대열을 지어 전남도청 앞으로 향하다가 군경의 제지를 받고 대치했다. 7공수여단 35대대(34/277)가 진압에 나섰는데도 오후 3시에는 시위 대열이 1,000여 명에서 2,000여 명으로, 그리고 오후 3시 15분에는 3,000여 명으로 불어나고 있었다. 금남로 인근 장동 쪽에서도 시민들이 대열을 지어 시위를 계속했다.[62]

시위 대열뿐 아니라 시위와 진압을 지켜보는 시민들도 점차 늘어났다. 시위 장소도 금남로를 비롯하여 인근의 장동 문화방송국 부근(김정형 외과 앞 사거리), 학동, 중흥동, 북구청 등 광주 시내 전역으로 확산되고 있었다. 시민들은 더 이상 물러서지 않았고, 시위 및 진압 광경을 지켜보며 두려움과 안타까움만을 표시하지도 않았다. 돌과 화염병에 더해 잡히면 무엇이든 손에 들고 공수부대의 곤봉과 총칼에 맞섰다. 전날의 참상을 목격한 시민들이 최소한의 자구책을 마련하고 서서히 항쟁의 주역으로 시위를 이끌기 시작한 것이다.

공수부대 5개 대대 병력 투입

공수부대원들이 시위를 진압하는 양상도 크게 달라졌다. 무엇보다 광주 시내에 투입된 공수부대원들의 수가 전날에 비해 크게 늘어나고, 시위 진압에 사용된 장비도 달라졌다. 5월 18일에는 오후 4시부터 7공수여단의 2개 대대가 투입되어 진압했는데, 5월 19일부터는 서울에서 급파된 11공수여단의 3개 대대가 오전부터 광주 시내에 추가 투입됐다. 이로써 광주 시내의 시위 진압에 공수부대 5개 대대 병력이 투입됐다. 전날에는 볼 수 없었던 장갑차와 헬기가 시위 진압을 목적으로 출동하기도 했다. 이날 충정작전 수행을 위해 차량 37대(장갑차 2대 포함)를 출동시키라는 명령이 기갑학교장에게 내려졌다. 그리하여 장갑차가 광주 시내로 출동하고 500MD 헬기가 하늘을 떠다니며 시위 대열을 감시하고 시위 진압을 지휘했다.[63] 광주 시내 상공에는 5월 19일 오전부터 헬기가 출현했고, 광주시 동구청에는 10시 57분경 "상공에 헬리콥터 비행 순찰 중"이라고 보고됐다.[64]

이날 2군사령관은 "계엄군의 이성적 행동 강조. 이적 행위자 단호히 조치, 선량한 학생 및 시민 보호, 군인 기본자세 견지, 정부재산 보호

(주둔지 시설 포함)" 등을 담은 훈시를 내려보냈다.[65] 5월 18일 광주 시내의 상황을 보고받고 악화된 시민 여론을 의식한 훈시문이었다. 5월 18일에 계엄군이 비이성적인 행동을 하여 시민들이 시위에 나선 만큼 군인(공수부대원)들이 시민들을 난폭하게 대한 것에 대해 주의를 요망하는 훈시였다.

하지만 이 훈시문은 최고 지휘부가 '책상 위에서 내리는 지시'에 지나지 않았다. 광주 시내에서 시위 진압에 나선 공수부대원들은 이 명령을 제대로 이행하지도 않았고 이행할 수도 없었다. 이 훈시문이 현장의 공수부대원들에게 제대로 전달됐는지도 의문이다. 현장의 지휘관들이 이성적 행동은커녕 강경 진압을 부추기고 있었기 때문이다. 결과적으로 5월 19일 공수부대원들은 광주 시내에서 이 2군사령관의 훈시문과는 정반대로 폭력적·야만적인 방식을 써서 시위를 진압했으며, 그 결과 상상할 수 없는 비극이 펼쳐졌다.

5월 19일 시위 진압에서 가장 두드러진 특징은 공수부대원들이 금남로 한복판에서 믿을 수 없이 무자비한 폭력을 행사했다는 점이다. 전날 공수부대원들이 자행한 엄청난 폭력은 시민들에게 공포심을 심어주었다. 더욱 큰 문제는 5월 19일의 진압이 무자비한 폭력에 더하여 금남로 한복판에서 연행한 사람들에게 모욕을 주는 야만의 행동을 자행했다는 사실이다.

5월 19일, 동구청의 기록

군 자료는 군에게 불리한 사실들을 아예 기록하지 않거나 의도적으로 축소하여, 공수부대가 무력으로 시위를 진압할 수밖에 없었다는 점을 정당화한다. 그러나 금남로에서 벌어진 일에 대한 기록이 군 자료만은 아니다. 군인들 외에도 수많은 광주 시민들이 현장에 있었으며, 그중에는 행정기관의 공무원들도 있었다. 그들은 자신들의 눈앞에서 벌어지는 믿기 힘든 처참한 광경을 목격한 뒤 기록으로 남겼다.

5월 19일 오전 공수부대원들이 전남도청 앞(금남로 1가)부터 금남로 3가까지 시민들이 거리를 다니는 것마저 막아서자, 시민들은 금남로에 석유를 뿌려 불을 지르고 돌과 화염병을 던지며 공수부대에 맞섰다.[66] 공수부대원들이 곤봉으로 시민들을 마구 구타하며 시민들이 모이는 것을 막아서자 시민들은 뿔뿔이 흩어졌고 금남로 입구에는 인적이 끊어졌다. 5월 19일 광주 시내의 중심가에서 벌어진 사건들을 금남로에 위치한 광주시 동구청에서는 아래와 같이 기록했다.[67]

10:48 — 무장군인 약 25명이 동구청 앞과 광주은행 사이에 시민들을 해산코자 곤봉으로 시민들을 때리고 있음.

10:50 — 충금 지하상가에서 시민 학생 200~300명이 무장 공수부대와 투석전 대치.

10:52 — 조선대학으로 군 트럭(1대)에 학생들을 연행. 갑바를 씌워 일어나면 발로 차고 감.

10:57 — 상공에 헬리콥터 비행 순찰 중.

10:59 — 금남로 4가 한일은행 앞에서 공수부대와 학생·시민 대치(숫자 미상).

11:00 — 금남로통은 공수부대들이 곤봉으로 때림으로 시민들 없음. 무장 군인 소위가 시민들에 의해 얼굴에 부상. 시민들 보이면 무차별 구타 중.

11:00— 탱크 2대, 군용차 15대 가톨릭센터 앞 배치. 군용차량 1대에 학생 시민 반죽음으로 싣고 감.

11:15— 일반 시민 15명 정도를 충금 지하상가 쪽 각처에서 팬티만 입고 관광호텔 앞에 있으며, 등 어깨 다리는 곤봉 및 워카 발 태죽이 보이며 빨갛게 되었음.

11:25— 동구청 민원 홀에 학생으로 보이는 2명을 잡아 구청 변소 앞에서 공수부대 7~8명이 곤봉 및 구둣발로 때리고 있음.

11:34— 동구청 앞 도로에 머리 길고 젊은 사람은 잡혀오고 있으며, 허리띠를 빼서 차창 옆에 던지고, 엎드리게 하고, 두 손으로 곤봉을 잡아 전부 때리고 있고, 뒹굴게 하여 동작이 늦으면 곤봉으로 무차별 때림. 일차 5분여 동안 기합이 끝나면 무릎을 꿇고 머리를 땅에 대고 손은 허리

속옷만 입은 채 연행되는 시민들
5월 19일 금남로의 풍경이다. 전날 있었던 시민들의 시위와 공수부대의 진압 소식을 듣고 금남로에는 오전부터 시민들이 모여들었다. 공수부대원들은 시위를 진압한 뒤 붙잡은 시민들의 겉옷을 벗겨 구타하거나 기합을 주고 연행해 갔다. 폭력과 야만의 행위가 광주의 심장부에서 저질러지고 있었고, 이 참혹한 장면을 시민들은 똑똑히 보고 있었다(나경택 촬영, 5·18기념재단 소장).

4부 폭력과 야만의 시간 183

에 올려 두 손을 잡게 하여 잘못하면 구둣발로 등을 차고 있으며, 일부 시민은 머리에서 피를 흘려 윗옷이 빨갛게 되어 있음. 20명 이상이 되면 군 트럭 및 경찰 미니차(녹색)로 싣고 가고 있음(숫자 미상).

14:40— 시민 3,000여 명 충금 지하상가에서 출발 가톨릭센터 건물에서 직원들 구경으로 같이 합세 않는다 하여 유리창 파손. 동구청 건물에도 밖을 보고서 합세 않는다 하여 구청의 건설과 복지과 유리창 파손. 일부 시민 CBS 방송국 유리창 및 기물 파손. 시민들 아리랑 및 애국가 제창 중.

위의 자료는 금남로 한복판에 위치한 광주시 동구청에서 작성한 〈상황일지〉이다. 장갑차를 탱크로 잘못 기록했으나 5월 19일 금남로에서 발생한 사건을 시간대별로 생생히 기록했다. 광주시 동구청은 시민들의 시위뿐 아니라 공수부대원들의 행위도 상세하게 기록하고 있다.

위의 자료에서처럼 1980년 5월 18일 오후 4시부터 광주 시내에 계엄군으로 투입된 공수부대는 대한민국의 국민인 광주 시민들을 보호하지 않았다. 오히려 5월 19일에는 시민들을 무자비하게 구타하고, 연행한 시민들의 겉옷을 벗겨 속옷만 입힌 채 기합(원산폭격—인용자)을 주었다. 동구청 민원실과 같은 관공서까지 쫓아 들어와 시민들을 무자비하게 구타한 뒤 연행해갔다. 관공서만이 아니었다. 민가, 병원, 학원, 숙박시설 등 장소를 가리지 않고 뒤따라와 난폭한 행동을 저질렀다. 누구도 이해하기 힘든 시위 진압 광경이었다. 후방에서 '국민들을 대상으로 하는 시위 진압'이라기보다는 흡사 '전쟁터에서 적국의 한 도시를 점령한 승리자들이 벌이는 비이성적 폭력'에 가까웠다. 광주의 한복판에서 저질러진 공수부대원들의 폭력과 야만의 풍경은 광주시청에 걸려온 시민들의 항의 전화에 적나라하게 드러난다.[68]

11:20 — 관광호텔 앞 학생들로 보이는 청년 40여 명을 금남로에 꿇어 앉혀 놓고 있음.

11:45 — 한미제과 앞 4거리 무장한 군인들이 청년 10여 명을 구타하여 끌고 다니고 있음. 시장님 중재 요망.

11:55 — 조흥은행 앞 4거리 단발머리 여학생의 옷을 벗기고 남학생과 함께 연행(피투성이).

12:30 — 한일은행 앞 4거리 무장군인들이 학생 2명을 집단 구타 연행하여 갔음.

12:55 — 금남로 3가 67세 노인 군인들이 학생들을 개머리판으로 때리고 발로 차며 끌어가고 있다. 이를 보는 시민들은 울분을 감추지 못하고 울고 있다. 광주 시민을 모두 공산당을 만들 것인가? 시장님 중재 요망.

13:00 — 금남로에서 사는 시민. 계엄군은 이성을 되찾고 본래의 목적인 질서유지만 하였으면 한다.

13:10 — 제일은행 앞 키가 조그마한 가정부인을 옷을 벗기고 때리고 있다. 젊은 사람만 지나가면 무조건 구타한다. 이러다간 광주 시민들이 다 들고 일어날 것이다. 무슨 조치든 취해야 할 것 아니냐?
한미제과 4거리 청년 10여명을 물을 끼얹으면서 구타.

위의 자료에 기록된 것처럼, 실시간으로 광주시청에 걸려온 광주 시민들의 항의 전화에서도 공수부대의 폭력과 야만을 확인할 수 있다. 광주 시내의 시위 진압에 투입된 공수부대원들은 젊은이들을 무차별적으로 두들겼을 뿐 아니라 남녀를 가리지 않고 겉옷을 벗기고 구타한 뒤 연행해갔다. 심지어 나이든 노인에게도 폭력을 자행했다. 광주 시민들은 광주시청에 도움이나 중재를 요청했으나, 군이 모든 것을 장악하고 있는 비상계엄령 아래에서 광주시청과 그 수장인 광주시장이 할 수 있는 일은 거의 없었다. 5월 19일 11시 30분부터 오후 1시까지 금남로(광주은행 앞 및 광주관광호텔 앞)에서 총 107명이 연행됐다. 〈표 4-4〉는 이들의 소속 및 직업 등을 정리한 것이다.

아직 5·18항쟁의 초기단계인 까닭에 이날 오후 연행자들 중에는 학생, 그중에서도 대학생(전문대 포함)이 압도적으로 많았다. 이들 외에 재수생과 종업원이 다른 직장이나 직업들에 비해 많았다. 광주은행 본점(금남로 3가에 위치-인용자) 뒤편에 위치한 미도장호텔과 무등고시학원(금남로 2가 YWCA 부근-인용자)의 학원생들이 연행됐기 때문이다. 5월 19일 12시경 공수부대원들은 미도장호텔에 난입하여 종업원과 손님을

〈표 4-4〉 5월 19일 11:30~13:00까지 연행자 소속 및 수

소속	전남대	조선대	동신전문
연행자 수	4	26	4
소속	한체대	조대공전	목포대
연행자 수	1	1	1
소속	보건전문	안양공전	화순고
연행자 수	1	1	1
소속	재수생	종업원	공원
연행자 수	20	10	8
소속	노동자	상업	농업
연행자 수	1	1	1
소속	회사원	전자공	건축사
연행자 수	9	1	1
소속	운전사	전도사	기타
연행자 수	1	1	11

* 출처: 2군사령부, 〈계엄상황 일지〉, 1980. 5. 19.

가리지 않고 구타한 뒤 연행했고, 야유를 하는 무등고시학원 학원생들도 구타한 뒤 연행했다. 대다수의 학원생들은 수업을 받던 도중에 영문도 모른 채 구타당하고 연행됐다.[69]

이날 오후 5시 30분에는 광주일고 앞 광주기술공과학원 2층 유리창으로 밖을 내다보던 학원생, 교사, 사무원 등 40여 명을 공수부대(원문은 계엄군) 1개 소대가 연행했고, 또 오후 6시 30분에는 광주공원 입구 광장에서 학생 8명을 팬티만 입혀 '원산폭격'을 시키고 있었다. 같은 시각 실내체육관(광주공원 옆-인용자)에 공수부대원들이 들어와 실내체육관을 수색하고 유리창을 깨뜨리며 난동을 피우자 숙직 직원이 "왜 관공서 와서 수색을 하느냐?"고 항의했다. 그러자 공수부대원들은 "죽기 싫으면 가만있어라"고 협박했으나 직원이 "나도 월남 파견용사며 거기서 부상당한 원호 대상자"라며 항의하자 운동하던 역도선수 중 2명만 연행해갔다고 한다.[70] 5월 18일부터 시위에 나선 대학생들만이 아닌 젊은이들을 무차별 구타한 뒤 연행한 까닭에 연행자들 중에는 고등학생들도 포함됐다. 이렇듯 광주 시내의 시위 진압에 투입된 공수부대원들은 때와 장소, 대상을 가리지 않고 난폭하게 행동하며 시민들을 연행해갔다.

군의 최초 발포는
언제인가

광주시청에 걸려온 항의 전화에도 나오듯이 광주 시민들은 분노하며 "다 들고 일어나라" 울분을 삼키고 있었다. 전날 공수부대의 무자비한 폭력을 보거나 전해들었기 때문에 시민들은 두려움과 분노로 떨고 있었다. 그러나 시간이 흐를수록 강도가 심해지는 공수부대의 만행을 보며 시민들의 저항이 전날에 비해 훨씬 격렬하고 과격해졌다. 공수부대의 폭력과 야만을 목격한 뒤 나온 자연스럽고 즉자적인 반응이었다.

5월 19일 광주 시내에는 전날 있었던 사실을 알리는 유인물이 뿌려지고 있었다. 전남대 총학생회 명의의 〈민족의 영혼 통곡한다〉와 조선대 민주투쟁위원회 명의의 〈민주시민들이여!〉였다.

5·18폭력 만행의 진상보고. 각 대학에 공수부대 1개 대대 이상씩 투입. 광주 시내 일원에 트럭 50대 분의 특수부대 투입. 무자비한 총칼로 학생, 젊은이, 시민 무차별 구타. 최소 시민 3명, 학생 4명 이상 사망 확인.

500여 명 이상 부상자 속출. 전주 일원에도 유혈폭력 자행. 학생, 젊은이 1,000여 명 조대 운동장에 강제 감금. 아, 이럴 수가 있는가, 저 개 같은 유신잔당 놈과 전두환 놈, 또다시 독재의 왕관을 차지하려 혈안이 되어 이 무지막지한 만행을 자행했으니 민족의 앞날이 막막하여 터질 듯하구나. 민주시민들이여! 당신의 아들, 딸들이 죽어가고 있다. 일어서라! 피로써 울부짖으니 끝까지 투쟁하여 오늘부터 시내 각처에서 대규모 시위 투쟁. 매일 12:00, 오후 2시 도청, 시청 앞에 집결.

－80. 5. 19. 전남대 총학생회[71]

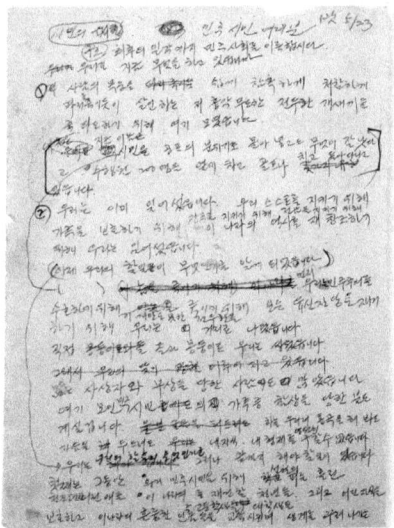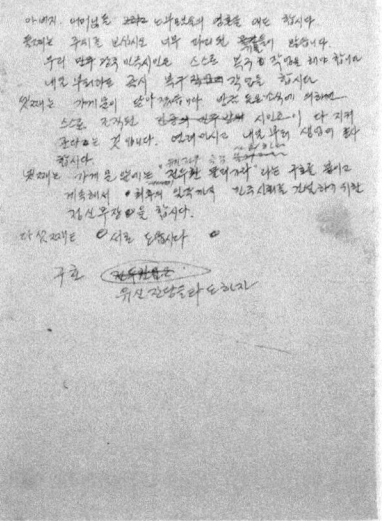

민주시민들이여!
5월 18일 이후 광주 시내에서는 공수부대의 잔혹한 진압을 알리는 선전물이 등장했다. 민주화운동 세력들이 시내 상황을 목격하고서 이를 알리려는 목적에서 만들었다. 윤상원을 비롯한 들불야학 외에도 개별적으로 유인물을 인쇄해 금남로를 중심으로 광주 시내에서 벌어진 처참한 상황을 알렸다. 이 유인물은 그중 하나이다(5·18민주화운동기록관 소장).

민주시민들이여

각 대학에 공수부대 투입! 광주시내 일원에 특수부대 대량 투입! 무자비한 총칼로 학생·젊은이·시민 무차별 구타! 최소 시민 3명, 학생 4명 이상 사망 확인. 5백여 명 이상의 부상자 속출. 전주 일원의 유혈폭력. 학생·청년 1,000여 명 조대 운동장에 불법감금! 아, 이럴 수가 있는가? 저 개 같은 최규하, 신현확, 유신잔당 놈들과 유신독재자의 아들 전두환 놈은 최후의 발악을 시작했다. 지금 이 민족은 죽느냐, 사느냐! 당신들의 아들딸들이 죽어가고 있다! 일어서라! 일어서라! 끝까지 투쟁하자!(오늘부터 시내 각처에서 대규모 시위 전개. 매일 12시, 오후 3시에 도청·시청 앞에 집결)

―1980년 5월 19일 조선대 민주투쟁위원회[72]

내용으로 볼 때 한 사람 또는 한 집단이 명의를 달리하여 작성한 것으로 보인다. 핵심 내용은 5월 18일에 있었던 각 대학과 광주 시내에서의 사건을 알린 뒤 시민들의 시위 참여를 독려하고 있다.

들끓는 고등학생, 문 닫은 학교

5월 18일 오후 광주 시내에서 벌어진 참상을 목격하거나 전해들은 고등학생들도 5월 19일 수업을 거부하고 시위에 참가하려 했다. 5월 19일 오전 대동고 학생 60여 명은 교내에서 노래를 부르며 수업을 거부하고, 오후에는 전교생 1,200여 명이 교정에 모여 시위했다. 광주일고 학생들도 12시 20분경 2,000여 명이 운동장에 집결했다가 교사들의 설득으로 교실에 들어갔다. 중앙여고에서는 학생회장이 교장실로 들어가 "어제 학생들이 많이 죽고 연행되어 갔다"며 상의에 리본을 달고 추모식을 열려고 1,300여 명이 교내에서 시위했으나 교사들이 설득하여 교실로 돌아갔다. 당시 중앙여고 정문에는 경찰들이 대기하고 있었다. 광산여고 총학생회장은 인근의 정광고등학교 총학생회장을 만나 5교시 종료 후에 교외시위를 전개하기로 합의했다. 서석고는 이날 체육대회가 열렸는데, 교내에서 행사를 마친 일부 학생들이 가두시위를 전개하려고 했다.[73] 이처럼 광주 시내 고등학생들이 동요하고 교내에서 시위한 뒤 교외로 진출하려고 하자 각 학교에서는 단축수업을 한 뒤 시차를 두고 학생들을 개별 귀가시켰다. 또 광주 시내의 고등학생들이 동요하여 교외로 진출할 것을 염려한 전교사는 각 학교에 경찰을 배치했다. 〈표 4-5〉는 이날 각 학교에 배치된 경찰 병력의 통계이다.

광주의 고등학생들이 교내에서 시위하며 들썩이자 광주시 교육청은 시내의 모든 고등학교로 시위가 확산될 것을 우려하여 결국 5월 20일,

〈표 4-5〉 5월 19일 각 고등학교에 배치된 경찰 병력

학교명	인원	출동 배치(경찰)
광주일고	2,191	2/20
전남고	1,399	1/18
대동고	2,119	2/15
동신고	1,814	1/19
중앙여고	1,842	1/16
광주고	2,192	1/19
송원고	1,546	1/18
계	13,102	9/125

* 출처: 전투병과교육사령부, 〈광주사태 시 전교사 작전일지〉, 1980. 5. 19. 10:00.

광주의 모든 초·중고등학교에 휴교령을 내렸다. 원래 광주시 교육청은 총 37개 고교 중 사레지오여고 등 34개교는 5월 20일 하루, 광주여고는 5월 20일부터 22일까지 3일, 대동고와 수피아여고는 5월 20일부터 무기한 휴교키로 계획했다가[74] 상황이 더욱 악화되자 5월 19일 전남도 교육위원회가 "광주 시내 전 고교 휴교, 임시 가정학습"을 하고, "(광주) 시내 48개 국민학교"는 오전 11시에 수업을 중단하고 "22일부터 임시 휴교"토록 했다.[75] 그러나 이후 상황이 더욱 악화됨으로써 결과적으로 5월 20일부터 무기한 휴교에 돌입할 수밖에 없었다. 이후 고등학생들은 개별적으로 항쟁에 참여했다.

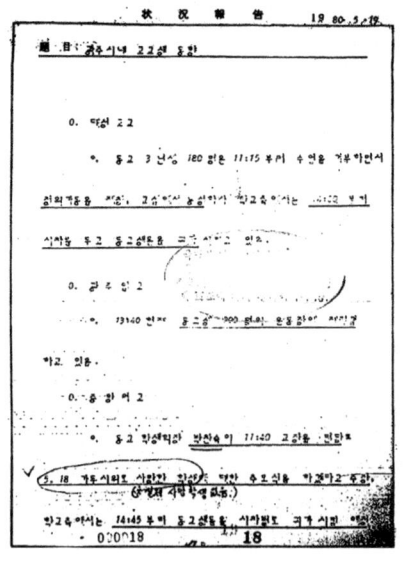

동요하는 고등학생들
공수부대의 투입과 처참한 시내 상황이 알려지자 광주 시내의 고등학생들이 동요했다. 5월 19일 등교한 고등학생들은 수업을 거부하고 시위 참가를 시도했는데, 대동고 학생들도 이날 수업을 거부하고 교외 진출을 시도하다 선생님들의 만류로 멈췄다. 5월 20일부터 광주 시내 초·중·고교에 휴교령이 내려졌다.

시민들, 두려움을 극복해가다

광주 시내 고등학교 학생만이 아니었다. 5월 19일 12시 38분에 금남로 인근의 계림2동에서 동구청에 올린 보고에는 "오늘 정오에 전 시민 금남로에 집결. 전두환 일가가 물러갈 때까지 계속 투쟁한다. 시민을 총칼로 선량한 학생, 부녀자의 옷을 벗기고 구타한 사실 알고 있을 것"이라고 했다. 오후 2시 40분경에 충금 지하상가에서 출발하여 금남로에서 시위하던 대열이 시위에 합세하지 않는다며 가톨릭센터와 동구청, CBS방송국 등에 돌을 던져 유리창을 파손하고 〈아리랑〉과 〈애국가〉를 부르며 시위했다. 뒤이어 오후 2시 45분경에 시위 대열이 바리케이드를 치고 군경과 대치했는데, 광주은행 아치를 깨고 군중 7,000~8,000여 명이 드럼통에 기름을 부어 불을 지르며 공수부대에 대항했다. 시민들은 각목이나 돌을 들고 공수부대에 적극 맞섰다.[76]

5월 19일 오후 학동에서 2명의 공수부대원들이 학생들을 구타하다가 오히려 시민들에게 구타당해 중상을 입었고, 또 오후 4시 5분경 부동교 옆에서 공수부대원이 학생을 쫓다 시민들에게 붙잡혀 구타당한 뒤 부상을 입어 적십자병원에 입원했다. 5월 20일 오후에는 금남로 3가에 모여 있던 시민들이 공수부대에 야유하며 대치했다.[77] 광주 시민들의 공수부대에 대한 두려움은 여전했다. 하지만 시간이 지날수록 시위 참여자들의 수가 늘어나며 점차 두려움을 극복해가고 있었다.

군의 최초 발포

광주 시민들과 계엄군들이 본격 대립하는 가운데, 5월 19일 오후 5·18 항쟁 기간 중 처음으로 군이 시민들에게 발포했다. 이날 오후 4시 50분경 광주시 동구 계림동 광주고와 계림파출소 사이의 동원빌딩 부근에서 시위 진압에 투입된 계엄군의 장갑차가 인도와 도로 사이에 걸려 멈춰 섰다. 인근의 시민들이 장갑차로 달려들자 장갑차에 타고 있던 11공수여단 한 장교가 해치를 열고 M16소총을 발사했다. 부근에 있던 김영찬(조대부고 3학년·19)이 그 유탄에 맞아 총상을 입었다. 쓰러진 김영찬은 곧바로 인근의 병원으로 옮겨져 응급처치를 받은 뒤 전남대병원으로 이송됐다.[78]

이날의 발포에 대한 20사단의 분석 및 평가는 이후 공수부대의 집단 발포와 관련해 의미심장하다. 5·18항쟁이 무력진압된 뒤 광주로 파견됐던 20사단은 〈광주권 충정작전 분석〉이라는 보고서를 발간했다. 이 자료는 사단장이던 박준병 소장이 1981년 4월 제공한 자료이다. 얼마 지나지 않아 그는 보안사령관에 취임하고 보안사령부에서는 《5공 전사》를 편찬했다. 아마도 이때 보안사령부에 제공한 자료로 판단된다. 20사단의 보고서에는 최초의 발포에 대해 아래와 같이 상세히 기술되어 있다.

16:30분경 계림동 4거리에 도달 시 사전 철저히 준비된 유언비어 유포로 데모 군중이 삽시간에 2,000여 명으로 급증, 진로 차단 및 포위를 하게 되어 …… 최악의 사태에 돌입하자 즉각 조치로 내부에 있던 공수부대 **장교가 햇치를 열고 공포를 발사하여 순간을 모면하는 찰라 후속

하던 공수부대 요원에 의해서 구출 및 진로가 개척되었으나 이때 고교생 1명이 복부 관통상 부상(원인: 공포 발사 시 유탄에 의함)했고 장갑차는 급회전 시 돌출부에 충격을 받아 핸들 고장으로 기동 불가 사태 진정 후 17:30부터 5톤 렉카의 견인으로 부대 복귀하였음. 이때 계엄군은 국가의 재산인 APC(장갑차)를 무참하게 파괴하리라고는 생각지 못했으며 쇠파이프 화염병을 가지고 이때부터 계엄군은 자위권을 발동하지 않으면 많은 사상자를 내리라는 것을 예측하게 되었음.[79]

마치 5월 20일부터 시작된 공수부대의 집단발포를 암시하는 듯하다. 또 5월 19일의 최초 발포인지, 다음 날 광주역 앞에서 자행된 3공수여단의 집단발포인지, 아니면 5월 21일의 집단발포인지 명확하지 않지만 특전사령부의 〈광주사태작전('전투' 상보 – 인용자)〉의 '분석 및 교훈'편 '작전 실시 면'에서 "사격 통제 및 군기 결여"를 문제점으로 지적하고 있다.[80] 군 스스로도 발포와 군기에서 문제가 있었음을 인정하고 있는 셈이다.

이 사건은 군의 최초 발포라는 점만으로도 중요하지만, 이외에도 몇 가지 점에서 검토해볼 부분이 있다. 5월 20일 505보안부대는 "5.19 고교생 1명(인적 사항 미상)이 우측 대퇴부에 총상을 입고 전남의대병원에 입원 수술을 받았다"고[81] 보안사령부에 보고하며, "관내 4개 파출소 파괴 집결 데모대가 쇠파이프 및 면도칼을 소지했던 점으로 보아 특정 배후조직에 의한 조직적이고 기동력 있는 데모대로 판단"하여 "데모 진압 병력에게 실탄을 미지급코 있고 경계 병력만 1인당 10발씩을 분출, 장교가 통합 보관코 있을 뿐 아니라, 5. 19 발포 사실 전무했음을 감안할 때 고교생은 특정 데모세력에 의해 무성 권총으로 사격, 계엄군이 발포한 것으로 선동키 위한 지능적 수법"이라고 평가했다. 특정 데모세력이 학생에게 '무성 권총'을 쏘고는 계엄군이 발포한 것처럼 선동한다는 식으로 군의 최초 발포 사실을 왜곡하고 있는 것이다. 그러나 505보안부대는 이미 사실관계를 조사하여 진상을 파악하고 있었고, 현장 부근에서 김영찬을 응급처치한 의사에게 출석을 통보해놓았다.[82]

계엄사령부도 〈고교생 총상자 확인 결과〉에서 "김영찬 5월 19일 17:00 광주시 계림동 5거리에서 데모대에 가입. 장갑차에 방화하려다가 복부 관통 상해를 입고, 전남대병원에 후송. 총탄 출구가 입구보다 적으며 다수의 파편이 박혀 총기 제원 판단 곤란"이라고[83] 분석했다. 5·18 이전부터 군은 이미 '불순세력'을 거론하며 사실을 왜곡하고 있었다. 그리고 군의 최초 발포도 왜곡했다. 또 총기 제원을 판단하기 곤란하다며 누가 발포했는지를 은폐하고 있다. 이는 최초 발포 사실을 '불순분자'에 의한 것으로 왜곡할 뿐 아니라 군에 불리한 사실을 의도적으로 은폐하는 것이었다.

최초 발포, 은폐되고 조작되다

그런데 군이 최초로 발포한 사실이 상급 부대에 제대로 보고됐는지, 즉 정식 지휘계통의 부대들에 제대로 보고됐는지 확실치 않다. 발포 장교의 직속상관은 검찰 조사에서 발포 당사자로부터 (발포) 사실을 보고받고 보안대에서 간단하게 사실을 확인했으며, 징계 문제가 나왔을 때 11공수여단장이 "문제는 있으나 징계는 보류하자고 했다"고 진술했다. 또 발포한 실탄이 11공수여단의 경계용 실탄이었으나 보고는 장갑차 운전병의 실탄으로 바뀌었다고 진술했다.[84] 5월 19일 분명하게 11공수여단에서는 최초 발포 사실을 보고받았고, 505보안부대에서도 사실관계를 확인했음을 알 수 있는 대목이다.

그러나 군의 최초 발포는 이상한 방향으로 은폐, 조작되고 있었다. 무엇보다 11공수여단과 작전통제권을 가진 상급 부대들의 자료에는 군의 최초 발포 사실이 전혀 존재하지 않는다. 광주 시내에서 시위를 진압하던 11여단과 그 상급 부대인 31사단, 전교사 등의 자료에는 이 날 군이 최초로 발포한 사실이 아예 기록되지 않았고, 최초 발포와 관련된 어떤 사실도 발견되지 않는다. 11공수여단의 자료는 13대 국회의 청문회 전후로 고쳐졌을 가능성이 높지만, 다른 자료들에도 최초 발포 사실이 빠져 있다.

군의 최초 발포 보고
5월 19일 오후 군의 최초 발포가 있었고, 505보안부대도 사실관계를 정확하게 파악했다. 그런데, 이 보고에는 "불순분자의 소행"으로 몰아가며 군의 최초 발포를 왜곡하고 있다.

2군사령부와 전교사, 31사단 등은 광주 시내 상황을 실시간으로 보고받고 일지로 정리했다. 하지만 어찌된 영문인지 엄청나게 중요한 사안인 군의 최초 발포는 전혀 기록되지 않았다. 31사단은 계림동과 그리 멀리 떨어지지 않은 가톨릭센터에 경계 병력을 배치하고 있었으며, 군 편의대가 시내를 돌아다니며 첩보를 수집하고 있었다. 그럼에도 최초 발포가 보고되지 않았고, 또한 공수부대로부터 어떠한 보고도 받지 못했다.

군의 최초 발포가 군 자료에서 누락된 이유를 몇 가지로 추론할 수 있다. 첫째, 11공수여단에서 상급 부대에 보고하지 않은 채 군의 최초 발포를 은폐했을 가능성이다. 발포는 구타와는 전혀 다른 성격의 사건이다. 그렇지 않아도 시민들의 시위 참여와 항의시위로 인해 진압에 어려움을 겪고 있던 11공수여단과 계엄군 입장에서 순순히 인정할 수 없는 엄청난 사안이었던 것이다. 이런 이유로 누군가 일부러 기록을 누락시켰을 수 있다. 남는 문제는 '누가 보고를 누락시켰는가'이다.

둘째, 상급 부대에 보고됐으나 누군가 중간에서 삭제했을 가능성이다. 군이 국민들을 향해 발포한 것은 그 자체만으로 충격적인 사건이므로 군이 군 자료에 기록에 남기지 않았을 수 있다. 그렇지만 다른 자료들에는 기록된 것으로 보아 그 가능성은 희박하다.

마지막으로 최초 발포가 보고되고 원 자료에는 기록됐으나 이후 누군가 자료를 수정하며 삭제했을 가능성이다. 최근 밝혀진 '80위원회(1985년)', '80대책위원회(1988년 육군본부)', '511연구위원회(1988년 국방부)' 등의 활동 내용을 볼 때 가능성은 충분하다. 하지만 정확하게 어느 기구에서, 누가, 어떻게 자료를 조작했는지는 분명하지 않다. 대부분의 군 자료에 최초 발포 사실이 제대로 기록되지 않았기 때문이다.

최초 발포 사실이 상부에 보고되어 제대로 기록됐다고 해서 모든 문제가 사라지는 것은 아니다. 최초 발포가 공수부대와 보안사령부, 계엄사령부 등에 보고만 됐을 뿐 적절한 후속 조치는 전무했던 것이다. 발포자 문책과 실탄 통제 등을 비롯한 어떠한 조치도 뒤따르지 않았다. 최초로 발포한 11공수여단 장교는 이후로도 아무런 제재나 문책 없이 계속 장갑차를 타고 돌아다녔다.

광주시 동구청은 계엄사령부나 보안사령부와는 다르게 최초 발포 사실을 기록했다. 동구청에는 "광주고에서 계림파출소 사이 장갑차가 고장으로 있을 때 시민에게 총 발사로 국교생 2명, 중학생 1명, 고교생 1명 부상, 계엄군 차량으로 후송"되었다고[85] 보고됐다. 이 자료는 몇 가지 점에서 사실과 다른 부분이 있다. 김영찬을 후송한 것은 계엄군 차량이 아니라 현장 부근에 있던 시민들이었고, 그들 중에는 공중보건의 발령을 앞둔 정은택이 있었다. 그 외 부상자들이 누구인지는 분명하지 않다.

'폭도화'의 시선으로

계속되는 시민들의 저항 때문에 군은 점점 혼란스러운 상황에 빠져들었다. 첫날 공수부대의 시위 진압이 일방적이고 공세적이었다면, 시간이 흐를수록 시민들의 참여가 늘어나며 이전과는 다른 구도가 만들어졌다. 이 때문에 5월 18일과 19일에 광주 시내 주요 지점에 소규모로 분산 배치되었던 공수부대 병력이 점차 대대 단위로 집결했다.

5월 18일과 19일, 공수부대원들의 강경 진압으로 인해 수많은 시민들이 부상당하고 사망자까지 나왔다. 금남로를 비롯한 광주 시내에는 시민들의 피로 수많은 상흔이 만들어졌다. 5월 20일 오전 6시 20분 전교사 야전공병단(간부 6명, 사병 137명) 병력이 광주 시내로 출동하여 거리를 청소했다.[86] 지난 이틀의 상흔을 지우려던 활동으로 보인다.

5월 19일 전교사 사령관이 2군사령부에 보낸 '첩보 보고'에서 "16일 이전 학생들 데모에는 냉담하였으나 현재 계엄군에 의한 강력한 조치로 인하여 학생들의 데모에 동정 또는 호응하는 자가 많아 점차적으로 폭도화되어가고 있다" 할 만큼[87] 광주 시민들은 적극 시위에 참여했다. 여기에서 전교사 사령관은 시민들을 '폭도'라고 지칭하지 않았으나 '폭도화'된 것으로 보고하고 있다. 또 부분적으로는 공수부대의 강경 진압 문제를 지적하며, 이 때문에 시민들의 대응이 달라지고 있음을 보고하고 있다.

군과 달리 검찰에서는 5월 19일부터 시민들을 '폭도'로 보고하고 있다. 검찰은 "80. 5. 19. 20:30 현재 역전 파출소 2개소가 폭도화한 시민들에 의하여 점거당하였으며, 150~200명 정도의 폭도들 2개 반이 산발적으로 돌아다니고 있음"을 보고했다.[88] 다만, 계엄령 아래에서 검찰의 '폭도'라는 규정이 군의 진압에 어떤 영향을 미쳤는지 분명하지 않다.

5·18항쟁이 끝난 뒤 작성된 보안사령부의 〈광주사태 진전과정 분석〉에서는 5월 18일과 19일을 "단순 시위"라면서도 18일의 "비폭력"이 19일에 "점차 격렬"하게 달라지며, 시민들의 반응 또한 18일의 "호응 징후"에서 19일 이후 "적극 호응(적극 제지 활동 격분, 배후세력 조종)"으로 바뀌어 "정치 관심 없는 일반 시민"들이 "단순 이유로 가세"한 것으로 분석했다.[89] 이 같이 보안사령부도 5월 19일에 시위의 양상이 달라졌음을 인정하고 있었다.

행정기관의 평가도 군과 크게 다르지 않았다. 광주시청은 5월 18일 오후 3시 45분경 "금남로에서 군인들에게 쫓긴 대학생들이 북동쪽 주택가에 숨자 군인들이 가정집을 수색하여 대학생으로 보이는 장발 청년과 여자를 마구 때리고 차고 대검으로 찌르는 등 난폭한 행동을 한 후 차에 실어 연행해 감(군인 대부분이 경상도 사투리를 쓰고 있음)"이라고 보고했다. 아울러 5월 17일 이전에는 시민들의 반응이 비교적 냉담했으나, 5월 18일부터 사태가 악화되기 시작하여 계엄군과의 충돌이 격화되었고 여기에 유언비어까지 유포됨으로써 사태가 눈덩이처럼 악화되었다고 평가했다.[90]

금남로에 공수부대 배치

이런 가운데 5월 20일 오전 7공수여단과 11공수여단의 병력이 금남로를 중심으로 분산 배치됐다. 11시 30분 현재 11공수여단 61대대는 광주우체국, 63대대는 광주은행, 7공수여단 35대대는 한일은행, 33대대는 계림파출소 등에 각각 배치됐다.[91] 전날과는 달리 광주 금남로와 부근에 대대별로 집결했다. 5월 20일 오전 광주 시내는 어느 정도 소강상태였다. 이는 공수부대의 시위 진압 양상이 근본적으로 바뀌어서라기보다는 악화된 시민 여론을 반영한 변화였다. 그러나 시민들과 군의 소강상태는 그리 오래가지 못했다. 시민들은 시내 곳곳에서 대열을 지어 "산발적으로 계엄령 해제, 구속학생 석방 등 구호를 외치며 시위하고, 진압부대가 진압하면 흩어졌다가 다른 곳에서 집결하는 형태로 시위를" 이어갔다.[92]

5월 20일 오후부터 금남로를 비롯한 시내 곳곳에서 시민들이 모여들어 계엄군과 대치했다. 오후 2시 40분경부터 금남로에는 시민들이 집결하고, 오후 3시경에 시위 군중이 쇠파이프와 화염병 등을 들고 CBS 방송국을 지키고 있던 31사단 경계병들과 대치했다. 이 소식을 들은 7공수여단 35대대가 현장으로 출동하고, 비슷한 시각 시민들이 광주 MBC로 몰려가 진압하러 온 공수부대와 충돌했다. 31사단은 광주 시내에서 떨어진 부대 부근의 오치 및 삼각동에 배치된 수색대(2/34)와 95연대 3대대(3/29), 포병 2소대(3/35)를 MBC와 CBS에 이동시켜 추가로 배치했다.

금남로 이외의 광주 시내 다른 지역에서도 공수부대원들과 시민들이 맞서고 있었다. 또 다른 시위 대열은 금남로의 CBS로 이동하고 있었는데, 늘어난 시위 대열 때문에 주요 시설물의 경계를 맡은 31사단의 추가 병력들이 이동하기 어려워졌다. 결국 계엄군의 장갑차가 시위를 진압하러 금남로로 출동했다.[93] 시민들이 가톨릭센터에 있는 CBS에 들어가 오후 3시 30분경 경계병의 M-16소총 1정과 실탄 15발이 분실됐으나, 그로부터 한 시간여 뒤인 오후 4시 20분에 시민들에 의해 모두 군에 반환됐다.[94] 오후 5시 광주고속터미널 앞에 시민 2,000여 명이 모여들자 11공수여단 61대대가 진압에 나섰다. 11공수여단 62대대와 63대대, 7공수여단 35대대는 금남로에 집결했으나 별다른 동향이 없었다. 공수부대가 배치된 금남로에는 시민들이 모여들지 않았으나 이곳을 벗어난 지역에는 시민들이 집결하고 있었다. 오후 5시 15분 전남도청 인근의 장동에 600여 명이 모여 농성하자 11공수여단 62대대가 진압에 나섰다. 오후 5시 16분에는 광주 계림동 광주고 앞에 300여 명 집결하자 11공수여단 63대대가 진압에 나섰다. 오후 6시에는 광주고속터미널 부근에 시민들이 모이자 11공수 61대대가 투입됐다.[95] 계엄군의 저녁 식사 시간을 틈타 1,500~2,000여 명이 금남로에 모여들었고, 공수부대(원문은 계엄군 – 인용자) 1개 중대가 출동하여 진압했다.[96] 시위 대열뿐만 아니라 이를 구경하는 시민들까지도 늘어나고 있었다. 오후 5시 15분에 "500명이 종합터미널 부근에서 계엄군과 대치하고 있으며 시민 1,000명이 관망하고 있다"[97]고 보고될 정도였다.

시민들, 공권력에 도전하다

광주 시민들은 공수부대의 무자비한 진압 행태를 지켜보고 있었다. 그러다가 분노가 임계점에 도달하면서 누가 먼저랄 것도 없이 과감하게 공권력에 도전했다. 5·18항쟁 기간 시민들의 공격 대상은 처음에는 파출소, 그 뒤로는 소방서와 세무서, 방송국 등으로 점차 확대되고 있었다.

처음 파출소를 공격한 때는 5월 18일이었다. 이날 오전 광주 시내에 진출한 학생들이 경찰에 쫓기면서 충장파출소에 돌을 던져 유리창을 깨고 사직공원 쪽으로 도망쳤다.[98] 그 뒤로도 파출소에 대한 공격이 계속됐다. 5월 20일 시위대는 학생회관 앞에 있던 경찰 가스차에 불을 질렀다. 20시 50분경에는 소방차를 타고 계엄군을 공격했으며, 21시 03분경에는 광주세무서에 불을 지르고 직장 무기고에 있는 카빈 17정을 꺼내 갔다. 그러나 총기는 실탄이 없는 빈총이었다. 전교사가 실탄 1,800발을 회수하여 통합 보관하고 있었기 때문이다.[99] 5월 10일 전교사의 명령에 뒤이어 5월 18일 2군사령부는 03시 05분에 "예비군 무기고 안전 대책 강구"를 명령하여, 5월 20일 23시 20분에 병력 배치와 함께 광주 시내 전력화 직장 예비군 무기 및 탄약을 회수, 군부대에 보관했다. 이때 예비군 무기고에서 군부대로 총 4,717정의 무기와 115만 발의 탄약이 회수됐다. 31사단이 "광주 시내 무기 탄약"을 회수했다. 5월 20일 무기 6,508정과 42만 발의 탄약이 회수하고, 회수되지 못한 탄약은 긴급조치로써 "매몰"시키고 총기에서 "공이 및 노리쇠"를 제거했다.[100]

5월 20일 밤 시위 대열은 광주MBC에 화염병을 던지며 방송국 점거를 시도했는데, 결국 분노한 시민들에 의해 광주문화방송 건물이 전소됐다.[101] 눈앞에서 벌어지는 참혹한 현실을 제대로 보도하지 않는 지역 언론에 대한 시민들의 분노가 폭발한 것이었다. 또한 5월 20일 밤 시민들이 몰던 버스에 치여 4명의 경찰관이 사망한 사고가 발생했다. 모두 함평경찰서 소속 경찰들이었다. 희생 경찰관들은 전남대병원 한쪽 구석에 방치되었다가 5월 27일 이후에서야 장례를 치렀다. 유족들이 "치안본부에 진정을 하였으나 '경찰관 신분으로 의무적으로 해야 할 일을 하다가 사망하였기 때문에 순직 처리가 안 된다'는 황당한 사유로 반려됐다"고 한다. 부상자들에 대한 정확한 수치도 파악되지 않아 "보상이나 지원은 전무하다시피 했다"고 한다.[102] 공권력 남용과 이에 대한 시민들의 저항과 분노가 낳은 애꿎은 희생자들이었다.

5월 18일과 19일 이틀 사이에 전교사로 연행된 시민들은 총 973명이었다. 직업별로는 대학생(전문대 포함)이 225명, 고등학생이 12명, 재수생이 82명, 학원생이 132명, 일반인 등 기타로 분류된 시민들이 522명이었다. 전교사(전남북계엄분소)는 5월 20일에 5월 18일 연행자 405명을 심사하여, 그중 167명을 석방하겠다고 발표한 뒤 이날 총 4개조로

나누어 168명을 석방했다.[103]

5월 18일과 19일 이틀 동안 많은 사상자가 발생했다. 보안사령부에서조차 5월 20일 14시 30분까지 경찰 69명(중상6, 경상 63), 민간인 1명이 사망한 것으로 파악했으나 "민간인 피해자가 확인될 경우 인명피해가 더욱 증가될 것으로 예상된다"고 기록할 정도였다.[104] 시민들과의 충돌과정에서 의도치 않게 군인과 경찰도 많은 피해를 입었다. 군이 정치적으로 활용됨으로써 나타난 불행한 결과였다.

방치되는 유언비어

한편 5·18항쟁 초기 광주 시내에는 유언비어가 떠돌았다. 주로 "경상도 계엄군이 전라도 사람 죽인다", "학생들이 많이 다치고 일부는 죽었다"는 등의 유언비어였다. 지역감정을 선동하는 유언비어 때문에 광주 시내 곳곳에서 경상도 번호판을 단 차량이 시민들에게 공격당하기도 했다. 5월 19일 19시 35분경 종합터미널에서 경남화물차(8톤) 1대가 불탔고, 19시 45분경 시민관 앞에 정차한 트럭이 전소되었다. 20시경에는 광주시 중흥동 청과물시장에 주차한 경남 번호판의 화물트럭 1대가 시민들에 의해 불탔다.[105]

한 가지 이상한 점은 유언비어 유포자를 적발해야 할 군경에서 특별한 조치를 취하지 않았다는 점이다. 이 무렵 광주 시내에서 벌어지고 있는 참혹한 상황을 다른 지역에 알리면 해당 지역의 군이나 경찰이 즉각 출동, 연행했다. 그런데 다른 지역과는 달리 광주에서는 유언비어에 대한 어떠한 조치도 이루어지지 않았다. 물론 군경이 시위대에 맞서는 중이었다는 어려움도 있었지만, 군의 최초 발포에 대한 조치와 비교해 보면 유언비어에 대해 전혀 대응하지 않았던 점은 의문으로 남는다.

　또 다른 이상한 점은 광주 시내에 유포된 유언비어가 더 이상 확산되지 않았으며, 누가 퍼뜨렸는지도 밝혀지지 않았다는 점이다. 전교사는 유언비어를 무마시키는 홍보 활동을 지속하고, 시민들도 유언비어 유포자들을 자체적으로 단속했다. 경찰에서도 체포조를 운영하고 있었으며, 시민들도 '거동이 수상한 자'를 잡아 군경에 넘겨주기까지 했다. 민·관이 공통으로 유언비어를 단속했기에 얼마 지나지 않아 사라진 것도 하나의 이유일 수 있다. 하지만 5·18항쟁 초기에 유언비어를 퍼뜨린 사람과 그 유포 경위는 여전히 풀리지 않는 수수께끼이다.

'도시게릴라식 난동을 진압하라'

민·관, 머리를 맞대다

광주 상황이 갈수록 악화되자 전남·북 계엄분소인 전교사에서는 연달아 대책회의를 열었다. 먼저 5월 19일 19시 30분 전교사 사령관실에서 광주 지역 계엄회의가 열렸다. 5월 18일과 19일의 시위 배경 및 진압 방향 등을 검토하는 회의였다. 전교사는 5월 18일 시위에는 학교의 휴교 조치에 반발하는 학생 시위에 일부 시민들이 함께했으나 5월 19일의 시위에는 계엄군의 강경 진압으로 학생들을 동정하는 시민들과 정당 관계자(김대중 지지)가 참여한 것으로 보고했다. 또 괴전화를 통해 지역감정을 유발하는 유언비어가 유포되고 있다며, 5월 19일 21시 20분부터 라디오 방송을 통해 30분 간격으로 광주 시내 학생 소요와 관계되어 계엄군이나 학생이 사망한 바 없으니 유언비어에 현혹되지 않도록 선전하겠다고 했다. 이 같은 상황 인식을 토대로 5월 20일부터 선무 활동을 실시하며, 시위대가 게릴라식으로 대항할 것에 대비하여 1개 공수여단 추가 지원을 육군본부에 요청할 것 등을 결정했다.[106] 그러나 뒤에 살펴보겠지만 5월 19일의 결정과 상관없이 계엄사령부는 3공수여단의 추가 파병을 이미 결정한 상태였다.

이 회의에서는 몇 가지 중요한 결정이 내려졌다. 먼저 앞서 살펴본 대로 1개 공수여단 추가 지원 요청이다. 이미 공수부대의 난폭한 시위 진압 때문에 악화된 여론을 충분히 알고 있었음에도 한층 강력한 진압 작전을 전개하기로 결정한 것이다. 이날 회의 참석자들이 누구이며 어떤 발언을 했는지는 드러나지 않는다. 유의할 부분은 '선무'와 '강경 대응'이라는, 상충되고 모순적인 진압 방식이 한꺼번에 고려되고 있다는 점이다. '선무'는 보병부대가 선호한 진압 방식인 반면 '강경 대응'은 공수부대가 선호한 진압 방식이었을 것으로 추정된다.

그런데 이상한 점은 이 자료의 다른 면에 기록된 '광주 소요 동정' 항목이다. 같은 날인 5월 19일 20시에 31사단에서 작전회의가 열리고 있었는데, 이 작전회의가 전교사와 31사단의 작전일지에는 누락됐다는 점이다.[107] 불과 30분의 차이를 두고 광주 지역 계엄회의와 31사단의 작전회의가 열릴 수 있을까. 헬기가 주요 이동수단이었으므로 전교사와 31사단으로의 이동이 전혀 불가능하지 않았고, 사단장 또는 참모장이 전교사 회의에 참여했을 가능성도 있다. 아니면 31사단장이 배제된 회의였을 가능성도 있다. 누가 이날 회의에서 참석하고 어떤 주장을 폈는지 확인할 수 있는 자료의 발굴과 분석이 필요하다.

5월 19일 23시 25분에 2군사령부는 충정작전지침(작상전 426호)을 내려보냈다. 핵심은 "도시게릴라식 소요 및 난동 형태에 대비. 소규모로 편성한 다수 진압부대를 융통성 있게 운용. 전 작전 가용 병력 최대 운용. 바둑판식 분할 점령. 대대 단위 기동타격대 보유 조기에 분할 타격 체포. 군중 10인 이상 집결 방지. 다수 편의대 운용(첩보 수집). 치명상을 입지 않은 범위 내에서 과감한 타격. 통금시간 대폭 연장. 총기 피탈 방지(엄중 문책). 주민에게 선무 홍보 활동 강화(전단, 방송)" 등이었다.[108]

5월 19일의 전교사 계엄회의와 2군사령부의 지시에 보이듯이 군은 시민들이 시위 대열에 합류하는 5월 19일부터 이를 '도시게릴라식 소요 및 난동'으로 규정하며 강력하게 진압하라고 명령했다. 즉 군은 시민들을 '도시게릴라'로 규정하여 강력한 진압을 예고하고 있었다. 당

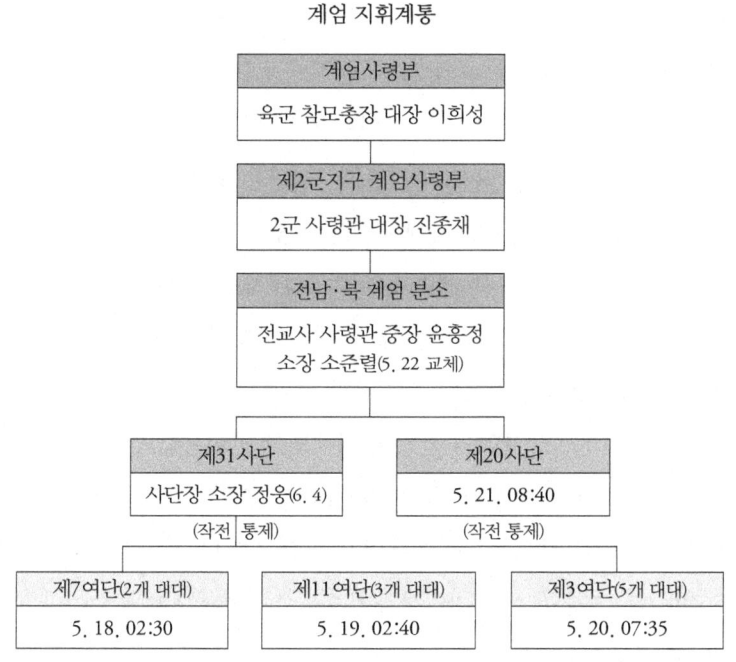

계엄 지휘계통

5. 21 16:00 작전 통제권 전환
3·7·11여단의 작전 통제권: 31사단→전교사 직접 작전 통제

시 군이 시민들을 어떻게 인식하고 있었는가를 보여주는 대목이다. 이 명령은 작전부대를 융통성 있게 운영하며 시민들의 집결을 막는 게 핵심이었다. 또한 "치명상을 입지 않는 범위 내에서 과감한 타격"을 주문하고 있다. 달리 보면 '죽지 않을 만큼'만 구타하라는 명령으로 읽힌다. 실제 광주 시내에 투입된 공수부대원들도 더욱 강력하게 시위를 진압했다. 공수부대원들의 폭력 강도가 상부의 명령에 의해 더욱 상승한 셈이었다.

5월 19일 중앙기동예비대이던 3공수여단의 추가 파병이 결정되고 이동이 시작됐다. 3공수여단은 5월 19일 23시 10분에 주둔지를 출발하여 24:00시에 청량리역에 도착했다.[109] 앞에서도 언급했지만 3공수여단의 추가 파병 결정은 그 이전에 결정된 사안이었다.

계엄사령부에서는 5월 19일 21시 현재 3공수여단의 이동을 지시한 작전명령을 작성하고 있었다.[110] 그런데 계엄사령부에서 작전명령서를 작성하던 시각인 5월 19일 21시에 3공수여단은 광주 출동을 준비하라는 명령을 접수했다. 국립묘지에 주둔한 3공수여단 12대대가 이날 04시부로 부대의 주둔지로 복귀했다. 아마도 이즈음 광주 파병이 결정됐을 것으로 추정된다. 아직 전교사에서 추가 병력 파병을 요청하지 않은 시각인데도 3공수여단의 파병이 결정된 것이다. 이는 광주의 상황이나 정식 명령계통과는 상관없이 작전이 진행되고 있었음을 의미한다.

한 가지 주목되는 조치는 5월 19일 04:00시부로 광주 지역에 배치된 공수부대의 작전 지휘권이 31사단 96연대장에서 11공수여단장으로 변경된 점이다. 그리고 소요 진압부대가 7공수여단에서 11공수여단으로 변경되고, 7공수여단은 기동타격대의 임무를 수행하기로 결정됐다.[111] 공수부대에 대한 작전 지휘권의 변화는 광주에서의 지휘권 이원화와 연관되는 문제이다. 즉 광주에 파견된 공수부대의 활동이 지역의 계엄분소와 별개로 독자적으로 전개된다는 의미이다. 날마다 계속된 공수부대원들의 잔혹한 진압으로 광주 시민들의 감정이 들끓고 있던 상황에서 이루어진 이러한 결정은 시민들의 여론을 거의 고려하지 않은 것이었다.

군·관·민 대책회의와 민·군 간담회

5월 20일 오전 10시 20분부터 12시 50분까지 전교사 기밀실에서는 광주의 군·관·민 대책회의가 열렸다.[112] 이날 회의는 '전교사 작전참모의 시위 현황 보고, 연행자 현황 및 처리 방침, 유언비어, (전교사 사령관) 당부 말씀' 등의 순서로 진행됐다. 먼저, 전교사 참모장이 광주 시내에서 유포되고 있는 유언비어 유형을 소개한 뒤 전교사 사령관의 훈시가 이어지고 토의가 시작됐다. 이날 회의에서 참모장이 언급한 유언비어는 "오늘 몇 명의 학생이 죽었다. 오늘 여학생 다수가 겁탈당하였다. 헬기에서 집총 사살을 하였다. 경상도 군인들이 광주 시민을 짓밟고 있다" 등이었다. 2018년에 5·18항쟁 기간 계엄군이 여성들을 성폭행한 사건에 대해 정부의 조사 및 발표가 있었다.[113] 이 조사 결과에 의하면, 이날 회의에서 언급된 유형의 유언비어가 전혀 근거 없는 유언비어일 뿐이라 말하기는 어려울 것으로 보인다.

이어진 토의에서 전남도지사는 5월 18일부터 시위가 격렬해지고 있으며 시위 인원의 3,000명 중 학생이 40퍼센트이고 시민이 60퍼센트라고 강조했다. 시민들이 시위에 가담한 원인이 흥분과 유언비어라면서 반상회를 통해 계몽에 노력하겠다고 덧붙였다. 전남교육감은 고등학생들이 사망했다는 유언비어 때문에 고등학생들이 흥분한다며, 집집마다(원문은 가가호호) 방문해 체포한다는 말이 있어 학생들이 폭도화하고 있다고 말했다. 광주지검장은 현재의 상태를 "전쟁을 방불케 하는 상황"이라며 군인들을 죽이자는 말이 나오는 것을 우려했다. 전남도경 국장은 "민심이 극도로 흉흉"하므로 "대화의 창문을 넓혀 순화할 필요가 있다"고 말했다. 민간기관장들의 말을 들은 뒤 11공수여단장은 공수부대는 경고한 뒤 진압한다며 공수부대원들이 돌에 맞아 흥분했던 입장을 이해해 달라고 했다. 광주시장은 연행된 시민들을 선별하여 빨리 석방해야 하고 유언비어를 해소할 대책을 긴급하게 마련해야 한다면서도, 반상회는 "성토대회가 될 가능성이 크기 때문"에 개최를 반대하며 반상회를 열기 전에 민심을 순화시킬 것을 제안했다. 또 시위를 진압할 때 "상처를 주지 않고 양손으로 감싸 안는 방법"을 제안했다.

이 중에서 광주시장의 발언이 주목된다. 광주시장은 시민들의 여론과 감정이 어떠했는가를 구체적으로 인지하고 있었다. 그렇기에 반상회가 "(공수부대) 성토대회가 될" 것이라 예상하고 반상회 개최에 반대했다. 또 시위 진압에서도 평화로운 방식을 제안했다.

광주 지역 기관장 및 군 지휘관들의 입장과는 달리 민간 대표로 참석한 한완석 목사는 "군의 입장을 이해"하지만 공수부대를 투입한 것이 잘못이고, 정치인들 중에서 김영삼은 왜 잡지 않느냐며 지역감정의 문제를 제기했다. 아울러 군이 "전라도 개새끼들"이라 외치며 강경하게 진압해서는 안 된다는 점을 지적했다. 중앙정보부 전남지부 2과장은 전라도가 피해의식이 내재되어 있다고 강조하면서 서울대 총학생회장과 김대중 추종 깡패들이 광주에 왔다는 첩보를 입수했다며 거기에 합세하지 말라는 시민 계몽이 필요하다고 했다. 재향군인회장은 10·26 이후 학생들의 힘이 커졌고, 계엄을 제대로 모른다며 계엄사령부의 "적극적인 선도 및 홍보 활동"을 요구했다. 전교사 사령관은 감사 인사와 함께 상호 양보와 대화를 통해 진정하며 정확한 보도와 선전이 필요하다고 말하며 이날의 회의를 끝마쳤다.

이 회의에서 계엄사령부에 대한 건의사항으로 "500여 명의 학생이 연행되어 행방이 묘연하니 구속자 신원 공개 및 석방, 시민이 보는 곳에서는 구타 행위 금지 등 데모 진압 방법의 수정, 시민들의 유언비어 단속 강화, 자막에 사망자가 없다는 것을 수시 보도 요망, 방송 헬기를 보고 더욱 흥분하니 헬기 운영 제고, 오늘도 어제와 같은 야간 소요 예상되므로 20:00부터 통금 연장" 등을 결정했다.[114] 민간의 건의사항 중 헬기 사용을 재고해 달라는 요구가 있었으나 5·18항쟁 기간 동안 계속 하늘을 날아다니고 있었다. 민심과는 상관없이 헬기는 시위 진압을 목적으로 운영되고 있었다.

뒤이어 5월 20일 오후 2시부터 2시 20분까지 전교사 기밀실에서는 군이 주최하는 문답 형식의 민·군 간담회가 열렸다. 먼저 전교사 작전참모가 전국 계엄령 선포에 따른 전남·북 계엄분소의 작전 개요를 슬라이드로 설명한 뒤 간담회가 열렸다. 다음은 간담회 주요 내용이다(발언자는 생략).

문: 병원은 항시 진료 가능토록 보호조치 요망한다.
답: 그렇게 하겠다.
문: 데모 진압 방법이 시민의 반정부 감정을 야기한다.
답: 치안 유지에 중점을 두고 시민 보호에 적극 노력하겠다.

문: 군의 진압 방법을 보고 군 신뢰감이 없어졌으며 실망했다.
답: 시민 협조를 당부하며 군도 선량한 시민 보호에 최선을 다하겠다.
문: 유언비어의 현혹 예방에 대한 홍보방송을 해 달라.
답: 그렇게 하겠다.
문: 계엄군을 공수부대보다는 31사단 병력으로 대치해 달라.
답: 군 작전에 참고하겠다.
문: 여기 모인 각계각층 대표들이 데모 진압에 시민들이 협조하도록 노력하자.
답: 일심단결하여 노력해주기 바란다.
문: 통행제한을 너무 (심하게) 하고 진압 시 데모 가담자만 진압해 달라.
답: 최선의 노력을 다하겠다.[115]

위의 문답에서 나오듯이 5월 20일 간담회에서 광주의 각 직능단체 대표들은 '병원 보호 조치 요망, 진압 방법의 문제, 유언비어 예방 홍보, 공수부대를 31사단 병력으로 교체' 등을 요구했다. 이들의 요구는 지난 이틀간 광주 시내에서 공수부대원들이 얼마나 강경하게 시위를 진압했는지 적나라하게 보여준다.

5·18항쟁 기간 중 광주 시내의 병원들은 공권력으로부터 보호받지 못했다. 민·군 간담회에서 광주시의사협회 회장의 간절한 요청이 있었음에도 상황은 크게 달라지지 않았다. 오히려 이 간담회가 끝난 뒤인 오후 4시경 동아의원은 병원 문을 열어 부상자들을 치료하고 있었는데, 계엄군(공수부대를 말함-인용자)이 병원으로 쳐들어와서 병원의 창문을 부수고 입원 환자와 간호사들을 구타했다. 이에 광주시의사협회는 5월 21일 오전 9시에 전남도경의 상황실에 전화하여 기물을 파

괴하고 유리창을 깨는 "군인의 행패"를 지적하면서 의료기관의 보호를 요청할 정도로 상황은 나아지지 않았다.[116] 이 사례와 같이 1980년 5월 광주에서 공수부대의 폭력은 대상을 가리지 않고 거의 '난동' 수준으로 저질러졌다.

소요 진압이 아닌
'폭동 진압'

결과적으로 공수부대의 폭력과 야만 행위는 시민들이 항쟁으로 나아갈 수밖에 없었던 직접적인 원인이 되었다. 그러므로 공수부대원들의 폭력과 야만의 원인과 배경을 해명하는 것은 5·18항쟁을 이해하는 출발점이며, 그 진실을 이해하는 단초가 될 것이다.

먼저 지적되어야 할 점은 공수부대를 시위 진압에 투입한 것이다. 공수부대의 강경 진압은 이들이 광주 시내에 투입되기 전부터 어느 정도 예상됐다. 앞에서 살펴봤듯이 공수부대는 적 후방에 침투하여 '인명 살상'과 '시설물 파괴', '항폭航爆(항공 폭격) 유도' 등을 주 임무로 하는 공격형 특수부대이다. 그렇기에 국민들을 대상으로 하는 시위 진압에 투입하기에는 적합하지 않은 부대이다. 하지만 공수부대를 시위 진압에 투입하는 것은 박정희 정권 때부터 하나의 관례였다. 공수부대원들도 일상적으로 '충정훈련(폭동 진압훈련)'을 하며 시위 진압을 자신들의 주요 임무 중 하나로 인식하고 있었다.

많은 공수부대원들은 검찰 수사에서 공통으로 자신들이 시위 진압에 투입되었을 때 나타나는 문제를 지적했다. 공수부대원들이 국민들을 '적 아닌 적'으로 간주하며 시위 진압에 나설 경우 나타나는 폐해를 누구보다도 스스로 정확히 알고 있었기 때문이다. 공수부대원들이 국민들을 '적'으로 대할 경우 국민들에게 미치는 폐해가 일반의 예상보다 훨씬 클 수밖에 없다. 1980년 5월 18일 이후 광주의 상황은 일반의 상상을 뛰어넘는 그 폐해를 구체적으로 확인시켜주었다.

다음으로 시위 진압에 투입된 공수부대원들의 심리상태이다. 앞에서 살펴봤듯이 정권 장악을 목표로 한 신군부는 국민들의 시위를 진압할 목적으로 군대 동원계획을 수립했다. 여기에서 공수부대는 공격형 특수부대라기보다는 시위를 진압하는 데 동원할 수 있는 가장 유용한 물리력이었다. 당시 공수부대는 시위 진압에 동원 가능한 중앙기동예비대였다. 여기에 공수부대의 특성이 더해지고 1980년 2월부터 충정훈련이 계속된 탓에 공수부대원들은 시위하는 학생과 시민들에 대한 불만이 어느 때보다 높았다. 1980년 5월 18일 이후 광주에서의 시위 진압은 이처럼 불만 가득한 공수부대원들의 심리가 극단의 형태로 드러난 사건이었다.

공수부대원들의 심리 상태

11공수여단 소속 하사관들이 작성한 것으로 보이는 다음의 수기들에는 1980년 5월 광주에서 시위 진압에 투입된 공수부대원들의 심경이 비교적 잘 담겨 있다. 다소 길지만, 이들이 1980년도에 어떤 일들을 겪고, 어떤 심리상태에서 시위 진압에 투입됐는지, 그 결과가 무엇이었는지를 잘 보여준다.

…… 또 하나 교육훈련 중 충정훈련(그때로는 폭동 진압훈련)이 다른 때보다 훨씬 더 증가되더군요. …… 80년 2월부터는 모든 교육훈련을 거의 포기한 채 오로지 충정훈련에만 여념이 없더군요. 대대 정문에 한 개 지역대(특전사령부의 조직체, 지휘관 고참 대위나 소령, 병력은 14/100명 정도)는 폭도로, 또 한 개 지역대는 방어하는 부대원으로 갈라 쌍방 간 밀고 밀리는 교육훈련을 수없이 하였다오. …… 춘천에서 열차로 부평역에 새벽녘에 도착하여 김포비행장 근처의 부대에 우리는 여장을 풀었답니다. 그날부터 또다시 충정교육훈련이 시작되더군요. 직접 최루탄도 500MD 헬기가 공중을 선회하면서 터뜨리고 지난날 우리 부대에서보다 훨씬 더 강한 훈련의 연속이더군요. 그때 학생들의 데모는 연일 서울 시내 및 지방도시를 휩쓸고 사병들 간에는 "우리가 누구 때문에 집 나와서 이 고생을 하느냐"고, 학생들에게 극도의 적개심이 불타고 있었소. 또한 지휘관들의 정신교육도 주로 출동하면 머리를 제외한 신체 전 부분을 무자비하게 진압봉으로 구타를 하라고 하더군요. …… 김포에서의 이야기로 진행할까 합니다. 지휘관의 야간 정신교육, 주간 CS탄과 500MD 장갑차까지 동원된 힘든 충정훈련, 매일 밤 출동준비 군장을 꾸렸다 해체하는 반복되는 훈련과 훈련의 연속, 또한 퇴근하지 못한 영외 거주자의 가족에 대한 그리움과 사병 식사에 대한 불만, 모든 것이 우리로 하여금 학생에 대한 극도의 증오심을 갖게 하였고, 육체적 고통에 대한 보복을 학생 구타라는 어리석은 생각으로 우리 모두는 충만되어 있었답니다. …… 그날 오후가 되자 광주에서 사태가 심각해졌다고 이동 명령이 내리더군

요. 아무리 명령에 움직이는, 잘 훈련된 O처럼 움직이는 우리였지만 불평불만이 생기더군요. 일사불란하지 못하고 이랬다저랬다 하는 지휘에 장교·사병 간에 불만이 많아지더군요.[117]

…… 직업군인인 나는 이를 업으로 받아들이면서 다소 불만이 있더라도 강도 높은 훈련을 받아왔으며, 학생들과 일부 정치인들의 무분별한 발언 등에 대해 나쁜 감정을 가지고 있었다. 우리는 가족이 있으면서도 집에 가지도 못하고 고생하고 있는 반면에 학생들은 아무 실정도 모르고 자기네들 하고 싶은 대로 하고 있었다. 우리들은 대학을 나오지 못하였고, 사회의 그늘에서 어렵게 생활하고 있는데, 그들은 편하니까 우리를 이렇게 괴롭힌다는 것이 당시 우리들의 일반적인 생각이었다. 여기에다 계엄하 군인들의 행동규범은 엄격해야만 했다. 여기에서 사병들 간에는 많은 불평들이 터져나왔다. 이런 상태에서 또 과외훈련이라는 강도 높은 데모 진압훈련을 받아 모든 장병들의 불만이 고조되고 있었다. 이런 상황하에서 우리는 광주 학생들의 데모가 심각하다는 이야기를 듣게 되었고, 우리의 과외훈련은 이들의 데모 진압을 위한 것임을 알게 되었다. 이때 우리에게는 단단한 곤봉이 주어졌고 완전무장한 가운데 훈련을 받게 되었다. …… 이때부터 우리는 광주에서 전쟁 아닌 전쟁을 치르게 된다. 어떤 측면에서 본다면 인간이 인간 아닌 행동을 한 대표적 케이스가 될 '전쟁'을 치르게 된 것이다. …… 우리는 조선대학교 운동장에 대기 중인 트럭에 분승하였고, 앞장선 장갑차를 따라 출발하였다. 출발한 후 20여 분 지났을 때 지휘관으로부터 전투태세에 돌입하게 될 테니 지급한 자위용구로 몸을 보호하라는 지시가 하달되었다. 나는 이 지시가 이제 실전 배치를 의미한다는 것을 잘 알고 있었다. 도착 즉시 우리는 지

휘관의 명령으로 도망가는 젊은이들을 추격하기 시작하였다. …… 이때 "젊은 놈은 잡아서 죽도록 패주라"는 지휘관의 말이 우리들의 귀에 들려왔다. '와!' 하는 소리와 함께 우리들은 골목길로, 인근의 다방으로, 구멍가게로, 이발소로 가정집으로 이를 잡듯이 수색을 시작하였다. 이제 전투 아닌 전투가 시작된 것이다. 눈에는 눈물이 고이고 코가 간질간질 하면서 재채기도 나오는데 돌멩이 세례를 받았으니까 우리의 행동은 잔인해지기 시작하였다. 도망가는 학생을 잡아 군화발로 차고, 넘어지면 진압봉으로 구타하였으니 어지간히 건장한 체구라도 견딜 재간이 없었을 것이다. …… 우리의 손에 쥐어진 진압봉으로 뒤통수를 갈기고 쓰러진 군중을 발로 밟고, 그들이 도망갈 수 없게 혁대나 묶을 수 있는 도구를 가지고 손목을 묶은 뒤 옷을 벗겨 연행하였다. 연행자가 20~30명이 되면 차량에 태워서 부대로 연행하였다. 이 과정에서 우리는 이들 때문에 고생을 하고 있다는 생각도 들고 해서 심하게 다루었다. …… 그러나 지휘관들은 우리의 행동이 너무 인간적이라고 힐책이 대단하였다. 심지어 유순하게 보이는 몇몇 대원들을 불러내어 진압을 이렇게 해야 한다며 시위 진압봉으로 그들을 구타, 방법까지 가르쳐주는 것이었다.[118]

위의 수기에 나오는 '과외훈련'은 공수부대에서 실시된 충정훈련이었다. 공수부대원들은 1980년대 2월경부터 실전처럼 반복훈련하고 있었다. 7공수여단 군의관 출신의 한 의사도 부마항쟁 이전부터 7공수여단의 주 임무가 충정업무이고, 부마항쟁 시기부터 10·26과 12·12 등을 거치는 동안 공수부대원들은 휴가 한 번 못 간 상태에서 훈련만 고되게 받았다고 구술했다.[119] 계속된 충정훈련으로 인해 시위하는 국민들에 대한 공수부대원들의 불평과 불만이 높아져갔다. 그들에게 국민들이 시위하는 이유나 배경은 중요한 문제가 아니었다. 공수부대원들에게 불법시위하는 국민들은 그동안의 고된 훈련을 하게 만든 원인 제공자이자 반드시 진압해야 할 대상일 뿐이었다. 어느새 공수부대원들에게 시위대는 보호해야 할 국민이 아닌 분노 유발자이자 타격 대상이 되어버렸다.

잘못된 충정훈련과 지침

1980년도 초반부터 반복된 충정훈련의 결과와 공격형 특수부대로서 공수부대의 특성은 1980년 5·18항쟁 기간에 광주에서 극단적인 형태로 표출됐다. 위의 수기에 나오는 것처럼 상부의 명령에 따라 현장 지휘관들도 강력한 시위 진압을 명령함으로써 1980년 5월 광주에서의 강경 진압을 부추겼다. 5·18항쟁이 일단락된 이후 작성된 것으로 추정되는 《충정훈련 대비지침》에는 소요와 폭동을 다음과 같이 구분하고 있다.

5·18항쟁 초기 광주에서 공수부대원들이 벌인 진압 방식은 〈표 4-6〉에 나오는 폭동 진압의 전형이다. 5월 18일 오후 4시경부터 공수부대원들은 광주 시내의 시위 진압에 투입됐다. 금남로를 비롯한 광주 시내에서 시위 진압을 시작할 때부터 공수부대원들은 '소요 진압'을 넘어선 '폭동 진압'의 방식을 쓰고 있었다. 1980년 5월 18일 오후 4시경부터 금남로를 중심으로 광주 시내 곳곳에 배치된 공수부대원들은 시위 대열을 향해 '앞만 보고 돌격'하는 공세적인 진압을 전개했다. 시민들이 대열을 형성하면 공수부대원들이 쫓아가 진압봉을 휘둘러 대열을

무너뜨린 뒤 연행했다. 공수부대원들은 시민들이 모이는 것을 봉쇄하고 흩어진 시민들을 끝까지 추격했다. 광주 시내에 투입된 공수부대원들은 얼굴에 방석모와 방독면을 하고 있었으나 기동에 유리하게 진압봉과 기본화기만 착용한 채 강경한 진압작전을 수행했다. 〈표 4-6〉에 나온 '폭동 진압' 방식의 전형이었다.

공수부대원들이 처음부터 광주 시민 모두를 (시위) 주모자로 분류하지는 않았다. 진압 초기에는 젊은 사람들 위주로 체포했으나, 얼마 지나지 않아 진압과 체포 대상이 무한정 넓어졌다. 공수부대원들의 손에는 진압봉과 M-16소총이 들려 있었고, 때로는 M-16소총에 대검도 부착되어 있어 이들은 광주 시내 한복판에서 대상을 가리지 않고 진압봉과 개머리판, 대검을 꽂은 총검을 마구 휘둘러댔다. 길가에 서 있기만 해도 최루탄을 발사할 정도로[120] 대상과 장소를 가리지 않았다.

하지만 당시 광주 시민들의 반응은 군의 예상을 뛰어넘었다. 군에서는 강경하게 시위를 진압하면 이내 시위가 잠잠해질 것이라 기대한 듯

〈표 4-6〉 소요와 폭동 진압 방식

	소요	폭동
정의	개인 및 사회 집단의 의사를 비정상적인 방법으로 표현(법질서를 위협)	다중 집단이 사회 법질서를 파괴할 목적으로 폭도화(법·질서 파괴)
진압책임	경찰	군·경 합동
작전성격	수세적 저지	공세적 진압
작전	확산 방지, 자진 해산 (이해 설득, 봉쇄 저지)	돌격, 와해, 재집결 불허 (분쇄, 주모자 체포)
장비	자기보호 우선 (방석모, 방석복, 방패 등)	경무장-기동에 유리 기본화기 최대 활용(진압봉 휴대: 와해 후 체포 시 필요)

* 출처: 《충정훈련 대비지침》.

하다. 부마항쟁 때 공수부대가 투입됐을 때는 그러했다. 반면 광주 시민들은 시간이 지날수록 공수부대를 두려워하는 구경꾼의 처지에 머무르지 않고 시위에 적극 참여했다. 시민들 모두 누가 먼저랄 것도 없이 공수부대에 저항하는 주동자들이 되어갔다.

군 지휘부의 '단호한 조치'

군 지휘부의 잘못된 상황 인식과 명령도 공수부대의 강경 진압을 부추겼다. 5월 17일 2군사령관은 "공수부대 시내에 출동, 융통성 있게 운영, 전 가용 작전부대 투입, 주모자 체포, 상부에서는 단호한 조치" 등을 명령했다.[121] 〈표 4-6〉에 나오는 폭동 진압의 방식을 실제 시위 진압에 적용토록 지시한 명령이었다. 주모자를 체포하라는 명령도 문제이지만, 더 큰 문제는 "단호한 조치"를 지시한 점이다. 명령이 내려진 시각은 아직 비상계엄이 전국으로 확대되기 전이다. 군이 비상계엄이 전국으로 확대되기 전부터 단호한 조치를 계획하고 있었던 것이다.

5월 18일 계엄사령관은 "포고령 위반자는 가용수단 동원 엄중 처리, 소요자는 최후의 1인까지 추격하여 타격 및 체포"토록 명령했다.[122] 그리고 다음 날 계엄부사령관(육군참모차장)은 전남대 소요에 대해 보안사령부 계통에서 전교사 사령관에게 지휘 조언하여 (시위대를) 강력하게 다루도록 명령했다.[123] 군 최고 지휘부가 계속해서 강력한 조치를 명령한 것이다. 공식 명령계통 외에 보안사령부와 같은 비공식 명령계통을 통해서도 강력한 진압을 부추겼다.

이 지시와 상관없이 보안사령부의 고급 간부들도 광주에 급파됐다.

뒤에 살펴보겠지만 5월 19일부터 보안사령부는 지휘 조언, 특수 활동, 수사 등에서 각각의 임무를 수행할 고급 간부들을 연달아 급파했다.

군 최고 지휘부는 광주의 계엄군에게 광주 시내에서 발생하는 시위를 강경하게 진압하라고 계속해서 명령했다. 군은 아직 광주의 시위를 '폭동'으로 규정하지는 않았으나, 일선의 병사들에게는 폭동 진압 방식을 시위 진압에 적용하라고 명령했다. 군 최고 지휘부의 명령은 공수부대의 지휘관들과 현장의 공수부대원들에게 하달되면서 진압의 폭력과 야만성을 증폭시켰다. 한 공수부대원의 수기는 당시 11공수여단이 점거한 조선대에서 벌어진 일을 생생하게 묘사하고 있다. 최고 지휘부의 명령이 현장에서는 어떻게 구현되는가를 구체적으로 보여준다.

…… 집합된 병력에게 다시 구타를 강력하게 하지 않는다고 더 강하게 무자비하게 구타를 하라고 하는 것입니다. 그리고 모 이병을 불러내더니 이 병사는 구타를 전혀 하지 않는다고 "엎드려" 하더니 자신이 휴대한 진압봉으로 엉덩이를 열 대 때리는 것입니다. 그 고통의 얼굴은 지금도 잊을 수가 없군요. 머나먼 광주에서까지 자기 부하를 구타하는 중대장이 죽도록 미웠습니다. 그리고 시위대에 대한 증오심은 더 강하게 생각만 나는 것입니다.[124]

가혹한 폭력 행사를 명령하는 상관에 대한 공수부대 병사들의 악감정이 시위대(시민)들을 대상으로 한 증오심으로 전환된 것이다. 광주 시내의 시위 진압에 투입된 공수부대원들은 별다른 선택지나 대안 없이 그저 상부의 명령에 충실하게 복종할 수밖에 없었다. 시위 진압이 시위 대열 해산에서 끝나는 것이 아니라 끝까지 추적하여 무차별 구타하는 행태로 나타나게 된 것이다.

'국민'을 타도해야 할 '적'으로

공수부대원들의 시민들에 대한 증오심이 극단으로 나타난 사례가 5월 18일과 19일 광주 시내 한복판에서 저질러진 시위 진압이다. 5월 18일 공수부대원들은 광주에서 가장 번화한 시가지였던 금남로에서 시민들을 진압봉과 개머리판으로 무자비하게 구타했으며, 때로는 총검까지 휘둘러 시민들에게 엄청난 상처와 피해를 입혔다. 5월 19일에는 무자비한 폭력에 더해 연행한 시민들의 겉옷을 벗기고 속옷만 입힌 채 금남로 한복판에서 기합을 줬다. 겉옷을 벗기는 행태는 연행자들에게는 수치심과 모욕을, 이 참혹한 광경을 목격한 시민들에게는 공포심과 분노를 불러일으키기에 충분했다. 여기에 더해 반인륜적이며 비이성적인 행동을 서슴지 않았다.

최근 정부 공동조사단의 조사에 따르면, 5·18 기간에 여성들에 대한 총 17건의 성폭력사건이 발생한 것으로 확인됐다. 여성들에 대한 성폭력사건은 5월 19일부터 21일 사이에 광주 시내에서, 그리고 외곽 봉쇄 기간(5월 21일~26일)에는 시 외곽에서 발생했다. 5·18항쟁 기간 내내 군인들에 의한 성폭력이 광범위한 지역에서 저질러진 것이다. 피해자들의 연령대는 10~30대였으며, 직업은 학생, 주부, 생업 종사자 등으로 다양했다. 대다수의 피해자들은 총으로 생명을 위협당하는 상황에서 군복을 착용한 다수(2명 이상)의 군인들로부터 성폭행당했다. 수십 년의 세월이 지난 지금까지도 피해자들은 제대로 치유받지 못한 채 성폭행의 기억 속에 갇혀 트라우마(정신적 외상)로 고통받고 있다. 성폭행의 충격 때문에 자살한 피해자도 있었다. 피해자들은 "지금도 얼룩무늬 군복만 보면 속이 울렁거리고 힘들어요", "정신과 치료도 받아봤지만 성폭행당한 것이 잊히지 않아요", "가족에게도, 그 누구한테도 말할 수 없었어요", "나는 스무 살 그 꽃다운 나이에 인생이 멈춰버렸어요", "육체적 고통보다 성폭행당한 정신적인 상처가 더 커요"라며 현재까지 계속되는 고통을 호소하고 있다. 이들뿐 아니라 군경에 의해 연행·구금된 여성 피해자들도 수사과정에서 성고문을 비롯한 각종 폭력 행위에 노출됐다. 시위에 가담하지 않은 여학생, 임산부 등을 대상으로 한 성추행 등 여성인권 침해 행위도 다수 있었다.[125]

　공수부대원들의 폭력적이며 야만적인 시위 진압, 여성들을 대상으로 한 성폭력사건 등은 당시 광주 시민들을 '적'으로 간주하던 공수부대원들의 의식이 외부로 표출된 결과이다. 필자가 만난 공수부대원들은 '포로'를 잡았을 때 도망가지 못하도록 먼저 옷부터 벗겼다고 증언했다. 당시 공수부대원들에게 광주 시민들은 전시에도 보호해야 할 '국민'이 아닌 없애야 할 '적'과 같은 존재였다. 그렇기에 '적'으로 대하는 것과 같은 행위를 광주 시내 한복판에서 자행했다. 그로 인한 피해는 전부 피해자들에게 전가되었고, 더 나아가 국민들에게 고스란히 남겨졌다.

왜, 광주였는가

광주 이외 지역에 대한 대응 방식의 차이

5월 18일부터 다른 지역에서도 부분적인 시위나 벽보 또는 유인물이 나돌기도 했다. 서울에서는 몇 차례의 시위가 계획됐고, 일부 지역에서도 5·17조치 등을 비판하는 유인물이 나돌거나 간헐적으로 시위가 발생했다.

5월 18일 병영훈련을 받으려고 문무대에 입소한 중앙대 학생들이 "휴교령이 내렸으면 훈련도 받지 않아야 한다"며 '계엄 철폐!'를 외치면서 시위한 뒤 문무대 연병장에서 연좌농성에 들어갔다. 학생들이 군부대 병영에서 시위 농성을 벌이자 성남경찰서 형사들과 3공수여단 11대대와 13대대 병력이 출동하여 주동자 56명을 연행해 갔다. 학교에서도 총장과 교수들이 문무대를 방문하여 학생 대표들을 설득했다. 연행자들은 성남경찰서에서 조사받은 뒤 다시 교육을 받겠다는 각서를 쓰고

훈방되는 것으로 중앙대 학생들의 문무대 시위는 일단락됐다.[126]

5월 19일 전북대 앞에는 "학교가 휴교령이 내려진 이후 교내에서 농성 중이던 33명이 연행됐고, 그중 1명이 사망하였음을 알려드립니다. 아, 원통하도다, 건지인이여. 통곡하라 전북대 학생이여!"라고 쓰인 대자보가 발견되어 경찰이 수거한 뒤 이를 붙인 사람을 보안부대로 연행했다. 전북대 입구 철로변에서는 8절지에 매직으로 쓴 유인물이 발견됐다. "5.18 휴교령 당시 학생회관에서 철야 농성 중인 학생 1명이 사망하고 33명이 연행되었음을 알려드립니다. 이 나라 주인은? 총칼을 쥔 자일까요. 누구에게 겨눈 총과 칼입니까. 뭉치면 살고 흩어지면 죽는다. 빛과 소금이 되자. – 어느 학생이 –"라는 내용이었다. 이 대자보를 붙인 학생을 찾으려고 경찰에서는 지문 감식과 필적 감정까지 실시했다.[127] 또 이날 오후 5시 10분 전주시 고사동에서 전북대 학생 100여 명이 집결하여 "전두환 물러가라"고 외치자, 전주경찰서 정보과 형사들이 진압, 해산시키고 전북대 유세곤(회계학과 2학년)을 연행했다.[128]

부산에서는 5월 19일 19시 30분부터 40분까지 남포동 부영극장 앞에서 부산대 철학과 3학년 김영(소설가 김하기의 본명 – 인용자), 부산대 상대 회계학과 2학년 조홍인, 미화당백화점 종업원 김동열 등이 '1. 계엄 철폐, 2. 구속 인사·연행 학생 석방, 3. 휴교령 철폐, 4. 유신잔당 물러가라, 5. 언론 검열 중지, 6. 학생 행동 오도 말라'는 요지의 유인물을 뿌리다가 경찰에 체포되어 합수단에 넘겨졌다.

5월 19일 20시 30분경에는 서울 명동 지역에서 대학생 70~80여 명이 시위하자 5공수여단 22대대가 출동을 준비했다. 같은 날 세종대에서도 교수와 학생들이 교내에서 난동을 부린다는 학장의 신고가 있자 12시 45분에 20사단 62연대 2대대 병력이 출동하여 교수 3명(미국인 2

명, 한국인 1명)과 학생 4명을 연행했다. 중앙일보 기자들은 월간부 기자인 장교용(기자협회 부회장)의 석방을 요구하며 편집국에서 농성에 들어갔고 이에 33단 1개 소대가 출동을 기다렸다. 또 서울대생 20여 명이 20시 15분 중앙극장 부근에서 계엄철폐를 요구하며 농성하다가 경찰에 의해 해산되고 사범대 학생 1명이 연행됐다.[129]

광주에서와 달리 다른 지역에서는 시위가 쉽게 진압되고 더 이상 확산되지 않았다. 무엇 때문에 광주에서만 시위가 지속되어 시민항쟁으로 발전했을까? 이 의문은 5·18항쟁을 왜곡하는 세력들의 주요한 논거와 연관된 문제이다. 5·18을 왜곡하는 세력들은 외부의 불순세력들이 시위를 선동했기 때문이라고 설명한다. 5·18을 왜곡하는 세력들의 주장처럼 과연 그러했는지 살펴보겠다.

광주 시민들과 학생들 사이에는 길게는 '서울의 봄' 때부터 짧게는 5월 14일부터 16일까지의 가두시위와 집회, 횃불시위 등을 경험하며 일정한 유대감이 형성되어 있었다. 유신헌법을 철폐하고 한국사회의 민주주의를 이루어야 한다는 공감대가 만들어져 있었다. 시민들은 5월 18일과 19일에 광주 시내의 중심가에서 저질러진 공수부대의 폭력과 야만의 만행을 보며 분노하고 자연스럽게 항쟁의 대열에 합류했다.

추가 조사와 논의가 필요하지만, 전국 각지에 배치된 계엄군들이 시민과 학생들에 대응하는 방식도 동일하지 않았던 듯하다. 5월 18일 부산 계엄분소장은 부산대 총장의 애로사항(부산대 상대 보수공사 담당 인부 100여 명의 출입 허용, 교수 및 대학원생 30~40명 출입 허용 등)을 건의받고 이를 승인해줬다. 5월 18일 수경사에서는 21시부터 21시 40분까지 작전회의가 열렸는데, 주된 목적은 학원 주둔 근무 요령 통일이었다. 이 자리에서 대학의 총(학)장을 비롯한 행정직 직원들의 학원 출입은 허용하되 평교수는 출입을 제한하고, 기숙사 학생들의 관여를 금지하며, 의·치대의 임상실습은 중지하되 교생실습은 허용하고, 학내 공사는 계속하는 것 등의 사항이 결정됐다. 5월 18일 5시 30분에 성균관대에 주둔하던 13공수여단이 기숙사 학생을 구타한 일이 벌어졌는데, 이에 대한 조치로 학생들에 대한 구타를 금지하라는 지시가 내려졌다.[130] 무차별적으로 시민들을 구타, 연행하던 광주와는 다른 조치였다. 서울이라는 지역적·정치적 특성이 고려된 지시로 보인다.

5월 18일 서울에서도 비상계엄 전국 확대와 휴교령에 항의하는 학생들의 시위가 있었으나 공수부대가 출동하여 곧바로 진압하고 88명을 연행하여 경찰에 넘겼다. 시위 학생들을 연행한 뒤 곧바로 경찰에 넘긴 것도 광주에서와 차이가 있다. 광주에서는 연행자들을 공수부대의 주둔지인 전남대와 조선대를 거쳐 전남·북 계엄분소인 전교사가 위치한 상무대로 이송시켰다. 서울과 부산 등지의 조치와 광주의 조치가 달랐던 이유가 무엇이었는지는 분명하지 않다.

공수부대의 초기 과잉 진압

광주 시내에서 공수부대원들은 부상당한 학생들을 부축하거나 치료하지 못하게 만든 뒤 연행했다. 또 금남로에서는 가게의 셔터 문을 부수고 2층으로 올라가 학생들을 구타했고, 학생 차림의 청년들이 도망가면 끝까지 쫓아가 시민들이 보는 앞에서 곤봉이나 군홧발로 짓밟고 연행했다. 상가를 수색하던 도중에 "청년 무조건 구타 말라는 시민까지 구타"할 정도 공수부대원들의 행동은 잔혹했다.[131] 금남로뿐 아니라 주변의 건물과 금남로 인근의 거리, 시민들의 집 안방까지 가리지 않고 뒤질 정도로 집요했다. 심지어 환자들이 있는 병원까지 난입하여 몽둥이를 휘두르고 발길질했다. 광주 시내 한복판에서 펼쳐진 공수부대의 잔혹한 진압을 눈앞에서 목격한 광주 시민들은 '인공(인민공화국의 줄임말. 한국전쟁기를 말함 – 인용자) 때도 이러지는 않았다'며 분노했다.[132]

이 때문에 5월 19일 오후 2시 공수부대원들이 식사하려고 시내에서 잠시 물러났을 때 시민들은 "학생들의 희생을 더 이상 볼 수 없다. 시민 나오라"며 금남로로 모여들었다.[133] 시민들은 공수부대의 행태를 보면 두려움을 가지면서도 동시에 그들을 물리쳐야 한다는 생각을 갖게 됐다. 5월 20일 오후 2시 30분경 한 시민은 31사단장에게 전화를 걸어 "공수부대 얼룩무늬 복장이 군중을 자극하니 전투복 착용을 요구"했고, 이에 대해 31사단장은 건의를 검토하겠다고 답했다.[134]

공수부대원들의 초기 과잉 진압은 5월 27일 5·18항쟁 진압 직후 전교사에서 열린 광주의 계엄협의회에서도 다시 거론됐다. 진압을 마친 뒤 광주 지역의 주요 기관장들이 모여 향후 수습방안을 모색하는 회의였다. 회의에 참석한 중앙정보부 광주지부장, 광주시 국토관리청장, 광주지검 검사장 등은 공통으로 "계엄군 초기단계 과잉 진압"을 '시인'하고 사과"하는 것을 수습방안으로 제안했다. 광주의 주요 기관장들조차 공수부대의 난폭한 진압을 시인한 것이다. 그러나 전교사는 계엄분소장이 '과잉 진압'을 시인하는 담화문을 발표하는 것에 반대했다. 학생들의 행위가 포고령 위반이며 사령관의 사과가 학생들의 범법 행위를 정당하게 만들고, 국가 원수의 사과로까지 비화될 수 있다는 이유에서였다. 그 대신 전남·북계엄분소장이 담화문 형태의 유감의 뜻을 표하며 "누구의 잘못이 먼저인가?"라는 논리로 설득하는 방안을 대안으로

제시했다. 결국 전교사 사령관의 담화문에 '유감의 뜻'만 표하는 것으로 결정되었다.[135]

금남로의 역사성

광주 시민들이 항쟁에 적극 참여하게 된 데에는 금남로라는 공간이 갖는 상징성도 크게 작용했다. 금남로는 광주의 한복판에 위치한 공간이다. 조선 중기의 무신인 금남錦南 정충신鄭忠信(1576~1636)의 군호軍號에서 유래한 이곳은 1980년 5월 광주의 심장부였다. 중심에는 1930년에 지어진 전남도청이 위치한 광주·전남의 행정 중심지였다. 1980년 5월에는 전남도청 외에도 광주시 동구청이 금남로 2가에 있었고, 그 부근에 광주경찰서, 한국은행 광주지점을 비롯한 금융기관, 전남매일신문

우리는 보았다.
사람이 개끌리듯 끌려가 죽어가는
것을 두눈으로 똑똑히 보았다.
그러나 신문에는 단한줄도 싣지못
했다.
이에 우리는 부끄러워 붓을 놓는다.
          1980. 5. 20
        전남매일신문기자 일동

전남매일신문사장   귀하

《전남매일신문》 기자들의 사직서

5월 18일 계엄령이 선포된 직후 군이 민간사회를 장악했다. 그중 한 가지가 군의 언론통제였다. 군은 언론을 사전 검열하고 기사를 통제했다. 그로 인해 기자들의 취재가 제대로 방송이나 신문에 보도되지 못했다. 《전남매일신문》 기자들은 5월 18일과 19일의 참혹한 광경을 취재한 뒤 신문을 제작했으나 군과 신문사 간부들의 방해로 내보낼 수 없게 되자 이에 항의하는 사직서를 작성했다.

과 평화방송 등의 언론사, 가톨릭센터와 YMCA, YWCA 등 각종 공공시설물들이 모여 있었다. 바로 옆의 충장로가 주로 상가가 밀집된 상업지역이었다면, 금남로는 광주·전남 더 나아가 호남의 정치, 사회, 경제, 문화 등이 집약된 거리였다. 또한 금남로는 시민들의 여론이 집약되는 공간이며, 지배에 저항하는 대열이 항상 모여들던 거리였다. 다시 말해 지배와 저항, 그리고 일상이 교차하던 공간이었다.[136]

광주·전남의 현대사에서 금남로는 운동의 중심지였다. 해방 직후에는 지금은 사라진 동방극장에서 건국준비위원회가 발족했고,[137] 1960년 3월 15일에는 민주당 전남도당부에서 '곡 민주주의哭 民主主義!'의 만장을 들고 부정선거 규탄시위를 시작했다. 고등학생들이 중심이 되어 시위가 전개된 4월 19일 밤 광주에서도 경찰의 집단발포로 인해 많은 사상자가 발생했다. 총 7명의 사망자 중 6명이 금남로 3가(옛 한국은행, 현 금남공원)에서 희생되고 많은 시민들이 경찰의 폭력과 발포로 인해 피해를 입었다.[138]

1960~70년대에는 이곳에서 반독재 민주화시위가 벌어졌다. 학생들은 박정희 정권에 반대하여 교외시위를 벌일 때마다 전남도청 앞의 금남로로 달려나갔다. 학교 밖으로 나설 때마다 경찰이나 군대에 막혀 더 이상 나가지는 못했지만 반독재 민주화투쟁이 끊이지 않았던 역사의 공간이자 저항의 거리였다.

1980년 5월에도 마찬가지였다. 14일부터 16일까지의 전남도청 앞 광장에서는 집회가 열려 광주 시민들과 학생들이 함께 '유신 철폐'와 '계엄령 해제'를 함께 외치던 공간이다. 5·18항쟁이 끝난 뒤에도 금남로는 저항의 거리였으며, '5월 운동'과 1987년 6월항쟁 때도 전남도청을 향한 시민들의 투쟁이 계속됐다.

또한 1980년 5월 금남로는 당시 광주 시내의 거의 모든 버스노선이 지나는 교통의 요지였다.[139] 그렇기에 5월 18일과 19일에 금남로에서 벌어졌던 참혹한 광경은 시민들의 입소문을 타고 순식간에 널리 퍼져 나갔다. 이 공간에서 벌어지는 일들은 광주 전역뿐만 아니라 경계를 넘어 전남의 다른 지역에까지 알려졌다. 금남로에서 벌어진 참상이 실시간으로 중계된 셈이다. 이 때문에 5·18항쟁 기간 목포에서도 광주의 참상을 알리는 집회와 시민들의 투쟁이 계속됐다.[140] 그 외 지역에서도 광주에서 벌어진 참상을 듣고 많은 사람들이 광주로 향했다. 때로는 광주에 있는 자식들을 걱정하던 부모들이 광주를 찾기도 했다.[141]

전남도청에서 바라본 금남로

금남로 1번지라는 것이 상징하듯이 1980년 5월 옛 전남도청(현 아시아문화의전당)은 금남로 한복판에 위치하고 있었다. 당시 금남로는 광주의 심장부로서 지배와 항쟁, 그리고 일상이 교차하던 거리였다. 5월 18일 이후 이곳은 폭력과 야만, 저항이 교차하던 거리였다.

김대중을 구출하자

김대중이 군에 의해 연행됐다는 계엄사령부의 발표도 광주 시민들의 분노에 기름을 부었다. 유신독재가 시작되기 직전인 1971년 4월 27일 치러진 7대 대통령선거에서 신민당의 대통령 후보였던 김대중은 호남 사람들에게 단순히 야당의 대통령 후보나 정치인 이상의 의미가 있는 상징적인 인물이었다. 독재자 박정희에 대항하는 1970년대 한국 민주화운동의 상징이자 희망이며, 상대적으로 소외받던 자신들의 처지를 대변하는 인물이었다. 그렇기에 5월 18일 광주 시내로 진출한 학생들은 '계엄 철폐'와 함께 '김대중 석방'을 외쳤고, 12시경부터는 '비상계엄 해제하라'와 '김대중 석방하라'는 구호가 적힌 플래카드를 들고 시위했다. 5월 17일 비상계엄 전국 확대에 앞서 예비검속된 그는 시민들이 학생들의 시위에 동조하며 함께할 수 있는 명분이 되었다. 시민들은 자신들이 시위함으로써 김대중이 석방되고 한국사회의 민주화에 도움이 될 수 있으리라는 희망에서 항쟁에 적극 참여했다. 5월 18일 오전 광주 시내로 나간 정해민은 학생들이 '김대중 구속 철회'를 이슈로 전경들과 싸우고 있었다고 구술했다.[142]

군에서도 김대중 연행이 갖는 상징적인 의미를 잘 알고 있었다. 5월 19일 전교사에서 열린 계엄회의에서도 이날의 시위에 '정당 관계(김대중 지지)'가 작용한 것으로 보았다. 5·18항쟁 기간에 작성된 계엄사령부의 《광주지역 난동》에서도 김대중을 언급하고 있다. 내용으로 볼 때 5월 20일경에 작성된 것으로 보이는 이 문건에 5월 20일에 "유신잔당과 전두환 일파 추방(유인물), 김대중을 죽일 것인가 살릴 것인가 하는 답을 달라. 초기단계에는 이슈가 있었지만 작일부터 각종 유언비어에

군사법정에서의 김대중 전 대통령

고故 김대중 대통령은 호남인들에게 야당 대통령 후보 이상의 인물이었다. 그는 소외받는 자신들의 처지를 대변하는 인물이었다. 5월 18일 새벽 그가 예비검속되자 광주 시민들은 '김대중 석방'을 외치며 시위했다. 신군부는 5·18항쟁을 김대중내란음모사건을 실행한 것으로 몰아갔다. 법정에 서 있는 김대중의 모습이 '슬픈 결말'을 맞은 5·18과 겹쳐진다(5·18기념재단 홈페이지. 김대중 평화센터 제공).

편승 지역감정 폭발. 김대중 극렬 추종자 가세로 악화, 광주 출신 재경 대학생 가세 선동" 등이라 하여 시민들의 시위 쟁점이 변화한 것으로 분석했다.[143]

이 같은 인식은 5·18항쟁이 끝난 뒤 작성된 각종 보고서에서도 공통으로 지적됐다. 5·18항쟁을 진압한 뒤 전교사는 평가보고서에서 5·18의 간접적인 요인으로 "다수 김대중 추종자들의 조직적인 배후 조종 활동"이 있었으며, "김대중의 체포"가 "욕구 불만에 서린 지역 주민의 심리적 저항을 유발(시위 학생과 시민의 가세 동기 조성)"한 것으로 평가했다. 2군사령부도 "김대중이 호남인이고 호남인 대부분이 선거를 실시하면 김대중의 대통령 당선이 확실하다고 믿고 있는 실정(갤럽 여론조사)이었기 때문에 그 지역 공직자들도 기회주의, 인간관계 등 제 조건으로 과감한 수습작전에 임하지 않음으로써 소요는 계속 확대될 수 있는 상황하에 있었다"며, 김대중 연행에 비판적이었던 지역 정서를 인정했다. 또한 "광주에는 김대중 별동대 100여 명이 목포에서 올라와 데모를 조종하고 있고 서울에서도 깡패 수십 명을 보냈다는 첩보가 있어 확인 중에 있다"고 보고했다.[144] 육군본부는 1981년 5월 편찬한 《소요 진압과 그 교훈》에서 5·18항쟁의 직접적 발단 원인으로 "소요 진압을 위해 투입된 계엄군과 시위 군중과의 부분적 충돌로 야기된 일부 부상자 발생을 불순분자들이 의도적으로 지역감정에 호소 과장 선동"하여 "시위 군중을 흥분, 격정을 촉발시키고", "불순정치세력들이 조직적으로 유포하는 악성 유언비어가 계엄군에 대한 적개심을 유발, 이성을 잃게 하여 사회 불순계층(불량배, 구두닦이, 전과자, 무직자)을 포함 폭도화"[145]한 것으로 서술했다.

보안사령부는 첩보 수준의 보고에서부터 사후의 분석 평가에 이르기까지 김대중 연행과 김대중 지지자들, 지역 정서 등을 거론했다. 그리고 이 같은 입장은 5월 27일 항쟁을 무력진압한 뒤 5·18을 김대중 내란음모사건이 실행된 것으로 연결시켰다. 5·18항쟁이 끝난 뒤 전남합수단에서 수사 결과를 보고하며, '사건 배경'으로 "첫째, 광주 지역에는 김대중 추종세력이 다수 잠재하고 있었기 때문에 정치적 목적을 달성키 위한 각종 음모 행위가 그 어느 지역보다 용이하였던 곳으로, 특히 김대중은 신안군 하의도 출신으로 지연, 혈연 및 교우 등이 많을 뿐 아니라 정치적인 성장 무대로서 2회에 걸쳐 국회의원에 당선된 바 있는 지역"으로 거론했다.[146] 애초부터 짜인 각본대로 수사가 진행됐는데, 이 시나리오대로 신군부는 5·18항쟁을 '김대중 내란음모사건'과 연관시키고 지역색까지 거론하며 교묘하게 지역감정을 악용했다. 실제 수사와 기소 및 재판 등에서도 이 같은 방침이 그대로 적용됐다.

결론적으로 5·18항쟁은 항쟁 초기 공수부대들의 과잉 진압, 여기에 금남로를 축으로 광주 시내 곳곳에서 벌어진 참상, 금남로의 역사성, 김대중 연행 소식 등 여러 가지 요소들이 복합적으로 작용하여 학생 시위에서 전면적인 시민항쟁으로 전환되었다.

공수부대의 재배치

5월 20일 오전까지 광주 시가지는 이틀간의 폭풍으로 인해 황량해졌다. 평소에는 사람들과 차량 등으로 북적이던 금남로는 적막에 휩싸였다. 계엄군들이 계속 광주 시내를 순찰했지만 겉으로는 평온함이 유지되고, 금융기관도 제 기능을 하고 있었다. '태풍 속의 고요'와 같은 광주 시내의 평화는 오래 지속되지 못했다. 얼마 지나지 않아 시민과 학생들이 시내 곳곳에서 대열을 지어 계엄군과 대치하며 투석전을 벌이기 시작했다.

5월 20일 오후부터 시민들은 다시 금남로로 모여들어 시위하고 곧바로 공수부대가 출동 진압하는 상황이 때늦은 재방송처럼 반복됐다. 시민들은 시내 곳곳에서 모여 시위를 계획하고 있었다. 이날 오후 1시 30분경 충장로 2가 은하다방 부근에서 시민들이 모여 시위 주동자를 기다리고 있자 계엄군은 확성기로 해산을 종용했고, 오후 2시가 넘어서야 대열이 해산됐다.[147] 공수부대원들은 지난 이틀과 달리 5월 20일 오전까지는 함부로 시민들의 시위를 진압하지 못했다. 상대적으로 자제하는 분위기였다. 길거리에서 시민들이 항의하고 손짓해도 쉽사리 대응하지 않았다. 이전과 달라진 풍경이었다. 이날 오후 1시 40분경 금남로 2가의 수미다방 앞에서는 시민 15~20여 명이 공수부대(원문은 계엄군-인용자) 중령과 말싸움을 하고 있었다.

> 금남로 2가에 100명, 충장로 3가에 50명, 충장로 4가 200명 등 시민 350명이 각각 운집한 가운데 5.19 소요 시 계엄군이 너무 지나친 행동을 하지 않았느냐는 등 언동을 하고 있으나, 계엄군이 확성기를 통해 해산을 종용하고 있어 시민들은 별다른 시위 없이 해산할 기미라 함.[148]

보안사령부에 보고된 이날 오후의 풍경은 당시 광주 시민들의 여론이 어떠했는지를 보여준다. 아직 본격적인 시위가 전개되기 직전의 충장로와 금남로에서 벌어진 풍경이다.[149] 위의 보고처럼 당시 광주 시내 곳곳에서는 시민들이 모여 지난 이틀간의 공수부대의 폭력과 야만에 항의하고 있었다.

　5월 20일 오전 7시 즈음 본대가 광주에 도착한 3공수여단은 이날 12시 30분부터 광주 시내에 배치됐다. 이날 오후 3시경에 3공수여단을 비롯한 각 공수여단은 광주 시내 곳곳에 분산됐다. 〈표 4-7〉은 이날 오후 3시 현재 광주 시내에 배치된 병력 배치 현황을 작성한 것이다.

　전남대에 주둔한 3공수여단은 광주역과 광주시청 및 그 주변에 배치됐다. 11공수여단은 금남로에 위치한 주요 건물을 중심으로 대대별로 배치됐다. 전남도청에는 11여단 61대대 병력이 배치되고, 나머지 병력은 금남로와 충장로(광주우체국), 대인시장이 위치한 대인동 등지에 분산됐다. 7공수여단은 계림동에서부터 광주천에 이르는 거리에 분산 배치되고, 한국은행과 같은 보안시설에 배치됐다. 광주역이나 광주시청과 같은 보안시설에는 대대 병력이 배치되고, 나머지 요충지에는 지역대나 중대별로 분산 배치된 것이다.

　전체적으로 11공수여단은 금남로와 충장로 등지에 대대별로 배치되고, 3공수여단은 광주역과 광주시청을 중심으로 배치됐으며, 7공수여단 병력은 융통성 있게 배치됐다. 광주의 중심가인 금남로는 공수부대원들이 주요 길목마다 장악하고 있었으며, 시민들은 그들을 피해 거리를 배회해야만 했다.

　한편 공수부대원들이 시위를 진압하던 도중에 진압봉이 교체됐다. 11공수여단의 진압봉은 원래 부대에서 충정훈련을 할 때 사용하던 것이었으나 5월 20일부터 서울에서 공수해온 진압봉으로 바뀌었다. 이 진압봉은 계엄사령부에서 나눠준 것이다. 5월 19일 특전사령부와 2군사령부, 3군사령부 및 수도군단, 1군단 등에 육군 1공병여단에서 제작한 새로운 진압봉을 수령하라는 지시가 내려졌다. 총 1만 개의 진압봉

중 5,438개가 특전사령부에 할당되고, 이중 2,313개가 광주로 공수됐다. 새로 배분된 진압봉은 원래의 진압봉보다 길어졌다. 서울에서 광주

⟨표 4-7⟩ 5월 20일 오후 3시 현재 공수부대 병력 배치 현황

여단	대대	지역대	배치 장소
3여단	11	1	광주대교
		2	청수동 4거리
		3	51번 4거리
		4	16번 큰 도로 4거리
	12		광주시청
	13	9~10	4번 4차로
		11~HQ	147번 4차로
		12	천교
	15	13	누문동 4거리
		14~HQ	46번
		15	46번 위 3차로
		16	15지역대 위 4차로
	16		광주역 로타리
7여단	33	33대대	계림파출소
		1지역대	광주고교
	35	35대대	한일은행
		3중대	현대극장
		4중대	충장파출소
		5중대	한국은행
		6중대	한일은행
11여단	61		도청
	62		광주우체국, 상업은행, 전남매일, 관광호텔
	63		대인동~광주은행, 대인동파출소

* 출처: 전투병과교육사령부, ⟨광주사태 시 전교사 작전일지⟩, 1980. 5. 20. 15:00.

로 공수된 진압봉은 5월 20일 오후 3시경 송정리비행장에 도착해 광주 시내의 각 공수여단과 전교사에 각각 분배됐다. 3공수여단에 710개, 7공수여단에 420개, 11공수여단에 638개, 전교사에 545개가 각각 분배됐다.[150]

시위 공간의 확대

5월 20일 오후부터 시민들은 공수부대원들이 시내의 주요 지점에 배치됐음에도 두려워하지 않고 다시 모여들었다. 이날 오후 3시 50분경 시민 600여 명이 금남로 3가 국민은행 앞에서 계엄군에게 야유를 보내며 대치하고 있었다. 충장로 4가에는 200여 명, 계림동에서는 400여 명이 모여 군인들에게 야유를 보내고 있었다. 시민들이 야유를 보내자 공수부대원들은 최루탄(원문은 개스 살포-인용자)을 쏘며 진압에 나섰다. 시민들은 부근 골목으로 흩어지거나 돌, 화염병을 던지며 대항했다.

공수부대원들이 다시 투입됐지만, 시간이 지날수록 공수부대원들에게 대항하는 시민들이 늘어만 갔다. 시민들은 길바닥에 앉아 애국가를 부르거나 '계엄 해제'를 외치며 시위하고, 공수부대원들은 시민들에게 최루탄을 쏘며 해산에 나섰다.[151] 오후 4시 30분 한일은행 앞에 1,000여 명이 모였으나 11공수여단 61대대가 진압에 나서 해산시켰다. 오후 4시 45분경에 CBS 앞에 1,000여 명이 집결하자 다시 11공수여단 61대대가 출동, 진압했다. 뒤이어 오후 5시 10분 금남로에서 시민들이 공사용 자재를 들고 공수부대의 접근을 막아섰는데, 11공수여단 62대대가 투입되어 5분 만에 해산시켰다. 그럼에도 시민 700여 명이 다시 오후 6

시에 한국은행 앞의 도로로 나와 연좌시위를 벌이며 11공수여단 62대대와 대치했다.[152]

오후 5시경 금남로 3가 한국은행 앞에서 1,000여 명이 연좌시위를 전개하고, 금남로 인근의 구시청 사거리에 150명, 금남로 공안과 의원 통로에 200명, 대인동 구역전 사거리에 200명, 대인동 대한극장 앞에 100명 등이 시위를 벌였다.[153] 금남로 이외의 곳에서 대열이 만들어지고, 시위 발생 지역도 확산된 것이다. 비록 공수부대원들이 시내 요소요소에 배치되어 있었으나, 광주 시민들은 그들을 피해 대열을 짓고 시위했다. 지난 이틀과 같이 공수부대원들이 쉽사리 시위 대열을 해산시킬 수 없는 상황이 되고 있었다.

시민들은 공수부대를 두려워했으나 그대로 주저앉아 구경만 하지 않았다. 오후 3시 50분에 금남로에 모인 1,000여 명의 시민들을 계엄군이 해산시키고 복귀하자 다시 금남로 5가에 위치한 국민은행 앞에 대열을 지어 모여들었다.[154] 시민들은 공수부대가 시위 진압에 나서면 일시 주변 지역으로 흩어졌다가 장소를 옮겨가며 다시 모여 계엄군에 대항했다.

차량 시위와 집단발포의 시작
두 구의 시신, 항쟁의 전환
누가 실탄을 지급했고, 발포를 명령했나
정확히 밝혀지지 않고 있는 희생자 규모
시민들, 언제 총을 들었는가
군의 작전 변경, 광주 외곽을 봉쇄하라
분풀이 학살과 오인 사격의 조작
광주의 참상을 알려라
두 개의 지휘권

5

항쟁과 발포 사이

차량 시위와
집단발포의 시작

'시민들의 시위와 공수부대의 진압 및 해산'의 구도를 뒤집은 것은 5월 20일 오후부터 시작된 기사들의 차량 시위였다. 당시 광주 시내를 다니던 버스나 택시 가릴 것 없이 공수부대의 무자비한 폭력으로 많은 피해를 입고 있었다. 공수부대원들은 버스나 택시를 멈춰 세운 뒤 젊은 승객들을 폭행하고 운전기사들까지도 폭행했다. 택시기사이던 한 시민은 학생들을 태웠다는 이유로 기절할 정도로 구타당한 뒤 항쟁에 적극 참여했다.[1]

시민 저항의 변곡점, 차량 시위

공수부대의 폭력과 눈앞에 펼쳐진 처참한 광경에 분노하던 기사들이 5월 20일 오후 무등경기장 앞으로 차를 몰았다. 처음에는 오후 5시 10분에 무등경기장 앞에 모인 택시 40대가 시위를 계획했으나 출동한 교통경찰의 설득에 잠시 흩어졌다가 오후 6시 30분경 택시 100대가 다시 무등경기장에 모여 본격적으로 차량 시위를 시작했다.[2] 5월 20일의 차량 시위에는 택시 외에 버스와 트럭도 함께했다.

운전기사들은 무등경기장을 출발하여 광주역-유동삼거리를 지나 금남로까지 향했다. 이들은 "계엄군을 밀어붙이겠다"면서 "크락숀을 울리며" 금남로로 진출했다. 맨주먹으로 공수부대에 맞서던 시민들은 헤드라이트를 켜고 금남로로 진입하는 차량 대열을 보고 감격해하며 합세했다.[3] 차량 대열은 시민들과 함께 금남로로 향하다가 오후 7시 20분경 11공수여단의 공수부대원들이 앞선 버스들에 사과탄을 터뜨리고

차량 시위 장면
5월 20일 오후부터 시작된 차량 시위는 5·18 항쟁을 한 계단 상승시켰다. 이전까지 공수부대에 맨손으로 맞서던 시민들은 금남로로 들어오는 차량 대열을 보며 감격했다. 차량 대열은 금남로 3가에서 공수부대원들의 제지로 멈춰졌지만 시민들의 저항은 계속됐다(나경택 촬영, 5·18기념재단 소장).

운전사를 끌어내리며 저지하자 뒤따르던 차량들이 금남로 3가 광주관광호텔 앞에서 전부 멈추었다. 차량 시위가 공수부대에 의해 제지된 뒤에도 1만여 명의 시민들은 금남로에 남아 시위를 이어갔다.[4]

"20시 현재 계림극장 앞 3만 명, 도경 앞 2만 명, 전대병원 1만 명" 외에도 시내 곳곳에서 시민들은 무리를 지어 시위하고 있었다.[5] '5·17조치' 이후 전국이 비상계엄인 상황이었으므로 통행금지가 실시됐고, 특히 광주는 5월 18일부터 "공고 제4호 – 21:00시를 기하여 통행금지(광주시 일원 5월 18일부터)"로 통행금지 시각이 단축됐다. 그럼에도 광주 시민들은 이에 아랑곳하지 않고 5월 21일 새벽까지 시위를 계속했다. 보안사령부에는 광주 시내가 "기타 사항은 파악이 곤란할 정도로 마비상태"인 것으로 보고됐다.[6]

5월 20일의 차량 시위를 계기로 시위 양상은 변화했다. 시민들은 광주 시내 곳곳에서 계엄군을 몰아붙이고 있었다.[7] 5월 20일 밤부터 시작된 시민들과 군경 사이의 물리적 충돌은 5월 21일 새벽 3시 30분 전남도청 앞 시위 대열이 흩어지고 3시 50분 조선대 앞 군중이 스스로 해산하면서 일단락되는 듯했다. 그러나 그로부터 30여 분 뒤인 새벽 4시 5분 조선대에서 대치하던 군중 3,000여 명이 방송차량을 앞세우고 전남대 방향으로 이동했으며, 전남도청 앞의 시위 대열도 노동청 앞으로 다시 집결하고 있었다.[8]

계엄 당국은 광주의 소식이 외부에 알려지는 것을 막으려고 5월 21일 광주의 시외전화를 끊었다. 시민들은 이날 시외전화가 불통이 되어 광주의 참상을 외부로 알릴 수 없게 되자 매우 분개했다. 전교사에는 "서울, 부산 시외전화를 왜 끊었느냐? 빨리 개통시키지 않으면 불 질러버리겠다"는 시민들의 항의 전화가 빗발쳤다.[9]

계엄군의 최초 집단발포

시간이 지날수록 불어나는 시위 군중들의 공세가 거세지자 공수부대를 비롯한 군경은 점점 수세에 몰리고 있었다. 그러던 중 5월 20일 밤 광주시청을 지키던 3공수여단 병력이 시민들에게 포위당하며 고립됐다. 이에 전남대에 있던 3공수여단 본부중대 병력들이 이들을 구출하기 위해 광주시청으로 지원을 나갔다. 그런데 3공수여단 작전참모와 작전과 선임하사의 지휘 아래 지원을 나가던 공수부대원들이 시위대를 향해 집단발포했다.[10] 5·18항쟁 기간 처음으로 군이 시민들을 향해 집단발포를 시작한 것이다.

1988년 광주청문회가 열렸을 때 3공수여단 본부중대에 근무했던 한 시민이 야당 국회의원에게 이날의 상황을 진술했다. 아래 내용은 국회 청문회를 앞두고 진술한 3여단 병사의 증언을 책에 옮긴 것 중에서 중요 부분을 발췌한 것이다. 이 중 몇 가지 대목은 검토가 필요하다.

…… 5월 20일 밤 9시경 본부 병력 출동 지시가 있어 부여단장이 선탑하고(앞에 타고-인용자) 17명이 전남대를 출발하였으나 정문을 나서자 시민들과 대치, 다시 전남대로 복귀하였다. 복귀한 후 군수과 요원에게 이름도 적지 않은 채 하얀 천에 포장된 실탄 120발씩을 수령하여 다시 출동하였다. 이때 우리는 차량 양편으로 나누어 도보로 이동하면서 아스팔트와 건물을 향해 사격을 하였고 트럭 위에 설치된 M60이 사격을 해 우리를 엄호해주었다. …… 그러나 광주역에 도착하기 전까지 주위가 어두워 사격에 의해 발생한 사망자, 부상자는 몇 명인지 알 수 없다. 이때의 이동과정에서 3여단 작전참모였던 소령 한 명이 권총을 빼들고 우리

를 향해 "후퇴하면 쏴 죽인다!"고 고함을 쳐 공포 속에 광주역 부근까지 접근하였다. 광주역에 도착해보니 군인들이 역 건물을 뒤편으로 하고 일렬로 도열한 채 사격을 계속하고 있었고 분수대 쪽에서는 시민들이 탄 버스와 트럭이 돌진해오다 분수대에 처박혔다. 이때 3공수여단장은 운전병이었던 중사 한 명이 시민들의 트럭에 치여 사망하였고 20명 정도의 시민이 피가 흥건한 채 분수대 주위에 방치되어 있었다.[11]

먼저 주목해야 할 점은 광주시청의 병력이 고립됐다가 광주역으로 집결한 시각이다. 이 병사는 5월 20일 밤 9시경 전남대에 있던 3공수여단 병력이 지원을 나갔다고 말한다. 그런데 시민들이 광주시청을 점거한 시각은 이보다 빨랐을 가능성이 높다. 광주지검은 "20:40 현재 양동 파출소가 점거당하였으며, 시청도 점거당하여 파괴 중"이라고 보고했다.[12] 광주시청을 경계하던 병력은 위급한 상황이 발생하자 전남대에 있던 3공수여단 본부에 추가 병력을 요청했고, 그에 따라 본부중대 병력이 광주시청으로 지원을 나가며 발포했다. 당시 3공수여단 본부대장도 비슷한 취지로 말했다. 그는 검찰에서 다음과 같이 진술했다.

…… 짚차 1대와 M60을 거치한 트럭 1대로 출발하였는데, 전남대학교를 출발하여 광주역 우측의 사거리에서 시위대와 마주쳐 계속 진행하려고 하였으나 저항이 완강하여 할 수 없이 일부 병력들이 M16 소총으로 공중으로 위협사격을 하면서 시위대를 피하여 다시 광주역 뒤쪽의 급수장 쪽으로 돌아 우회 이동하였는데, 급수장을 우회전하여 이동하던 중 다시 시위대와 마주쳤습니다. 그때 작전참모가 확성기로 광주역에 있는 병력들을 철수시키기 위하여 가고 있으니 길을 비켜 달라고 하였

으나 시위대는 응하지 않았고, 다시 길을 비켜 달라고 하였으나 시위대는 응하지 않았고, 다시 길을 비켜주지 않으면 발포하겠다는 경고방송을 하여도 길을 터주지 않아 하는 수 없이 누군가가 아스팔트 바닥을 향해 M16소총을 발포하였는데도 시위대들은 길을 비켜주지 않았습니다. …… 광주역 우측에서는 약 20발의 M16 소총 위협사격을 하였고, 급수장을 우회전하면서는 시위대에게 실제 사격을 한다는 경각심을 주기 위하여 5~6회 아스팔트를 향해 사격을 하였습니다. 그래도 시위대는 길을 비키지 않아서 작전참모가 E-8 발사통을 발사하였던 것입니다. …… 유탄에 의해 사상자가 발생할 가능성은 충분히 있었습니다. 다만 시위대에게 실제로 발포한다는 경고를 하기 위하여 발포하였고, 사상자는 없었던 것으로 알고 있습니다.[13]

5월 20일 밤 3공수여단 지원 병력의 사격으로 사상자가 발생하자 분노한 광주 시민들은 트럭에 불을 붙여 공수부대를 공격했다. 공수부대원들의 증언처럼 5월 20일 밤 광주역 앞은 흡사 전쟁터나 다름없었다. 시민들이 차량을 앞세워 광주역을 지키고 있던 3공수여단을 밀어붙이고 있었다. 이 증언에서 눈여겨봐야 할 부분은 3공수여단 본부중대 병력들이 전남대에서 광주시청으로 이동하며 시민들을 향해 무차별 발포한 점이다. 광주역에 도착하기 전인 전남대를 출발하는 시각부터 발포가 이루어지고 있었던 것이다. 광주역 앞에서 시민들과 3공수여단의 충돌이 계속되고 시민들이 광주역으로 연결되는 동운동 철로를 막아서자 광주역에 도착 예정이던 20사단 병력은 목적지를 변경해 5월 21일 00시 26분에 송정리역에 도착했다.[14]

이날의 집단발포와 관련한 자료와 정확한 피해 규모는 정리되지 않았다. 보안사령부가 발간한 《5공 전사》에는 광주역 앞에서 3공수여단이 집단발포한 상황과 관련하여 병사들의 증언과는 조금 다른 뉘앙스의 서술이 등장한다. 다음은 《5공 전사》에 서술된 내용이다.

> 자정이 되어도 시위 군중의 수는 줄어들지 않았다. 30명에서 100명 내외의 소규모로 시내 요소요소에 배치되어 있던 군경들은 수만의 군중들에게 포위되어 위험한 지경에 빠지게 됐다. 전후좌우에서 그리고 고층 건물들로부터 돌, 화분, 깨진 유리창, 화염병 등이 이들 군경들에게 마구 쏟아져내렸다. 군경은 파도처럼 밀려오는 시위 군중들을 헤치고 필사적으로 벗어나려 했으나 여의치 않았다. 시위 군중들에게 포위당한 계엄군들은 외부로부터의 지원이 없는 한 살아서 돌아갈 것 같지 않았다. 절망적이고도 당혹한 상황에 처한 한 계엄군 대대장은 메가폰을 들고 "우리는 이 자리에서 목숨을 바쳐야 한다. 살아서 돌아갈 생각은 하지 마라"는 간결하고도 비장한 훈시를 했다. 자위권 발동의 지시가 있었으나 선량한 시민에 피해가 가지 않도록 인내와 극기로 버티어왔던 계엄군들은 드디어 자위권을 발동했고, 진압봉, 최루탄, 화학탄 등을 총동원해 시위 진압에 사력을 다했다. 또 차량으로 질주하여 돌격해오는 극렬 폭도들을 물리치기 위하여 공포도 발사해야 했다. 이날 밤 11시경 광주 소요의 발발 이래 최초의 총성이 울려 퍼졌다.[15]

위에서 언급된 것처럼 당시 광주역을 경계하던 3공수여단 병력들은 집단으로 발포했다. 《5공 전사》에 따르면, 3공수여단에는 자위권 발동에 따른 발포 명령이 내려진 것으로 보인다. 그런데 이 무렵 보병부대를 거쳐 내려온 명령계통에서는 이날의 집단발포와 정반대의 명령이 내려지고 있었다. 실탄을 통제하고 발포를 금지하라는 것이었다. 계엄군의 명령계통이 통일되지 않았음을 보여주는 대목이다.

군 자료에는 5월 20일의 집단발포와 관련한 명령이 내려진 것으로 기록되어 있다. 보안사령부에는 21시 50분경 광주역에서 경계 중인 3공수여단 16대대 병사가 시위대의 차량에 깔려 사망하자, 3공수여단장이 각 대대에 M-16 소총의 실탄을 배부하고 장착하라고 지시한 것으로 보고됐다. 5월 20일 23시 10분경 시위 군중들이 공영터미널, 광주시청, 광주역 등지에서 3공수여단의 병력들을 공격하자, 3공수여단장은 전남대에 있던 16대대에 시내의 병력을 구출하도록 명령했다.[16] 보고 시간으로 볼 때 광주역에 있는 3공수여단 병력을 가리키는 것으로 보인다. 공수부대의 집단발포가 있기 전부터 보안사령부에는 "시가지 쪽에서 수발의 총성이 나고 있다"는 보고가 올라왔다.[17] 군 자료와 달리 동구청의 〈상황일지〉에는 23시에 "시청 앞에서 발포. 동시 구청 앞에서 총성이 있었다"고 기록됐다.[18] 31사단에서는 23시 20분에 "시청 옥상에서 공수단 예광탄 위협사건"이 있었다고 기록하고 있다.[19]

집단발포 과정과 시간을 둘러싼 의문

광주역 앞에서 발생한 3공수여단 집단발포는 몇 가지 의문이 남는다. 먼저 3공수여단이 집단발포에 이르는 과정과 시간이다. 지금까지 3공수여단의 집단발포는 시민들이 차량을 이용, 공수부대를 공격하여 3공수여단의 대원들이 사망하거나 다치게 되자 발포한 것으로 알려져 있었다. 보안사령부 자료에 의하면 21시 50분에 3공수여단 정관철 중사가 8톤 트럭에 치어 사망한 뒤 각 대대에 M-16 소총 실탄을 나눠주고 장착하라는 지시가 내려졌다.[20] 하지만 앞의 증언과 진술에 비춰볼 때 그 이전부터 발포가 있었을 가능성이 높다. 3공수여단 본부중대의 지원 병력이 전남대에서 광주역으로 출발한 때는 이보다 앞선 시각이다. 따라서 시민들이 자신들을 향해 발포하는 공수부대를 차량으로 공격한 것이라 추정하는 편이 더 합리적이다.

다음으로 특전사령부나 보안사령부에서는 계엄사령부에 3공수여단이 광주역 앞에서 집단발포한 사실을 보고하지 않았다. 이미 보안사령부는 보고를 받아 광주역 앞의 상황을 파악하고 있었으며, 이는 특전사령부에도 보고된 사항이다. 기록상으로는 계엄사령부에서 3공수여단의 집단발포를 파악하지 못한 것으로 보인다. 아니면 3공수여단의 집단발포를 은폐하려는 의도에서 자료가 조작됐을 가능성도 있다.

어떠한 보고도 없었던 5월 19일의 최초 발포와 달리 5월 20일 광주역 발포 사실은 31사단과 전교사에 보고되었다. 31사단에는 5월 20일 23시 04분에 아세아자동차나 서부경찰서 쪽에서 LMG 연발 총성이 들리는 것으로 보고됐다. 23시 20분에는 광주시청 옥상의 공수부대에서 예광탄으로 위협사격을 했다는 보고도 있다. 전교사에는 5월 20일 23시 30분에 계림동 파출소 쪽에서 총소리가 3, 4발씩 들린다는 민간인의 신고가 접수됐다. 이어진 23시 35분의 보고는, 계림동사무소에서 얼마 전까지 총성이 들렸으나 현재 군가 소리가 들린다는 것이었다.[21] 내용으로만 보면 광주시청에도 공수부대가 있었던 것으로 이해되지만 이미 3공수여단 병력은 광주역으로 퇴각한 이후이다. 의아한 부분은 전교사나 31사단이 발포 진위를 더 이상 추적하지 않고 어떠한 후속 조치도 취하지 않았다는 점이다.

군 자료는 광주역 앞에서의 집단발포 당시의 상황을 서술하지 않거나 의도적으로 축소한 경향이 있다. 그런데 다른 기관에서도 집단발포를 보고하고 있었다. 5월 20일 밤 11시 30분 광주지검은 "시내에서 총성(공포로 사료됨)이 계속 들려"온다고 보고했다. 이 시각은 3공수여단이 광주역 앞에서 시민들을 향해 발포할 무렵이다. 경찰도 5월 20일 밤 시위대가 10만여 명에 달한 것으로 추산하며, 광주 시가지 쪽에서 총성이 나고 있다고 보고했다. 보고 시각은 밤 11시 10분이었다.[22]

공수여단은 왜 시청 등을 포기하고 철수했을까

5월 20일 밤 광주역 상황에서 이해하기 힘든 점은 광주시청을 경계하던 3공수여단 12대대이다. 각종 자료에는 시민들이 몰려와 공수부대가 포위되자 본부중대의 지원 병력이 구출작전을 실시한 것으로 기술되어 있다. 그런데 광주시청은 광주의 주요 시설들 중에서도 가장 중요한 보안시설 중 하나이다. 이곳을 지키는 병력들에게 철수 명령이 내려지기 전에 전남대에 주둔한 3공수여단 본부중대 병력이 구출에 나서며 처음으로 집단발포가 이루어진 것은 이런 이유에서다. 이때의 집단발포는 5월 19일에 있었던 최초 발포와는 차원이 다른 의미의 사건이었다. 광주시청은 포기해서는 안 되는 시설물이기에 지원 병력이 출동한 것이다. 다시 말하자면 지원 병력이 출동하고 사격하면서까지 반드시 지켜야 할 보안시설이다.

광주역 앞에서도 비슷한 상황이 발생했다. 당시 광주역을 경계하던 3공수여단은 시민들의 계속된 공세와 집단발포 이후 5월 21일 새벽 2시

20분경 광주역에서 주둔지인 전남대로 철수했다.[23]

그런데 주요 보안시설을 포기한 채 3공수여단이 전남대로 철수한 이유와 상부로부터 철수 명령이 있었는지 여부가 분명하지 않다. '상명하복'이 엄격한 군대, 그것도 계엄군이 상부의 명령도 없이 중요 시설물에서 철수하는 것은 사실상 불가능하다. 하지만 이날 어떤 자료에도 3공수여단에게 철수를 지시한 명령이 없다. 광주역은 광주에서 가장 중요한 보안시설이었다. 게다가 당시 광주역 정면에는 KBS광주방송국, 멀지 않은 곳에는 광주시청 등 주요 보안시설이 위치하고 있었다. 그럼에도 계엄군은 3공수여단 병력을 철수시켰다. 무슨 이유에서였을까.

분노한 시민들이 격렬하게 대항한 까닭에, 시민과 공수부대원들 모두 많은 희생자가 발생했다. 많은 희생자가 발생한 점이 3공수여단이 퇴각한 하나의 이유가 될 수도 있다. 하지만 광주역, 광주시청, KBS광주방송국 등의 시설물들은 병력을 지원받아서라도 반드시 지켜야 할 보안시설이다. 때문에 상부의 명령 없이 부대가 자의적으로 철수한 것인지, 그러한 철수가 계엄군에게 가능한 것인지는 《계엄요강》을 비롯한 각종 자료를 종합적으로 검토해야 할 문제이다. 공수부대가 철수하며 막아선 시민들과의 충돌 가능성에 대비했는지도 의문이다. 결과적으로 3공수여단 철수과정에서 희생된 시민들의 시신은 5·18항쟁을 증폭시키는 결과를 낳았다.

5월 20일 밤부터 다음 날까지의 광주역 상황은 5월 21일 전남도청 앞의 상황과도 대비된다. 분노한 광주 시민들이 정오까지 공수부대의 철수를 요구하고 현장의 지휘관들조차도 지휘부에 철수를 요청했으나 상부에서는 어떠한 철수 명령도 내리지 않았다. 검찰 수사에서 11

공수여단의 한 대대장은 5월 21일 정오까지 공수부대를 철수하라는 광주 시민들의 요구에 대해 "명령이 없어 철수할 수 없었다"고[24] 답했다. 이 답변과 같이 전남도청은 상부의 명령 없이는 철수할 수 없는 시설이었다. 그리고 공수부대원들은 상부의 명령에 충실해야 하는 군인들이었다. 결국 오후 1시 무렵부터 계엄군이 시민들을 향해 발포하여 많은 희생이 발생했다. 뒤이어 시민들이 무장하고 계엄군에 대항하는 총격전이 발생하고 나서야 비로소 전남도청 앞 계엄군에 철수 명령이 떨어졌다. 이 사례와 비교해볼 때 3공수여단이 광주역을 비롯한 주요 보안시설들이 많았던 지역을 포기하고 철수한 이유는 쉽게 이해하기 힘들다.

'시민'과 '군중'에서 '폭로'·'난동자'로

시민들과 계엄군 사이의 충돌이 갈수록 격화되고 사상자들이 대거 발생하자, 5월 21일 아침 광주시의사협회는 회원들에게 시위 도중 부상한 사람(자료에는 '폭도'라고 기술)들을 무료로 치료해주도록 호소했다.[25] 한편, 5월 20일 처음으로 시민들의 자위적인 무장을 촉구하는 선전물이 광주 시내에 뿌려졌다. '범시민민주투쟁위원회 학생혁명위원회'는 "결전의 순간이 다가왔다!"며 군의 발포가 시작됐으므로 '무기 제작(다이너마이트, 화염병, 사제폭탄, 불화살, 불깡통, 각종 기름 준비), 관공서 방화, 차량 획득, 군 무기 탈취' 등을 실천할 것을 제안했다.[26] '무장폭동'을 선동하는 듯 보이지만, 내용에서 확인할 수 있는 것처럼 조악한 수준의 선동이었다.

시민들은 공권력과 언론에 대한 분노를 직접 행동으로 표출했다. 보안사령부에 "4만~5만 명으로 추정되는 시위 군중이 광주소방서에 투석, 각종 기물 파손 후, 전남대학으로 가자면서 종합터미널 앞을 통과, 계엄군과 대치. 시위자들의 방화로 MBC는 전소되었음. 기타 사항은 파악이 곤란할 정도로 마비사태"라는 보고가 올라올 정도였다.[27] 검찰에서도 "21:30 현재 도청을 향하여 몰려드는 군중들이 노동청과 관광호텔 쪽으로 수만 명에 이르러 (군경) 저지선이 뚫릴 위험한 상황"으로 파악했다.[28]

광주에서 시민에게 처음으로 무기가 반출된 때는 5월 21일 새벽이다. 공권력에 분노한 시민들이 세금을 걷는 세무서에 분노를 폭발시킨 것이었다. 광주 시민들은 광주세무서를 불태우며 직장 무기고에 보관 중이던 카빈 소총 50정 중 17정을 반출했다. 이날의 무기 반출은 5·18항쟁에서 시민이 무장하고 군에 대항한 근거로 제시됐다. 그러나 당시 광주세무서에서 반출된 총은 실탄이 없는 빈 총이었으며, 군에서도 이 점은 이미 알고 있었다. 이미 군에서는 "광주세무서에서 CAR 17정 분실(20일 야간). 실탄 1,800발 사전 회수 통합 보관"하고 있었다.[29] 세무서뿐만이 아니었다. 당시 광주 시내의 실탄과 노리쇠 등은 전교사와 31사단이 이미 군부대로 옮겨놓았기 때문에 빈 총일 뿐이었다.

그러나 이를 계기로 군 자료의 용어와 서술 기조가 바뀌었다. 이전까지는 시위하는 시민들을 '시민'과 '학생' 또는 '군중'으로 표현했지만 방송국과 세무서 방화가 있은 뒤부터는 '폭도' 또는 '난동자'라 칭하며 시민 저항의 성격을 왜곡하기 시작했다.[30] 계엄사령부의 《계엄상황 일지》를 비롯하여 5월 18일의 군 자료에 학생과 시민으로 보고된 것이 5월 20일 밤 이후로는 '폭도'로 기술되어 있다.[31] 최초로 폭도가 등장하는 것은 5월 20일 21시 5분의 보고이다. "11공수 63대대(25/250)는 배치된 지역에서 폭도들한테 밀려 조선대 주둔지로 철수. 자체 경계로 임무 전환"으로 적혀 있다.[32] 폭도 외에 '소요자'라는 용어도 쓰였다.

두 구의 시신,
항쟁의 전환

총과 대검 등에 의한 희생자 속출

5월 21일 새벽 3공수여단이 전남대로 철수한 뒤 시민들은 광주역 부근에서 처참하게 내팽개쳐진 두 구의 시신을 발견했다. 희생자들은 허봉(19)과 김재화(34)였다. 허봉의 사인은 '우측 두정골 열상, 좌측 전두부 좌상'이었다. 사망 경위에는 "5. 21. 02:00~03:00경 신역 앞에서 피를 흘리고 신음하던 중 의사가 없어 사망했다"는 KBS 구양술 기자의 목격담이 적혀 있다. 사망 경위에서 알 수 있는 것처럼 그는 광주역 광장에서 공수부대원들에게 구타당한 뒤 피 흘리며 죽어갔다. 김재화는 광주역 광장에서 총상을 입고 노광철의원으로 옮겨졌으나 5월 21일 새벽 사망했다. 당시 그의 나이 34세로, 사인은 '좌측 흉부 우측 흉부 관통상(M16)'이었다. 이들 사망자 외에도 많은 사람들이 광주역 부근에서 총상이나 타박상을 입었다.[33]

5월 20일 광주역 외에도 금남로 등 공수부대가 배치된 곳에서는 시민들과 계엄군 사이에 격렬한 충돌이 있었다. 이 때문에 전남도청과 조선대 부근에서도 많은 희생자가 발생했다. 5월 21일 오전 11시 30분경 헬기로 전남도청에서 국군통합병원으로 시신 1구가 옮겨졌다. 사망한 사람은 정지용으로,[34] 사인은 '우측 두부 좌상(귀 부분)과 타박 열창'이었다. 그의 시신은 5·18항쟁이 끝난 뒤 가족들에 의해 상무대의 백일사격장에서 발견됐다.[35] 김경환은 5월 20일 21시경 전남대병원 로터리에서 발견됐는데, '배부 자상(3개), 두부 좌상'이 사인이었다. 곤봉으로 머리와 어깨를 구타당하고 대검에 배를 3차례나 찔렸던 것이다. 박기연은 14세의 중학생으로 사인은 '두부·배흉부·전흉부·우완상부 다발성

손수레에 실린 시신

5월 21일 새벽 광주역에서 발견된 두 구의 시신은 분노한 시민들의 가슴에 불을 당겼다. 시민들은 두 구의 시신에 태극기를 덮고 손수레에 싣고서 전남도청 앞으로 향했다. 그곳에서 시민들은 '정오까지 공수부대의 철수'를 요구했으나 받아들여지지 않고 집단발포와 조준 사격으로 돌아왔다(나경택 촬영. 5·18기념재단 소장).

타박상'이었다. 또 동신중 3학년이던 박기웅은 5월 20일 광주시 대의
동 시민관 부근에서 사망했다. 사인은 '두부·배흉부·전흉부·우완상부
다발성 타박상'이었다.[36] 이렇듯 이날의 희생자들은 총기보다는 구타나
칼에 의해 희생당한 경우가 많았다. 아직 전남도청 앞에서의 집단발포
가 본격적으로 시작되기 전이었던 까닭에 사인은 타박상이 많았으며,
부분적으로 자상을 입은 희생자들도 있었다. 그러나 이날 오후부터 총
상 희생자들이 늘어나기 시작했다.

1980년 5월 21일 새벽, 광주역에서 발견된 두 구의 시신은 그때까지
광주 시민들의 가슴에 쌓인 슬픔과 분노에 불을 지폈다. 광주 시민들은
자신들도 그렇게 될 수 있다는 공포에 사로잡혔다. 시민들은 태극기를
덮은 두 구의 시신을 손수레에 싣고 전남도청 앞 광장으로 향했다. 공
수부대를 광주 시내로부터 쫓아내기 위해서였다.

공개 사과와 계엄군 철수 요구

5월 21일 오전 6시경부터 금남로 가톨릭센터 앞에는 1,000여 명의 시
민들이 모여 들었고, 8시 40분에는 1만여 명으로 급증했다. 이날 새벽
까지 거리 곳곳에서 계엄군에 맞서던 시민들은 삽과 각목 등 공수부대
에 대항할 만한 도구들을 쥐고 있었다. 점차 불어난 시민들은 오전 10
시경 이미 10만여 명에 이를 정도였다. 광주에서 제일 큰 거리이던 금
남로에는 발 디딜 틈조차 없을 정도로 많은 시민들이 모여들었다.

다른 곳에서도 분노한 시민들이 남녀노소 가리지 않고 계엄군에 대
항했다. 12시경 3만여 시민들이 유동삼거리에서 공설운동장(무등경기

장-인용자) 쪽으로 이동하고 있는 것으로 보고됐고, 전남대와 조선대 등지도 인파로 가득찼다. 차량을 타고 다니며 광주 외곽에 광주 시내의 상황과 시민들의 희생을 알리는 시민들도 나타났다.[37]

광주 시민들은 9시 10분경부터 광천동에 위치한 아세아자동차(현 기아자동차 광주공장-인용자)에 들어가 9시 10분경 대형버스 3대와 중형버스 3대, 소형버스 1대 등 총 7대를 빼내 금남로로 향했다. 뒤이어 9시 45분 다시 아세아자동차에 들어온 시민들은 대형 버스 외에 비무장 장갑차 1대, 군용 GMC 20대, 트럭 20대도 끌고 갔다. 군에서도 시민들이 아세아자동차에서 빼내간 장갑차가 비무장임을 알고 있었다.[38] 아세아자동차에서는 시민들이 장갑차와 각종 차량들을 가져가지 못하도록 엔진을 모두 떼어놓았다. 하지만 다양한 직군의 시민들이 있었으므로 그리 문제될 게 없었다. 처음 시민들이 아세아자동차 공장에서 차량들이 어디 있는지 모르고 헤매자 직원들이 앞장서서 안내하거나 차량과 장갑차를 직접 몰기도 했다.[39] 아세아자동차의 직원들 또한 광주 시민들이었다.

당시 광주 인구는 대략 72만 7,600명이었다.[40] 그런데 전남도청 앞 금남로에만 10만여 명 정도가 모였다. 광주시는 "도청 앞 광장"에서 12만여 명의 군중이 시위하는 것으로 파악했다.[41] 시민들이 얼마나 분노하고 있었는지를 짐작케 한다.

이른 아침부터 금남로를 가득 메운 시민들은 자체 대표단을 뽑아 전남도지사에게 면담을 요구했다. 오전 8시 40분부터 8시 55분까지 전남도청에서 도지사와 시민대표들 사이에 면담이 이루어졌다.[42] 시민 대표들은 전남도지사에게 "계엄분소장과 도지사는 계엄군 투입, 무차별 구타한 사실에 대해 가톨릭센터 앞에 마이크를 설치해놓을 테니 공개 사과하라, 연행 학생 및 시민 석방과 정오까지 공수부대 복장을 한 계엄군의 완전 철수" 등을 요구했다. 시민들이 제안한 조건들 중에서 가장 중요하고 시급한 요구는 정오까지 광주 시내에서 공수부대를 철수시키라는 것이었다.

전남도지사와의 면담과 별도로 시민들은 금남로에서 정부와 신군부를 규탄했다. 이날 오전 가톨릭센터 벽보판에는 "때려잡자 전두환, 물러가라 최규하, 사라져라 신현확, 비상계엄 해제하라, 칼부림이 웬 말이냐, 너와 나는 형제"라는 선전물이 게시됐다.[43] 이 구호에서처럼 광주 시민들은 광주에서 발생한 잔혹한 시위 진압과 학살의 책임을 정부와 전두환에게 묻고 있었다. 또 5월 17일 비상계엄 전국 확대 조치가 잘못된 것임을 지적하고 있으며, 최규하 정부는 허수아비이고 전두환이 권력의 실세인 것을 인식하고 있었다.

5월 21일 오전 10시경 군 저지선은 전남도청 앞 분수대에서 300미터가량 떨어진 상업은행 부근까지 물러났다. 시민들의 기세에 밀려 계엄군은 전남도청 분수대에서 100미터가량 떨어진 전일빌딩 부근의 사거리까지 후퇴했다. 전남도청 앞 광장에서는 각종 서류와 부상자, 31사단 병력 등을 실은 경찰 헬기가 이착륙하고 있었다. 11시경 전남도지사에 앞서 금남로에 나섰던 광주시장이 쫓겨났다. 이 같은 금남로의 분위기 때문에 전남도지사는 시위 군중 앞으로 나서지 못하고 대신 경찰 헬기를 타고 시민들에게 자제를 호소하는 방송을 했다.

누가 실탄을 지급했고, 발포를 명령했나

군 최고 수뇌부의 움직임

광주의 상황이 예상치 않은 방향으로 흘러가자 신군부를 포함한 군 최고 수뇌부는 5월 19일부터 이틀에 한번 씩 국방부 회의실에서 모여 회의했다. 이 회의에는 국방부장관, 합참의장, 연합사 부사령관, 육해공군 참모총장, 보안사령관, 수경사령관, 특전사령관 등이 참석했으며, 광주 상황을 보고받기 위해 2군사령관이나 관련 부서의 참모진 등이 참석하기도 했다.[44] 그런데 이 회의 참석자들이 주목된다. 국방장관을 비롯한 나머지 군 지휘관들은 군 최고 수뇌부이지만, 보안사령관·수경사경관·특전사령관 등은 최고 수뇌부라고 할 수는 없는 직책이다. 세 사람은 모두 육사 11기 출신의 신군부이다. 적극적으로 해석하면, 이 회의는 광주의 상황을 토의하는 군 최고 지휘부와 신군부의 연석회의이다. 그런데 광주의 상황을 보고받고 자위권 발동, 상무충정작전의 실시 등과 같은 가장 중요한 결정을 했을 군 최고 수뇌부 회의의 회의록과 같은 자료가 발견되지 않는다. 회의록이 아닐지라도 각각의 중요 결정 사항에 대한 명령서조차도 사라졌다. 누군가 의도적으로 이 회의와 관련된 자료들을 없앤 것으로 추정할 수밖에 없다. 미국에서는 당시 신군부(원문에는 12·12 주도 장군들)가 광주 시민들의 저항에 위협을 느끼고 있는 게 분명하다고 평가했다.[45]

그럼에도 이 회의에서는 광주 상황과 관련한 중대한 결정이 있었을 것이다. 앞서의 "장관실에 長官(주영복 국방장관), 總長(이희성 육군참모총장), 軍司令官(진종채 2군사령관), 合搜本部長(전두환 계엄사령부 합동수사본부장), 首警司令官(노태우 수도경비사령관), 特戰司令官(정호용 특전사령관), 陸士校長(車. 차규헌 육군사관학교장). 전 閣下: 哨兵에 對해 亂動時 軍人服務規律에 依據 自衛權 發動 使用"이라는 메모도 "육본회의 참석(소탕계획 건의. 자료에는 5월 23일 02시에 건의-인용자)"한 2군사령관과 작전참모가 건의한 '소탕계획'과 '자위권 발동' 문제를 논의하며 나온 메모일 가능성도 있다. 그리고 5월 22일 오전 10시 42분에 군, 경찰, 예비군에게 "자위권 행사 지시"가 내려졌다.[46] 미국에는 이 시기 전두환 장군이 현재 교착상태를 종료하고 시내로 진입해야 한다는 극심한 압박감에 시달리고 있으며, 한국 합참의장 류(류병현-인용자) 장군이 한국군이 월요일(5월 26일) 밤을 틈타 광주로 진입할 것이라고 주한미군 사령관에게 통보한 것으로 보고됐다.[47]

5월 22일 9시 35분부터 청와대 서재에서는 최규하 대통령, 최광수 대통령비서실장, 전두환 중앙정보부장 서리의 면담이 있었다. 이보다 앞선 9시 7분부터 주영복 국방장관과의 면담이 30분가량이었던 것에 비해 면담 시간이 길었다. 5월 23일에는 12시 45분부터 오후 1시 52분까지 청와대에서는 전두환 중정서리, 노태우 수도경비사령관, 최광수 비서실장, 이원홍 민원수석이 모인 회의가 열리고 뒤이어 오후 2시 20분까지 청와대 식당에서 오찬이 이어졌다.[48] 이날의 회의에서 어떠한 논의와 결정이 이루어졌는지 알려지지 않았다.

한 가지 주목할 점은 이 시기 언론 보도의 특징이다. 5월 17일까지 거의 매일 언론에 등장하다시피 하던 전두환 중앙정보부장 서리가 어찌된 영문인지 5월 18일부터 25일까지 지면에서 사라졌다. 5월 24일 언론사 편집 간부진들과의 면담은 있었으나 그 외 어떠한 활동을 하고 있었는지 명확하지 않다.

5월 21일 12시까지 공수부대가 계속 금남로에 머물러 있자 시민들은 공수부대 병력을 전남도청 쪽으로 더 밀어냈다. 계엄군의 최종 저지선은 전일빌딩과 YMCA 뒤로 밀려났다. 전남도청 앞에 있던 일부 공수부대원들에게는 실탄이 분배되고 있었다.

많은 공수부대원들이 이날 오전까지 실탄이 분배되지 않았다고 주장했다. 그러나 이날 전남도청 3층의 도지사 집무실에서 밖을 내다보며 취재하던 김영택《동아일보》광주 주재기자)은 전남도청 안에서 공수부대원들에게 실탄이 분배되는 것을 목격했다고 증언했다.[49] 또 같이 현장에 있던 전남도지사도 실탄 분배를 묻는 검사의 질문에 "그날 오전 김영택 기자가 도청으로 수차례 들러 저를 만난 사실이 있었고, 김영택 기자의 평소 인품으로 보아 그가 말한 내용이 다 사실에 부합하다"고 진술했다.[50]

군은 실탄 지급, 시민들은 계엄군에 김밥 제공

당시 11공수여단의 한 지역대장(소령)은 검찰 진술에서 광주 도착 후 출동 시 하사관 및 사병들에게 실탄이 지급되지 않았냐는 질문에 대해 "광주 도착 후 바로 나누어준 사실은 없고 21일 병력들이 사격을 하게 되는데 그 전날 밤에 대대장이 중대장 이상을 불러서 1인당 1탄창씩을 분배"했다고 진술했다.[51] 11공수여단 61대대의 한 중대장도 5월 21일 오전 "대대본부에서 중대장들을 오라고 하였습니다. 가 보니 중대장들에게 실탄을 분배해준다고 하였으며, 그 자리에서 대대장이 지켜보는 가운데 작전장교로부터 중대장 1인당 10발 정도의 실탄을 받았습니다"며 "실탄을 지급받을 때 위급한 상황이 있으면 명에 의해 사용하고, 필

발포 직전의 금남로
5월 21일 정오 무렵 금남로이다. 시민들은 이날 아침 전남도지사와의 협상에서 '공개 사과와 처벌, 피해 보상, 정오까지 공수부대의 철수' 등을 강력하게 요구했다. 그러나 아무것도 받아들여지지 않았다. 사진은 이날 오후 1시 발포가 있기 직전 전남도청 앞 광장에서 바라본 금남로이다. 군경과 시민들이 대치하고 있다(나경택 촬영. 5·18기념재단 소장).

요시에는 중대 당 1명씩 있는 저격수에게도 주어 사용하라고 했다"고 진술했다. 그리고 그 명은 "대대장의 명령"이라고 답했다.[52]

위의 증언들과 이후 전개된 상황으로 볼 때 5월 21일 오전 전남도청 내에서 중대장급 이상의 간부들에게 실탄이 분배된 것으로 보인다. 전교사 사령관은 이날 오전 8시를 기해 광주 지역에 '진돗개 하나'를 발령했고 각 직할부대에서는 20분 뒤에 완료됐다. 같은 시각 예하 부대인 31사단에서도 전교사의 명령에 따라 "전 지역 진돗개 하나 발령(현역한)"했다.[53] 아래는 이날 전남도청 앞에 있던 11공수여단 출신 장교들이 1981년에 작성한 수기이다. 용어 문제가 있으나, 전체적으로 이날 오전의 전남도청 앞 상황을 이해하는 데 도움이 되는 자료이다.

가) 장갑차 등으로 무장한 폭도들이 당도하자 기세는 더욱 등등하다. 그럭저럭 지탱하며 전남도청 앞 마지막 4차로까지 물러선 우리 병력들 약 100미터 뒤에는 오직 전남도청 광장만이 남아 있을 뿐이었다. 통로마다 군중들로 메워졌고 그야말로 사면초가 독 안에 든 쥐 모양이다. 정오경, 폭도들은 만들어 온 김밥 등을 우리 병력에게 나누어주며 우선 먹어야 이 짓도 할 게 아니냐며 권하는 해프닝이 벌어지기도 했다. 그러나 운명의 13:00 정각. 12:55분 폭도 대표 1명이 나를 만나자고 한다. 순간 불길한 예감에 앞으로 나가면서 대치하고 있던 장갑차 2대를 시동 걸게 한 뒤 폭도 대표와 만났다. 그의 말은 앞으로 5분밖에 남지 않았다. 최후통첩을 하는 것이었다. 다급하였다. **을 불러 재차 협상을 시도하였다. 나는 폭도 대표를 설득하고, ***은 상부에 무전을 하고 있던 중 돌멩이와 각목이 날아오기 시작하더니 급기야 화염병까지 날아와 뒤에 있던 장갑차 사이에서 불이 붙어버렸다. 그야말로 순식간의 일이었다. 앞

뒤 생각할 겨를도 없이 장갑차를 구해야 하겠다는 생각에 급히 장갑차를 후진시키는 것과 동시 15만 여 군중은 순식간에 폭도화하여 노도와 같이 짓밟고 밀려드는 것이 아닌가? 정말 눈 깜짝할 사이다. 누가 지휘하고 그 누구에게 통제받을 겨를이 없던 우리 병력들은 최루탄을 투척하며 정신없이 전남도청 광장으로 후퇴할 수밖에 없는 아수라장이 벌어지고 말았다. 정신없이 후퇴하던 중 전방에서 총소리가 들리고 뒷걸음치던 장갑차에 어느 병력 하나가 압사당하는 현장이 목격됐다. 이제는 그야말로 아비규환의 전장이다. 철수하던 병력이 정신을 가다듬고 몰려드는 폭도들을 향해 응사하기 시작하였다. 그러자 성난 파도같이 몰려들던 폭도들은 요란한 총성에 뿔뿔이 흩어져 300~400미터 거리를 두고 대치하게 됐다. 어느 빈 버스 한대에 1명이 총을 난사하면서 돌진하다가 사살되고, 1대가 전속력으로 질주하여 전남도청 분수대 한 바퀴를 돌아 서석동 쪽으로 빠져나간다. 정신을 가다듬고 주위를 돌아보니 병력들은 마치 옛 전장에서 횡대 무릎쏴 자세로 적을 공격하는 듯한 자세로 일제히 분수대 앞에 포진하여 응사하고 있는 것이 아닌가? 순간 정신이 아찔하였다. 내 비록 현장 최고 지휘관은 아니나 병력을 지휘하는 일선 **이다. 이대로 방치해서는 안 된다. 인명피해를 최소한으로 하고 최대한의 자위책으로 족하다. 물러서 있는 군중에게 무차별 사격을 중지시키고자 하는 생각이 번개처럼 머리를 스친다. 순간 위험도 아랑곳없이 횡대로 사격 중인 병력들 앞으로 달려들면서 총구를 제치며 사격 중지를 외쳤다. 무슨 정신에서 그처럼 위험한 행동을 취하였는지 지금 생각해봐도 불가사의다. 뛰어들 때 옆에서 계속 사격을 했다면 온통 전신이 벌집이 되었을 텐데. 하여튼 사격도 중지되고 순간적인 정적이 감돌았다. 병력을 수습하고 주위 엄폐물로 바리케이드를 설치하여 폭도와 300미터 정도 거리를 두고 대치하게 되었다. 이따금 군중 속에서 건물에서 총탄이 날아와 분수대를 깨친다. 우리도 간간히 위협 사격을 가하여 대치하기를 2시간여 드디어 16:40 여단 참모장으로부터 병력을 조선대학으로 철수시키라는 상부 명령이 하달되었다. 분수대를 사이에 두고 건너편 건물(외환은행)에 있던 우리 대대 병력을 제대별 각개약진으로 광장을 통과하여 집결 완료 후 조선대학에 도착하니 17:30분. 그야말로 한 시간이 몇 년이 흐른 감이 들고 전쟁 아닌 전쟁을 치른 참담한 기분이다. 그러나 다시 저녁식사도 제대로 하지 못한 채 많은 장비를 유기하고 타 지역으로 이동하라는 새로운 명령을 수령한 것은 그로부터 약 30분이다. 돌이켜 보면 정말 끔찍스럽고 두 번 다시 경험하기도, 생각하기조차 싫은 악몽의 연속이다. 왜 이렇게 되어야만 했던가. 새삼 묻기도 싫다. 다시는 이런 비극이 이 땅에 영원히 없어야 하겠고, 눈앞에 적과 대치하고 있는 엄연한 현실을 직시하고 온 국민이 한 마음 한 뜻으로 국민총화를 이루어 새 조국 새 역사 창조에 힘써 나가야 할 것임을 굳게 믿는다.

나) 13시경 극렬분자들은 차량을 이용 마구 돌진해왔다. 이때 3중대 권용운 일병 외 1명이 APC에 깔려 사망했으며 1명이 부상당하게 되고 말았다. 이러한 상황에서 사격 명령이 없었는데도 공포를 쏘게 되었으며 APC에서도 위협사격을 가하게 되었다.[54]

필자들이 1981년에 현역 군인 신분으로 작성했다는 한계를 감안하더라도 위의 수기는 몇 가지 중요한 사실을 담고 있다. 무엇보다 광주시민들과 계엄군, 그중에서도 공수부대원들과 대치하던 5월 21일 오전 전남도청 앞 금남로의 분위기다.

앞서 살펴봤듯이 21일 새벽 시민들은 광주역에서 발견된 두 구의 시신을 앞세우고 금남로에 모여들었고, 공수부대를 비롯한 계엄군은 전남도청 쪽으로 점점 밀려났다. 계기만 주어진다면 폭발할 수 있는 '일촉즉발' 상황이었다. 하지만 위의 수기에 나타나듯이 5월 21일 오후 1시 무렵에 계엄군이 집단으로 발포하기 전까지 광주 시민들은 공수부대를 비롯한 계엄군들을 적으로 간주하지 않고 있었다. 그렇기에 광주 시민들은 공수부대원들에게 김밥을 비롯한 음식을 나눠주는 한편 장교들에게 공수부대의 강경 진압을 항의했다. 금남로의 분위기가 처음부터 악화된 것은 아니었던 것이다. 많은 공수부대원들은 당시 식사가 제대로 지원되지 않아 몇 끼를 굶으며 시위를 막았다고 이야기했다. 식사 차량이 전남대와 조선대에 설치된 여단본부에서 시내까지 나가지 못할 정도로 시민들이 곳곳에서 시위하고 있었기 때문에 공수부대원들이 굶고 있었던 것은 사실이다.

권한 없는 현장 지휘관들

5월 21일 오전의 분위기를 뒤엎을 수 있는 한 가지 변수가 있었다. 정오까지 공수부대를 광주에서 철수시키라는 시민들의 요구를 계엄군이 받아들이는 것이었다. 전남·북 계엄분소장인 전투교육사령관이나 전남도지사 또는 전남도경 국장 등은 시민들의 핵심적인 요구를 수용할 수 있는 권한이 없었다. 시민들의 요구를 군에서 들어줄 수 있다면, 사태는 더 이상 악화되지 않고 평화롭게 해결될 수 있었을 것이다. 하지만 계엄사령부나 신군부는 광주 시민들의 요구를 들어줄 뜻이 없었다.

시민들의 요구가 수용되지 않으리라는 것은 누구라도 예측 가능했다. 공수부대가 철수하지 않았을 때 시민들이 어떻게 반응할 것인지 전교사나 전남도청, 그리고 현장의 계엄군들은 어느 정도 대비했어야 했다. 최악의 상황에 대한 대비가 필요했던 것이다. 그러나 금남로에 있던 현장 지휘관들은 어떤 준비도 하지 않았고 할 수도 없었다. 이것은 11공수여단장도 마찬가지였다. 현장 지휘관들은 철수를 요구했으나 어떠한 명령도 없었다고 증언했다.

다음으로 위의 수기대로라면 11공수여단 병사의 사고는 계엄군의 장갑차에 의해 발생했을 가능성이 높다. 당시 11공수여단 부대원으로 전남도청 앞에 있던 이경남 목사는 권용운 일병이 시민들의 장갑차가 아닌 계엄군 측 장갑차에 의해 사망한 것이라고 주장해왔다. 그는 계엄군의 장갑차와 시민들이 아세아자동차에서 끌고 나온 장갑차의 바퀴 궤도부터가 다르며, 후진하던 계엄군 측 장갑차에 권용운 일병이 깔린 것으로 기억하고 있었다. 11공수여단 장교가 작성한 위 수기에 "뒷걸음치던 장갑차에 어느 병력 하나가 압사당하는 현장이 목격되었다"는 구절이 있는 것으로 보아 이경남 목사의 주장이 사실에 가깝다.

공수부대는 훈련 때도 실탄 보유

11공수여단 장교들도 알지 못하는 사이에 공수부대원들에게는 이미 실탄이 분배되었고 상관의 명령도 없이 집단발포가 이루어졌다. 위의 수기는 작성자들이 거짓말을 하고 있거나, 아니면 자신들도 모르는 사이에 부대원들에게 실탄이 배분됐음을 보여준다. 그러나 앞의 증언과 진술로 볼 때 수기가 거짓으로 작성되거나 고쳐졌을 가능성이 높다. 공수부대원들 중 누가 누구에게, 어떤 기준으로 실탄을 분배했는지는 분명치 않다. 하지만 적어도 5월 21일 오후 1시경 발포하기 전부터 공수부대원들이 M-16 소총에 실탄을 장착하고 있었던 건 분명하다. 11공수여단 장교들도 발포한 부대원들은 정확하게 밝히지 않았으나, 이날 전남도청 앞에서 부대원들이 발포한 사실은 인정하고 있다.

공수부대원들에게 실탄이 분배된 실마리는 다른 사건에서 찾을 수 있다. 5월 19일 최초 발포를 보고한 505보안부대는 "군에서는 데모 진압 병력에게 실탄을 미지급코 있고 경계 병력만 1인당 10발씩을 분출, 장교가 통합 보관코 있을 뿐"이라고 분석했다. 공수부대원들도 검찰에서 비슷한 취지로 진술했다. 한 공수부대 지대장은 "당시 공수부대는 전국적인 대침투작전의 기동타격 임무를 수행하고 있었기 때문에 항상 부대가 이동하면 5분 대기용 탄약을 대대 단위로 적재해서 가지고 다녔으며, 수류탄도 마찬가지였다"고 답하며 "부대가 출동을 하니까 당연히 실탄과 수류탄을 가지고 간 것이지 광주로 출동한다고 하여 평소 가지고 다니지 않던 실탄과 수류탄을 가지고 간 것이 아니다"라고 했다.[55]

5월 21일의 상황에 대해 7공수여단 〈상황일지〉에는 13시 07분경에 장갑차 및 버스 질주로 11여단 병사 한 명이 사망하고 전남도청 쪽에서 총성이 20발 났으며, 13시 30분에 자위권이 발동되어 13시 50분에 전남도청에 주둔한 부대(7공수여단과 11공수여단-인용자)의 지대장급 이상들에게 실탄 20발이 배분되어 방호 및 경계를 강화했다고 기록되어 있다. 〈상황일지〉에 따르면 지대장 대리인 하사관들에게까지 실탄을 분배했고, 주요 도로에 장벽을 설치함과 동시에 전남도청 옥상에 경계병을 배치했다고 한다.[56]

505보안부대의 보고와 검찰에서 공수부대원들이 진술한 것을 살펴보면 공통점이 있다. 무엇보다 공수부대는 부대를 떠나는 순간부터 이미 실탄을 보유하고 있었으며, 부대의 경계 병력들에게 실탄이 배분됐다. 그러나 5월 21일 전남도청 앞에 있던 경계 병력의 규모가 얼마나 되는지, 누가 경계 병력에게 실탄을 나누어주었는지, 이날 실탄을 장전한 경계 병력이 누구인지 등은 밝혀지지 않았다. 공수부대 출신들 또한 공수부대는 훈련을 나갈 때조차도 실탄을 보유한다고 증언한다. 이러한 점에 비춰볼 때 계엄령으로 출동한 공수부대에 실탄이 없었을 가능성은 거의 없었다고 봐야 할 것이다.

또한 이날 아침에 '진돗개 하나'가 발령된 것에 유의해야 한다. 비상경계태세인 이 명령은 위급한 상황이 발생했을 때 발포할 수 있는 것이다. 게다가 공수부대원들에게 실탄이 분배된 것은 발포 명령과 같은 의미이다. 다만 누가 '진돗개 하나'를 내리도록 지시했는지 분명하지 않다. 결론적으로 5월 21일 오후 1시 무렵 전남도청 앞 공수부대원들 중 일부는 실탄을 보유하고 있었다. 또 누가 이날의 발포 명령을 내리고 실제 발포했는지는 확인하기 어렵다. 달리 표현하면, 5월 21일의 전남도청 앞 발포와 관련된 '결정적인 증거smoking gun'는 아직껏 발굴되지 않고 있다.

지금까지 관련 자료가 발굴되지 않았다고 해서 발포와 관련된 명령서가 애초부터 존재하지 않았을 가능성은 거의 없다. 최근 드러나고 있는 것처럼 군의 5·18 관련 자료는 조작과 멸실이 이루어졌다. 누군가 5월 21일의 발포와 관련된 자료들을 폐기했을 가능성이 높다. 추후 진상규명위원회의 조사에서 밝혀져야 할 사안이다. 누가, 언제, 어떻게 관련 자료를 폐기하고 조작했는지가 5·18 진상규명에서 꼭 필요한 숙제

중 하나이다. 결과적으로 5·18의 핵심 쟁점은 아직까지도 미완의 과제로 남아 있다.

계엄군 발포는 '선보고 후조치'가 원칙이었다

계엄군의 발포와 관련하여 참고할 만한 몇 가지 사례와 자료가 있다. 1980년 사북항쟁과 1987년 6월항쟁이다. 사북항쟁은 5·18항쟁이 일어나기 한 달여 전인 1980년 4월 21일부터 24일까지 강원도 사북에 있는 동원탄좌 사북영업소에서 발생했다.[57] 4월 21일 예정된 집회가 불허되자 이에 대한 항의로 시작된 시위는 급기야 노동자들의 사북지서 등 주요 관공서 및 건물 습격으로 번져 갔다. 탄광지대라는 특성에 노동자들의 분노가 더해져 경찰만으로 노동자들의 시위를 진압하기 어려워졌다. 그러자 당시 1군사령부는 한계령에서 훈련 중이던 11공수여단을 투입해 시위를 진압하려는 계획을 세우고 11공수여단 병력들을 출동 대기시켰다. 그리고 총기 사용의 원칙을 투입 전에 명령했다. 이 명령서에는 "총기 사용은 긴급 시라도 총장 승인 후"로[58] 명시했다. 사북 지역의 시위 현장에 투입된 공수부대가 총기를 사용해야 하는 급박한 상황이 발생하더라도, 사전에 계엄사령관인 육군참모총장에게 보고한 뒤 발포 승인을 받으라는 의미이다. 다시 말하면 '선보고 후조치'를 명령한 것이다. 당시는 제주도를 제외한 전국에 비상계엄령이 선포된 시기였기 때문에 발포와 같은 중대 사안은 계엄사령관의 권한이었다.[59]

1987년 6월항쟁 때도 이와 유사한 군의 명령서가 존재한다. 날마다 국민들의 저항이 계속되자 전두환 정권은 계엄령을 선포한 뒤 군 투입을 준비했으나, 군 내부와 미국의 반발로 실행에 옮기지는 못했다. 6월 항쟁이 한창이던 6월 19일 작성된 군 문서를 언론이 발굴했다. 이 명령서에는 "발포 명령은 선 육군본부 건의 후, 승인하 조치"를 명시했다.[60] 1980년 5월 광주에서와 같이 발포할 상황이 발생한다면, 육군본부에 보고하여 사전에 발포 승인을 받으라는 의미이다. 5·18항쟁기의 발포로 인한 파장을 고려한 명령일 가능성을 완전히 배제할 수는 없다. 하지만 보다 중요한 점은 발포 지침과 같은 명령서가 존재하고, 발포 상황에 직면했을 때 투입된 계엄군이 취할 조치의 기본 원칙이 '선보고 후조치'였다는 사실이다.

이는 1980년 5월 광주에서 자행된 공수부대의 발포와 관련하여 중요한 시사점을 던져준다. 위의 명령서들에 따르면, 발포 명령권은 현장 부대의 지휘관(장교)들이 자의적으로 판단하여 임의로 명령할 수 있는 권한이 아니다.

1988~89년의 국회청문회를 비롯한 많은 조사에서 공수부대의 지휘관들은 공통으로 발포의 불가피성을 내세우며 자신들도 발포 명령을 내릴 수 있을 정도의 권한은 보유한 것처럼 주장했다. 하지만 위의 두 가지 사례에 비춰볼 때 발포 권한은 공수부대의 여단장이나 현장 지휘관들은 가질 수 없고 가져서도 안 되는 군 최고지휘부의 권한이자 결정 사안이었다.

주목할 부분은 1980년 4월의 사북항쟁과 1987년 6월항쟁 자료들은 현재까지 남아 있는 데 반해 1980년 5월 광주에서의 발포와 관련된 자료들은 찾을 수 없었으며 현재까지도 발굴되지 않고 있다는 점이다. 많은 자료들이 남아 있는 5·18항쟁 기간의 핵심 자료가 없다는 건 쉽게 납득하기 어렵다. 2018년 국방부 특조위는 '80위원회'와 '80대책위원회(육군본부)', '511연구위원회(국방부. 511분석반은 보안사령부)' 등을 통해 5·18자료의 조작과 은폐가 있었음을 밝혀냈다.

계엄사령관과 특전사령관의 청와대 방문

발포 명령과 관련하여 5월 21일 오전 계엄사령관과 특전사령관의 행적도 의문이다. 이들은 이날 오전 9시 30분부터 1시간가량 청와대를 방문했다.[61] 대통령비서실과 육군참모총장 비서실의 문서에 따르면, 약간의 시차가 있지만 두 사람이 함께 청와대를 방문한 것은 사실이다. 그런데 특전사령관은 청와대를 방문할 이유나 자격 및 권한이 없다. 게다가 계엄사령관과 특전사령관은 이미 전날 발생한 3공수여단의 발포와 2군사령부의 실탄 통제를 보고받고 있었다. 두 사람이 청와대에서 최규하 대통령과 어떤 이야기를 나누었는지는 알려진 바가 없다. 현재로서는 두 가지 추정이 가능하다. 먼저 5월 20일 밤 광주역 앞에서 이루어진 3공수여단의 집단발포를 보고했을 가능성이다. 즉 전날 밤에 있었던 광주역 앞의 발포를 대통령에게 보고하고, 5월 21일에도 비슷한 상황이거나 더 악화되면 발포하겠다고 보고했을 수 있다. 다음으로 전날 발생한 광주역에서의 집단발포 상황과, 그 직후 내려진 2군사령부의 실탄 통제까지 포괄한 보고였을 가능성이다. 전반적인 상황으로 볼 때, 후자보다는 전자에 가까운 보고나 통고였을 가능성이 크다.

이보다 앞서 5월 21일 새벽 4시 30분에 계엄사령부에서는 매우 중요한 회의가 열린다.[62] 이 회의에는 이희성(육군참모총장) 계엄사령관, 황영시(육군참모차장) 계엄부사령관, 나동원 계엄사령부 참모장, 김재명 육군본부 작전참모부장, 김을곤 계엄사령부 계엄처장 등이 참석했다. 참석자들의 면면으로 볼 때 어떤 회의였는지 정확한 성격을 규정하기 힘들지만, 적어도 발포를 비롯한 모종의 중대한 결정이 이루어졌을 가능성이 높다. 확인할 수는 없지만 이 회의에서는 전날 있었던 광주역 앞에서의 집단발포와 광주의 전반적인 상황을 토의하고 무엇인가 중요한 결정을 내렸을 것이라 추정된다.

21일 오후 1시 도청 앞 상황에 대한 민·관 기록의 차이

군 자료는 전남도청 앞에서 시민들이 먼저 발포한 것으로 기록하고 있다. 이 같은 군의 기록은 오늘날까지도 5·18항쟁을 왜곡하는 주요 근거로 활용됐다. 그러나 5월 21일 오후 1시 무렵 전남도청 앞 상황을 기록한 다른 기관들의 자료와 비교해보면, 당시의 실제 정황을 쉽게 확인할 수 있다.[63] 아래의 자료는 경찰, 행정관서(전남도청, 광주시청, 동구청), 군의 각급 부대 등 각 기관별로 5월 21일 오후 1시 전후 상황을 기록한 것이다.

가) 전남도경

12:58 ― 장갑차와 화염병 공격으로 금남로 저지선 돌파당하고 군경 최후 저지선 완전 무너짐. 군경 부대 도청으로 후퇴.
12:59 ― 군의 발포로 시위 군중 일단 분산.
13:15 ― 도청 안에서 경찰 전 부대 재정비. 도청 내곽 자체 경비.[64]

나) 광주지검

— 도청은 현재까지 포위된 상태에서 대치 중인 바 13:10경 폭도 차량이 경찰을 향해 돌진, 통과하여 대응 발포하였음(사상자 다수 추정).

— 오전부터 광주 인근 나주, 화순, 담양에서도 지서를 습격하는 등 난동을 일으켰음. 도청 앞 대치 중.

13:10경— 폭도의 장갑차 공격으로 계엄군 1명이 사망하고 대응 발포로 최소한 고등학생 1명, 민간인 1명이 중상인 것으로 사료됨.

16:00— 현재 도청은 100~300미터 거리에 저지선을 설정하고 동 저지선 이내에 들어오는 군중은 무조건 발포하고 있으며 다수의 사상자가 발생한 것으로 사료되고 금일 밤에도 여사한 저지 총격으로 도청은 고수할 예정인 바 발포로 인하여 부화뇌동하던 군중은 피신하고 있어 기세는 약간 수그러진 상태임. 17:35부터 약 5분간 도청에서 검찰청 쪽 노상에 총격전 격심. 부상자 다수 예상. 이후 시내 도처에 산발적인 총격전 계속 중.[65]

다) 전남도청

13:00— 군중 장갑차, 시외버스로 군인들에 돌진. 군인 2명 사망, 데모대 1명 사망.

13:30— 금남로 도청 앞 광장. 군중이 차량을 앞세우고 화염병을 던지며 계엄군 공격. 계엄군 일시 도청 내로 후퇴 사태 긴박. 도청 옥외 방송. 애국가 연주. 시민과 학생은 이성을 되찾고 안정해주시고 각자의 집으로 돌아가도록 호소. * 내무국장.

15:00— 시내 각 병원마다 부상자들로 초만원.[66]

라) 광주시청

12:58 — 데모대가 도청 앞에서 계엄군과 대치.

13:05 — 도청에서 총격. 군인 2, 시민 3명이 쓰러져 있음.

13:15 — 도청 앞에서 노인 2, 처녀 1, 학생 4명 사망. 부상자는 상당수.

14:20 — 중흥동 국민주택 부근에서 부인이 옥상에서 머리에 총을 맞아 즉사.[67]

마) 광주시 동구청

11:34 — 학생 대표 계엄 군인과 협상, 계엄군 조대로 철수. 장갑차 탈취 운행.

12:55 — 데모대 도청으로 진격 계엄군 뚫고. 계엄군 사격 계속 사격.

13:09 — 금남로 군인 2, 시민 3 쓰러짐.

14:50 — 이후 금남로 계엄군 사격. 시민 옥상에서 사격(1명). 금남로 시민 없음. 간간히 사격.[68]

바) 보안사령부

13:00 — 도청 습격 시도 차 트럭 2대에 자갈을 적재하고, 금남로 쪽으로 질주 중.[69]

사) 505보안부대

13:40 — 무장 난동자들이 탈취한 장갑차 1대가 도청 앞 분수대 옆에 설치된 바리케이드를 뚫고 도청으로 진출하다가 대치 중인 계엄군의 발포로 동 장갑차는 바리케이드 속에 묻혔음.[70]

아) 전남합수단

13:30 ─ 도청 시위 군중 10만 명. 도청 앞 돌진. 무장 과격분자 도청 수비 군경에 대항 화염병 투척. 대치 중인 군 공포탄 사격. 전일빌딩까지 진격. 시민, 학생 귀가 경고. 청내 직원 전원 철수(부지사 등 3명 잔류). 헬기 병력 증원 보강.

13:35 ─ 화순 과격분자 4개 PB(Police Box. 파출소) 기습. 총기 460·실탄 10,000발 탈취.

14:22 ─ 보성 4거리 무장 과격분자 40명 버스, 트럭 2대로 시가 시위.

14:35 ─ 광주 지원동 과격분자 50명. 무장 석산독립가옥 TNT 탈취.[71]

자) 전투병과교육사령부

13:00 ─ 도청 앞에서 폭도의 권총으로 11공수 병력 1명 사망, 1명 부상하였으며 계엄군 공포탄 발사로 진압. 폭도 무장으로 무차별 사격 개시(도청 앞).[72]

차) 31사단

13:05 ─ 도청에서 총격전 발생.

13:48 ─ 도청 앞에서 총격전 벌이던 폭도들 흩어져 곳곳에 숨어 있음.

13:55 ─ 공수 부상병 2명, 1대대 병력 4명 H기로 부대 복귀 중.[73]

위의 자료들은 대개 5월 21일 오후 1시를 전후하여 전남도청 앞에서 군의 집단발포가 있었음을 기록하고 있으나, 어떤 기관이 작성했느냐에 따라 그 내용에서 분명한 차이가 엿보인다. 대체로 민간과 군의 기록에서 차이가 발견된다.

전남도경은 비교적 사실적으로 전남도청 앞 상황을 기술하고 있다.[74] 전남도청은 발포 주체를 명확하게 언급하지 않고 있으나 오후 1시 15분경 경찰이 전남도청 안에서 재정비를 완료했다고 기록했다. 광주지검도 발포 주체를 밝히지는 않고 있으나 시민 측 장갑차가 전남도청 앞으로 돌진하자 군이 저지선을 설정하여 발포한 것으로 기록했다. 광주시청은 전남도청 앞에서 오후 1시 이후 발포가 이루어졌다고 기록했다.

이렇듯 행정기관들의 자료는 공통으로 21일 오후 1시 무렵 군의 발포가 있었음을 기록하고 있다. 하지만 군이 작성한 자료는 민간기관의 기록과는 전혀 다르다. 광주의 상황을 실시간으로 보고받고 자료를 정리한 보안사령부는 사상자만 기록할 뿐 그 원인이 무엇인지는 생략했다. 군이 발포한 사실을 빼버린, 다분히 의도적인 삭제이다.

전교사는 시민들의 발포로 11공수여단 병사 1명이 사망하자 계엄군이 대응사격한 것이라 기록했지만 잘못된 첩보이거나 명백한 사실 왜곡이다. 공수부대의 사망자는 장갑차에 희생됐고, 공수부대가 이날 전남도청 앞에서 공포만 쏜 것도 아니었다. 31사단도 오후 1시 무렵부터 총격전이 발생했다고 기록함으로써 기본 사실부터 왜곡하고 있다. 전남합수단과 505보안부대는 비교적 사실적으로 기술하고 있다. 그러나 전남합수단의 "공포탄" 사격 기록은 잘못된 것으로 실탄 사격이었으며, 505보안부대는 어떤 의도에서인지 시간을 30분가량 늦춰 기록했다. 전남합수단의 기록처럼 도청 앞 발포 소식을 전해들은 시위 대열은 곧바로 광주나 인근 지역에서 무장을 시도했다.

군 자료는 처음부터 시민들이 발포하고 군이 대응한 것처럼 서술하고 있으나 이는 전혀 사실과 맞지 않는 왜곡이다. 군의 집단발포가 있고 난 뒤 시민들의 무장이 이루어졌기 때문이다. 이 점은 다른 기관의 자료에 공통으로 나타나는 부분이다.

　행정기관의 자료에서도 부분적인 오류가 나타난다. 대표적으로 이 날 오후 전남도청 앞에서 발생한 계엄군과 시민들의 교전으로 다치거나 사망한 시민들이 많았지만, 무장한 시민들의 총격에 의해 피해를 입은 계엄군은 없었다. 최신예 무기인 M-16 소총으로 무장한 대한민국 최정예 특수부대 병사들과 제2차 세계대전 및 한국전쟁 때 사용하던 M-1 소총이나 카빈 소총 등으로 무장한, 어쩌면 총을 처음 들어본 시민들과의 교전은 애초부터 성립될 수 없는 전투였다.

자료와 증언에 의거한 5월 21일의 재구성

　각종 자료와 증언에 기초하여 5월 21일 오후 1시 전후의 상황을 다시 구성해보겠다. 5월 21일 새벽 5시경 광주역에서 참혹한 두 구의 시신을 발견한 시민들이 전남도청으로 향했다. 오전 10만여 명이 넘는 시민들이 전남도청 앞 금남로로 모여들었다. 전남도지사와 시민 대표들의 협상에서 시민들은 '정오까지 공수부대의 철수'를 비롯한 정부의 만행 인정과 사과 및 보상 등을 요구했다.

　공수부대를 비롯한 계엄군은 점차 전남도청 쪽으로 밀려나며 시민들과 대치하고 있었다. 오후 1시 무렵 공수부대가 철수하지 않자 시민들은 실력행사에 들어갔다. 시민들이 금남로에 있던 계엄군 장갑차에 화염병을 던져 불이 붙자 계엄군 측 장갑차 한 대가 뒤로 물러났다. 이 무렵 시민들이 당일 오전에 아세아자동차로부터 꺼내온 장갑차가 전남도청 앞 분수대의 계엄군을 향해 돌진했다. 그로 인해 계엄군의 저지선이 붕괴되고 공수부대원들은 전남도청 분수대 뒤쪽과 전남도청 및 그 주변으로 피신했다.

전남도청 앞을 돌아 빠져나갔다가 다시 금남로에 나타난 시민 측 장갑차와 뒤따라온 버스가 또다시 공수부대를 향해 돌진했다. 뒤이어 11공수여단 63대대 8지역대 권용운 일병이 장갑차에 깔려 희생됐다. 시민이 몰던 장갑차가 잠시 멈춘 다음 전남도청 앞 분수대를 돌아나갈 무렵 공수부대원들이 장갑차를 향해 일제히 집단발포를 시작하고, 장갑차를 뒤따르던 버스를 향해서도 일제 사격했다. 그즈음 전남도청에서 〈애국가〉가 방송되고 분수대 부근의 공수부대원들이 본격적으로 집단발포했다.

이후 대열을 정비한 공수부대는 수협 등 주변 건물의 옥상에 저격병들을 배치했다.[75] 공수부대원들은 전남도청에서 100~300미터 떨어진 곳까지 저지선을 설정하고 그 안으로 들어오는 시민들을 향해 조준 사격을 가했다. 이로 인해 금남로와 충장로 등지에서는 많은 시민들이 쓰러졌다. 금남로와 노동청 쪽 방향에 배치된 계엄군 장갑차도 금남로 쪽을 향해 기관총 사격을 실시했다.[76]

정확히 밝혀지지 않고 있는 희생자 규모

계엄군의 발포로 인해 광주 시내의 병원들은 총상을 입고 실려온 사상자들로 초만원 상태에 이르렀다.

기독병원 응급실장 겸 외과과장이던 김상봉은 "점심식사를 마치고 휴게실에서 차를 한잔 마시고 있는데 갑자기 시내 쪽에서 콩 볶듯이 쏘아대는 총소리가 연속해서 들렸다. …… 잠시 후에 총상 환자들이 차에 실려 한꺼번에 몰려 들어오는 게 아닌가. 응급실이 좁아 병원 환자 대기실을 치운 후 바닥에 모포를 깔고 순식간에 수십 명을 눕혀 놓았다"고 회상했다. 그는 처음 환자들은 허벅지 아래에 총상을 입었으나, 시간이 지날수록 복부와 흉부 등 상체에 총상을 입은 환자들이 늘어난 것으로 기억했다.[77] 이는 기독병원만의 상황이 아니었다. 전남대병원과 적십자병원 등 광주 시내의 종합병원뿐만 아니라 국군통합병원에 이르기까지 총상을 입은 시민들이 부지기수로 실려 왔다. 이날 전남도청 앞에서 총상을 입고 사망한 몇몇 희생자들의 사례를 보면 계엄군의 집단발포가 어떠했는지 짐작할 수 있다.

저격병까지 동원, 임산부도 희생

전남대 학생 김광석은 5월 21일 오후 2시경 금남로에서 피격당한 사람을 부축하다가 가슴과 배에 총을 맞아 전남대병원 응급실로 이송된 지 2시간 후 사망했다. 광주경찰서 부근 진주다실 주방장 심동선은 진주다실 옥상에서 시내 상황을 살펴보다가 공수부대의 총격에 머리를 맞아 사망했다. 충장로 1가 무등극장 근처의 광주통신공사에 함께 근무하던 조남신과 윤성호는 사무실 창문으로 금남로 쪽을 내다보던 중 한

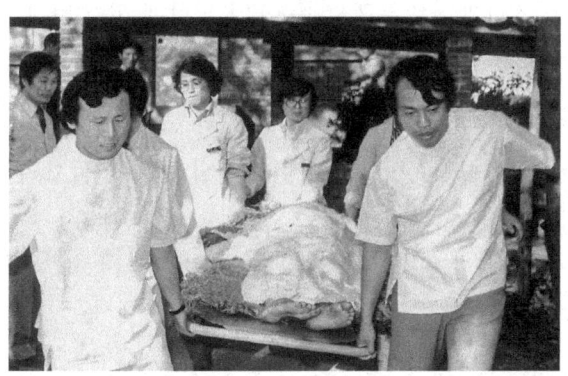

총상 환자들로 북새통이 된 병원
5월 21일 군의 집단발포 이후 광주 시내의 병원들에는 총상 환자들gun shot wounded로 북새통을 이루었다. 이전의 환자들이 주로 타박상과 열상 등이었던 반면 5월 21일 이후 환자들은 총상 환자들이 많았다. 이 때문에 병원에는 의약품과 피가 부족해졌고, 시민들은 팔을 걷어부치며 헌혈에 나섰다(5·18민주화운동기록관 소장, 헌틀리 제공).

발의 충격으로 모두 사망했다. 조남신은 총알에 얼굴을 관통당했고, 윤성호는 전남대병원으로 옮겨져 수술을 받았으나 5월 27일 새벽에 끝내 사망했다. 윤성호의 사인은 '후두부 파편총상'이었다. 〈검시결과 보고〉에는 두 사람의 사망 장소와 경위가 달랐다. 광주기독병원에서 헌혈을 마치고 귀가하던 여고생 박금희도 수미다실 앞에서 총격을 받아 '등배부 총상'을 입고 사망했다. 당시 14세의 여중생이었던 이성자는 오후 2시경 금남로 2가 동구청 앞에서 가슴에 총을 맞고 사망했다.[78]

공수부대의 집단발포와 조준 사격은 전남도청 부근 금남로와 충장로에서만 있었던 게 아니었다. 비슷한 시각 3공수여단이 주둔하던 전남대 부근에서도 조준 사격이 이루어졌다. 특히 전남대 앞의 사망자 중에는 임신 7개월의 임산부가 있었다. 최미애는 5월 21일 오후 1시 50분경 전남대 부근 집 앞에서 남편의 귀가를 기다리던 도중에 공수부대원의 총격으로 사망했다. 〈검시결과 보고〉에는 '거주지(광주시 북구 중흥 2동. 전남대 정문 부근 – 인용자) 앞 노상에 서 있다가 유탄에 의해 사망'한 것으로 기술됐으며, 치명상 부위는 '전후두부 관통총상'이었다.[79] 계엄군의 총구는 대상을 가리지 않았고, 이는 이후에도 변하지 않았다. 공수부대의 저격병들은 조준경이 달린 총을 들고 주변 건물의 옥상에서 시민들을 저격했다.

여전히 파악 안 되는 정확한 희생자 규모

과연, 5월 21일 전남도청 앞을 비롯한 광주 시내에서 이루어진 계엄군의 집단발포 결과 얼마나 많은 사상자들이 발생했을까? 의외로 이날 시민들이 입은 피해에 대한 정확한 통계와 그 규모를 알 수 있는 정밀한 분석과 연구는 이루어지지 않았다.

비교적 많은 자료를 검토한 《광주민중항쟁: 다큐멘터리 1980》에서는 5월 21일의 집단발포로 15명, 그리고 전남대 앞에서 12명이 사상되었다고 정리한다.[80] 하지만 이 책은 시민들의 구술과 광주청문회 때의 신고서 등의 자료에 기초하여 작성됐으며, 자료에 근거한 분석이 제대로 이루어지지 않았기에 정확한 통계라고 보기 힘들다.

이날 오후 3시 50분경 금남로에서는 한 여성(전옥주 또는 차명숙으로 추정 – 인용자)이 공수부대의 집단발포로 사망자가 54명, 부상자가 467명(적십자 및 전남대 병원 수용, 작은 병원에도 환자 다수)이 발생했다고 방송했다.[81] 이 숫자가 어떤 통계에서 나온 것인지는 확인되지 않는다. 계엄군의 변사자 명단에 따르면, 5월 21일의 사망자는 55~58명가량으로 추정된다. 정확한 희생자 수를 확정하기 어렵지만, 당시 광주 시민들이 사망자 수를 대체로 유사하게 파악하고 있는 것으로 보인다.

당시 시민들은 각 병원을 다니며 희생자들의 시신을 확인했다. 5월 22일 이후 각 병원으로부터 희생자들의 시신을 넘겨받아 전남도청과 상무관 등지에 안치했다. 이날 방송된 사망자 숫자(54명)는 시민들의 통계를 종합한 것으로 여겨진다.

좀 뒤의 자료이지만, 5월 24일 광주지검은 광주 시내의 각 종합병원에 의뢰하여 사상자 수를 파악했다. 광주지검의 보고에 의하면, 적십자병원, 기독병원, 전남대병원, 조선대병원 등 당시 광주의 종합병원에 5·18항쟁과 관련하여 입원한 환자들은 총 215명이고, 그중 80퍼센트 정도가 총상 환자였다.[82] 대략 170여 명의 총상 환자들이 광주 시내의 종합병원에 입원한 것으로 추정할 수 있다. 이 통계에는 각 병원의 응급실이나 외래에서 치료만 받고 퇴원한 부상자나 사망자, 그리고 개인 병원에서 치료받은 사람들은 포함되지 않았다. 이들을 포함한다면 5월 21일 계엄군의 집단발포로 인한 사상자 수는 훨씬 늘어날 것이다.

종합병원 응급실 통계로만 100여 명 총상

5월 21일 사상자 규모를 추정할 수 있는 몇 가지 기초 자료가 있다. 무엇보다 중요한 자료는 당시 광주의 종합병원 응급실 진료카드이다. 물론 이 통계도 완전한 통계라기보다는 현재 남아 있는 자료에 근거했다는 한계가 있다.

1980년 5월 당시 광주 시내의 종합병원들 중 총상 환자들을 치료할

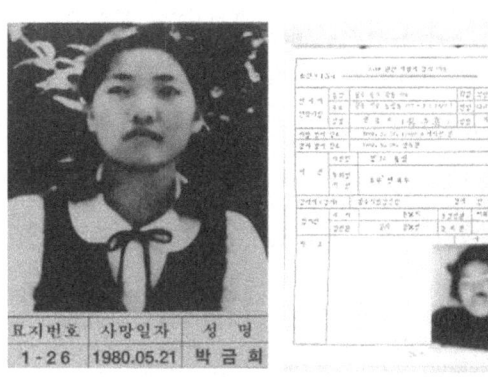

교복 입은 박금희와 사망진단서
박금희는 피가 부족하다는 말을 듣고 기독병원에서 헌혈을 마치고 나오는 길이었다. 금남로에 가던 그녀는 그곳에서 저격수의 총격을 받고 사망했다. 교복을 입은 그녀는 아직 어린 여고생이었다. 무언가를 꿈꿀 나이였으나 군이 총격을 그녀의 모든 걸 앗아갔다(5·18민주화운동기록관 소장).

수 있을 만한 종합병원으로는 전남대병원, 조선대병원, 국군통합병원, 기독병원, 적십자병원 등이 있었다. 이 중 조선대병원은 응급실이나 병상 기록이 그리 많이 남아 있지 않아 자료로 분석하기에는 표본 수가 그리 많지 않다는 한계가 있다. 그럼에도 남아 있는 자료를 통해 살펴보면, 조선대병원에는 5월 21일 오후 계엄군이 광주 시내에서 철수하기 전까지 조선대 내에 주둔한 7공수여단과 11공수여단 부대원들이 들락거렸다. 이 때문에 조선대병원이 광주 시내와 비교적 가까운 거리에 위치한 종합병원이었지만 시민들이 곧바로 사상자들을 후송할 수 없었다. 이후 조선대병원에는 개인병원이나 소규모 종합병원에서 치료가 어려운 사상자들이 이송됐다. 종합병원의 경우 응급실과 입원 환자와 관련된 진료 기록이 부분적으로 남아 있다. 개인병원에서는 응급처치를 한 뒤에 종합병원으로 이송시키거나 큰 상처가 아닌 환자는 치료했다.

〈표 5-1〉은 현재 기록이 남아 있는 광주 시내 종합병원의 당시 총상 사상자gun shot wounded 통계이다. 이 통계는 병원 자료가 남아 있어 확인 가능한 사상자들 중에서 총상 환자만 분류한 것이다. 총상 이외에도 구타에 의한 타박상과 열상 등의 사상자들을 포함시키면 그 수는 수백여 명에 달할 것으로 추정된다.[83] 최근 정리된 자료에 따르면, 5월 21일

〈표 5-1〉 5월 21일 총상 사상자 통계

병원	전남대병원	조선대병원	적십자병원	기독병원	통합병원	총계
환자 수	42	3	3	38	16	102

비고 : 1. 현재까지 기록이 있는 병원
       2. 병원에 입원한 환자들을 대상으로 한 자료
출처 : 1. 광주광역시 5·18사료편찬위원회, 《5·18자료총서》 25권.
       2. 광주시의사협회, 33~34쪽.

국군통합병원에는 총상 또는 총상으로 의심되는 환자(파편창, 관통총창 등)가 16명 이송됐다.

전남대병원의 경우를 보면, 5월 19일 인근 병원에서 응급조치를 받은 뒤 전남대병원으로 후송된 김영찬을 제외하더라도 5월 21일 총상을 입은 시민들이 총 42명 이송되었다. 전남대병원 응급실 도착 시간을 기준으로 볼 때, 이송 환자들 중에는 5월 20일 또는 다음 날 광주역 부근에서 총상을 입은 환자가 두 명가량 포함된 것으로 추정된다. 조선대병원 기록에는 5월 21일 총상 환자 3명이 확인되는데, 이들은 모두 다른 병원에서 이송된 환자들이다. 적십자병원은 5월 21일에 총 3명의 총상 환자들이 입원했다. 기독병원에는 5월 21일에 총 38명의 총상 환자가 있었는데, 이들 중에는 5월 20일의 환자 1명도 포함됐다. 그중에는 춘태여상 3학년인 박금희도 포함되어 있었다. 그녀는 총상을 입기 직전

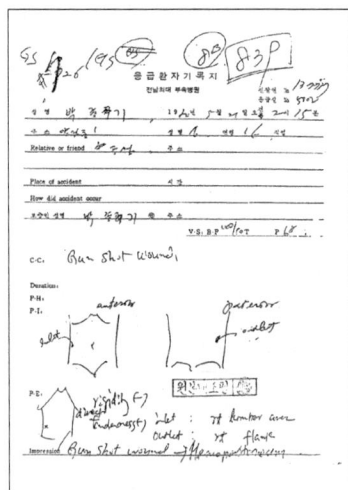

병원 기록

1980년 5월 18일 이후 광주 시내의 병원에는 많은 환자들로 붐볐다. 처음에는 구타로 인한 타박상이나 열상 등을 입은 시민들이 많았다. 5월 21일 오후 1시 무렵 군의 집단발포와 조준사격이 된 이후부터 총상을 입은 환자들로 북새통을 이루었다. 사진은 당시 전남대 병원에 입원한 16세의 환자의 기록이다. 총상Gun Shot Wounded이 분명하게 기록되었다.

기독병원에서 헌혈한 것으로 알려졌는데, 총상을 입고 다시 기독병원 응급실에 들어온 시각은 오후 2시경이었다. 광주국군통합병원도 16명의 환자가 확인된다.

총 102명의 총상 환자가 전남대병원을 비롯한 광주의 종합병원에서 치료(입원 포함)받았다. 총상 사상자의 연령대는 10대 미만부터 60대에 이르기까지 다양했다. 여기에 누락된 기록과 개인병원 환자 및 자가 치료한 시민들까지 포함시킨다면, 총상을 입은 민간인들의 수가 얼마나 될지 추정하기가 쉽지 않다. 병원의 응급실 및 진료와 입원 기록이 여러 가지 면에서 미흡한 기록이긴 하지만, 병원 응급실 통계로 볼 때 이날 계엄군의 집단발포와 조준 사격 등으로 인해 어림잡아도 100여 명 시민들이 총상을 입었을 것으로 추정할 수 있다.

총상 환자와 관련하여 참고할 만한 또 하나의 자료가 있다. 5·18항쟁이 끝난 직후인 5월 27일 전남도청 약제과장이 각 병원장들에게 요청한 '5·18 소요사태 부상자 실태조사표'이다. 각 병원에서는 전남도청 약제과장이 보낸 공문 양식에 기초한 표를 만들어 전남도청에 제출했다. 이 공문에는 부상자의 기본적인 인적 사항과 부상 관련 사항, 치료비 및 생활 정도와 참고사항 등의 항목이 포함되어 있었다. 환자들의 상병傷病 명에 정확히 '총상'이 기록된 경우도 있었으나, 총상으로 인한 상병 명을 기록한 경우도 많았다. 〈표 5-2〉는 5월 21일 입원 환자들 중에서 총상이나 관통상(창)을 입었던 환자 수이다.

이에 따르면 개인병원에서 종합병원으로 이송한 환자들을 제외하더라도 120명의 시민들이 총상을 입은 것으로 추정할 수 있다. 앞의 통계와 차이가 있는 것은 5월 27일 이후 병원에 입원하고 있던 환자들을 대상으로 했기 때문이다. 여기에는 총상 후유증으로 5월 21일 이후 입원한 환자들이 포함되어 있다. 반면, 이 표에는 5월 21일의 사망자들 중 일부는 빠져 있다. 부상자별 실태 조사표의 연령대는 10대 미만이 1명, 10대가 20명, 20대가 59명, 30대가 14명, 40대가 6명, 50대가 1명, 60대가 1명, 그 외 불명이다. 앞의 통계와 마찬가지로 20대의 비율이 압도적으로 높다.

직업 항목도 있지만 병원에 따라 다르게 기록해서 하나의 통계로 정리하기는 어렵다. 그러나 전남대병원은 다른 병원들과는 달리 직업을 세분하여 꼼꼼하게 기록했다. 이를 보면, 5월 21일 총상 환자들 중에는 학생들이 많았으나 그 외에도 다양한 직업군의 시민들이 총상을 입었다. 5월 21일 전남도청 앞 시위를 비롯한 항의시위에 다양한 계층의 시민들이 참여했음을 부상자 실태 통계를 통해 간접적으로 확인할 수 있다.

군에서 작성한 사망자 명단과 검찰의 〈검시조서〉에 근거하면, 이날 오후 계엄군의 집단발포로 인한 (총상) 사망자 수는 58명이다. 전날 3공수여단의 집단발포로 사망한 사상자들을 감안하더라도, 최소한 55명 이상의 시민들이 5월 21일 계엄군의 집단발포로 인해 사망했다.

5월 21일 집단발포 후 시민들은 누가 먼저랄 것 없이 우선 쓰러진 사

〈표 5-2〉 5월 21일 부상자 실태 조사 중 총상 환자

병원	전남대병원	조선대병원	적십자병원	기독병원	통합병원	총계
환자 수	37	1	26	29	27	120

비고 1. 현재까지 기록이 남아 있는 병원.
　　 2. 개인병원은 김정형외과, 안정남외과, 김승완외과, 최원섭병원, 윤종현외과, 성심병원, 최외과의원, 삼일의원, 서석병원, 어수원외과.
출처: 광주광역시 5·18사료편찬위원회, 《5·18자료총서》 25권.

람들을 부축하여 가까운 병원으로 옮겼다. 외신 기자들을 비롯한 외국인들도 시민들과 함께 쓰러진 사람들을 부축해 병원 또는 계엄군의 총격이 미치지 않는 안전한 곳으로 후송했다. 병원마다 총상 환자들로 넘쳐나고 의약품 및 의료도구와 피가 모자랐다. 당시 병원을 취재하던 영화 〈택시운전사〉의 주인공 위르겐 힌츠페터Jürgen Hinzpeter는 한 종합병원의 뒷마당에서 군의 총탄에 쓰러진 수많은 희생자들의 시신을 필름에 담으면서 분노를 느꼈다고 한다. 베트남 종군기자 출신인 그조차도 이렇게 비참한 광경을 목격한 적이 없다며 카메라를 끌 정도로 광주는, 광주 시내의 병원들은 참혹했다.[84]

시민들,
언제 총을 들었는가

 계엄군의 집단발포에 놀라고 분노한 시민들은 곧바로 무기가 있을 만한 곳을 찾아다니며 무장했다. 국가폭력에 대한 시민들의 무장저항, 부당한 공권력에 대한 시민들의 불복종이 시작된 것이다.
 5월 25일 시민군들이 발표한 성명 〈우리는 왜 총을 들을 수밖에 없었는가?〉에는 당시 시민들이 총을 들었던 이유가 고스란히 담겨 있다.[85]

 먼저 이 고장과 민주주의를 수호하기 위해 피를 흘리며 싸우다 목숨을 바친 시민·학생들의 명복을 빕니다. 우리는 왜 총을 들 수밖에 없었는가? 그 대답은 너무나 간단합니다. 너무나 무자비한 만행을 더이상 보고 있을 수만 없어서 너도나도 총을 들고 나섰던 것입니다. 본인이 알기로는 우리 학생들과 시민들은 과도정부의 중대 발표와, 또 자제하고 관망하라는 말을 듣고 학생들은 17일부터 학업에 시민들은 생업에 종사하고 있습니다. 그러나 정부 당국에서는 17일 야간에 계엄령을 확대 선포하고 일부 학생과 민주 인사, 정치인을 도저히 믿을 수 없는 구실로 불법 연행했습니다. 이에 우리 시민 모두는 의아해했습니다. 또한 18일 아침에 각 학교에 공수부대를 투입하고 이에 반발하는 학생들에게 대검을 꽂고 "돌격 앞으로!"를 감행하였고 이에 우리 학생들은 다시 거리로 뛰쳐나와 정부 당국의 불법처사를 규탄하였던 것입니다.

그러나 아! 이럴 수가 있단 말입니까? 계엄 당국은 18일 오후부터 공수부대를 투입하여 시내 곳곳에서 학생·젊은이들에게 무차별 살상을 자행하였니. 아! 설마! 설마! 설마 했던 일들이 벌어졌으니 우리의 부모형제들이 무참히 대검에 찔리고 귀를 짤리고 연약한 아녀자들이 젖가슴을 찔리우고, 참으로 입으로 말할 수 없는 무자비하고도 잔인한 만행이 저질러졌습니다. 또한 나중에 알고보니 군 당국은 계획적으로 경상도 출신 7공수병들로 구성하여 이들에게 지역감정을 충동질하였으며, 더구나 이놈들은 3일씩이나 굶기고, 더군다나 술과 흥분제를 복용시켰다 합니다.

시민 여러분! 너무나 경악스러운 또 하나의 사실은 20일 밤부터 계엄 당국은 발포 명령을 내려 무차별 발포를 시작했다는 것입니다. 이 고장을 지키고자 이 자리에 모이신 민주시민 여러분! 그런 상황에서 우리가 할 수 있는 일이 무엇이겠습니까? 우리가 어떻게 해야 되겠습니까? 묻고 싶습니다! 우리는 더 이상 당할 수만은 없습니다. 그런데도 정부와 언론에서는 계속 불순배 폭도로 몰고 있습니다.

여러분! 잔인무도한 만행을 일삼았던 계엄군이 폭돕니까? 이 고장을 지키겠다고 나선 우리 시민군이 폭돕니까? 아닙니다! 그런데도 당국에서는 계속 허위사실을 날조 유포하는데 혈안이 되어 있습니다.

시민 여러분, 우리 시민군은 온갖 방해에도 불구하고 여러분의 안전을 끝까지 지킬 것입니다. 또한 협상이 올바른 방향으로 진행되면 우리는 즉각 총을 놓겠습니다. 일부에서는 우리 시민군에 대한 오해가 많은 것 같습니다. 그러나 우리 시민군은 절대로 시민 여러분을 괴롭히지 않습니다.

민주시민 여러분! 우리 시민군을 절대 믿어주시고 적극 협조해주시기 바랍니다.

감사합니다.

1980년 5월 25일
시민군 일동

이렇듯 총을 든 시민들은 최소한의 자구책, 생존을 위해 총을 들었지만 언제라도 공권력의 잘못이 고쳐지고 평화가 찾아온다면 총을 내려놓겠다는 입장이었다. 위의 성명에는 경상도 출신의 공수부대원들이 술과 흥분제를 먹었다는 투의 몇몇 유언비어를 총을 든 근거로 제시했으나 핵심 내용은 사실을 왜곡하는 정부와 언론에 대한 규탄이었다.

5월 22일부터 학생수습위원회 부위원장으로 있다가 5월 26일 시민학생투쟁위원회 위원장으로 추대된 김종배는 총을 든 이유를 5월 21일 전남도청 앞 발포 때문이었다고 구술했다. 군인이 시민들을 향해 조준사격하는 것에 경악하여 그날 저녁부터 총을 들었다는 것이다.[86] 한 시민은 "돌과 화염병만으로 완전무장한 공수들에게 대항하기에는 역부족일 거라는 생각"에 총을 구하려고 나주 남평지서로 향했다고 구술했다.[87] 한 시민군 출신 시민은 광주의 소식을 알리려고 차량 시위를 하던 도중 도청 앞 발포 소식을 듣고 차량에 타고 있던 사람들이 무장하자며

우리는 왜 총을 들었는가

1980년 5월 광주는 폭력과 야만의 시간이 교차하는 도시였다. 대한민국 최정예 병사들은 광주에서 폭력과 야만을 시연했고, 종국에는 시민들을 상대로 발포했다. 처음 맨주먹으로 대항하던 시민들은 발포로 인해 많은 사람들이 쓰러지자 총을 들고 저항했다. 총을 든 시민들, 시민군이 출현했다. 시민군은 가족과 이웃을 잃지 않아야 한다는 절박한 심경에서 총을 들고 군에 대항했다(5·18민주화운동기록관 소장).

화순으로 향했다고 증언했다.[88] 대다수의 시민들이 전남도청 앞 발포 소식을 듣고 분노해 무장한 것이었다.

〈표 5-3〉은 5·18항쟁이 일단락된 뒤에 작성된 군 자료 중 5·18항쟁 기간 시민들이 무기를 반출한 기관들(무기고 피탈기관)을 정리한 것이다. 〈표 5-3〉에 나오듯이 시민들은 광주 이외의 지역에서 무기를 구했다. 주로 경찰서와 지서와 파출소, 예비군 무기고 등지에서 무기들을 꺼냈고, 화순 무기고(화순탄광-인용자)와 같이 폭발물이 있는 곳에서 무기와 폭발물을 구해 무장했다. 당시 각 지역의 경찰서 및 지서에는 최소 인원을 제외하고 대부분 광주에 집결해 있었기 때문에 무기를 꺼내 가는 시민들을 물리적으로 막을 수 없었다.

무장한 시민들이 광주 시내에 나타난 시각은 대략 5월 21일 오후 2시 30분 전후이다. 자료들에는 이날 오후 3시 무렵부터 총격전이 발생한 것으로 기록되어 있다. 다음은 5월 21일 시민들의 무장을 기록한 자료들을 시간대별로 배열한 것이다.[89]

〈표 5-3〉 무기고 피탈 기관

구분	기관 수	기관명
경찰서 및 지파출소 무기고	12	경찰서 : 목포, 광산, 진도, 영암, 완도, 함평, 해남 지파출소 : 나주(금성, 삼포, 노안), 화순(중앙), 무안(명산)
예비군 무기고	3	국세청 무기고 목포 연동 무기고 화순 무기고
계	15	

* 출처: 육군본부, 《광주 소요사태 분석 및 교훈》, 1981.

14:30 — 학동시장 앞 학생들이 화순에서 탈취해온 총기 및 다이너마이트를 폭도들에게 배부하면서 공포를 발포하고 있음.

14:35 — 50여 명의 무장 난동자들이 지원동 버스종점에서 석산 독립가옥에 보관해왔던 TNT를 탈취.

14:40 — 폭도들이 국민은행 앞에서 AR 1정, 카빈 30~40정 실탄을 장전. 도청을 향하여 거치하고 있음.

14:55 — 청년대원 20여 명은 무기를 휴대하고 금남로 2가 한일은행 및 외과병원 좌우측에서 은신 잠복 중.

15:45 — 전남의대 옥상 및 전일빌딩에 LMG 거치. 전남의대 5거리에서 카빈 소총 300여 정을 100정씩 3개 방면으로 전남도청을 향해서 오고 있다 함.

15:50 — 도청 500미터 상거한 우체국 쪽에서 학생 20여 명 카빈총과 실탄을 들고 도청 쪽으로 진입 중. 사방에서 총성이 나고 있다 함.

16:15 — 전남의대 12층 옥상에 LMG 2정을 설치하고 300미터 상거한 도청을 향해 발사.

16:30 — 광주시 동구 소태동 TNT 37,000여 개(?) 탈취.

17:40 — 광주시 지원동 종점에서 탈취 무기 공급, 광주공원에서 나주 지역에서 올라오는 무기 공급.

시민 무장 시기에 관한 자료 조작

전남도경이 생산한 자료로 알려진 〈집단사태 발생 및 조치사항〉에는 5월 21일 오전 8시경부터 전남 나주의 반남지서에서 무기가 반출된 것으로 기록됐다. 2017년 전남지방경찰청이 5·18항쟁기의 경찰 활동을 조사했는데, 그 보고서의 결론이 의미심장하다. 그전부터 많은 자료의 조작 가능성이 제기됐는데, 전남지방경찰청의 조사는 무엇이 어떻게 조작됐는지 구체적으로 밝히고 있다. 경찰의 조사에는 당시 경찰로 근무한 이들의 증언이 새로 발굴, 인용됐다. 아래는 발포와 관련하여 당시 경찰들의 구술을 재인용한 것이다.[90]

도경찰국 상황일지라고 한문으로 표지를 작성했는데, 경자를 보면 아래 말씀 언들이 빠져 있음. 경찰관이라면 警이라고 쓰지 이렇게 敬으로 쓰지는 않음. 당시에는 타자가 많지 않았기 때문에 타이핑 문서도 흔하지 않았고, 활자체도 이렇게 진하게 나오지도 않을 뿐더러 글자체도 이렇게 세련되지는 않았음(김○○ 나주 경무과).
이 문건은 당시 경찰 타자기에 없는 활자체라는 생각이 들며 아무리 보아도 80년도에 만들어진 문건으로 보이지 않음. 제목을 한자로 써놓았는데, 경찰이 '敬'이라고 쓰지 않고, 도경이란 표현은 다른 기관에서 부를 때 쓰는 명칭(이○○ 광주서 경무계).

위의 구술에서 잘 지적하고 있듯이, 1980년 5월 경찰 출신들은 자료의 근본적인 문제를 지적하고 있다. 즉 경찰警察의 글자 중에서 '경敬' 자가 잘못되었고 서체가 다르다는 점을 들어 경찰 자료가 누군가에 의해 조작됐음을 밝혀냈다. 전남지방경찰청은 이 같은 자료 조작이 "시민의 무기 탈취가 집단발포 이전에 이루어짐으로써 시민에 대한 군의 발포 행위가 '자위권 행사 차원의 정당한 행위'라는 논리를 구성하기 위해 관련 자료를 왜곡한 것으로 추정"된다고 결론내렸다.[91] 자료 조작이 단순히 시민들의 무기 탈취만이 아닌 5·18항쟁 전체를 왜곡시키는 근거로 활용됐다는 의미이다.

5·18항쟁이 끝난 뒤 계엄 당국은 5월 21일 이후 총 5,233정의 총기류와 실탄 29만여 발과 수류탄 552발, 무전기 220대 등이 반출된 것으로 파악했다. 〈표 5-4〉는 5월 27일 '상무충정작전'이 전개되어 항쟁이 끝난 6월 7일 현재까지 보안사령부가 파악한 반출된 무기 반출량과 회수량, 회수 비율이다. 다른 자료에도 시민들이 반출한 무기 현황이 있으나 대개 항쟁 도중에 작성됐기 때문에 이 통계가 비교적 정확할 것으로 추정된다.

〈표 5-4〉에 나오듯이 당시 광주 시민들이 주로 빼내 온 무기는 대다

〈표 5-4〉 6월 7일까지의 무기 현황

무기 종류	반출량	회수량	회수비율	미회수
M-1	1,281		98.5	18
CAR	3,432	3,078	89.7	354
M-16	34	29	85.3	5
권총	42	17	40.5	25
AR	22	22	100	0
LMG	3	3	100	0
50MG	3	3	100	0
엽총	395	192	43.5	223
소계	5233	4607	88.1	626
실탄	299,095	122,151	42.1	167,944
수류탄	552	508	92.1	44
차량	554	554	100	0
무전기	220	168	76.4	52

* 출처: 보안사령부, 〈광주사태 상황보고〉, 1980. 6. 7. 08:00.

무장한 시민들

5월 21일 오후 1시 무렵, 군의 발포가 시작됐다. 전날 밤에도 광주역 앞에서 발포가 있었으나 이날의 발포는 여러모로 달랐다. 한낮에 국군이 국민들을 향해 발포했고, 뒤이어 저격병들의 조준 사격이 이어졌다. 시민들은 자신과 가족, 이웃들의 생존을 위해 총을 들 수밖에 없었다(나경택 촬영. 5·18기념재단 소장).

수가 M-1 소총과 카빈 소총이다. 5월 27일 광주가 진압된 이후 군경과 행정관서 등에서는 무기 회수에 전력을 기울였다. 두려움 때문에 시민들이 무기를 반납하지 않고 버리는 경우가 있긴 했으나[92] 5월 27일 이후 광주와 인근 지역에서 총기사고는 없었다.

광주와 인근 지역에서 무기를 반출하여 다시 광주 시내로 돌아온 시민들은 계엄군과 총격전을 벌였다. 처음 무장한 시민들이 금남로에 나타난 시각은 오후 2시 55분경이며, 오후 6시 현재 전남대에서 교전 중이었다. 시민들은 전남대병원 옥상에 기관총을 거치하고 전남도청을 향해 발포했으며,[93] 기관총 총알이 전남도경찰국 건물까지 날아왔다고 한다.[94]

격투기 선수와 어린아이의 싸움

광주 시민들과 공수부대원들의 전투는 마치 잘 훈련된 격투기 선수와 어린아이가 싸우는 것과 같았다. 고도로 훈련받고 M-16 소총 등으로 무장한 최정예 군인들과 주로 M-1 소총과 카빈 소총 등으로 무장한 시민들의 교전은 애초부터 말이 되지 않는 전투였다. 비록 기관총이 포함됐지만, 광주 시민들은 분노와 슬픔으로 하루아침에 총을 잡은 민간인이었지 군사훈련으로 단련된 군인이 아니었다. 냉정하게 평가하면, 그야말로 '오합지졸' 수준이었다. 게다가 하늘에는 시민들의 움직임을 내려다볼 수 있는 헬기가 떠다니고 있었다. 그럼에도 광주 시민들은 누가 먼저랄 것 없이 총을 들고 대한민국 군대 중 최정예 특수부대에 무장 저항했다.

국민들이 총을 들고 정규군에 대항한 것은 커다란 '역사적 사건'이다. 1953년 7월 27일 한국전쟁의 총성이 멎은 이후 처음 있는 사건이었다. 물론 그 뒤로도 산 속에는 빨치산들이 남아 있었지만, 적어도 국민들이 무리를 지어 공권력에 총을 들고 정면으로 맞선 건 처음이었다. 1960년 4·19혁명 때도 국민들은 총을 들지 않고 발포하는 경찰에 맨주먹으로 맞섰다.

광주 시민들의 무장 저항은 신군부나 계엄사령부에서도 예측하지 못한 것으로 보인다. 애초에 공수부대를 비롯하여 서울에서 병력을 연달아 투입했으나 시민들의 저항은 잦아들지 않았다. 오히려 시간이 흐를수록 시민들의 저항이 격렬하고 강고해져갔다.

5월 20일의 차량 시위와 다음 날 오전 아세아자동차에서의 차량 징발 등은 계엄 당국에서도 예측하지 못한 듯하다. 그렇기에 아세아자동차에서 차량 징발이 여러 차례나 이루어졌음에도 공장에서 누구도 이를 막지 못했다. 계엄군 또한 방위산업체인 아세아자동차를 경비하지 않았다.

발포 직후 시민들이 무리 지어 경찰서나 예비군 무기고에 들이닥쳤을 때에는 제지할 경찰관이 없었다. 전남 경찰 대부분이 광주로 올라와 시위 진압에 투입됐기 때문이다. 전남 지역에서 활동하던 군 편의대 요원들이나 경찰, 공무원들이 시민들에 의해 총기가 반출되고 있음을 실시간으로 보고했으나, 이를 제지할 물리력이 없어 상황 보고만 이루어질 뿐이었다.

전남도청 앞에서 군이 발포하고 시민들과 군경의 대치가 계속되자 오후 1시 45분경 전남도청 공무원들은 도청에서 철수했다. 결국 5월 21일 오후 4시 40분경 전남도청 부근의 공수부대를 비롯한 계엄군과 경찰들에게 철수 명령이 내려졌다. 그로부터 10분 뒤인 오후 4시 50분에 공수부대와 전남도경찰국 상황실 근무자들도 조선대로 철수했다. 그러나 오후 5시 30분에도 공수부대원들이 광주 시내에 남아 있어 시민들을 습격할 계획이라는 보고가 있다.[95] 철수 명령이 내려졌다고 계엄군 전체가 조직적으로 물러날 수 있는 상황은 아니었다.

군의 작전 변경,
광주 외곽을 봉쇄하라

광주 시내의 상황이 걷잡을 수 없이 악화되자 계엄사령부는 계엄군을 광주 시내로부터 철수시켜 외곽을 봉쇄하는 것과 동시에 군의 즉자적인 대응을 자제시키는 명령을 내렸다. 5월 21일 오후 3시 10분 계엄사령관은 전투교육사령관에게 "폭도가 부대에 침입해도 최대한 제지하고 약간의 피해는 감수하라. 설득할 때까지 최대한 설득하다가 그래도 군 지역에 확대되면 다시 보고하여 지시를 받으라"고 명령했다. 이미 계엄군이 집단발포와 조준 사격을 하고, 이에 대응하여 시민들이 무장 저항을 시작하고 있는 가운데 나온 의미 없는 명령이었다.

상부의 명령이 광주 시내에 있던 공수부대를 비롯한 현장의 계엄군에게 제대로 전달됐는지도 의문이다. 광주 시내 곳곳에서 공수부대를 비롯한 계엄군과 무장한 시민들 사이에 교전이 발생하고 있었기 때문이다. 이는 계엄사령부가 광주 시내의 상황을 제대로 파악하지 못하고 있었음을 유추하게 한다. 계엄사령부-2군사령부-전교사-31사단-

공수부대로 이어지는 지휘체계가 제대로 작동하지 않았을 가능성이 높았던 것이다.

광주 외곽 봉쇄 후 무차별 발포

오후 3시 35분 계엄사령관은 "(항쟁의) 전국 확산 방지, 선무 활동으로 시민과 불순세력 분리, 지휘체제 일원화, 군 사기 진작, 교도소 끝까지 방어, 광주시 외부로 나가는 도로망 차단, 광주 시외 지역에 자제 촉구 선무 활동" 등을 지시했다.[96] 계엄군에게 광주 외곽을 봉쇄하라고 공식적으로 명령한 것이다. 오후 3시 50분에는 전교사 사령관에게 다시 "폭도가 부대에 침입해도 최대한 제지하고 약간의 피해를 감수하라. 설득할 때까지 최대한 설득하다 그래도 군 지역에 확대되면 다시 보고하여 지시를 받으라"[97]고 지시했다. 앞서 나온 계엄사령관의 명령을 반복한 것으로, 이미 많은 광주 시민들이 죽거나 다친 이후에 나온 '사후 약방문' 격의 지시였다. 이날 오후 4시에 전교사는 5월 18일과 19일에 연행했던 538명을 석방했다. 앞서의 발포 자제 명령과 마찬가지로 때를 놓쳐버린 조치였다. 아울러 16:00시를 기하여 국방부장관의 명령에 따라 전 군에 진돗개 "둘"이 발령됐으며, 2군사령부의 전 지역에도 동시에 발령됐다.[98]

계엄군이 광주 시내에서 퇴각하는 시각까지 무장한 시민들과 계엄군 사이에 산발적인 교전이 있었다. 오후 6시 전남대에서는 군과 시민들이 교전하고 있었으며, 조선대에서는 계엄군이 시민들에게 기관단총을 발사했다. 전남도청에 남아 있던 계엄군과 시민들 사이에서도 산발적

인 교전이 있었다.[99]

당시 전남대에는 3공수여단이, 전남도청과 조선대에는 11공수여단과 7공수여단이 주둔하고 있었다. 3공수여단은 전체 병력이 전남대에서 차량을 타고 낙오병 없이 광주교도소 부근으로 철수했으나, 조선대에 주둔하던 7공수여단과 11공수여단은 그렇지 못했다. 여단본부는 장갑차와 차량 등을 타고 학동을 거쳐 집결지로 철수했다. 여단본부와 달리 일반 사병들은 도보로 조선대 뒷산을 타고 무등산을 넘어 산길을 타고 집결지를 찾아가야만 했다. 때문에 11공수여단 병력들 중에는 제 때에 집결지에 도착하지 못하는 낙오병이 생기기도 했다.

이날 조선대와 전남대에 주둔하다가 광주시 외곽으로 일시 퇴각한 공수부대들이 얼마나 급박하게 빠져나갔는가를 보여주는 군의 통계가 있다. 5월 25일 전교사 군수 담당 장교가 정리한 '장비 및 보급품 방치품' 항목이다. 여기서 조선대에는 "2 1/2(2.5 – 인용자)톤 트럭 15대의 9개 품목"과 "24인용 천막 61동 외 20개 품목"이, 전남대에는 "24인용 천막 11동 외 18개 품목"이 남겨졌다.[100]

3공수여단은 큰 무리 없이 전남대에서 광주교도소로 철수했지만, 이는 어디까지나 부대 운영과 관련된 부분이다. 3공수여단이 전남대에 주둔할 때부터 많은 시민들이 군 주둔지인 전남대로 연행됐다. 이렇게 연행된 시민들 중 일부는 3공수여단이 철수한 뒤 전남대 교내에서 시신으로 발견됐다. 연행자들은 광주교도소로 이송했다. 하지만 3공수여단은 연행자들을 이송하는 차량 안에 최루탄을 터뜨리고는 그로 인해 시민들이 희생되자 시신 6구를 광주교도소 인근에 가매장했다.[101]

계엄군이 광주 시내에서 퇴각한 것은 작전상 후퇴일 뿐 진압작전의 근본적인 수정을 의미하는 건 아니었다. 계엄사령부는 처음부터 끝까지 광주 시민들을 폭도로 규정하며 토벌해야 할 대상으로 간주했다. 광주는 '외부의 불온세력'과 연계된 '폭도'들이 점거한 '불량도시'로 규정됐다. 계엄군의 작전은 광주와 외부를 단절시키는 것으로 변경되었다.

5월 21일 이전부터 계엄사령부는 항쟁이 확산되는 것을 차단하기 위해 광주의 외곽을 봉쇄하라고 명령했다. 5월 20일 23시 25분 2군사령부는 '소요 확산 저지(작상전 제445호)'를 지시했는데, "광주시 외부로 나가는 교통로를 봉쇄"하라는 명령이었다. 공수부대를 비롯한 계엄군 병력들은 광주 시내 곳곳에서 시민들의 시위를 진압하고 있었다. 그러나 5월 20일 밤 차량 시위를 계기로 시민들이 공수부대를 비롯한 계엄군을 몰아세우기 시작했다. 이 때문에 광주 외곽을 봉쇄할 계엄군 병력

바리케이트 쳐진 거리

5월 21일 오후 광주 시내에서 철수한 계엄군은 외곽을 봉쇄했다. 주요 봉쇄 지역에는 바리케이트를 치고, 그곳을 지나는 시민들이나 차량에 무차별 총격을 가했다. 왜 광주를 드나드는지 중요하지 않았다. 이제 광주를 드나드는 것은 목숨을 걸어야 했고, 광주는 '육지 속의 섬'처럼 외로운 땅이 되었다(국가기록원 소장).

5부 항쟁과 발포 사이   311

이 없었다. '소요 확산 저지'는 실질적으로 실현 불가능한 지시였던 것이다. 경찰도 마찬가지였다. 광주 이외의 지역 경찰들이 광주로 올라와 시위 진압을 하고 있었다.

5월 21일 밤부터 시작되어 22일부터 본격 실행된 계엄군의 외곽 봉쇄는 이전과는 많은 차이가 있었다. 군에 자위권이 발동되고, 많은 양의 실탄이 병사들에게 주어졌다. 게다가 금남로를 비롯한 광주 시내에서 계엄군이 퇴각하여 외곽을 봉쇄할 병력들이 충분해졌다. 계엄군은 5월 22일 이후 외곽을 철저하게 가로막았다. 경찰은 전남도경국장의 명령에 따라 개별적으로 퇴각하여 외곽 봉쇄에 참여할 수 없었다.

5월 21일 이후 실시된 계엄군의 광주 봉쇄는 새로운 '경계'를 통한 '구분 짓기'를 의미한다. 계엄군이 설치한 바리케이드는 단순히 시민들의 출입을 막는 데 그치지 않았다. 시민들의 출입을 군이 가로막는 것도 문제이지만, '폭도'와 '양민'을 가르는 경계가 만들어진 게 더 큰 문제였다. 이 바리케이드는 이후 외곽 봉쇄 기간 내내 '학살의 경계선'으로 기능했다.

공수부대원들은 외곽 봉쇄 지역에 도착한 직후 1인당 580발의 실탄

〈표 5-5〉 광주 외곽의 봉쇄 부대·병력, 봉쇄 지역

부대	병력	비고
3공수여단	265/1,261	광주교도소 경계, 남부고속도로 차단
7공수여단	82/604	광주-화순 간 도로 차단
11공수여단	163/1,056	광주-화순 간 도로 차단
20사단	308/4,778	60연대 추가 투입, 광주-목포 간 도로 차단
계	882/4,778	5개 진입로 상, 6개 차단지 운영

* 출처: 계엄사령부, 〈충정 일일 주요업무 상황〉, 1980. 5. 23.

과 2발의 수류탄을 지급받았다고 한다. 필자가 만난 공수부대원들 중에는 1980년대 후반 만들어진 영화 〈람보〉를 예로 들며 당시 자신들이 마치 '람보'와 같이 양 어깨에 탄띠를 교차하여 두를 정도로 많은 양의 탄환을 지급받았다고 증언했다. 계엄군에게 자위권이 정식 발동된 것은 5월 22일 10시 30분이었으나 광주 외곽에서는 달랐다. 계엄군이 광주 시내에서 철수하여 외곽을 봉쇄하는 순간부터 실탄이 지급되었고 자위권은 전남도청 앞에서 집단발포하는 순간부터 작동하고 있었다. 광주 시내에서 철수한 계엄군은 〈표 5-5〉에 나오는 지역에서 외곽 봉쇄작전을 수행했다.

〈표 5-5〉에 나오는 지역들은 다른 지역과 광주를 연결시키는 광주 외곽의 길목으로, 광주에서 다른 지역으로 나가거나 반대로 다른 곳에서 광주로 들어오는 경우 반드시 거쳐야 하는 교통의 요지였다. 물론 무등산을 가로지르거나 넘는 좁은 길도 있긴 했다. 그렇지만 위의 봉쇄 지역들은 적어도 외부에서 광주로 들어오고 나가는 주요 교통로였기에 효율적으로 광주를 봉쇄하는 효과를 볼 수 있는 도로들이었다.

해안선 봉쇄, 북한군 침투 원천적으로 불가능

〈표 5-5〉에 나온 6개 지역은 외부에서 들어온 부대들이 배치된 지역이다. 향토부대인 전교사와 31사단 병력이 배치된 지역까지 포함하면, 군의 봉쇄 지역은 더욱 확대됐다. 5월 22일 오전 11시 2군사령부는 각 부대에 '도로 봉쇄 지점 간 간격 차단 지시(작상전 469호)'를 내려 "부대별 책임 지역 할당, 협조점 부여 완전 차단, 광주시 외부로 탈출 방지" 등

을 명령했다. 이와 동시에 '해안 경계태세 강화(작상전 470호)'에서 '해안 경계 지도 및 감독체제 강화, 해안 경계 지휘체제 구성' 등을 지시했다.[102] 광주 외곽의 봉쇄와 함께 전남 해안의 경계태세 강화를 명령한 것이다. 실제로 전교사와 향토사단인 31사단에서는 해안 경계를 강화했다. 즉 당시 계엄군은 광주 외곽뿐 아니라 전남의 해안선을 봉쇄했기 때문에 애초부터 북한군의 침투가 불가능했다.

광주 외곽을 봉쇄하는 계엄군들에게는 "무기 휴대 폭도의 봉쇄선 이탈 절대 거부, 폭도 중 반항치 않는 자 체포, 반항자 사살, APC(장갑차) 또는 차량을 이용 강습 시도 시는 사살, 현 봉쇄망은 주 도로만 치중치 말고 지선 도로도 장악, 폭도 탈출 적극 방지하라"[103]는 명령이 내려졌다. 11공수여단 62대대장은 검찰에서 "검문을 하여 지역 주민 이외의 차량이든 사람이든 일체의 통행을 금지시키라는 지시를 받았으며, 전시와 마찬가지 상황이었기 때문에 검문에 불응하면 사격을 하라는 취지로 지시를 받았다"고 진술했다.[104]

광주 외곽의 검문에서 이 명령들과 검문 절차는 제대로 지켜지거나 진행되지 않았다. 지역 주민의 범위 설정도 애매해 많은 지역 주민들이 피해를 입었다. 당시 광주 외곽을 봉쇄하라는 명령은 '사살 명령'이나 다름없는 위력을 발휘했다.

외곽 봉쇄 및 자위권 발동과 관련된 일련의 지시는 광주시 외곽 주요 지점에서 봉쇄작전을 수행하던 계엄군들이 무차별 발포를 실행하는 직접적인 계기가 되었다. 계엄군들은 외곽의 봉쇄 지역을 통행하는 차량이나 사람들에게 무차별 발포했고, 그로 인해 외곽 봉쇄 지역에서는 많은 사상자들이 발생했다. 5·18항쟁기의 희생자들을 분석한 한 연구는 5월 21일 오후 광주-나주 국도, 송암동 지역, 화정동(국군통합병원) 인

근, 지원동 주남마을, 광주교도소 부근 등지에서 민간인 학살이 있었다고 지적했다.[105]

계엄군의 발포로 가족과 함께 광주교도소 앞을 통과하던 차량, 가족들과 함께 광주를 떠나려던 시민들, 계엄군 주둔 지역의 마을 주민 등 많은 사람들이 죽거나 다쳤다. 특히 3공수여단이 철수해 봉쇄작전을 수행하던 광주교도소 부근에서 민간인 살상이 자주 발생했다. 5월 21일부터 24일까지 3공수여단이 경계하던 광주교도소 부근은 광주-담양을 오가는 길목(남부고속도로)에 위치하고 있다. 3공수여단은 이곳을 지나는 차량에 무차별 발포하여 많은 민간인들을 사살했다.[106]

광주교도소 습격사건의 조작

군에서는 광주교도소 부근에서 발생한 사건들을 불순분자들의 선동에 따른 폭도들의 교도소 습격을 격퇴한 것으로 조작했다. 전남합동수사단에서 작성한 〈광주교도소 습격기도사건〉에는 당시 광주교도소에 복역 중인 류락진의 처 신애덕과 동생 류영선이 시위에 가담, 교도소를 습격하여 복역 중인 류락진을 구출토록 선동한 것으로 기록됐다. 특히 류영선은 시위 군중과 함께 교도소를 습격하다 사망한 '폭도의 전형'으로 기술됐다. 그러나 이 문건은 5·18항쟁을 불순분자의 소행으로 몰기 위해 조작한 자료이다.

류락진이 광주교도소에서 복역하고 있었고, 류영선이 항쟁 기간에 계엄군의 총격으로 사망한 것은 사실이다. 당시 류영선은 예비검속된 조카 류소영(조선대 약대 재학)을 찾으려다 공수부대의 만행을 보고 항쟁에 합류했다. 이후 류영선은 시민군으로 활동하다 5월 27일 최후 항쟁 때 YWCA 부근에서 계엄군의 총격을 받고 사망했다. 〈검시조서〉에는 그의 사인이 "M-16 총상"인 것으로 기록됐다.[107] 류영선이 사망한 후 가족들은 차례로 전남합수단에 끌려가 '류영선이 형 류락진을 구하기 위해 시민군을 선동하고 교도소를 습격했다'는 혐의로 심문받았다.[108]

이처럼 군, 정확하게 보안사령부는 이 사건을 '교도소 습격사건'의 사례로 둔갑시켜 활용했다. 5·18의 왜곡과 조작은 이미 1980년 5월부터 군에 의해 시작되고 있었던 것이다.

계엄군이 봉쇄한 지역에서는 많은 민간인 학살이 발생했다. 5월 22일 오후 5시 30분부터 광주-송정 간 도로에서는 탱크를 앞세운 계엄군이 공단 입구까지 진출해 바리케이드를 친 시민들에게 발포했는데, 밤 8시까지 총격이 계속될 정도로 격렬했다.

광주뿐 아니라 전남 지역에서도 광주 외곽 지역과 비슷한 상황이 벌어졌다. 5월 23일 밤 해남 우슬재에서 해남읍으로 진출하려는 시민들이 이를 저지하는 계엄군의 총격으로 3~4명이 부상을 입어 강진 도립병원에 입원하고 있다는 장흥지청장의 보고가 있었다.

전남대에서 광주교도소로 철수한 3공수여단은 연행자 100여 명을 광주교도소에 임시 수용하고, 사망자 시신 6구를 광주교도소 부근에 매장했다.[109] 계엄군의 계속된 총격으로 많은 희생이 발생하자 시민들은 광주로 통하는 입구에 장애물을 설치하여 계엄군의 진입을 막아섰다.[110]

분풀이 학살과
오인 사격의 조작

주남마을사건의 진상

계엄군의 외곽 봉쇄과정에서 발생한 대표적인 민간인 학살이 '주남마을사건'인데, 광주시 동구 지원동 광주-화순 간 15번 국도에서 발생했다.

원래 주남마을은 광주에서 화순으로 나가는 곳에 위치하며 지원동 부근의 석산石山 독립가옥에 많은 양의 TNT가 보관되어 있었다. 5월 22일부터 이곳에 7공수여단과 11공수여단 병력들이 주둔하면서 길을 막고 지나다니는 차량과 사람들을 향해 무차별 발포했다.

보안사령부에는 5월 22일 오후 1시 16분경 너릿재터널 입구에서 화순에서 광주로 오던 1/4톤 트럭에 7공수여단 병력들이 발포하여 1명을 연행하고 1명은 사살한 것으로 보고됐다.[111] 이날 7공수여단의 발포는 6월 10일 오전 9시부터 11시까지 전교사 교육상황실에서 열린 '광주사태 진상조사단(단장: 국보위 내무분과 위원장 준장 이광로)'과[112] 전교사 주요 간부들과의 회의 때 언급됐다. 이 자리에서 진상조사단은 "주민들이 폭도 확산을 제지코자 화순터널을 차단하고 돌아오는데 계엄군이 사격을 가하고 3명을 납치하였다는데 알고 있는가?"라고 전교사 간부들에게 질문했다. 이에 대해 전교사 작전참모는 전혀 몰랐으며 처음 듣는 이야기라고 답했다.[113] 그러나 앞서 보았듯이 전교사의 자료에도 이날의 사건이 언급되고 있다.

광주에서 현지조사를 마친 뒤 진상조사단에서 작성한 〈광주사태 진상보고〉 중 작전통제 미흡 항목에 "5. 22. 화순터널(너릿재터널 - 인용자) 입구 봉쇄작전 부대가 차량 등으로 바리케이드 설치 중인 민간인 등을 사살"로 보고함으로써 이 사건을 확정적인 사실로 판단했다.[114] 전교사와 보안사령부 자료에서도 언급된 것으로 보아 이날 오후 7공수여단의 발포는 자명한 사실로 보인다. 그러나 이날의 발포로 사망한 사람이 누구이며, 그 시신이 어떻게 처리됐는지 그 정확한 실상은 밝혀지지 않고 있다.

좀 더 큰 사건은 다음 날인 5월 23일 오전 광주시 지원동 1번 버스종점 부근에서 공수부대가 미니버스에 총격을 가한 사건이다. 이날의 발포와 관련된 보고를 시간대별로 정리하면 다음과 같다.

> 1980. 5. 23. 10:50에 지원동 녹동 커브를 돌아 화순 쪽으로 향하던 데모 대원 차량이 갑자기 정지. 12세 남학생 사망하고 부상자 3명 발생.[115]
>
> 5. 23. 11:30 현재 계엄군은 광주-화순 간 도로에서 폭도 버스 1대를 완전 파괴시킨 후 TNT, 총기 및 실탄(수 미상)을 회수하고, 폭도 17명을 사살.[116]
>
> 5. 23. 11:30에 지원동 1번 종점, 기점 화순 쪽 계엄군이 시내 쪽 학생들

무장 대치하고 있다.[117]

5. 23. 12:00 −7공수, 폭도 탑승 차량 1대 사격 정차 조치. 총기 및 상당수 TNT 회수. 폭도 17명 사살. 특전대 외곽선 및 예상 도주로 봉쇄 차단 중.[118]

10시 50분경에 발생한 맨 위의 사안은 두 가지 사건이 혼재된 것으로 보인다. 여기서 언급된 미니버스와 12세 남학생은 다른 사건이다. 당시 12세 남학생은 병원으로 후송되어 치료받은 것으로 알려졌다.

'주남마을사건'으로 알려진 이 사건은 5월 23일 오전에 발생한 것으로 추정된다. 공수부대원들은 이른바 주남마을사건이 발생한 시각을 5월 23일 오전으로 기억했다. 당시 발포한 11공수여단 62대대 ○지역대 △지대장은 사건 발생 시각이 5월 23일 10시 30분경이라고 진술했다. 그는 당시 지원동에 있던 채석장 사장 집에서 아침밥을 먹은 뒤 화약고 경계를 서던 중 미니버스가 화약고 쪽으로 들어오며 사격하기 시작하여 부하들이 대응 사격한 것이라고 말했다.[119]

부상자를 후송한 11여단 62대대 병사도 미니버스 발포사건의 발생 시점을 5월 23일 한낮으로 기억했다.[120] 11공수여단 정보참모 또한 5월 23일 아침 여단 상황실로 총을 쏘면서 버스가 온다는 보고가 들어왔다고 진술했다.[121] 지원동 동사무소의 공무원은 광주시 동구청에 5월 23일 11시에서 12시 사이에 지원동 동사무소로부터 100미터 정도 떨어진 곳으로 미니버스가 지나갔는데, 도로 쪽에 있었던 사람들이 미니버스를 정지시키려 했으나 그대로 통과하려 하자 곧이어 정지신호 뒤 발포가 이루어졌다고 보고했다.[122] 그러나 미니버스에 타고 있다 유일하게 생존한 홍금숙(당시 고등학교)과 사건 직후 사건 현장으로 갔던 자원

봉사자는 사건 발생 시각을 오후라고 주장했다.[123]

이날 오후에도 지원동의 상황은 계속 보고됐다. 보안사령부에는 5월 23일 오후 1시 50분에 광주시 소태동에서 폭도 차량 5대가 지원동에서 방향을 돌려 시내로 진입한 것으로 보고됐다.[124] 같은 날 오후 2시에 지원동에서는 계엄군과 폭도 간의 교전이 있었으며 결과는 미상으로 보고됐다. 이 보고는 505보안부대를 거쳐 보안사령부로 올라갔다.[125] 당시 현장 부근에 있던 시민들은 시민군들이 지원동 미니버스 발포사건에 대응하기 위해 무장하고 봉쇄 지역으로 와서 계엄군과 총격전을 벌였다고 했다.

전교사의 〈작전상황 일지〉에는 "5. 23. 15:30 광주사태 폭도 50명(버스 1대) 군부대 기습 기도. 군부대(11공수) 반격 소탕. 생포 3명(부상 2명). 사살 17명. 카빈 11정, 실탄 12발, M1 1정, 무전기 1대, 버스 1대"[126]로 보고됐다. 이 자료는 검찰수사 때까지 지원동 발포사건을 설명하는 유력한 자료였다. 전교사의 〈작전일지〉에는 '5. 23. 16:30 남초등학교 계엄군 진출 소식을 듣고 시위대가 카빈 등으로 무장한 채 지원동 부근 남국민학교 방향으로 진출했으며 계엄군 총소리로 추정된 M16 총소리가 들린' 것으로 보고됐다.[127] 계엄군과 시민들과의 대치는 다음 날까지 계속됐고, 5월 24일 오후 4시경 수습위원들이 대치 중인 시위대를 설득하여 귀가시켰다.[128]

지원동 일대에서는 날마다 공수부대와 시민들의 총격전이 계속 벌어졌고, 이 때문에 많은 사상자가 발생했다. 지원동 동민들 사이에서는 시민군이 민간인들의 출입을 호송하는 상황에 대해 군인들의 사격이 지속되고 불안해하는 여론까지 생겨났다. 지원동 주민들은 계엄군이 광주 시내로 다시 들어오며 공격하고 있다고 생각했다.[129]

미니버스 발포 직후 11공수여단 병력들이 현장을 확인하러 미니버스에 올라탔고, 지역대 및 대대 간부들이 현장으로 갔다. 현장 지휘관은 버스에 올라가서 버스 상태를 확인했으며 곧이어 철수한 것으로 진술했다. 그러나 다른 병사는 "교전했다고 병력을 빼지는 않는다"며 곧바로 병력이 철수한 것을 부인했다.[130] 홍금숙 외 2명의 부상자들은 주남마을 여단 상황실로 이송됐다. 당시 현장에 출동한 자원봉사자는 사상자들을 전남대병원으로 후송할 것을 요구했으나 공수부대 간부들이 이를 거부했다고 말했다.

부상자들 사살 후 암매장

처음에는 발포한 11공수여단의 한 지역대 병사들이 부상자들의 이송을 담당했으나 중간에 주남마을의 경계를 서고 있었던 지역대 병사들로 교체됐다. 주남마을 뒷산에 위치한 11공수여단 상황실에서 부상자들의 상태를 본 11공수여단 장교가 부상자들을 왜 데리고 왔느냐며 책망하자 상황실 주변에 있었던 11공수여단 62대대 병사들이 부상자들을 처리했다. 인근 야산 중턱으로 손수레를 몰고 간 한 병사는 누군가가 안락사시키자고 한 후 사살했다고 말했다. 시신을 묻고 났을 때는 해가 질 무렵이었다고 했다.

현장 부근에 있던 11공수여단 간부들 중 어느 누구도 이들의 행위를 제지하지 않았다. 주남마을 뒷산 헬기장 부근에 암매장된 시신은 6월 2일 주남마을 주민들의 신고로 광주시청에서 수습, 망월동 시립묘지에 안장했다. 두 구의 시신은 신원이 확인되지 않은 채 망월동 구묘역에 무명열사로 묻혀 있었다. 2002년 망월동 묘지가 국립묘지로 승격되고 신묘역이 조성될 때, 시신들을 이장하며 실시한 유전자 감식으로 신원이 확인되어 가족의 품으로 돌아갈 수 있었다.[131]

주남마을사건과 관련하여 몇 가지 자료가 있다. 5월 25일 11시에 광주시청에서 작성한 일지에 따르면, 가운을 입은 청년 2명과 기사 1명, 동장 1명 등이 군부대로 접근해 대화를 시도하고, 녹동마을 화약고 앞에 있었던 12구의 시신을 발견했으며 오후 2시에 시체 12구를 인계받았다.[132] 광주시 동구청에서 작성한 5월 28일 자 보고에는 이상철이 지원동 화약고 밑의 사체 처리를 요구하고, 같은 날 당시 광주시 동구 지원동 동사무소 총무계장이 녹동 입구 좌측 300미터 지점에 있던 사체 7구의 처리를 요청했다고 기록되어 있다.[133] 광주지검에는 5월 28일 지원동 가매장분 사체가 11구이며 검시할 예정이라고 보고됐다.[134] 모두 지원동 미니버스 발포사건과 관련된 사체인지는 분명하지 않다.

사망자 관련 자료로는 사망진단서와 광주지검의 〈검시조서〉, 그리고 전남대병원에서 파견된 검안의 검안차트와 505보안부대에 사망자 분류작업 뒤 작성한 〈검시결과 보고서〉 등이 있다. 또 1982년 보안사령부에서 만든 《5공 전사》 제4편 부록에도 〈검시조서〉가 있다.

사체 검안 및 검안위원회에 참여한 의사는 1980년 6월 초순경 보안사령부에서 분류작업을 할 때 사체에 대한 개인별 기초 자료가 있었던 것으로 기억했다.[135] '5·18' 관련자(57명)들을 감시하던 보안사령부에서 작성한 인물 관련 자료가 있는데, 다음은 '주남마을사건'의 유일한 생존자인 홍금숙 항목이다.[136]

10:00경 시민들이 "더 가면 군인이 있어 위험하니 가지 말라"고 기사에

게 주의를 주었으나 괜찮다며 가다가 갑자기 산(지원동 지나 화순 가는 길)에서 차를 향해 위협 사격을 하자 기사가 산을 향해 발포하자 산에서 차를 향해 일제 사격. 차 안에 있던 남성 1명이 "수도 적고 위험하니 총을 쏘지 말고 엎드리자"고 했으나 기사가 계속 응사해 산에서도 연속해 사격. 한참 사격이 있은 후 군인들이 와서 남성 2명을 끌어내린 후 차 바닥에 있는 본 명을 "나오라"고 해 검거.

11공수 보안반 보고 내용: 상기 버스에는 남성 15명 여성 3명 중 3명 생포(남 2, 여 1) 외 전원 사살되었으며 남성 2명은 중상으로 통합병원에 후송되었으며 홍금숙은 11공수 정보참모 곽○○로부터 보안반에 인계.

주남마을사건은 사상자가 많은 것도 문제였지만, 더 큰 문제는 계엄군이 부상당한 사람들을 후송하지 않고 현장에서 사살한 점이다.

11여단 62대대 출신은 지원동 미니버스 발포사건이 발생하기 전에 부대원들이 녹동마을 주민 한 사람에게 사격을 가했고 결국 그가 사망한 것으로 추측했다. 광주시 동구 지원동 동사무소에서 동구청으로 올린 보고는 다음과 같다.

지원동에서 농부 1명이 피습 부상당했으며,[137] 5월 23일 11시 53분에는 지원동 농민 김인성이 논에서 일하다 총탄으로 부상당하고, 지원동의 원지교를 중심으로 학생과 계엄군이 치열하게 총격전을 벌이고 있었다.[138]

위의 보고와 같이 계엄군이 봉쇄한 인근 지역의 주민들은 갑자기 날아든 총격에 부상당하기도 했다. 이는 11공수여단이 봉쇄한 지역에서

만 발생한 사건이 아니었다. 전남 담양의 고규석과 임은택은 5월 21일 트럭을 타고 광주로 수금 왔다가 귀가하던 도중 광주교도소 부근 고속도로에서 3공수여단 병력의 총격을 받고 희생됐다. 그들은 광주교도소 부근에 매장됐다가 5월 31일에 시신이 발굴되어 가족들에게 인도됐다. 동행하던 이승일과 박만천도 총상을 입었다.[139]

이들 외에도 많은 사람들이 집이나 집 부근, 또는 광주로 들어오는 길목에서 계엄군의 무차별 총격을 받고 희생당했다. 19세의 재수생이던 김병연은 담양 집으로 귀가하던 도중 광주시 두암동 소재 보리밭에서 왼쪽 가슴에 총격을 받고 희생됐다. 전남 영암에서 페인트공으로 일하던 조경운은 광주에 재료를 구하러 가던 중 총격을 받고 적십자병원으로 옮겨졌으나 병원에 도착하기 전에 사망했다. 김영선은 5월 22일 계엄군이 봉쇄한 지역의 자택에 있던 중 집 안으로 날아온 총탄에 왼쪽 가슴을 맞고 희생됐다. 박병현은 친구와 함께 효덕동 노대부락을 지나던 중 계엄군의 총격에 희생됐다. 처음 검안할 때는 외상이 발견되지 않았으나 부검 결과 머리에 총격을 받고 사망한 것으로 밝혀졌다.

5월 24일 오전 9시에 전교사에서 외곽을 봉쇄하고 있던 공수부대의

〈표 5-6〉 공수부대 배치 지역(부대 교대)

지역	교대 부대		피교대 부대		이동수단	
	부대	인원	부대	인원	차량	헬기
교도소	62	84/1,450	3공수	262/1191	50	
화순 도로	61	62/1413	11공수	168/786	25	
			7공수	109/782		

* 출처: 전투병과교육사령부, 〈광주사태 시 전교사 작전일지〉, 1980. 5. 24.

임무 교대를 명령했다. 향후 있을 재진입작전 때 특공임무를 부여하려는 목적이었다. 그리하여 이전에 공수부대가 차단하고 있던 광주교도소와 광주-화순 간 도로에 20사단이 배치되고, 공수부대는 송정리비행장으로 철수했다. 〈표 5-6〉은 이날 공수부대 배치 지역의 부대 교대 현황이다.

이날 오후 트럭으로 이동하던 계엄군들이 소리가 나는 곳을 향해 반사적으로 발포하여 많은 민간인들이 희생됐다. 열한 살의 전재수는 효덕동 공동묘지 부근에서 지나가던 공수부대의 총탄에 맞아 희생됐다. 방광범은 효덕동 저수지에서 목욕한 후 귀가하던 중 머리에 총격을 받고 희생됐다. 50세의 박연옥은 중학생 아들을 찾아 나서던 중 총소리에 놀라 하수구 밑에 숨어 있다가 계엄군의 총격에 희생됐다.[140] 이렇듯 계엄군은 때와 장소를 가리지 않고 아무에게나 무차별 발포했다. 외곽 지역 봉쇄 조치가 취해진 이후부터는 계엄군이 주둔하거나 이동한 광주 전역에서 희생자가 발생했다.

계엄군끼리 오인 사격에 애꿎은 분풀이

부대 교대를 하고 돌아가던 도중에 계엄군 간에 발포하는 오인 사격도 발생했다. 5월 24일 10시 50분경 봉쇄 임무를 마치고 부대로 복귀하던 31사단 병력을 향해 전교사 소속 기갑학교 병력이 사격했다. 그로 인해 31사단 부대원 3명이 사망하고 7명이 부상당했다.

이보다 더 큰 오인 사격은 이날 오후 2시경 발생했다. 11공수여단은 이날 오전 광주-화순 간 도로 차단 및 봉쇄 임무를 마치고 20사단과

교대한 뒤 장갑차와 차량 등을 이용하여 송정리비행장으로 퇴각하고 있었다. 공수부대 병력이 송암동 부근을 지나던 도중 인근의 금당산에 매복해 있던 전교사 소속 보병학교 병력의 사격을 받았다. 11공수여단 63대대 대원 중 9명이 희생되고 38명이 부상당할 정도로 심각한 피해를 입었다. 전교사 병력들이 무반동총까지 발포하여 장갑차가 부서지고 2.5톤 트럭 11대가 파괴될 정도였다.

공수부대원들은 오인 사격 현장 수습과 동시에 인근 마을 수색에 나서 젊은이들을 연행하고는 그들에게 분풀이를 자행했다. 이날 마을에서 끌려가 희생당한 사람 중 김종철의 사인은 '후두부 타박상, 좌복부 자상'이었다. 뒷머리를 가격당하고 배에 칼이 찔린 채 희생된 것이다. 같은 집에 살고 있던 권근립, 임병철, 김승후 등도 공수부대가 상무대로 철수한 뒤 마을 인근에서 시신으로 발견됐다. 공수부대에 의해 같은 장소에서 사살당한 것이다. 〈검시결과 보고〉에 권근립은 5월 21일 총상으로 죽은 것으로 되어 있고, 사망 경위는 불명으로 처리됐다. 그러나 〈검시조서〉에는 5월 24일 광주시 송하동의 집 앞에서 죽은 것으로 기록됐다. 세 사람 모두 가슴에 총을 맞고 희생됐다. 전남합수단은 이 사건을 "폭도, 군부대 이동 시 기습 난사. 11공수 7명 63대대 36명 작전 중 폭도 기습 중상"으로 기술하여 사실 자체를 왜곡했다.[141]

공수부대원들은 전교사 병력의 오인 사격 때문에 부대원들이 피해를 입게 되었다는 사실을 인지하고 있었다. 그럼에도 현장 지휘관들 중 어느 누구도 마을 주민들을 대상으로 자행된 부하들의 보복 학살을 제지하지 않았다. 민간인 살상에 대한 보고는 당연하다는 듯이 생략되었고, 오히려 정반대로 보고함으로써 5·18을 왜곡했다. 오인 사격으로 사망한 공수부대원들의 공적 조서가 대표적인 사례이다.

5월 24일의 오인 사격으로 희생되거나 부상당한 무공훈장 수여자들의 사망확인 조서와 공적 내용은 오인 사격과는 정반대로 작성됐다. 사망 확인 조서에는 오인 사격의 희생자들의 사인이 "80. 5. 24. 13:30경 인적 불상 폭도들에 의해 전사한 사실임"으로 기록됐다. 또 5월 24일 오인 사격으로 인해 부상당한 한 병사는 5월 25일 상태가 악화되어 사망했음에도 불구하고 사망 확인 조서에는 "80. 5. 25경 폭도들에 의해 전사한 사실임"으로 기술됐다. 같은 날 사망한 전교사 군수지원단 소속 병사의 사망 확인 조서에는 "1980년 5월 24일 충정작전 80-2호에 의거 차량 인솔 중 11공수 대대장과 함께 …… 동승하여 노상 안내 중 광주시 송암동에 도착했을 때 폭도들로 추정되는 5~6명이 전방에 있는 것을 확인하고 제압하면서 앞으로 전진 중 전방 250미터 지점에서 90미리 무반동총으로 폭격당한 사실임"으로 기술됐다. 전교사 장갑차 운전병의 공적 조서도 "충정작전에 참가하여 공수대대장과 APC 장갑차에 동승하여 작전임무 수행 중 광주시 송암동에서 폭도들을 제압 전진 중 90미리 무반동총에 저격당해 장렬히 전사"로 서술됐다. 하지만 이는 기본 사실조차 왜곡한 조서였다. 당시 시민군에게 기관총은 있었으나 장갑차를 관통할 수 있는 위력을 가진 무반동총은 없었고, 계엄군 또한 이 사실을 파악하고 있었다.

공적 조서대로라면 공수부대원들은 '시민군과 엄청난 전투를 치르다가 산화'한 희생자들이다. 그러나 이들은 명백하게 전교사 병력의 오인 사격으로 인해 희생됐다. 한두 명의 공적 조서가 아닌 전체 희생자들의 조서가 왜곡된 것으로 보아 조직적인 개입이 있었던 것으로 추정된다. 전교사와 공수부대의 공적 조서를 통합 조작할 수 있는 보이지 않는 힘이 작용한 것이다.

보안사, 시민 무장 배후설 주장

오인 사격은 지휘권 이원화 문제와 직접 연관된다. 군의 지휘통제가 제대로 이루어지지 않았고 부대 간 연락이 원활하지 않았던 것이다. 결과적으로 5월 24일 하루에만 두 차례나 오인 사격이 발생했다. 전교사는 "상황 전파 및 연락장교 **(판독 불능-인용자)-현 실태: 병력 이동 보고 미실시, 능력 부족 연락장교 파견. 문제점: 상황 전파 및 보고 미준수화, 연락장교 능력 부족과 임무 미숙으로 (인한) 적시적이고 정확한 상황 전파 미실시"로 분석하며, 당시 상황 전파가 제대로 이루어지지 않았음을 스스로 인정하기도 했다.[142]

이전부터 상부에서는 계엄군들에게 어떻게 사격해야 하는지 구체적인 작전지시를 하달했다. 5월 21일 18시 49분 전교사는 '확인사격 지시(전상자전 611호. 5. 21. 20:55)'를 하달했다. "이동 시 상호 협조 및 사전 통보. 상호 연락 및 확인 대책 강구(비표). 수하誰何에 대한 적극적 반응. 야간 이동은 가능한 억제. 불필요한 병력의 유동 방지" 등의 내용이었다. 개별 부대가 이동할 때는 미리 연락하여 비표를 달고 수하에 불응할 때만 사격토록 명령했다.[143] 그러나 이러한 명령이 현장에서는 제대로 지켜지지 않았다. 공수부대가 보병부대에 미리 이동을 통보하거나 시민과 군을 식별할 수 있는 비표를 달지 않았으며, 전교사 병력도 미리 수하를 통해 확인하지 않고 발포했다.

현장 부대들에서는 "소수 학생데모가 악덕 정치인 및 불순세력의 배후조종에 의해 폭도화로 급전환함에도 투입군의 미온적인 초동 진압으로 난동의 영역이 광주를 중심, 지방으로 확산 …… 김대중 추종 불순 폭도들은 주민들의 의사에 반하여 전남 전역에 세력 확산을 목적으로 강력한 군부대를 회피, 경찰서 파출소를 습격, 소요 무기 획득을 계속 시도할 전망"으로 판단한 보안사령부의 평가가 통용된 것으로 보인다.[144] 보안사령부는 처음(의미상으로 시민들의 무장을 뜻함 – 인용자)부터 계엄군이 제대로 대응하지 못하고 김대중을 추종하는 불순한 폭도들이 무장을 시도한 것으로 평가하고 있었다. 김대중과 '폭도'가 된 광주 시민들을 연계시키려 한 것이다. 이후 상무대에서의 전남합수단 수사도 그렇게 진행됐다.

보안사령부가 내세우는 배후설은 오늘날 5·18항쟁을 왜곡시키는 주요 근거로 악용되고 있다. 5월 21일 22시 5분 505보안부대는 "폭도들이 삼양타이어(현 금호타이어) 회사에 방화. 송정리 일대가 온통 불바다로 피고 있으며 대한통운도 방화할 기세"로 보고했다. 삼양타이어 방화설은 다음 날에도 계속 보고된다. 5월 22일 오전 7시 시민들이 송정리에서 광주로 들어오던 중 비행장 입구에서 군에 의해 제지되어 일부는 영광 또는 송정리역 방향으로 갔으며, 그중 일부가 삼양타이어 공장 앞에서 폐타이어를 불태운 것으로 보고됐다.[145]

삼양타이어 부근에서 폐타이어를 불태운 행위는 당시 '삼양타이어 화재설'로 뒤바뀌어 유포됐다. 하지만 송정리에 있는 삼양타이어 광주공장의 위치나 보고자와 5월 27일 군에서 파악한 각종 피해 조사에서 삼양타이어가 빠진 점 등으로 볼 때 '삼양타이어 화재설'은 전혀 근거 없는 악성 유언비어였다.

여론이 악화된 때문인지 분명하지 않지만 5월 24일 삼양타이어는 "최근의 사태에도 불구하고 계속적인 정상 조업을 하고 있으며 상품 수출에도 하등의 지장을 받고 있지 않다"고 언론에 밝혔다.[146] 삼양타이어 화재설을 정면 반박한 기자회견이었다. 삼양타이어의 반박 기자회견이 있었음에도 허위보고는 다음날에도 계속됐다.

광주의 참상을
알려라

광주의 참상을 알리려는 시도가 전남 이외의 지역으로까지 번져 나갔다. 5월 20일 경기도경은 천주교 인천대교구 주임 신부 고故 김병삼이 소지한 유인물을 압수하여 지역의 보안부대에 넘겼다. 경기도경은 "국한문 혼용混用 필경, 8절지 전자 복사지"에 실린 내용이 계엄사령부에서 발표한 내용의 유언비어와 동일하다며 다음 사항이 추가된다고 보고했다.

(5월) 19일 발포로 150여 명의 시민과 학생 사상. 대검과 개머리판으로 난행당한 시민 학생들로 광주 시내 전 병원이 완전 초만원. 20일 현재 유혈 충돌이 계속되어 이를 항의한 전남도경 보안과장을 계엄군이 난타하였다.

이 유인물이 어떻게 인천의 김병삼 신부에게 전해졌는지는 알려지지 않았다. 그러나 광주 시내에서 벌어지고 있는 참혹한 사실을 담고 있다. 유인물에 기록된 것처럼 광주 시내는 '아비규환' 상태였으며, 당시 경찰 간부들조차 공수부대의 폭력과 야만을 제지할 수 없었다. 인천의 보안부대는 이 유인물의 출처와 배후를 조사하고 있다면서, 김병삼 신부가 '동일방직사건 대책위원장, 천주교 정의평화위원회 부위원장 및 동회 인천교구 위원장, 엠네스티 한국위원회 종신회원, 김지하 구출위원회 위원' 등의 직책을 맡고 있다는 점을 덧붙였다.[147]

군과 시민의 숨바꼭질

5월 22일 한 서울대 학생이 서울의 미도파백화점에서 광주의 실상을 알리는 유인물을 살포하다 경찰에 연행됐다. 5월 23일에는 경기도 부천에서 '민주화투쟁위원회' 명의의 유인물이 발견됐다. "광주, 서울 기타 각 지역의 데모는 유신잔당이 일으킨 5·17쿠데타에 궐기한 학생들의 정의감의 발로이며, 부정불의에 항거하는 민족정기의 표현"이라며, 계엄령 해제와 구속인사와 학생 석방, 전두환, 이희성과 추종세력은 자결하라는 내용이었다. 같은 날 전북대에서는 김대중 연행을 규탄한다는 유인물이 붙기도 했다. 강원도 동해에서는 민가에 "광주 투쟁을 지지한다. 애국자 김대중을 석방하라"는 낙서가 쓰였으나 곧바로 지워졌다.[148]

5월 21일 계엄군의 집단발포로 많은 희생자들이 발생하자 광주 시내에서는 헌혈운동이 활발하게 진행됐다. 광주 이외의 지역에서도 헌혈운동이 전개됐다. 5월 26일 오전 10시 50분경부터 서울 남부시립병원 혈액원 기획실장 윤기섭은 서울시 종로구 화신 앞에서 시민들을 상대로 헌혈운동을 전개했다. 헌혈 차량의 차창에는 "재경 광주고 동창회 여러분 헌혈을 도웁시다. 황폐된 내 고향을 향토애로 도웁시다. 헌혈 뒤 헌혈증을 동창회 사무소나 이곳 헌혈차에 제출 합시다"라는 안내문이 붙어 있었다. 곧바로 경찰이 출동하여 헌혈 안내문을 철거하며 헌혈차를 병원으로 복귀시키고 윤기섭을 종로경찰서로 연행했다.[149]

계엄 당국은 광주 외곽 봉쇄뿐 아니라 전남으로 드나드는 길목도 철통같이 지키고 있었다. 군경 합동으로 검문소가 설치되어 통행 차량들에 대한 검문검색이 강화됐다. 5월 23일 경남 사천의 남해안고속도로에서 이강술은 수첩이 발각되어 검거됐다. 그의 수첩에는 수도권 학생들의 집결장소와 날짜가 적혀 있었는데, 그는 군경합동검문소에서 붙잡혀 해당 지역 보안부대로 넘겨졌다. 이렇듯 계엄 당국은 전남으로 들어가는 주요 길목에 검문소를 설치하여 대학생으로 보이는 젊은이들의 이동을 차단했다. 광주의 소식이 외부로 전파되거나 외부에서의 광주 지원을 막기 위한 예방조치였다.

북한군 특수부대 침투는 원천적으로 불가능했다

이러한 사례들은 최근 불거진 '북한군(특수부대) 침투설'이 얼마나 근거 없는지를 보여준다. 당시 군은 '진돗개 둘'을 발령했다. 특히 광주와 전남은 완전무장한 계엄군과 경찰이 철통 같은 경계망을 펼치고 있었으므로, 북한군 600명이 광주에 침투하거나 다시 광주를 빠져나가는 것은 거의 불가능했다.

당시 육군본부 인사참모부 차장이던 박경석은 기자와의 인터뷰에서

"광주에서 그런 일이 벌어지니까 군에선 이북에 대한 경계에 초점을 두고 있었어요. 미군 7함대가 바다를, 미 공군이 하늘을 지키고 있었죠. 우리도 비상경계하에 최고도로 철책선을 지키고 있었습니다. 국방부, 합동참모본부, 육군본부 모두 긴장하고 경계에 초점을 두고 있었기 때문에 600명은커녕 개미새끼 한 마리 못 들어오는 경비태세였던 거죠. 그런데도 그런 주장을 하는 건 정말 미친 짓입니다. 국제적, 군사적으로도 난센스예요."[150]라며 '북한군 침투설'을 전면 부인했다.

다른 한편 '북한군 침투설'을 인정한다면 생각지도 못한 문제가 발생한다. 북한군이 침투했다는 주장은 당시 한미연합사령부로부터 시작하여 계엄사령부(육군본부)와 보안사령부(합동수사본부), 특전사령부, 2군사령부, 전교사, 31사단과 20사단, 그리고 광주 외곽을 봉쇄한 공수부대(3, 7, 11공수여단), 전남 지역을 봉쇄하고 있던 계엄군과 경찰이 무능했음을 자인하는 꼴인 것이다. 오히려 당시 광주 시민들이 거동이 수상한 사람들을 붙잡아 보안부대에 넘기기도 했다.

전국 곳곳서 '광주 알리기'

한편 광주의 소식을 다른 지역으로 알리려는 노력은 계속됐다. 5월 24일 경북 군위와 전북 전주에서 발견된 유인물은 곧바로 수거됐으나 광주에서 벌어지고 있는 참상을 알리고 있었다. 이 중 전주에서 발견된 유인물은 전북대 학생들이 배포했다. 다소 과장되고 유언비어도 섞여 있지만, 전체적으로 광주에서 발생한 사건이 생생하게 묘사되어 있었다. 다음은 이날 경북 군위에서 발견된 유인물이다.

군경들이여, 폭압명령 거부하고 국민의 편에 서라. 국군 장병, 경찰관들이여 지금 광주와 목포, 서울과 전주 등 각처에서 애국적 학생 시민들은 연일 그 세찬 반정부 시위와 폭동을 벌이고 있다. 생존과 민주주의를 요구해 나선 그들의 진출은 온 국민의 염원을 대변한 정의로운 범국민적 투쟁이다. 그런데, 그들은 어리석게 전○○ 따위의 소속이 되어 자기의 동포 혈육을 장갑차로 깔아 죽이고 총탄으로 쏘아 죽일 수 있단 말인가. 과연 그들은 이 무서운 범죄 앞에서 손이 양심에 떨리지 않는단 말인가. 역사는 폭군과 더불어 그 하수인도 결코 용서하지 않는다. 각성하라. 군경들이여 폭압 명령은 단호히 거부하라. 국민의 편에서 항전 대열에 합세하라. 국민에게 향한 총부리를 유신잔당에게 돌려대라.

이 유인물이 주목되는 것은 발견 장소와 내용이다. 비록 며칠 여유가 있었지만 군경의 검문을 뚫고 광주와는 상당히 멀리 떨어진 경북 군위까지 광주의 소식을 전하는 유인물이 배포된 것이다. 내용이 구체적이지는 않지만 광주에서 일어난 참상을 일정하게 반영하고 있다는 점도 눈에 들어온다.

전주에서 발견된 유인물은 10·26과 12·12, 그리고 5·17 등을 설명한 뒤, 물가고의 원인을 "전두환(원문은 ○○ – 인용자)의 정치자금 2,000억~5,000억이라는 거액을 만들기 위한 것"이라 주장하고, 5·18항쟁이 발생하게 된 원인을 설명한다.

유인물에서는 항쟁의 원인을 공수특전단이 투입되어 시위 학생들을 진압하는 과정에서 사상자가 발생하는 등 군이 폭력 진압을 자행했기 때문에 시민들이 봉기하게 된 것이라 했다. 그리고 5월 24일 오후 3시 전주역 앞 오거리에서 시위하겠으니 시민, 학생들의 참여를 부탁한다는 말로 끝맺고 있다. 누가 작성한 것인지 확인할 수 없지만 당면한 한국사회의 현실에 대한 사회과학적 인식과 분석에 기초하여 5월 18일 이후 광주에서 전개되고 있는 상황을 비교적 정확하게 전달하고 있다.

이 점은 5월 24일 20시경 부산에서 발견된 〈우리의 외침〉이라는 '부산대, 동아대 총학생회' 명의의 유인물과 대비된다. 부산의 유인물은 '전두환 타도, 학살자 처단, 비상계엄 해제'를 주장하며 5월 25일 19시 부산의 서면 대화극장 앞에서 총궐기하자고 선동하고 있다. 전북대 1학년 학생 한 명은 5월 24일 15시 20분경 전주역 앞 길가에서 '조선대 민주투쟁위원회' 명의의 〈전두환의 광주살륙 작전〉이라는 유인물을 배포하던 중 검거되기도 했다.

같은 날 12시경 서울의 종로구청 앞에서 30세가량의 청년이 국민연합 명의의 〈민족양심에 호소한다!〉는 유인물을 배포했고, 뒤이어 15시 30분에 세운상가 앞에서 학생 1명이 '조선대 민주투쟁위원회' 명의의 〈전두환의 광주 살육작전〉과 〈전남북 경계선상에서 군의 마지막 통화〉라는 유인물을 배포했다.

이처럼 전국 각지에서 광주의 소식을 전하며 전두환 타도를 외치는 유인물들이 배포되었다. 이 중에는 전주나 서울의 사례와 같이 광주에서 만들어진 유인물들이 계엄군의 봉쇄망을 뚫고 다른 지역으로 전달되어 광주의 참상을 알린 경우도 있었다. 5월 26일에는 연세대 학생들이 화염병을 만들어 다니던 중 불심검문에 걸려 연행됐다.[151] 그러나 다른 지역에서는 광주와 같이 시민들이 주도하는 대규모 저항에 이르지 못했다. 그 결과 계엄군의 봉쇄가 강화될수록 광주는 '육지 속의 섬'처럼 점점 고립되어갔다.

두 개의 지휘권

통일되지 않은 계엄군 명령계통

5월 24일 하루에만 오전과 오후 두 차례에 걸쳐 계엄군 간 오인 사격이 발생했다. 2군사령부는 오후 4시에 군부대 상호 간의 충돌을 방지할 목적으로 "이동 시 상호 협조 및 사전 통보. 상호 연락 및 확인 대책 강구(비표). 수하에 대한 적극적 반응. 야간 이동은 가능한 억제. 불필요한 병력의 유동 방지" 등을 명령했다.[152] 사후약방문이었다. 전체적으로 5·18항쟁 기간 군에서 내려진 주요 명령 중 상당수는 사건이 발생한 뒤의 '소 잃고 외양간 고치는' 명령이었다.

상무충정작전 직후 광주에 내려온 진상조사단의 〈광주사태 진상보고〉에서도 작전 통제가 미흡한 점을 지적했다. 진상조사단 단장이 다른 곳도 아닌 "전술교육의 전당인 이곳 보병학교가 오인 사격을 하였다는 것은 유감스러운 일이며 부끄러운 일"이라고 개탄할 지경이었다.[153]

사실 진상조사단 단장의 탄식이 아니라도 오인 사격은 말이 되지 않는 사건이었다. 전교사는 군의 전술훈련을 시키는 교육기관이며, 공수부대는 대한민국 최정예 특수부대이다. 두 부대의 특성상 일어나서는 안 되는 사건이 발생한 것이었다.

진상조사단은 "필요한 계획의 배포 및 상황전파 만락滿落 등으로 연관 부대 간 협조 통제가 결여되어 오인 사격 결과 초래"한 것으로 평가했다.[154] 특전사령부의 〈전투 상보〉에서도 이 같은 잘못을 인정하고 있다. 이 보고서의 '분석 및 평가' 항목에서 "작전부대 간 협조 미흡(오인 사격)"했다며, 작전 통제와 (부대 간-인용자) 연락관계가 원활하지 못한 것을 인정했다.[155] 그러나 군의 평가와 분석은 작전과정에서 발생한 현상에 대한 것만 있을 뿐 이러한 문제가 발생한 근본 원인들은 밝히지 않고 있다.

오인 사격은 시민들을 '폭도'로 몰고 자위권을 발동한 상태여서 일어날 수밖에 없었던 필연적인 사건이었다. 게다가 계엄군 내부에서 지휘계통이 통일되지 않는 가운데 부대 간의 연락이 원활하지 않았던 문제가 드러났다. 오인 사격이 있기 전에 11공수여단과 보병학교 간에 "사전 작전회의 및 부대 간 연락관계가 있었느냐"는 진상조사단의 질문에 전교사 작전참모는 5월 20일 8시 30분 '작전회의'를 했지만, 전교사 보병학교는 "보안 차단 목적으로 참석시키지 않았으며 연락장교를 통하여 알고 있었다"고 답했다. 보병부대와 공수부대의 연석회의에는 참석하지 않고 연락장교를 통해 상호 연락만 유지하고 있던 상태에서 외곽 봉쇄를 수행하던 부대끼리 연락이 제대로 되지 않고 있었음을 자인한 것이다.[156] 군 작전 면에서도 오인 사격은 실패한 작전이었다. 실탄 및 사격 통제, 부대 간 연락, 통행자 확인 등 군 작전에서 가장 중요한 기본 수칙조차 지켜지지 않았다.

계엄분소장인 전교사 사령관, 석연찮은 교체

지휘권 이원화 문제만 있었던 것이 아니었다. 의아한 점은 전남·북의 모든 계엄 상황을 통제하는 전남·북 계엄분소장인 전교사 사령관이 5·18항쟁 도중에 교체됐다는 것이다. 그런데 어떤 배경에서 교체가 결정됐는지는 분명하지 않다.

  5·18항쟁기 최초 희생자인 김경철의 시신을 살펴본 국군통합병원장은 '두개골 함몰과 흉부골절'임을 확인하고 "단순한 폭행이 아닌 목적의식을 가진 폭력 같다"고 판단하여 윤흥정 전교사 사령관에게 그대로 보고했다. 5월 19일 전교사 사령관은 31사단에 전화를 걸어 "충정작전에서 사상자를 내면 안 된다고 했잖아"라고 화를 냈고, 30~40분 뒤에 육군참모총장으로부터 전화를 받고 사령관직에서 교체됐다고 한다.[157] 신임 소준열 전교사 사령관은 자신이 발탁된 데 대해 "호남 출신으로 작전 분야에서 장기간 근무했기 때문에 광주에서 발생된 위기사태를 원만히 수습할 수 있다고 판단한 때문"인 것으로 추정했다. 이어진 '인사권자'가 누구였냐는 검사의 질문에 소준열은 "계엄사령관이 인사권자라고 할 수 있으나 5월 20일 황영시 참모차장이 전화를 걸어 당신이 전투병과교육사령관으로 가게 됐다고 말하여 내가 어떻게 그곳을 가느냐, 라고 하였더니 이미 전두환 보안사령관과 협의가 됐고, 중장 진급은 군단장 정기인사 시 될 것이라고 말하여 보직 변경 사실을 처음 알게 됐다"고 진술했다. 그는 다음 날 오후 1시경 이희성 계엄사령관으로

부터 정식 명령을 받고 광주로 파견됐다. 소준열이 광주에 도착한 시각은 5월 21일 오후 4시 30분경이었다.[158] 이 진술로 보아 5월 20일경에 전교사 사령관의 교체가 이루어진 것으로 여겨진다.

한창 계엄군의 시위 진압이 진행되는 과정에서 이루어진 전교사 사령관 교체는 상식적으로 이해가 되지 않는 결정이다. 당시 전교사 사령관은 전남·북 계엄분소장으로, 전남·북의 계엄을 지휘하는 사령관이었다. 즉 광주 상황을 통제하는 사령관인 것이다. 그런데 이 같은 전교사 사령관을 교체하는 것은, 적절한 비유는 아니지만, 마치 '전투 중에 장수를 바꾸는' 격이었다.

다른 한편, 이는 소준열의 진술에도 나오듯 전두환이 당시 군을 장악하고 있음을 보여주는 구체적 사례이다. 먼저 전교사 사령관의 교체를 결정한 뒤 정식 임명은 형식적으로나마 계엄사령관이 내린 것이다. 윤흥정 소장은 전역과 동시에 체신부장관에 임명됐다. 5월 23일 오전 9시 31분부터 50분까지 청와대 대접견실에서 열린 임명장 수여식에서 임명장을 받은 그는 청와대 서재에서 최규하 대통령과 30분(9시 50분~10시 28분)가량 독대했다.[159] 이 자리에서 대통령에게 광주 상황을 보고한 것으로 추측된다.

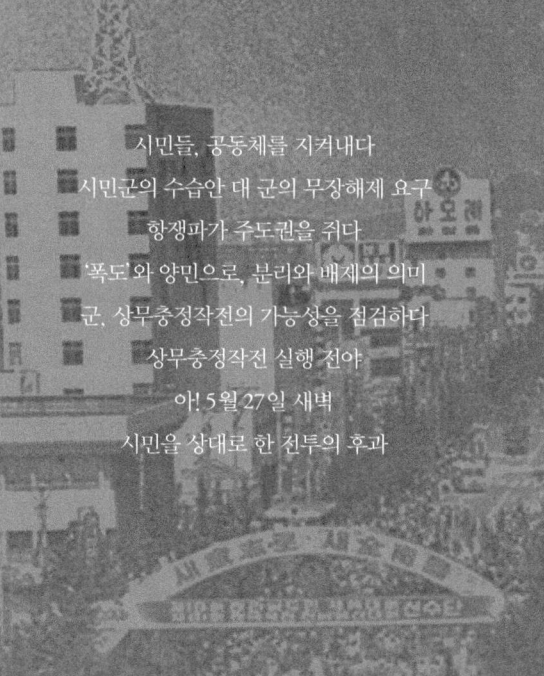

시민들, 공동체를 지켜내다
시민군의 수습안 대 군의 무장해제 요구
항쟁파가 주도권을 쥐다
'폭도'와 양민으로, 분리와 배제의 의미
군, 상무충정작전의 가능성을 점검하다
상무충정작전 실행 전야
아! 5월 27일 새벽
시민을 상대로 한 전투의 후과

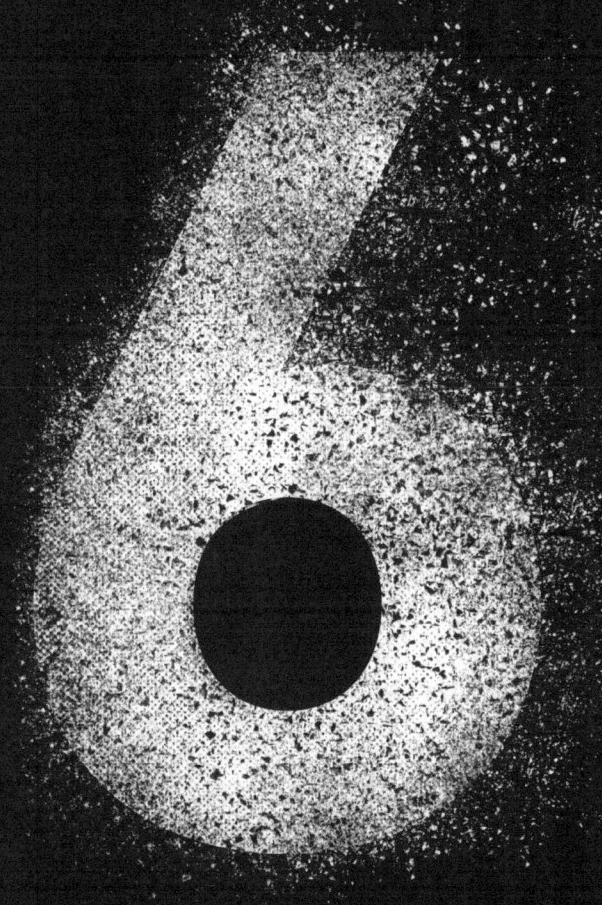

일어서는 광주

시민들,
공동체를 지켜내다

5·18항쟁 기간에 광주 시민들은 최소한의 자구책으로 무장했다. 계엄군의 발포에 대응한 초보적인 무장이었으나 무장한 시민들은 점차 체계를 갖춰갔다. 시민군이라는 명칭은 5월 24일 자 《투사회보 7호》에 실린 "신고하지 않는 무기 소지자는 시민군의 무기 회수에 반드시 따르라"에서 처음 등장한다.[1] 이는 이날까지도 광주 시내에서 총기가 제대로 관리되지 않았음을 말해준다. 시민군이 조직됐으나 중고생들까지 총을 들 정도로 총기가 통제되지 않았던 것이다. 무분별한 총기 소유로 인해 발생할 수 있는 오발사고를 염려한 시민군들은 총기를 통제하기 시작했다. 총기를 관리할 수 있는 시민군 조직이 제대로 체계를 잡게 된 시점이 5월 24일이었다는 학생수습대책위원회 부위원장의 증언은 이를 뒷받침해준다.[2]

전면에 나선 시민군

《투사회보》의 공고와 같이 광주 시민들은 무분별한 무장과 무차별적인 발포를 원하지 않았다. 시민들의 지원으로 조직되어 활동하던 시민군 역시 크게 다르지 않았다. 시민군은 '무조건 항복'이나 다름없었던 수습대책위원회의 수습안에 반발하며 결사항전을 주장했다. 그러나 이것은 어디까지나 '정부의 사과'와 '책임자 처벌'이 관철되지 않아서 나온 결의였다. 그렇기에 시민군은 중고생의 총기 소유를 금지했고 군이 발포하기 전에는 먼저 쏘지 않겠다는 입장을 대외적으로 공표했다.[3] 시민군은 어느 정도 체계를 갖추게 된 시점부터 무장을 직접 통제했고, 《투사회보》는 이러한 시민군의 입장을 시민들에게 알렸다.

조기가 걸린 전남도청
계엄군이 퇴각한 뒤 광주 시민들은 공권력에 의해 상처 입은 공동체를 복원해갔다. 누가 먼저랄 것도 없이 함께 힘과 지혜를 모아 공동체를 되살려내고 있었다. 군의 외곽 봉쇄가 있었음에도 광주 시내는 평화로웠다. 군이 물러간 뒤 전남도청 옥상의 국기계양대에는 누군가가 조기를 내걸었는데, 광주 시민들의 아픔이요 서글픈 마음이었다(나경택 촬영, 5·18기념재단 소장).

5월 21일 오후 계엄군이 광주 시내에서 퇴각하자 시민들은 곧바로 계엄군에 의해 파괴된 공동체를 복원해갔다. 5월 22일 8시 30분 전남도청 회의실에서 '전남민주민족통일구국연맹연합회·전남민주청년연합회·전남민주구국총학생연합회' 명의의 성명이 발표됐다.

껍데기 최규하 정부 물러가라
살인마 전두환 물러가라
구국 과도정부를 민주인사로 구성하라
구속학생 및 민주인사 석방, 계엄 즉각 해제, 휴교령 폐지하라
언론은 광주 시민 상황을 정확히 보도하라

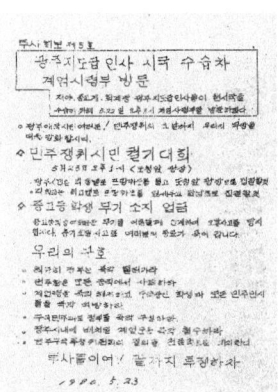 

《투사회보》와 윤상원 열사

〈임을 위한 행진곡〉의 실제 주인공인 윤상원 열사는 5·18항쟁이 발생하기 전 들불야학에서 민중들과 함께 살아가고 있었다. 5월 18일 이후 그는 녹두서점에서 화염병을 만들고 동시에 들불야학 성원과 함께 《투사회보》를 발간하는 등 항쟁에 적극 참여했다. 5월 25일 이후 새로 구성된 항쟁 지휘부의 대변인으로 마지막까지 전남도청 민원실에 남아 오월의 넋이 되었다(들불기념사업회, 5·18민주화운동기록관 소장).

전남의 지역감정을 배제하라

천인공노할 발포령을 철폐하라, 이 길만이 살길이다.[4]

작성 주체는 분명하지 않지만 이날의 성명서와 집회에서 발표된 요구 조건의 핵심은 광주 시내에서 벌어진 만행에 대한 정부의 인정과 사과 및 관련자 처벌 등이었다.

시민들은 날마다 전남도청 앞에 모여 계엄군의 만행을 규탄하는 결의대회를 열었다. 5월 22일 전남도청 앞에는 9만여 명의 시민들이 모여 "유신잔당 몰아내자, 현 정부 물러나라, 꼭두각시 최규하는 물러가라, 전두환은 물러가라"는 요지의 결의문을 채택했다. 이날 시민들은 시민 대표들을 선출하여 "1. 질서 회복 후 계엄군 진입을 불허한다, 2. 이번 사태는 과잉 진압에 원인이 있음을 시인하라, 3. 이번 사태의 책임을 불문에 붙이기로 보장하라, 4. 정부에서 희생자에 대한 보상을 하라, 5. 광주MBC는 즉각 방송을 재개하라"며, 구속학생들을 석방하면 무장을 해제하겠다고 정부와 군에 제안했다.[5]

민주화운동의 거점, 녹두서점과 YWCA

한편 항쟁 초기부터 유인물과 화염병을 만들던 민주화운동세력은 녹두서점과 YWCA에 집결했다. 이들은 5월 21일 녹두서점에 모여 현 상황과 향후 투쟁 방향을 토의했다. 회의를 통해 인원과 화력이 부족하므로 일단 피신하자는 결정이 내려졌다.[6] 그러나 윤상원을 비롯한 많은 사람들은 광주에 남아 《투사회보》를 발간하자고 결의했고, 이를 위해 물자

조달조·문안 작성조·필경 등사조·배포조 등 4개를 만들었다. 다음 날 청년층은 다시 YWCA에서 모여 시민집회에 대해 논의하고 5월 23일 오전 윤상원과 박효선이 주축이 되어 임시로 선전팀을 구성했다. 선전팀은 도청 앞 궐기대회를 준비했다. 극단 광대의 김태종과 이현주가 궐기대회의 사회를 보며 정보를 전달하고 정부를 규탄했다. 5월 23일부터 선전팀과 투사회보팀은 YWCA에서 작업을 진행했다.[7] 5월 24일 오전 녹두서점에서 '대학의 소리', '광대', '들불야학' 등의 대표들이 모여 회의한 결과, 유인물을 하나로 통일하기로 하고 편집 방향과 작업을 분담키로 결정했다.[8] 《투사회보》의 초안은 윤상원이 작성하고 들불야학 성원들이 등사, 배포했다.

민주화운동세력은 녹두서점과 YWCA에 모여 역할을 분담했다. 1970년 후반부터 광주·전남 지역 민주화운동세력의 거점이던 녹두서점과[9] YWCA, 들불야학은 5·18항쟁기에 선전물과 화염병을 만들고 향후 투쟁 방향 토의와 결집을 시도하는 곳으로 기능했다.[10]

시신 수습에서 총기 통제, 헌혈운동까지

계엄군이 물러가자 시민들은 군의 폭력과 발포로 희생된 사람들의 시신들을 수습했다. 광주지검은 시신 수습과정을 상세히 기록했다. 아래의 자료는 당시 광주지검이 대검찰청에 보고한 광주 시내 상황이다.

　○ 5. 23. 11:30 — 상황 보고. 도청 앞 광장에 사체 43구를 가져다놓고 장례식을 할 예정이며 시민들이 운집하고 있음. 5. 23. 현재까지 파악된 사

체는 전남의대병원에 22구, 도청 앞에 44구 계 66구임.

○ 5. 23. 16:00 ― 현재 상황 보고. 이번 소요사태로 사망한 숫자를 각 병원 책임자에게 확인한 바 다음과 같음.

전일(5. 23.) 보고한 외 추가 사망자는 3명이 파악되었으며, 적십자, 기독교, 전대, 조대병원에 이번 사태로 현재 입원 중인 환자는 총계 215명이고, 그중 약 80퍼센트는 총상임. 의약품 공급은 약솜 등 위생재료 부족(적십자병원), 의약품 부족(전대병원), 산소공급 두절(전대 및 조대병원) 현상이고 방카C유 부족으로 환자 식사 공급이 어려운 실정임(조대병원).

○ 5. 24. ― 상무관에 입관 안치된 사체는 44구(원문에는 34이나 오기임), 약 20구를 입관 중에 있으며 외신기자(도쿄 주재 독일인) 등이 사체 및 유족 모습을 촬영 중임.

○ 5. 25. 17:30 ― 데모 군중 과격파 때문에 수습을 위한 대화가 현재까지 이루어지지 아니하여 조속한 총기 인수 및 치안 회복 전망은 불투명한 바 15:00 현재 상무관에 안치된 사체 48구. 도청 안에 신원 미확인 사

〈표 6-1〉 광주 시민들의 시신 수습 현황

병원	숫자	인계
적십자병원	21	5. 22 밤 학생들에게 인계 19명
기독교병원	14	5. 22 밤 학생들에게 인계 12명
전대병원	29	5. 22 밤 학생들에게 인계 14명
조대병원	3	1명은 경찰에 인계
소계	67	
교도소 가매장	6	
군경 사망	5	
계	78	

체 20구가 있고, 시민들은 가슴에 검은 리본을 달고 있으며 17:00경부터 도청 앞 광장에서 시민궐기대회를 개최 중임.

○ 5. 25. 13:00 ─ 현재 이번 사태로 인한 사상자로 판명된 현황은 사망 97명(경찰 4, 민간 89, 군 4), 입원 244명(종합병원 217, 개인병원 27)임. 군부대에 있는 사체 검시를 위하여 당청 검사 3명을 군부대에 파견하였음.

○ 5월 25일 10:00 ─ 현재 상황 보고: 09:50 계엄군법회의에서 군부대에서 관리 중인 사체에 대한 검사의 입회 요청이 있었음(민간인 사체 14구).

○ 5월 26일 18:00 ─ 현재 상황보고: 16:45 현재 도청 상무관에 입관 안치된 사체는 54(45구). 도청 안에 있는 신원 미확인 사체 4구는 시민들에게 공개하여 확인토록 하고 있음.

5월 24일 검찰총장은 광주지검장에게 사체 검안에 검사가 입회하고 총상 사망자는 총기 종류를 구별할 수 있을 정도까지 사인을 규명하도록 지시했다. 5월 25일에는 사체 검시 때 신원 미상자의 지문을 파악하고 신원 판별을 위해 사진을 촬영하며 그 처리 결과를 신속하게 보고하라고 지시했다. 같은 날 광주지검장은 광주교도소장에게 5월 21일 가매장한 사체를 발굴, 이동할 때는 군 당국과의 협의 아래 광주지검 검사가 검시토록 했다. 5월 25일 대검 공안부장은 법무장관의 지시사항으로 주동자의 인적사항을 파악토록 지시했다. 또 5월 25일 계엄사령부 광주분소장(전교사 사령관 – 인용자)은 광주지검장에게, 군부대가 보관하는 사체의 검시를 위해 검사를 파견하고, 민간인 사체 검시에도 군 수사관이나 가장 가까운 곳의 지휘관 참여를 위해 민간인 사체 숫자 및 위치를 알려주도록 요청했다. 이에 대한 회신은 5월 25일 12시 20분에 이루어졌다. 그 결과 광주지검 검사 3명이 상무대에 파견되어 사체 16

구를 검시했다.

  5월 25일 검사들이 상무대에서 검시한 곳은 CAC(전교사-인용자), 통합병원, 31사단 등이었다. 사망 원인은 총상 7명(M16 4, 카빈 3), 자상 4명, 타박상 5명이었으며, 희생자들 중 신원 미상자는 8구였다. 5월 25일 31사단 해남부대에 있는 민간인 사체 2구는 장흥지청 검사가 검시한 뒤 M-16 총상으로 사망한 것으로 확인했다. 5월 27일부터 검찰은 전남도청 구내와 상무관에서 총 89구의 사체를 검시하고, 5월 28일에는 광주교도소 인근 공동묘지에 가매장되어 있던 사체 6구를 검시했다.[11]

  광주 시내의 병원은 5월 21일 이전에도 환자들로 만원이었는데, 5월 21일 이후부터는 병원 복도에서 환자를 치료해야 할 정도로 총상 환자들이 넘쳐났다.

  병원에서 환자들에게 수혈해야 할 피가 부족하다고 호소하자 시민들이 먼저 스스로 팔을 걷어 부치며 헌혈에 참여했고, 적십자병원에서 구급차를 내주었다. 광주지검 자료에 따르면 5월 23일 적십자병원에는 피가 남을 정도로 많은 시민들이 헌혈운동에 동참했다. 광주지검은 "각 병원의 실정은 의약품이 떨어져가고 있고(전남대병원), 혈액은 시민들의 자발적인 헌혈량이 많아져서 헌혈을 중지할 정도(적십자병원)"라고 보고했다.[12] 그렇게 광주 시민들은 새로운 역사를 만들어가고 있었다.

시민군, 평범한 시민들

시민군은 이러한 광주 시민들의 두터운 지지와 후원 속에 탄생한 조직이었다. 나이와 직업을 구분하기가 쉽지 않을 정도로 손에 총을 들 수 있는 거의 모든 계층이 참여했다. 박남선은 전남도청 본관 1층의 전남도청 서무과에 시민(군)상황실을 차리고 상황실장을 맡아 시민군을 조직하는 데 중추적 역할을 담당했다. 항쟁 초기의 변화와 마찬가지로, 시민군의 주력도 대학생에서 청년들로 바뀌어갔다.[13] 총을 잡은 시점에는 차이가 있지만, 시민군은 대부분 5월 21일 오후 전남도청 앞에서 많은 시민들이 희생되는 장면을 보거나 듣고 난 뒤에 자연스럽게 총을 들었다.

시간이 흐를수록 점차 체계가 잡혔지만 그렇다고 시민군이 완벽하게 조직된 무장기구는 아니었다. 계엄군에 맞서 총을 들었지만 어디까지나 그들은 민간인들이다. 군대에서 총을 잡아본 경험이 있는 예비군들은 그나마 나은 편이었다. 대개는 기초 군사훈련도 받아보지 못하거나 고등학교 혹은 대학에서 교련 교육을 받았던 이들이었다.

이들은 광주공원 등지에서 간단한 총기 교육을 받은 뒤 시내 각지로 흩어졌다. 많은 시민군들은 광주공원, 지원동, 효동국민학교 등지에서 처음으로 총을 만져보았다.[14]

시민군은 계엄군이 철수한 뒤 어떤 활동을 전개했을까? 희생자들의 시신을 수습하고 공권력이 사라진 광주 시내의 치안과 질서를 유지하는 것이 무엇보다 시급했다. 시민군 조직 내에는 순찰대와 시체처리반이 있었다. 이 중 치안 유지 활동을 벌인 순찰대에게는 전투경찰 복장과 비교적 성능 좋은 총이 주어졌다. 이들은 일상적인 치안 유지뿐 아니라 사고 위험을 예방하기 위해 차량 통제까지 했다. 5월 22일부터 차량등록증을 발급하고 5인 1조씩 순찰대를 구성했다.[15] 5·18항쟁을 왜곡하려는 극우세력들은 이들을 '광수 몇 호'라 부르며 북한의 특수부대원들로 매도했다. 그러나 그들은 북한의 특수부대원들이 아닌 금남로나 충장로에서 흔히 볼 수 있는 이웃들이었다. 길 가다 만나고, 가끔 사소한 이유로 다투기도 하며, 같이 웃고 울던 그런 이웃, 너무도 평범하던 광주 시민들이었다.

시민들은 각 병원으로부터 희생자들의 시신을 인계받아 신원을 확인한 뒤 처음에는 전남도청 앞, 그다음으로 전남도청 안으로 옮겼고, 신원이 확인된 시신들은 전남도청 앞에 위치한 상무관으로 옮겼다.

시민군은 범죄를 예방하는 일상적인 치안 유지 활동뿐 아니라 계엄 당국의 역공작에도 대비했다. 광주 시내에서 퇴각한 군은 광주 시내의 상황을 파악하기 위해 편의대를 운영했다. 이들은 정보 수집을 비롯하여 시민군과 시민들의 연대를 막기 위한 공작을 펼쳤다. 시민군은 조사반을 구성하여 조사 외에도 계엄 당국의 정보원들을 적발하는 활동을 전개했다. 시민군 자체적으로 신분증을 발급해주고 의심 가는 사람들을 전남도청으로 연행했다.

조사반은 처음에는 전남도청 별관 1층에 자리했으나 5월 25일 이후 상황실이 자리한 전남도청 본관 1층 서무과로 옮겨 활동했다. 광주시 외곽을 경계하던 시민군들은 경찰이 사용하던 무전기를 사용하여 전남도청 본관 1층 서무과에 설치된 시민군 상황실과 연락을 주고받았는데, 군은 시민군의 무전 내용을 감청하고 있었다. 시민군 측에서도 군이 도청하는 것을 알아채고 5월 22일 21시 20분에 모든 시민군을 집결시켜 암구호를 다시 전달하기도 했다.[16]

계엄군 재진입에 대비하다

시민군은 군이 철수한 이후 군과 대치하던 곳에 장애물을 설치했다. 또 광주로 진입하는 4개의 주요 지점(광주-화순: 숭의실고 운동장, 목포-광주: 아시아자동차 실습장, 상무대-광주: 종합병원 앞, 담양-광주: 서방 등지)에 집결하여 계엄군의 진입에 대비했다.[17] 지원동, 월산동, 두암동 등 광주 외곽 지역에는 시민들이 배치되어 자체 방위대를 편성했다. 학운동 같은 외곽 지역의 청년들은 자체적으로 지역방위대를 조직해 지역을 방어했다. 주로 광주 외곽에 배치되거나 조직된 지역방위대는 계엄군이 철수한 직후부터 광주 외곽을 경계했는데, 간혹 외곽을 봉쇄한 계엄군과 교전했다. 지역방위대는 수습위원들의 설득으로 치열한 논의 끝에 무기를 반납한 후 해산하거나 전남도청의 기동타격대에 편입됐다.[18]

5월 25일 시민군과 민주화운동세력이 결합하여 시민학생투쟁위원회를 구성하고, 다음 날 오후 2시에 기존의 기동순찰대를 기동타격대로 바꾸었다.[19] 기동타격대는 5~6명씩 1개조로 총 7개조 재편됐다. 기동타격대원의 주 임무는 광주 외곽을 순찰하며 계엄군의 동태를 파악하고 광주의 치안을 담당하는 것이었다. 개인별로 카빈 소총 1정과 실탄이, 조별로 무전기 1대가 주어졌다. 7개조는 시민군 수송과 순찰을 담당했으며, 광주 외곽 지역의 시민군들에게 실탄과 밥, 과일, 담배 등을 공급하며 광주 시내를 순찰했다. 광주 시민들은 기동타격대가 임무를 수행하러 다니면 주먹밥과 음료수 등을 내주며 시민군들의 사기를 북돋았다. 시민들이 시민군 조직을 계엄군을 물리칠 수 있는 조직으로 인정한 것이다.[20]

시민군의 수습안 대 군의 무장해제 요구

계엄군이 광주시 외곽으로 물러나고, 시민들이 전남도청을 장악한 5월 22일부터 계엄 당국과의 협상을 통해 사태를 평화롭게 해결하려는 흐름이 있었다.

먼저 5월 22일 정시채 전남 부지사의 요청으로 민관수습위원회(대표: 이종기 변호사)가 구성되어 이날 오후부터 계엄 당국(전교사-인용자)과 직접 협상을 시작했다.[21] 수습위원들은 전교사를 방문해 군과 협상하기에 앞서 전남도청에 모여 "1. 계엄군의 과잉 진압 인정, 2. 구속학생 및 민주인사 석방, 3. 시민의 인명과 재산피해 보상, 4. 발포 명령 책임자 처벌과 국가 책임자의 사과, 5. 사망자의 장례식은 시민장으로, 6. 무기는 자진회수 반납하고 계엄군의 무력진압을 반대하며 평화적 수습, 7. 수습 후 시민, 학생들을 보복하지 말 것" 등을 정부와 군에 요구하기로 결정했다.[22]

계엄 당국과 대화를 통해 자체 수습안 제시

5월 22일 전교사를 방문한 수습위원들은 계엄 당국에 군이 진입하지 않는다면 자체적으로 수습하겠다며, '총기 등 무기류 반납, 과잉 수습책 방지, 연행자 석방, 사후보복 금지' 등을 사태 해결의 조건으로 제시했다. 전교사는 조치 가능한 것은 처리하고 나머지는 상부에 건의하며, 수습위원회가 무기와 탄약을 회수하여 군에 인계한다면 시민들의 요구 조건을 호의적으로 받아들이겠다고 제안했다.[23] 시민과 군이 합의에 이른 것은 아니지만 양측이 어느 정도 대화할 수 있는 여건은 마련됐다. 군은 무엇보다도 시민들의 무장해제를 강력하게 요구했다.

광주 시내로 돌아온 수습위원들은 군과의 협상 결과를 설명하며 시민들을 설득했다. 그러나 광주 시민들은 이 같은 협상 결과를 쉽사리 받아들이지 않았다. 5월 22일 오후 전남도청 앞 광장에서 열린 시민궐기대회에서 군과의 협상 결과를 보고하던 도중 전남 부지사와 수습위원들이 시민들의 야유를 받고 연단에서 끌려내려왔다.[24] 시민들은 '선 무장해제'에 반대하고 "정부 물러가라, 김대중 석방하라"며 회수 중인 무기로 다시 무장했다.[25] 군은 이 같은 시민들의 반응을 '강경파의 난동'으로 폄훼했다. 하지만 실제로는 광주 시민들의 공통된 분노이자 비판의 표출이었다.

광주 시민들의 반응은 최소한이면서도 양보할 수 없는 원칙이자 요구였다. 시민들은 무엇보다도 정부의 잘못 인정과 사과를 강력히 요구했다. 그러나 군에게 중요한 것은 시민들의 무장해제였을 뿐, 시민들의 요구에는 관심이 없었다.

군의 요구를 일방적으로 따르려던 수습대책위원회는 시민들의 강력한 질타를 받으며 더 이상 제 역할을 할 수 없게 됐다. 그 결과 관이 주도하는 수습위원회가 민간이 주도하는 수습위원회로 교체됐다. 이날 저녁에는 수습위원회와 별도로 대학생수습위원회(위원장: 김창길)가 만들어졌다.[26]

5월 23일 오후 3시 30분부터 5시까지 전교사 부사령관실에서 군측과 시민대표단의 협상이 다시 열렸다. 당시 시민대표단이 소화기 100정을 들고 와서 협상을 제안하여 전교사 부사령관실에서 열렸다. 다음은 이날 협상 속기록이다. 문은 시민대표단의 질문이며 답은 군의 답변이다.

문: 5·18사태가 완전 수습되기 전에 계엄군 시내 진입 금지.
답: 07:00가 시한부인데 아직 한 곳도 안 들어갔다.
문: 5. 18~19사태가 과잉수습임을 인정해 달라.
답: 이것은 나는 못 들었다.
문: 연행자 석방 요구.
답: 연행된 79명 중에는 나갈 사람, 나가지 못할 사람이 있다. 선별 석방하겠다. 79명 중에는 추가 석방될 34명이 대기 중에 있다.
문: 사망자에 대한 보상, 부상자 치료해 달라.
답: 전적으로 해준다.
문: 사태수습 후 보복 행위 금지 요구.
답: 여러분 대표 중에는 처벌해 달라고 데리고 온 인원도 있다.
문: 전일방송 복구 및 사실 보도 요구.
답: 내가 더 필요하다. 현재 보도수단이 비행기뿐이다. 그러나 밑에서 비행기에 총을 쏜다. 고가 장비가 고장나고 있다.
문: 계엄사가 인정한 후 무장해제해 달라.

답: 지금이라도 일시적 잘못을 뉘우치고 총을 놓고 두 손 들고 투항자는 용의.

문: 5.18사건으로 광주시민을 폭도로 규정짓지 말아 달라.

답: 선량한 학생과 시민을 폭도로 보지 않는다.

문: 자극적인 일체의 언사는 금하고 모든 보도기구를 통해서 허위보도 하지 말라.

답: 충분히 이해하겠다. 사실을 허위보도라고 믿는 것은 여러분이다. 여러분이 속지 않기 바란다.

문: 요구사항 중에서 연행자를 오늘 중 석방해 달라.

답: 선별 처리하겠다.

문: 합의사항을 전단으로 살포하여 시민들을 무마하도록 요망.

답: 앞으로 전교사령관의 담화 내용을 들으면 알 것이다.

문: 공수부대를 빠른 시일 내에 완전철수해 달라.

답: 시내 난동이 계속되고 있다. 도청에서는 반납한 총을 다시 들고 나가는 극렬분자들이 있다. 이것을 보장해야 한다.

문: 타 지방에서 온 사람들에게 빠져나갈 수 있도록 길을 제공해주기 바란다.

답: 선량한 자, 선량하지 않은 자를 선별할 수 있는가. 빠져나가는 자 중에는 APC에 총을 싣고 나가는 자가 있다. 총을 들고 군에 투항하면 잘 보호할 것이다.

문: 공수특전부대 명령계통의 재판과 인책 문제를 요구.

답: 군법을 적용하여 처벌받을 사람이 있으면 처벌 건의하겠다.

결론: 폭도들의 요구사항은 불가한 것으로 결정.[27]

시민대표단 측은 '수습 전 군 진입 금지, 5월 18일과 19일의 과잉 진압 인정, 연행자 석방, 사망자 보상 및 부상자 치료, 사실 보도, 시민들을 폭도로 규정하는 것 금지, 공수부대 철수 및 처벌' 등을 요구사항으로 제시했다. 그러나 협상장에서의 답변과는 달리 군은 "폭도들의 요구사항은 불가한 것"으로 결론내렸다. 시민들을 '폭도'로, 시민들의 행위를 '난동'으로 규정한 것에서 알 수 있듯, 군은 시민들과의 협상 의지가 많지 않았으며 '선 무장해제, 후 사태수습'이라는 자신들의 요구를 시민들이 받아들이지 않을 것이라 예상했다. 전교사의 반응은 전날과는 확연히 달라졌다. 전교사 사령관이 윤흥정에서 소준열로 교체되면서 협상 기조가 대화에서 진압으로 바뀐 점이 반영됐을 가능성이 크다.

무력진압 결정한 계엄 당국, 협상에 미온적

지금 와서 보면 민군 협상은 논의는 가능하지만 실질적으로는 어떤 결정도 이루어질 수 없는 이상한 협상이었다. 시민 대표들은 시민들로부터 권한을 위임받은 실질적인 대표단이었던 반면, 전교사의 군인들은 어떤 결정도 내릴 수 없는 전남·북 계엄분소의 지휘부, 즉 계엄사령부의 하급 부대 실무자들일 뿐이었다.

군이 시민들의 신변안전을 보장하지도 않았고 다른 의미 있는 상황 변화도 없는 상태에서 수습위원들이 무기 회수에 나서자[28] 시민(군)들은 강력 반발했다. 5월 23일 밤 "오전까지는 평온한 분위기를 유지하면서 계엄군에게 호응하는 듯했으나 오후부터는 도청 및 도경의 소속 직원 출입까지도 강력 통제하여 신변에 위협을 느낄 정도로 긴장이 고조되고 있을"²⁹ 정도로 시민들의 분위기는 단호했다. 시민들은 무조건 무장해제(반납)만을 강요하는 군의 압박에 반발했다. 협상에서 보여주는 계엄 당국의 무성의한 태도에 분노한 시민들은 전남도청을 경계하며 도청 소속 공무원이나 전남도경 소속 경찰들의 출입을 통제했다.

수습위원회가 군과의 협상에서 제대로 역할을 못하자 5월 25일 재야 인사들이 주축이 된 새로운 수습대책위원회가 구성됐다. 다음은 이날 구성된 새로운 수습대책위원회 명단이다.³⁰

장두석(가톨릭농민회), 위인백(법률사무소), 홍남순(변호사), 정태성(시민), 김천배(YMCA 이사), 이종기(변호사), 이성학(국제사면위원회 전남지부장), 이기홍(변호사), 신 교수(조선대 교수), 명노근(전남대 교수), 장목사(침례교 목사), 송기숙(전남대 교수), 김 목사(침례교 목사), 정규완(북동성당 신부), 이양현(청년), 김성용(남동성당 신부), 오재일(전남대 학생), 이영생(YMCA 총무), 조아라(YWCA 회장), 장사남(서석고 교사), 김갑제(광복회 회원), 조철현(계림성당 신부)

새로 구성된 수습위원회의 위원들 대다수는 5·18항쟁 이전부터 민주화운동에 직간접으로 참여해온 인물들이었다. 이미 5월 22일부터 홍남순 변호사를 중심으로 종교계 인사와 해직교수, 야당인사 등이 남동성당에 모여 수습 방안을 찾고 있었다. 전남 부지사의 요청으로 이 모임이 수습위원회에 참여하며 다시 군과의 협상을 시도했다. 하지만 군은 이미 상무충정작전(진압작전)을 실시하기로 결정해둔 상태라 협상 의지가 거의 없었다.

군이 시민대표단과의 협상을 계속하며 시간을 끌었던 이유는 다른 데 있었다. 계엄사령관이 한미 간 협의, 지역감정, 민간인 인질 등을 이유로 5월 24일까지 진압작전(상무충정작전-인용자)을 연기토록 지시하고, 국방부장관은 5월 25일 이후로 연기하도록 했다. 결국 전교사 사령관의 지휘 아래 5월 27일 01시에 상무충정작전을 실시하는 것으로 결정됐다.[31]

이미 무력진압작전을 실시하기로 결정한 군이 시민대표단과 협상할 이유는 없었다. 오히려 군은 무기 반납 시한을 제시하며 시민들을 압박했다. 5월 22일 오후 협상에서는 "총기 반납 시한 17:00 요구"했고, 5월 23일에는 12:00까지로 한다고 경고한 뒤 이날 오후 6시까지로 연장했다. 5월 24일에도 반납 시한을 12:00까지 연장했다.[32]

무장해제 두고 시민들 내부서도 강온 이견

정작 문제는 다른 곳에서 터져나왔다. 수습 방식을 둘러싸고 시민들 내부에서 두 가지 입장이 날카롭게 대립하며 시간이 흐를수록 강하게 부딪쳤다. 수습위원회는 평화로운 해결 방법을 모색하며 '선무장해제'를 제시했으나, 시민들은 정부의 사과와 책임자 처벌 없는 무장해제를 선뜻 받아들이지 않았다.

보다 대립이 심각한 곳은 대학생수습위원회와 시민군으로 대표되는 젊은층 내부에서였다. 위원장 김창길(전남대 학생)은 무장해제를 주장했으나, 부위원장 김종배(조선대 학생)와 박남선(시민군 대표)을 비롯한 시민군은 반대했다. 심지어 온건파세력들이 강경파세력을 '빨갱이'로 몰며 무장해제를 압박할 정도로 대립은 심각했다.[33] 시민들의 동의나 합의 없이 수습위원회는 무기 회수를 결정하고 위원들이 권역별로 나누어 무기를 회수하러 다녔다.[34] 수습위원회의 이러한 결정과 활동에 대해 시민군과 전남도청 외부에서 항쟁을 지원하던 민주화운동 청년층은 강력 반발했다.

군에서도 이 같은 정황을 파악하고 있었다. 5월 24일 전남합수단은 강경파로 분류한 세력들의 요구사항 결의를 보고했다. 결의사항은 "1. 사망자 시민장, 2. 5·18은 폭도가 아니고 민중봉기라고 언론기관을 통해 사과, 3. 구속학생 전원 석방, 4. 충분한 피해보상"이었다.[35] 이러한 '강경파 폭도의 요구사항'은 광주 시민들의 요구사항과 크게 다르지 않았다.

수습위원으로 광주 외곽에서 무기를 회수하던 고故 조비오 신부의 증언은 당시 시민군의 입장과 정서를 잘 보여준다. 수습위원들이 무기 회수를 설득하자, 시민군들은 수습위원들의 대표성을 물은 뒤 "무기를 반납하면 광주 시민의 피와 생명의 대가를 보장받을 수 있는가?"라고 반문했다. 수습위원들은 이 질문에 대해 분명한 답을 내놓지 못했다. 시민군들은 "광주 시민의 피와 생명의 대가를 받기 이전에는 무기를 놓을 수 없다"며 무기 회수를 거부했다. 수습위원들은 "군이 시한을 정해놓고 무력진압을 강행하려 하고 있다. 만약에 무기 회수가 늦어지면 광주를 지키려는 충정과 정열로 총을 들고 있는 시민군들뿐 아니라 일반 시민들까지 엄청난 인명피해가 날 것이다. 그러니 인명피해와 보다 큰 비극과 불행을 막기 위해서는 무기 회수를 해야 한다"고 시민군들을 설득했다. 이에 시민군들이 수습위원들에게 총구를 들이대며 "당신이 뭔데 아무런 보장과 대책도 없이 총을 반납하라고 하느냐?"라고 항의하자, 조비오 신부는 자신이 종교인이며 신부이니 믿어 달라고 설

득했다.[36]

　이처럼 시민들과 시민군은 수습위원들의 무장해제 결정과 무기 회수를 선선히 받아들이지 않았다. 시민군으로서 외곽 경비와 순찰을 담당하던 위장우는 5월 24일 전남도청에서 무기를 반납하자는 것에 분개하며 총을 반납하고 빠져나왔다.[37] 정부와 군으로부터 아무런 사후보장 없이 무장해제하는 것을 시민들은 투항으로 받아들였다.

항쟁파가
주도권을 쥐다

5월 25일 이전까지 전남도청 외부에서 각종 선전물 제작과 집회 조직 등의 활동을 하던 민주화운동세력은 전남도청으로 들어와, 시민군과 함께 계속 항쟁할 것을 주장하여 이를 관철시켰다. 대학생수습위원회 김창길 위원장을 비롯한 온건파세력들은 이러한 결정에 반발하여 전남도청을 빠져나갔다. 전남도청 민주화운동세력은 '민주시민투쟁위원회'를 새로 구성하고 전남도청 내외곽 경계를 강화했다.

이 같은 시민들 내부의 분화는 어느 정도 예견된 일이었다. 5월 22일 이후 광주 시민들 내부에서 두 가지 흐름이 공존했다. 하나는 무기를 들고 정부에 적극 대항하는 '항쟁파(일반적으로 강경파로 분류되는 세력 – 인용자)'였다. 이들은 《투사회보》와 같은 각종 유인물을 발간하며 시민 군을 조직하고, 5월 27일 계엄군의 최후 진압작전이 전개될 때도 광주를 지키던 세력이다. 다른 하나는 정부 및 계엄 당국과의 협상을 통해 사태를 해결하려는 '협상파(일반적으로 온건파로 분류되는 세력)'였다. 이들은 전교사를 방문해 계엄 당국과 직접 협상하고 돌아와 광주 시내에서 무기 회수를 진행하던 세력이다.

보안사도 인정한 광주 시내의 평화

두 세력 모두 계엄군의 폭력과 만행에 대해 분노하며 총을 들었다. 하지만 광주 외곽이 봉쇄된 상황을 타개해나가는 방식에서는 일정한 차이가 있었다. 5월 23일 10시에 광주 시내에서는 시민들이 자발적으로 무기 반납을 호소하고 있었다. 군에서도 "무기 자진 반납과 거리질서 확립을 가두방송으로[38] 호소하는 등 점차 진정 기미가 커져 가고 있는" 것으로 파악했다. 특히 5월 24일 군 편의대원들조차 "전날 총성이 멎고 흉악범들의 강도 소행 등이 발견되지 않고 있어 시민들은 다소 안심하고 있으며," 학생들의 자율적인 질서 확립으로 인해 일반 관공서와 경찰의 정상 출근을 촉구하고 있고, 시위 학생들이 간첩 용의자의 체포를 협의했다고 보고할 정도로 광주 시내는 평화로웠다. 또 시민수습대책위에서 공장의 재가동을 호소하며, 상점도 개점할 예정이거나 일부는 문을 열었으며, 화정동 등지에서는 주민들이 스스로 거리를 청소했다. 광주 시내의 상황에 대해 보안사령부조차 "긍정적 측면의 분위기가 지배적이나 부정적 요소도 산견되는 바"라며 나름의 의미를 부여했다. 즉, 5월 23일 이후 광주 시내가 시민들의 힘에 의해 점차 안정을 찾아가고 있음을 보안사령부도 인정하고 있었다.

보안사령부는 5월 25일에 온건파는 "평화적 시위를 요구"하고 있으나 강경파가 "폭력적 수단을 포기치 않고 있다"며, 양측이 의견 대립 상태이고 5월 25일 11시 20분 현재 전남도청이 "온건파 학생에서 강경파들의 수중에" 들어갔다고 분석했다. 강경파는 "깡패, 양아치, 건달, 식당 고용원 등과 자칭 서울서 내려왔다는 학생들"로 구성됐고, 400여 명 정도일 것이라 추정했다.[39]

보안사령부의 추정은 터무니없는 억측이었다. 문제는 지금까지도 이 같은 억지가 5·18항쟁을 왜곡하는 주요 근거로 활용되고 있다는 점이다. 5월 21일 시위에서 나타나듯이 10만여 시민들이 시위에 참여할 정도로 광주 시민들은 공수부대로 대표되는 계엄군의 폭력과 만행에 분노하고 있었다. 그럼에도 보안사령부는 5·18항쟁의 주체를 "깡패, 양아치, 건달, 식당 고용원 등과 자칭 서울서 내려왔다는 학생들"로[40] 폄하했다. 이러한 논리는 5·18항쟁에 참여한 광주 시민들의 저항을 모독하고 축소시키며, 시민들의 자발적인 참여 아래 전개된 저항의 성격을 왜곡시켰다.

시민 내부의 강온파 간 대립과 갈등은 세력 분화로 이어졌다. 그리하여 5월 25일 밤 새로운 항쟁지도부가 구성됐다. 〈표 6-2〉는 이날 새로 구성된 '민주시민투쟁위원회'의 조직이다. 총 12명의 지도부 중 7명이 1970년대 민주화운동에 투신한 경력이 있었다. 정상용·이양현·윤강옥 등은 민청학련사건 등 시국사건과 관련되어 구속 또는 제적당한 뒤 학외에서 활동했다. 윤상원과 김영철은 들불야학에서 강학으로 함께 활동하며 노동운동과 주민운동을 전개해왔다. 정해직은 교육운동을, 박효선은 극단 광대를 만들어 문화운동을 전개해왔다.

5월 26일 밤 항쟁 지도부는 계엄군이 재진입할 것을 예상하며 시민군을 재편하여 광주 시내 주요 지점에 배치하며 최후 항전에 대비했다.

당시 광주로 들어와 취재한 《볼티모어 선》지 블레들리 마틴 기자는 5

월 26일 오후 국내외 기자들에게 처음이자 마지막인 기자회견을 진행하던 윤상원의 최후 모습을 "광주의 도청 기자회견실 응접탁자 바로 건너편에 앉아 그를 정면으로 바라보며 이 젊은이가 곧 죽게 될 것이라는 예감을 받았다"고[41] 회상했다. 윤상원은 5월 26일 밤 시민군들을 비상 소집하여 상황을 설명하며 "군은 각오가 아니면 지금 상황을 헤쳐 나가기가 어렵다. 군은 각오와 결의가 없는 사람은 지금 나간다고 해도 말리지 않겠다"고 했다. 자신이 강학으로 함께 생활하던 들불야학 학생들을 보고서는 여러 차례 총을 쏠 수 있는지 확인하고 "이놈들은 안 되는데" 하며 망설이던 끝에 총을 전달하면서도 "조심해라"는 마지막 말을 남겼다.

시민군 상황실장 박남선도 "여기에 있는 사람 중에서 두렵거나 무서

〈표 6-2〉 민주시민투쟁위원회 조직

이름	직책	임무	민주화운동 경력
김종배(조선대 3년)	위원장	총괄	없음
허규정(조선대 2년)	부위원장	도청 내부, 장례	없음
정상용(보성기업 영업부장)	부위원장	계엄사령부 협상	있음
윤상원(신협직원, 들불야학)	대변인	기자회견 및 공식발표	있음
박남선(골재차량 운전사)	상황실장	시민군 업무	없음
김영철(YWCA 신협 이사)	기획실장	제반업무 및 기획	있음
이양현(노동운동)	기획위원	기획업무	있음
윤강옥(전남대 4년)	기획위원	기획업무	있음
박효선(극단 광대 대표)	홍보부장	궐기대회, 홍보 업무	있음
정해직(교사)	민원부장	대민업무, 장례	있음
김준봉(고려시멘트 직원)	조사부장	치안 위반자 조사	없음
구성주(건재상)	보급부장	식량조달 및 식사공급	없음

* 출처: 한국현대사사료연구소 편, 《광주오월민중항쟁사료전집》, 풀빛.

운 사람, 처자식이 있는 사람은 집으로 돌아가시오"라고 권유했다.[42] 또 항쟁 지도부는 계엄군이 본격 진입하기에 앞서 여성과 어린 중고생들을 집으로 돌려보냈다.[43]

예정된 패배, "그래도 싸운다"

패배가 뻔히 예상됐음에도 이들이 총을 내려놓지 않았던 이유는 광주 시민·학생구국위원회(구 수습대책위원회) 명의의 〈무등산은 모든 것을 알고 있으리라〉는 유인물에 잘 드러난다. "우리는 …… 유신세력의 일소를 위해 끝까지 싸운다. 이는 민족사의 요청이다"라며 "우리는 전두환 쿠데타세력이 득세한 현 정부 당국을 국민의 정부로 인정할 수 없다"며, 일체의 방위성금을 납입하지 않으며 계엄사의 발표를 믿지 않겠다는 입장을 밝혔다.[44]

시민군이 결사항전을 주장할 수 있었던 것은 광주 시민들의 지지 덕분이었다. 직접 총을 잡지 않은 시민들은 헌혈과 생필품 보급 등을 통해 시민군의 활동을 적극 지원했다. 앞에서 살펴봤듯이, 5월 23일 전남도청 앞 광장에서 계엄 당국과 협상하고 돌아온 시민 대표들의 타협적인 태도에 실망하고 연단에서 끌어내릴 만큼 광주 시민들의 입장은 단호했다.

5월 22일부터 계엄군의 외곽 봉쇄가 계속되자 광주 시민들은 일상생활에서 많은 어려움을 겪게 됐다. 무엇보다 생필품이 절대적으로 부족했다. 계엄군이 광주 외곽을 봉쇄하며 광주에 생필품을 공급하는 사람과 차량 통행까지 막았기 때문이다. 외부에서 생필품을 공급하러 광주로 들어오다 계엄군의 총격에 의해 희생된 사람들도 여럿이었다.

5월 26일 오전 11시부터 오후 1시 20분까지 광주시장이 전남도청을 방문하여 학생 대표와 만난 자리에서 시민들은 유류와 장례비, 식량 등을 지원해줄 것을 요구했다.[45] 이외에도 시신 확인, 금남로(도심지)를 제외한 광주 시내에 시내버스를 운행하고, 치안 유지는 경찰이 맡으며, 장례식은 도민장으로 치러줄 것 등을 요구했다. 이에 대해 광주시장은 유류, 식량, 장례 지원 등을 약속하고, 안전이 보장되면 경찰이 치안을 담당하며 버스회사와 운행 재개를 논의하겠다고 약속했다.[46] 그러나 이러한 요구는 무력으로 진압하겠다는 군의 방침이 정해진 가운데 광주시장이 들어줄 수 있는 것이 아니었다.

5월 27일 01시 15분경 전남도청 행정전화를 이용하여 한 시민이 정부종합청사 당직실에 전화를 걸었다. 전화를 받은 보사부 건축기사에게 그는 "적십자를 통한 약품과 혈액을 요구, 생필품을 보내 달라, 계엄군이 포위하고 있는데 광주에 대해 대책은 무엇인가?" 등을 물었다.[47] 당시 전남도청 부지사실에 행정전화가 있었던 것으로 보아, 윤상원이나 시민군 지휘부의 누군가가 요청한 것으로 추정된다. 그러나 이미 상무충정작전은 시작되었고, 공수부대 특공조가 송정리비행장을 출발해 광주 시내로 향하고 있던 시각이었다. 정부 부처의 공무원이 들어줄 수 있는 문제도, 상황도 아니었다.

'폭도'와 양민으로, 분리와 배제의 의미

계엄군의 외곽 봉쇄와 계속되는 압박에도 불구하고 광주 시민들이 총을 내려놓지 않고 저항하자, 이에 대한 정부와 군의 대답은 무력진압이었다. 총을 든 시민들을 '폭도'로 규정한 가운데 '상무충정작전'이 기획됐다.

'무력진압'을 위한 군의 명분 쌓기

5월 26일 새벽 5시 30분~6시 사이에 시민들을 긴장시키는 사건이 발생했다. 탱크를 앞세운 계엄군이 농성동 방향에서 광주 시내로 진입해 온 것이다. 한국전력 광주지점과 기생충박멸협회 앞까지 장갑차가 왕래하고 농촌진흥원 앞에서 탱크 1대가 대기 중이었다.[48] 이 소식을 듣고 전날부터 전남도청에서 대기하고 있던 시민수습대책위원 17인은 농성동 농촌진흥원 앞까지 걸어갔다. 이들의 행진을 막아선 것은 탱크와 계엄군의 총구였다. 어느새 수습위원들을 뒤따라온 시민 수백여 명이 함께하고 있었다. 바리케이드 앞에서 계엄군과 시민들이 대치하는 광경을 외신기자들이 필름에 담고 있었다.

전교사 부사령관 김기석이 나타나 학생 대표들을 포함한 11명의 대표들과 함께 상무대로 이동했다. 전교사가 약속을 어기고 탱크를 이동시킨 것에 대한 수습위원들의 항의로 협상 아닌 협상이 시작됐다. 그러나 되돌아온 부사령관의 답은 "밤 12시까지 수습하지 않으면 안 된다"는 최후 통첩뿐이었다. 시민 대표들은 시간이 더 필요하며 먼저 약속을 어긴 것에 대한 군의 사과, 정부와 군의 사과 등 5가지를 요구했으나 군은 오직 '무기 반납'만을 요구했다.

군이 5월 25일 '상무충정작전' 실행을 결정한 상태에서 이루어진 이날의 협상은 시민들과 협상하는 척 보여주기식 요식 행위에 불과했다. 다음은 이날의 협상 대표로 상무대로 가서 전교사 부사령관과 면담한 김성용 신부의 회고이다.

부사령관 김 소장의 제의를 받아들여 학생 대표를 포함 11인이 상무대로 갔다. 약속을 위반하고 전차를 이동케 한 데 대한 항의로부터 시작하여 우리의 결의를 말했다. 그리고 무엇 때문에 신부가 여기에 왔는지, 진심으로 이 이상 귀중한 피를 흘리지 않고 수습할 것을 요청, 이 일은 전 광주 시민뿐 아니라 국가적인 일이니 이렇게 신부도 수습위에 참가했다고 역설했다. 그러나 말은 통하지 않았다. 교묘히 나의 말을 왜곡하고 유도하면서 이제까지 이야기는 없었던 것으로 하자는 것이다. 나는 군인이다. 정치 문제는 모른다. 그러므로 대화를 하자면 1. 무기 회수, 2. 군에 반납, 3. 그렇게 하면 경찰로 하여금 치안을 회복케 하겠다. 일방적인 각본을 강요하는 것이었다. 분명히 같은 이야기를 하면서도 개념이 달랐다. 이질감을 느끼지 않을 수 없었다. 수습회의는 장장 4시간 30분간 계속됐다. 군인들과 이 이상 이야기해도 별 수가 없다는 것을 뼈아프게 느꼈다.

김성용 신부의 회고처럼 이날의 협상에서는 무조건 투항만을 요구하는 군의 겁박만이 있었다. 결과적으로 이날의 면담은 무력진압작전을 기획해둔 상태에서 실행한 마지막 형식적인 절차에 불과했다. 김신부의 평가처럼 이전과는 달라진 전교사 부사령관의 입장은 흡사 철벽과 같았다. 최후 진압작전을 결정한 군의 입장에서 일종의 '명분 쌓기' 정도에 불과한 협상이었음을 짐작케 하는 대목이다.

최후 면담 분위기를 보여주는 군 자료가 있다. 20사단에서 분석한 보고서에는 이날의 면담에 대해 "대책위원 소집 최후 통첩(26일)"으로 "정치 발언 일체 엄금, 무장해제 및 총기 군부대 반납 지시, 행정 정상화, 선무 활동 계속 전개"만 기록되어 있다. 김성용 신부의 회고와 비슷한 군의 '최후 통첩'만이 시민대표단에게 일방적으로 통고되었을 뿐이었다.[49]

한편, 계엄군이 광주 외곽을 철통같이 봉쇄했음에도 광주 시민들이 저항을 멈추지 않자 계엄사령부는 광주로 파병할 추가 병력을 준비시켰다. 육군본부는 이미 5월 21일 작전처장의 구두지시에 따라 오후 1개 대대를 제외한 11사단 전 병력이 광주로 출동하기 위해 준비하고 있었다.[50] 이 지시가 실행에 옮겨지지는 않았다. 당시 군은 광주를 고립시켜 항쟁이 확산되는 것을 막게 되면 시민들의 저항이 쉽사리 무너질 것이라 기대했다. 그러나 상황이 군의 기대와 다르게 전개되자 추가 병력 파병을 계획한 것이다.

'폭도'와 양민 분리, 학살 정당화 논리 마련

이 무렵 군은 광주 시민들을 폭도와 양민으로 분리하고 있었다. 이는 많은 의미를 함축하고 있다.[51] 폭도와 양민을 분리하는 것은 시민들의 생사를 가르는 것과 직결된다. 양민은 선량한 국민으로 국가가 보호해야 할 대상이지만, 폭도는 죽여서라도 반드시 토벌해야 할 대상이다. 그러므로 폭도와 양민을 분리하는 것에는 민간인 학살을 정당화하는 논리가 담겨 있다.[52] 이 같은 학살의 논리는 1980년 5월 광주에서 그대로 적용됐다. 5월 20일 밤부터 시작되어 다음 날 한낮으로 이어진 계엄군의 집단발포, 계엄군의 퇴각 이후 벌어진 외곽 봉쇄에서 저질러진 민간인에 대한 무차별 발포 등은 이른바 '폭도'들에 대한 군의 물리적 대응이었다.

한편 5·18항쟁을 왜곡하고 비하, 폄훼하는 주요 근거가 5·18항쟁 기간에 이미 등장하고 있다. 외부의 사주를 받은 불순세력들이 시위를 선동하여 사회가 혼란스러워졌기 때문에 군이 불가피하게 투입됐다는 게 5·17조치를 공포하는 주된 근거였다.

계엄사령관이 발표한 일련의 담화문에는 이 같은 군의 인식이 적나라하게 드러난다. 5월 21일 자 계엄사령관의 담화문에는 "지난 18일 수백 명의 대학생들에 의해 재개된 평화적 시위가 오늘의 엄청난 사태로 확산된 것은 상당수의 타 지역 불순인물 및 고첩(고정간첩-인용자)들이 사태를 극한적인 상태로 유도하기 위하여 여러분의 고장에 잠입, 터무

니없는 악성 유언비어의 유포와 공공시설 파괴 방화, 장비 및 재산 약탈 행위 등을 통하여 계획적으로 지역감정을 자극, 선동하고 난동 행위를 선도한 데 기인된 것"이라며, 시민들의 저항이 외부의 사주에 의한 것임을 강조했다. 대부분 "불순분자 및 이에 동조하는 불량배들"이던 이들이 "급기야는 예비군 및 경찰의 무기와 폭약을 탈취하여 난동을 자행"했다면서 시민들의 저항을 깎아내렸다. 이 같은 인식하에 계엄사령관은 계엄군을 동원하여 "조치를 취할 수 있는 권한"이 자신에게 있고, "폭도는 소수"이며, 주민들은 "집안에" 머물러서 "폭도와 분리"되어 계엄군이 치안을 회복할 수 있도록 "협조하기를 기대한다"고 강조한다.[53]

국민들에 대한 협박장에 지나지 않는 이 담화문과 같이, 폭도와 시민을 분리하는 논법은 그 뒤로도 계속됐다. 5·18항쟁이 국가추모일로 지정되고 망월동이 국립묘지가 된 오늘까지도 극우세력들의 논리로 둔갑해 끊이지 않고 있다.

호남 출신 선무공작대도 군 시각과 달라

광주 시내의 상황은 군의 인식 및 기대와는 사뭇 달랐다. 이는 호남 출신 군인들의 보고에도 적나라하게 드러난다. 5월 21일 시민들의 힘으로 계엄군을 광주에서 퇴각시키자, 군은 호남 출신의 고급 장교들을 선무공작대로 선발하여 광주에 급파했다. 원래 이들은 광주 시내로 들어가 시민들을 대상으로 선무 활동을 전개할 계획이었으나 광주 시내에서 제대로 활동할 수 없었다. 광주 시민들이 군을 믿지 않아서였다.

광주를 다녀온 뒤 이들은 군의 입장과는 사뭇 다른 의견을 제시했다.

보안사령부의 〈호남 출신 장교 선무 활동 귀대 후 언동 사항(5. 24. 현재 입수 사항)〉에는 이들이 서울로 귀환한 뒤 보고하거나 발언한 내용이 꼼꼼하게 기록되어 있다. 이들은 군인이라는 신분임에도 공통으로 "소요 확대의 주 원인이 공수 요원들의 지나친 과격 행동으로 시민의 감정을 자극시킨 데 연유하는 것으로 인식"했으며 "배후세력 및 폭도들의 성분"이 "주로 긴급조치 위반자, 김대중 지지세력, 불량깡패" 등이라고 판단했다.

다음은 호남 출신 장교들의 선무공작대가 서울로 돌아온 뒤 개인들의 언동을 정리한 보고이다. 다소 분량이 길지만 광주 상황을 군과는 다르게 인식하고 있음이 드러나기 때문에 전문을 그대로 옮겼다(소속 부대와 이름 및 계급은 생략했음 – 인용자).[54]

군인들의 데모 진압이 너무 가혹하여 주민들의 증오감이 너무 큰 것 같다. 광주 시내는 약 30만 정도의 시민들에 의해 완전 장악되고 치안부재 상태. 최초 11공수단이 군중들에게 몽둥이로 과격하게 때리고 군화발로 밟아서 "전라도 새끼들 다 때려 죽인다"고 하여 자극받은 것이 크게 확대된 원인. ***(선무단장)이 전투병과 교육사령부 영내에서 마이크로 "동향인 여러분을 도우러 왔다"고 하자 군중이 박수를 치며 환호. 당시 기밀실에는 군경·민간인 사망자가 85명으로 집계되었으나 실제는 300~400명이 될 것으로 추산.

(4명 명의로 서면 제출 – 인용자) 군 계통으로 전파된 정보보다 사태가 더욱 악화. 데모 진압 시 공수여단 요원이 무리하게 하여 더욱 악화. 사태 수습을 위해서는 무력보다 대화로서 일단 진정시킨 후 폭도 등을 검거.

계엄군의 과격한 제지 행위에 편승, 과격분자들이 악성 유언비어를 유포시켜 시민들을 자극한 데 원인. 형무소와 방송국을 점령, 파괴하려 한 것으로 보아 오열 침투 가능성 배제할 수 없음. 홍보와 순화로 폭도와 시민을 분리, 조기 수습이 바람직.

계엄군의 과격한 행위로 유발된 사건. 광주 시민의 요구가 상부에 정확히 전달되지 않았기 때문. 시민의 피해가 너무 많이 발생. 본명의 억양 및 뉘앙스가 조치과정에서 잘못이 많은 것으로 받아들이고 있는 것 같음.

폭도들은, 긴급조치 위반자, 김대중 추종세력, 구두닦이, 차 조수, 식당 종업원, 깡패 등. 중산층 및 지식층은 여순반란사건의 경험을 상기, 대부분 피신 중. 데모 확대 이유는 공수단 요원이 앞뒤를 차단하자, 김대중 세력이 "경상도 출신 공수부대가 전라도 사람들을 몰살하려 하고 있다"라는 유언비어를 유포하고 이를 역이용한 데 있음. 공수요원이 많이 지쳐 있을 뿐 아니라 보급이 제대로 안 되어 라면류로 식사를 대체.

외부 불순세력에 의한 사전계획된 폭동인 것 같음. 폭도들 거의가 지적 수준이 낮은 노동자 등으로 설득에 쉽게 응하지 않을 것 같음.

보고에서 드러나듯이, 호남 출신 장교들 대다수는 공수부대의 잘못을 지적했다. 일부는 군의 입장을 대변하여 5·18항쟁을 외부 불순세력의 사주나 계획에 의한 폭동으로 보고했으나, 전반적으로는 공수부대의 잔혹한 폭력으로 사태가 확대되어 5·18항쟁이 발생한 점을 지적하고 있다. 또 군 지휘계통으로 보고된 정보보다 사건이 확대되어 많은 시민들이 피해를 입은 것으로 인식했다.

그렇지만 군은 이러한 보고와는 관계없이 광주 시민들을 폭도와 양민을 분리하여 진압작전의 명분으로 삼고 있었다. 5월 25일 2군사령부는 전교사에 내린 '충정작전 유효지시'에서 "공산주의자와 폭도 양민이 분리됨으로써 작전을 실시할 여건이 조성됐다"며,[55] 5·18항쟁을 공산주의자와 폭도들의 소행으로 규정했다.

국방부 출입기자단 통해 여론 조작 시도

군은 시민대표단과의 협상을 진행하면서도 광주의 상황을 왜곡시키는 여론 조작을 시도했다. 5월 23일 국방부 출입기자단 21명이 국방부 대변인의 안내를 받으며 광주를 방문 취재했다. 이들이 촬영한 장면은 광주국군통합병원에 입원 중인 환자들(현역, 민간인)의 치료 장면, 병원 앞에서 군인과 폭도가 대치하고 있는 광경, 광주 시가지 항공 촬영, 불에 탄 MBC 건물, 도청 주변 폭도 동정, 시가지 차량 및 시민 움직임, 차량 소실 현장 등이었다.[56] 5·18항쟁이 폭도들의 행위라는 인식을 심으려는 목적에서 의도된 사진 촬영이다. 국방부는 이들에게 헬기를 비롯한 각종 편의를 제공했다.

다음은 상무대에 도착한 국방부 출입기자단과의 문답이다. 다소 길지만 몇 가지 점에서 검토해볼 내용이 있어 전재한다.

문: 군인의 피해 정도는?
답: 사망 4, 부상 52명, 실종 3명이다.

문: 민간의 피해 정도는?

답: 시내 출입이 불가하여 정확히 알 수 없으나 상당 인원이 사망 또는 부상당하였다.

문: 경찰의 피해 정도는?

답: 인명피해 미상이며 경찰시설이 다수 방화되었다.

문: 재산피해는?

답: 도로 파괴만도 30~40억 정도이므로 엄청날 것이다.

문: 사태가 이렇게 악화된 원인은?

답: 최초 데모대의 진압이 선무 활동으로 가능할 것으로 판단한 점과, 다소의 피해를 감수하더라도 발포치 못하도록 지시되었기 때문이다.

문: 소요 주동세력의 성분 및 규모는?

답: 초에는 학생들이 대부분이었으나 지금은 불량배 및 불순집단이 혼성되어 있으며 정확한 판단이 곤란하다.

문: 저항 양상은?

답: 군인을 흉기로 잔인하게 살해하는 점, 도로 차단, 바리케이드 설치 수법, 전투 경험이 없는 학생들에게 사격훈련을 시키는 점. 총기고 및 탄약을 탈취 시가지를 불법천지로 만드는 점, 선량한 시민을 강제 동원한 점, 닥치는 대로 약탈하는 행위 등 완전한 반정부 폭도들의 소행이다.

문: 교전 여부는?

답: 5. 22. 24:00 이후 3회 정도 있었으며 교도소 접근 폭도들에게 발포했다.

문: 사태 수습 방안은?

답: 군은 끝까지 최소의 희생을 감수하면서 수습할 것이다.

국방부 출입기자단과의 기자회견에는 5·18항쟁을 인식하는 군의 시각이 담겨 있다. 군은 국방부 출입기자들에게 선무와 발포 명령이 없었기에 사태가 악화됐고, 불순집단이 섞여 있으며, 시민들의 저항을 "반정부 폭도"들의 행위로 낙인찍고 있다. 오늘날 5·18항쟁 왜곡의 주요 근거가 이미 1980년 5월 22일 국방부 출입기자단과의 회견에서 드러나고 있는 것이다.

제대로 전달 안 된 '발포 금지 명령'

이러한 답변은 전혀 사실과 다르다. 군은 처음부터 선무 활동 없이 무자비한 폭력과 야만의 행동을 자행하며 광주 시내에서 시위를 진압했다. 발포 금지 명령이 하급 부대까지 제대로 전달됐는지도 분명하지 않다. 5월 20일 2군사령부는 "발포 금지, 실탄 통제" 등을 지시했으나 전교사를 거쳐 하급 부대인 현장의 공수부대로까지 내려가 제대로 시행되지는 않았다. 명령이 제대로 이행되지 않은 '이상한 군대'가 광주 시내에서 계엄군으로 활동하고 있었던 것이다.

2018년 5·18민주화운동기록관은 그동안 공개되지 않았던 영상을 수집 공개했는데, 그중에는 이들의 취재 모습이 담긴 것으로 추정되는 영상이 있다. 일군의 무리들이 국군통합병원을 취재하고 헬기를 타고 광주 시내를 촬영하는 광경이다. 취재의 의도와 목적을 보여주는 화면이며, 이들의 취재가 언론에 어떻게 반영됐을지 짐작하기 어렵지 않다.

이들이 광주를 방문한 뒤부터 광주에 대한 언론의 논조가 달라지기 시작했다. 이전까지 사회면에서 단순 '소요사태'로 취급되던 5·18이 5월

23일 이후부터는 1면에 '불타는 광주 시내'의 전경이 전면에 배치되고 '폭동'이나 '난동'과 같은 거친 표현이 등장하고 있다. 국방부의 협조를 받아 광주를 방문한 언론은 보안사령부의 검열을 거쳐 광주에서 실제로 벌어진 사실이 아니라 국방부의 보도자료에 기초해 기사를 작성했다. 이러한 보도는 이후 5·18항쟁을 왜곡하는 또 다른 근거로 이용됐다.

5월 19일 보안사령부 언론반은 보도지침을 작성해 실시하면서 위반할 때는 계엄포고령 제10호를 적용한다고 강조했다. 이 지침은 '국가안보, 공공질서, 국익, 기타'로 세분해 언론을 검열했는데, '국가안보 유관사항'으로는 "현행 헌법체제 및 정부를 비방하는 내용, 북괴 또는 북괴지지 재외단체와 동일한 주장과 용어를 사용하거나 선동하는 내용, 반정부 또는 혁신노선을 주장선동하거나 용공분자를 정치범(양심범)으

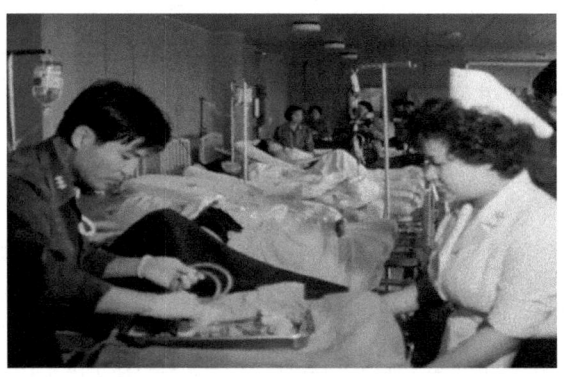

5·18기록관 영상 자료

항쟁 기간 정부와 군은 5·18을 '폭동'으로 왜곡하고 있었다. 5월 23일 국방부 출입기자단은 군이 제공하는 헬기를 타고 광주로 들어와 취재했다. 이들은 전교사와 광주국군통합병원을 취재한 뒤 돌아가 군이 제공하는 보도자료에 따라 기사를 작성했다. 어느새 광주는 '폭도'들이 점거한 도시로 색칠해졌으며, 시민들의 항쟁은 '폭동'으로 전락했다. 사진은 기자단이 광주국군통합병원을 취재하는 장면이다(5·18민주화운동기록관 소장).

로 취급하여 비호하는 내용, 국가안보상 기밀을 요하는 외교 교섭사항 및 발표하지 않은 외교정책 추진 내용, 발표되지 않은 군 관계사항, 발표하는 않은 전현직 국가원수 및 정부 요인의 동정 및 모독·비방 내용(가족 포함), 국가 방위제도(향토예비군, 민방위) 및 방위산업에 관한 논란 사항" 등이었다.[57] 이렇듯 보안사령부는 일찍부터 언론에 재갈을 물리고 있었다.

반면 이들과 달리 5월 18일부터 광주의 실제 모습을 취재하러 들어온 기자들이 있었다. 이들은 광주 시내에서의 시위 및 진압 광경, 시민들의 반응 등을 취재했다. 5·18을 설명하는 내용과 방식이 다르고, 기사 논조가 군에 의해 검열된 기사들과는 다를 수밖에 없었다. 다만, 국내 기자들의 취재는 비상계엄령이 시행된 이후 군의 검열과 통제를 받았기 때문에 제대로 보도에 반영되지 못했다. 이 때문에 광주 시내에서 국내 언론의 기자들은 환영받지 못하고, 오히려 시민들의 눈총을 피해 다니며 취재해야 하는 어려움이 있었다.

군, 상무충정작전의
가능성을 점검하다

5월 27일 실시된 상무충정작전을 전개하기에 앞서 작전 실행의 가능성을 판단하려는 목적에서 육군본부 특명단이 5월 23일 광주를 방문했다. 단장은 육군본부 작전참모부장이었다. 특명단은 전교사에서 전교사 사령관, 특전사령부 사령관, 3개 여단의 여단장, 20사단장, 보안사령부 기획조정실장 등을 면담한 뒤 〈전교사 방문결과 보고〉를 작성했다.

보고서에는 전남도청과 광주시청, 동회, 경찰서 및 파출소 등 일부 관공서가 제 기능을 발휘하고 있다고 기록됐다. 아직 무장한 강경파 폭도(300~500여 명)가 주도권을 장악하고 있어서 이들을 설득하여 가능한 한 이른 시간 내에 광주 지역에 진입하는 것을 희망하고 있음을 지휘관들의 의견으로 제안했다. "선량한 민간인 희생"이 "증가"하고 있으며, 선무 활동이 부진하여 오랜 시간이 소요되고, "폭도들의 빈번한 심경 변화로 신뢰성"이 희박한 반면 군이 신뢰를 회복하고 있으므로 선량한 광주 시민들의 기대에 부응해야 한다는 것이었다. 이러한 점을 감안하여 경고 없이(원문에는 '비경고' – 인용자) 기습적이며 "신속한 기동으로" 5월 25일 04시경 BMNT(Beginning Morning Nautical Twilight, 해뜨기 몇 분 전을 말함 – 인용자)를 고려한 진압작전에 돌입해야 한다고 제안했다.

육군본부 특명단, 새벽 무력진압작전 제안

특명단은 참고사항으로 진입 명령은 상부에서 통제하고 있으며, 주간 진입은 전교사와 특전사령부가 지지하고, 야간 진입은 20사단장과 각 여단장이 지지한다고 보고했다. 이것은 주간 진입 시에는 군인 가족과 양민들이 방패가 될 가능성이 있고, 야간 진입 시에는 피아 식별이 어려워 충돌이 발생할 수 있음을 고려한 것이었다. 그럼에도 폭도와 민간인이 자연적으로 분리가 가능한 취침 시간을 고려하여 해뜨기 몇 분 전이 작전 수행에 적당할 것으로 판단했다.

결과적으로 실제 전개된 상무충정작전에는 이 같은 육군본부 특명단의 의견이 반영됐다. 그리하여 공수부대원들로 구성된 특공조가 5월 27일 새벽 전남도청을 비롯한 광주 시내의 주요 건물에 침투했다. 뒤에서 구체적으로 살펴보겠지만, 시간 차이는 약간 있으나 대략적으로 해 뜰 무렵 특공작전이 완료됐다. 군은 저항세력이 500여 명 정도이며, 그중 불순분자와 온건파의 비율이 3대 2 정도로 시민군이 전남도청, 전남일보사, 도로 진입로 외곽 등을 점거하고 있는 것으로 파악했다.

육군본부 특명단은 시민군(원문은 저항세력 – 인용자)의 취약점으로 소총(일부 기관총) 정도로 무장하고 있고, 주간에는 잠을 자고 야간에는 술에 취해 난동을 부리고 있으며(만취 난동), 도심지는 온건파가 주도하고 외곽지대는 난동자들이 중심이 되어 저항하고 있는 것으로 파악했다. 작전부대의 취약점으로 경고 진입 시 인질 방패가 우려되고 야간 진입 시에는 혼란 및 오인 사격의 가능성이 있음을 제시하면서 2시간 내에 작전 수행이 가능할 것으로 판단했다. 마지막으로 특명단은 "강경파와 온건파 간에 싸움 유도, 특수요원 편성 투입, 무혈로 해체 준비" 등을 제안했다.[58]

물론 위의 보고서 중에서 시민군이 난동을 부린다거나 온건파가 상황을 주도하고 있다는 것은 사실과 달랐다. 또한 군이 파악한 광주 시내 상황도 실제와는 많이 달랐다. 앞에서 살펴봤듯이, 5월 21일 오후 계엄군이 물러간 뒤 시민들은 파괴된 공동체를 복원하고 있었다. 시민군이 술에 취해 난동을 부린다는 점은 근거 없는 사실 왜곡이다. 오히려 특수요원을 투입해 무장해제를 유도한다는 점은 군 요원들이 전남도청을 비롯한 광주 시내로 침투하여 시민들 내부를 이간시켰음을 짐작케 하는 대목이다.

육군본부 작전참모부는 2군사령부와 협의하여 최종 진압 작전계획을 작성한 뒤 육군참모총장에게 보고했다. 육군본부 작전참모부에서는 광주사태를 평정하는 3가지 방안(시민 자체 해결 지원, 광주시 장기 봉쇄, 조기 평정책)의 장단점을 검토했다. 첫 번째 안(시민 자체 해결 지원)은 평화적 방안이지만 성공에 대한 의문, 양민 학살, 장기간 소요 등이 단점으로 지적됐다. 두 번째 안(광주시 장기 봉쇄)은 비교적 희생을 적게 내고 목적을 달성할 수 있으나 폭도에게 시간적 여유를 주어 주민조직으로 총알받이(방패화), 시내 방어체제 강화, 타 지역으로의 파급 우려, 시민의 불평 고조, 군인 및 공무원 가족을 앞세워 조직적 작전 방해, 예비군 소집 등이 일어날 수 있음이 단점으로 부각됐다. 세 번째 안(조기 평정책)은 폭도들의 의지 분쇄, 파급효과 예방, 주민 조기 해방으로 피해 감소가 장점이나 군·민·폭도의 희생(어느 정도 각오), 매스컴에 의한 악용 우려, 평정 후 후유증 등이 단점으로 지적됐다. 결국 군에서는 폭도를 희생시키더라도 조기에 진압하겠다는 세 번째 안을 채택했다.[59]

5월 21일 2군사령관은 광주와 육군본부, 국방부 등지의 각종 회의에 참석하며 '소탕계획'을 건의했다. 그러나 이날의 결론은 '사태 확산 방지, 선무 활동, 지휘체제 일원화, 군 사기 진작, 교도소 방어, 외곽 봉쇄' 등이었고, '진돗개 둘'의 경계령이 발동됐다. 5월 23일 02시 2군사령부 작전참모는 계엄사령관에게 충정작전계획을 건의했다. 이 건의에 대해 계엄사령관은 한미 간의 협의 문제가 있고 무력으로 진압작전을 전개할 경우 지역감정을 해소하기 곤란하고, 민간인들을 인질로 삼았을 때는 대처하기 곤란하다는 이유로 5월 24일까지 작전 연기를 지시했다.

5월 24일 0시에도 충정작전을 건의했으나 국방부장관은 한미 간의 협의 문제가 남아 있으므로 5월 25일 02시까지 진압작전을 연기하도록 거듭 지시했다. 그리하여 2군사령부는 경찰 및 행정력으로 최대한 질서를 회복하며 광주 외곽을 봉쇄토록 지시했다.[60] 미국은 조기 진압작전과 20사단의 작전 투입에 동의했으나 이를 대외적으로 공표한 것에 항의했다. 미국은 상무충정작전 실시에 대한 여론의 반향만을 의식할 뿐이었다. 다시 말해 미국은 자국의 위신만을 생각했다.

호남 출신 박춘식 장군, 막판까지 무력진압 반대

육군참모총장과 국방부장관이 상무충정작전을 연기하라고 지시한 가장 큰 이유는 한미연합사의 통제 아래에 있는 20사단의 이동과 작전 참여 문제 때문이다. 원래 20사단은 "한미연합사의 작전통제하에 있는" 부대였으나 "10·26사건 직후 육본에서 한미연합사에 요청하여 중앙기동예비사단으로 운영되고 있었다." 그리하여 1979년 10월 26일 서울로 출동하여 다음 해 2월 6일 부대로 복귀했으며, 2월 18일 이후 육군본부로부터 충정훈련을 실시하라는 지시를 받고 "시위대에 위압감을 주는 총검술, 시위대를 뚫기 위하여 대형을 갖추는 방법, 상대방에게 엄격성을 과시하기 위하여 복장을 착용하는 방법, 국가보위라는 사명감 고취를 위한 정신교육 등을 실시"했다.[61] 미국은 다양한 경로를 통해 광주로부터 전해지는 소식을 보고받았다. 한미 간 협의가 끝난 뒤 한미연합사령부는 진압작전에 동원할 부대를 승인했다. 계엄사령부는 5월 25일 이후 진압작전을 전개토록 2군사령부와 전교사에 지시했다.

군에서 모두가 무력진압에 동의한 것은 아니었다. 5월 23일 오전 9시부터 11시까지 육군참모총장 접견실에서는 '광주사태 소탕작전회의'가 열렸다. 이날 회의에서는 광주 지역의 무력 공격에 대한 2군사령부의 보고와 이에 대한 토의가 있었다.[62] 이 회의에는 육군참모총장, 육군참모차장, 육군본부 정보참모부장, 육군본부 작전참모부장, 육군본부 군수참모부장, 계엄사령부 참모장, 육군본부 전략기획부장, 육군본부 군수참모부 보급운영처장, 2군사령관, 2군사령부 작전참모부장 등이 참석했다. 이 회의에 구체적인 작전계획이 제출되지 않았으나 참석자들은 대체로 무력진압작전에 찬성했다. 육군참모차장(황영시)은 무력 공격에 따른 인질극이나 다수의 희생자 발생 우려가 있기에 상처가 클 것이므로 바람직하다고 볼 수 없다고 했다. 그러나 5·18항쟁 기간 내내 강경 진압을 부추긴 그의 언행으로 볼 때, 이것은 군의 피해를 염려하여 나온 발언으로 읽힌다. 육군참모총장은 다른 지역(목포-인용자)을 우선 공략하여 광주를 완전 고립시키는 방안을 제시했다. 이에 대해 2군사령관은 목포를 공격하더라도 사상자가 발생할 것이고, 광주 시민이 이를 알게 되면 감정은 더욱 격화될 것이라며 반대했다. 당시 목포는 시민들이 시민궐기대회와 구국기도회를 열고 있었다.

참석자들 중에서 군의 무력진압, 즉 상무충정작전의 실시에 강력하게 반대한 이가 있었다. 전남 출신의 박춘식 육군본부 군수참모부 보급운영처장이었다. 그는 광주 시민들이 예상치 못한 결과에 후회하고 외부세력이 참가한 것에 불만을 표시하고 있다며, 자신이 직접 광주 시내로 들어가 시민들을 이해시켜 시민과 폭도를 분리시킨 뒤 공격하는 안을 대안으로 제시했다. 그러나 육군참모총장은 2군사령부의 안, 총장 제시안, 박춘식의 제안 등을 국방부에 보고하겠으나 2군사령부의 계획을 중점으로 제시토록 지시하는 것으로 이날 회의를 마쳤다.

회의가 끝난 뒤에도 육군참모총장 접견실에는 육군참모총장, 육군참모차장, 육군본부 작전참모부장, 박춘식 등이 남아 있었다. 이 자리에서 박춘식은 공격 24시간 전에 자신이 현역 장군 복장으로 광주 시내에 들어가 광주 시민들을 설득하겠다고 제안했다. 육군참모총장이 박춘식에게 부하(영관 장교)가 없느냐고 물었다. 이에 대해 박춘식은 "장군이라서 그런 것이 아니라, 나 하나 죽어서 유혈사태 없이 평온을 찾는다면 그 이상의 영광이 없겠다"며 군의 무력진압을 강하게 반대했다.[63] 하지만 평화적인 사태 해결을 위해 노력하겠다는 그의 건의는 끝내 받아들여지지 않았다.

박충훈 국무총리 서리의 광주 방문

광주 시내에서 다양한 첩보를 취합하고 있던 보안사령부는 상무충정작전이 실행되기 직전인 5월 26일 광주시청에서 구호양곡과 구호자금을 방출하며 방역차로 시내 소독을 실시했다고 보고했다. 채소 등이 광주 시내로 공급되었고, 쓰레기 수거차가 가동되어 시가지를 청소했다는 보고도 있었다.[64] 광주시청의 행정력이 정상적으로 작동하고 있었던 것이다.

이 무렵 새로 임명된 박충훈 국무총리 서리와 최규하 대통령이 연달아 광주를 방문했다. 신임 국무총리 서리인 박충훈은 5월 22일 오전 8시 15분에 공군 헬기를 타고 보사부장관, 청와대 정무비서 등과 함께 전교사를 방문하여 군의 브리핑을 받고 정부 담화문을 발표할 예정이었다. 담화문은 청와대에서 준비 중이었다.[65]

광주 시민들(원문은 무장난동자-인용자)이 운행하던 차량에서는 시민들에게 신임 국무총리 박충훈이 온다는 소식을 전하며 오전 11시까지 전남도청 앞으로 모이라고 방송했다. 《투사회보 3호》에서도 "9시에 국무총리 내방 예정"을 안내하고 있었다.[66] 시민들은 이 소식을 듣고 전남도청 앞 광장으로 모여들었다. 하지만 그는 끝내 광주 시내에 나타나지 않았고 시민들은 적잖이 실망했다. 11시경 전남도청 앞에 모인 1만여 시민들은 다시 "14:00까지 모여라", "국무총리와 담판하자"며 시가행진을 진행했다. 이 뒤로도 총리와의 면담 시간은 18시에서 19시로 옮겨진 것으로 선전됐다.[67] 누가, 어떤 의도에서 이렇듯 거짓 정보를 계속 유포하고 있었는지 의심스러운 대목이다.

전교사에서 상황 보고만 받고 서울로 돌아간 박충훈은 일방적인 담화문만 생방송으로 발표했다. 그는 "현재 광주 시내는 병력도 경찰도 없는 치안부재 상태이며, 일부 불순분자들이 관공서를 습격, 방화, 무기를 탈취해서 군인들에게 발포했음에도 불구하고, 군은 정부의 명령 때문에 시민들에게 발포하지 못하고 반격을 하지 못하여 울화통이 터지는 상태에 놓여 있는 것 같다"며 "그럼에도 불구하고 광주사태는 시청 직원이 사무를 보고 전기 수도가 공급되며 은행 약탈 등이 없는 점 등으로 보아 호전되어 가고 있는 것으로 본다"고 발표했다.[68] 군의 시각만이 반영된 일방적인 담화문으로, 군의 폭력과 야만에는 눈 감은 채 예정된 무력진압을 정당화하려는 명분 축적용 담화에 지나지 않았다. 하지만 그런 그의 담화문조차 광주 시내가 안정되어가고 있음은 인정하고 있었다.

협박장과 다름 없는 최규하 대통령 담화문

최규하 대통령도 5월 25일 오후 6시에 전교사를 방문했다. 보안사령부는 이를 '태양 방문'이라 기록하면서 이날 전교사(상무대-인용자)의 분위기를 다음과 같이 전하고 있다. 최규하 대통령은 전남도지사에게 군의 개입(재진입작전-인용자) 여부를 물었고, 이에 대해 전남도지사는 "군의 개입 없이는 불가능합니다. 그러나 좀 더 여유를 주었으면 좋겠습니다"라고 답했다. 전남도지사의 답변에 대해 계엄사령관이 '책임 회피'라고 힐난했으나 대통령이 군의 작전 문제와는 별개로 이야기하자며 계엄사령관의 비난을 제지시켰다. 또 전남도경 국장에게 같은 질문을 하자, 그는 군의 개입이 불가피하다고 대답했다. 이어 대통령은 "크게 보면 폭도들도 국민의 한 사람이기에 고충이 있다"면서도, "작은 것을 버리고 큰 것을 택해서 처리해야 한다"고 결론내린 뒤 담화문을 녹음하고 귀경했다. 대통령이 돌아간 뒤 군의 고급 장교들이 전남도지사를 "형편없는 놈"이라 비난했다.[69]

이날 상무대에서의 경험 때문인지 도지사로서의 책임감 때문인지 분명하지 않지만, 5월 26일 전남도청에 나타난 전남도지사 장형태는 상무관에 차려진 분향소를 방문하고 유가족과 전남도청 간부진들을 차례로 만난 뒤 기자들과 만나 도지사직 사퇴를 발표했다. 다음은 이날 발표된 최규하 대통령의 방송특별담화 〈광주 시민에게 고함〉을 발췌한 것이다.[70]

친애하는 광주 시민 여러분! …… 그동안 이 사태로 인해서 희생을 당하는 분은 말할 것도 없고, 그 가족의 슬픔은 얼마나 크겠습니까? 또 절대다수의 광주 시민 여러분들은 치안부재의 상황 속에서 나날을 불안 속에서 보내고 계시고, 또 일상생활에서도 이루 말할 수 없는 어려움을 겪고 계시리라 생각됩니다. …… 우리 대한민국의 국가안위에 관련되는 중대사태가 될 위험성마저 있는 것이 사실입니다. 어떠한 문제 때문에 일시적인 감정이나 흥분으로 말미암아 난동에 가담한 사람들, 특히 청소년들은 그 결과가 어떠한 것이 될지 이성을 되찾고 냉정히 다시 한번 생각을 해주셔야 되겠습니다. 어떠한 문제가 있다면 대결을 통해서가 아니라 서로 대화를 통해서 해결해야 될 것입니다. 다 같이 우리 동포요,

우리 국민들인 이상 우리가 얘기를 해서 해결할 수 없는 그러한 문제가 나는 있을 수 없다고 생각합니다. …… 아무쪼록 냉정과 이성을 되찾고, 일시적인 흥분과 격분에 의해서 총기를 들고 다니는 청소년 여러분들은 지금이라도 반환하고 집으로 돌아가서 부모, 형제, 자매들을 안심시켜주셔야 될 것입니다. 치안을 회복하는 데 협력해야 될 것입니다. …… 지금 정부와 그리고 전 국민은 광주 시민 여러분을 염려하고 있습니다. …… 그러나 치안이 잡히지 않는 이 마당에 있어서 준비하고 있는 모든 식량·의류·의약품·기타 구호품 등을 전달할 길이 없는 것입니다. 아무쪼록 치안이 조속히 회복됨으로써 다 같이 지난 일을 잊고 복구작업에

최규하 대통령의 성명과 윤공희 대주교의 서신
5월 25일 최규하 대통령은 상무대의 전교사를 방문하고 성명을 녹음한 뒤 귀경했다. 이미 신군부가 권력을 장악하는 상황에서 할 수 있는 게 없는 대통령의 성명이었다. 이 성명은 광주의 반발을 불러일으켰다. 광주대교구의 윤공희 대주교는 최규하 대통령의 무기력한 성명을 정면으로 비판했다.

착수할 수 있도록 준비를 갖추어야만 되리라고 생각합니다.

언뜻 보면 부드럽고 완곡한 담화문인 듯 보이지만, 전체 내용은 총을 들고 부당한 공권력, 국가폭력에 대항하는 광주 시민들에게 보내는 일종의 협박장이나 다르지 않았다. 담화문에서는 광주 시민들의 저항을 '난동'으로 규정하며 이성을 되찾으라고 가르치려 들고 있다. 정부가 긴급구호를 준비하고 있으나 광주의 치안이 회복되지 않아 전달할 수 없다며, 사태 악화의 책임을 광주 시민들에게 떠넘기고 있다. 광주 시민들의 이성 회복을 강조하고 있으나, 시민들이 총을 들고 계엄군에 대항하여 싸울 수밖에 없었던 이유는 전혀 언급하지 않고 있다.

광주의 현실을 외면하는 대통령의 담화문에 대한 비판은 곧바로 터져나왔다. 시민수습대책위원회는 〈최규하 각하께 드리는 호소문 – 광주사태 수습대책위원회 만장일치 결의〉에서 "근원적인 수습을 위해 저희들의 충성어린 호소를 받아주시기를 간절히 소망합니다"라며 '정부의 잘못 시인, 사과와 용서를 요청, 정부의 피해보상, 보복조치 근절의 확인' 등을 제시하고, "이것만이 광주 시민의 응어리진 마음의 상처를 치유할 수 있는 길이며, 피의 값으로 (전 국민과 함께) 받아질 수 있으리라고 확신한다"는 평화로운 해결 방안을 제안했다. 그러나 정부와 군은 수습대책위원회의 해결책을 받아들이지 않았다.[71]

윤공희 대주교의 호소도 허사

천주교 광주대교구 교구장 윤공희 대주교는 최규하 대통령이 담화문에서 '광주사태'의 원인은 무시한 채 수습만 이야기한 것을 정면 비판했다. 다음은 윤공희 대주교가 발표한 〈존경하는 최규하 대통령 각하〉를 발췌한 것이다.

> 어젯밤에 상무대 계엄분소에 다녀가시면서 녹음 발표하신 담화문을 감사로이 들었습니다. …… 그러나 각하의 말씀과 심려가 광주 시민들의 마음을 어루만져주시고, 위로해주시기에는 아직도 너무나 미흡하다는 것을 말씀드리지 않을 수 없습니다. …… 사태의 원인을 알아보시지 않고(또는 말씀하시지 않고) 그 수습만을 호소하는 것은, 진정한 호소력을 가지지 못할 뿐 아니라, 사태의 올바른 처리의 책임을 가지신 분의 그러한 회피는 사태를 당장에 악화시킬 위험마저 있는 것이라고 저는 생각합니다. …… 두 아들을 둔 아버지의 입장에서, 무지막지한 큰아들로부터 형편없이 얻어맞고 쓰러졌던 작은아들이 겨우 일어나서 형의 멱살을 잡는데, 아버지가 어찌 큰아들은 소리 들어주며, 얻어맞은 작은아들에게는 참으라고만 말할 수 있겠습니까? …… 광주 시민들의 평화적인 시위를 다스리는 데 있어서 계엄군이 광주시 곳곳에서 천인공노할 잔악한 행위를 수많은 시민들이 지켜보는 한 가운데서 자행했기 때문에, 자기 아들딸들이 군인들의 몽둥이에 얻어맞고 구둣발에 채여 유혈이 낭자한 채 길바닥에 쓰러지고 다 죽게 뻗어 버린 채로 차에 실려 가는 것을 본 시민들이 얼마나 격노하였겠는지를 각하께서는 곰곰이 생각해보셨습니까? …… 광주사태의 수습을 위해 지금이라도 어떠한 방법으로든지 사태 발단의 진실을 정부와 군이 인정을 하고, 겸손한 사죄의 표시를 하야야 할 것이고, 군인들의 만행에 대한 명령책임자를 엄중히 처단할 것을 약속하셔야 우선 급박한 현 사태의 수습이 가능할 것입니다. ……

1980. 5. 26. 천주교 광주대교구장 대주교 윤공희 올림[72]

 윤공희 대주교는 광주 시내의 한복판인 금남로 3가에 위치한 가톨릭센터 6층 집무실에서 5월 18일 이후 광주 시내, 그중에서도 금남로에서 벌어진 일들을 생생하게 목격했다.
 계엄군이 광주 시내에서 물러난 5월 22일 이후 윤공희 대주교는 전남도청으로 가서 평화적인 사태 해결을 위해 노력했다. 그리고 가톨릭 교단이나 주한미문화원 등 다양한 경로를 통해 평화로운 사태 해결이 필요하다는 입장을 전달했다. 5월 24일 서울로 복귀한 광주 주한미문화원 공보담당관 데이비드 밀러를 통해 "5월 18일과 19일에 발생한 공수부대원들의 잔학 행위를 사과해야 한다"는 메시지를 전달하기도 했다. 이 메시지는 주한미대사관 직원이 5월 25일 오전 김수환 추기경에게 전달했다. 그전부터 김수환 추기경은 광주 상황을 알고 있었다. 김수환 추기경은 5월 22일 계엄사령관과의 면담과 5월 24일 계엄사령부에 보낸 서신 등에서 광주의 문제를 언급했다.[73]
 뒤에 김수환 추기경은 〈6·25동란 30주년을 맞이하여〉라는 제목의 강론 첫머리에서 "광주사태는 통탄과 통분을 금치 못할 사실이었음에 비추어, 광주 시민의 슬픔을 위로하고, 그 마음의 상처를 낫게 하며, 국민이 납득할 수 있는 방향으로 진실에 따라 공명정대하게 해결되어야 할 것입니다. 힘에 의한 외형적 해결은 장차 국민의 화합과 단결을 크게 저해하는 요인으로 계속 남아 있게 될 것"이라고 강조했다.[74]
 이렇듯 다양한 경로를 통해 광주의 상황을 알리고 있던 윤공희 대주교는 기본적인 사실을 왜곡하며 군의 입장과 다르지 않는 최규하 대통령의 담화문을 듣고 실망한 뒤 위의 서신을 쓴 것이다. 윤공희 대주교의 피를 토하는 심경의 외침과 호소를 정부는 받아들일 의지도 없었으며 어떠한 노력도 기울이지 않았다.

상무충정작전을 실행하기에 앞서 계엄사령부 보도처는 5월 26일 각 언론사에 〈광주 소요사태에 대한 보도문〉을 배포한 뒤 보도하라고 지시했다. 주요 내용은 광주 시가를 제외한 전남 일대는 평온을 회복했다는 것이다. 물론 이는 군이 광주 시내로부터 받은 보고를 기초로 작성되어 각종 지표와는 전혀 다른 왜곡된 내용을 담고 있었다. 다음은 이날 계엄사령부 보도처에서 배포한 보도문을 발췌한 것이다.

광주 시가 제외한 전남 일대 평온 회복.
지난 18일 시작된 전남 광주 일원의 소요사태는 목포, 영암 등 17개 지역으로 확산된 바 있었음. 21일부터 불순분자와 극렬분자들이 경찰관서와 예비군 무기고를 습격, 무기를 탈취, 극렬한 난동을 부리기 시작한 때부터 사태 악화. 80. 5. 25 현재 광주 및 목포시를 제외한 전 지역은 평온하게 정상적인 치안 행정 기능 수행. 계엄군은 선량한 국민의 인명피해와 재산의 손실을 막기 위하여 설득과 선무 활동을 전개해왔으며 자위 행사마저 가능한 한 억제해왔음. 계엄군은 광주시로 조속한 시일 내에 평온을 되찾아 시민들이 안심하고 생업에 전념할 수 있도록 노력할 것이며, 시민들의 적극적 협조를 당부하고 있음.[75]

군 보도문은 5·18항쟁이 확산될 수밖에 없었던 배경은 아예 언급하지 않고 광주와 목포의 치안부재 상태를 부각시키며, 그렇기에 군의 투입과 진압이 정당하다는 점만을 역설하고 있다. 전형적으로 '폭도'와 '시민'을 구분하는 '통합과 배제'의 원리가 적용된 것이다.

상무충정작전
실행 전야

5월 26일, 계엄사령관은 '육군본부 작전지침(상무충정작전)'을 내려 상무충정작전을 실행토록 명령했다. 이 지침에는 상무충정작전을 준비하는 군의 인식과 입장이 담겨 있다. 계엄사령부는 광주의 상황이 5월 23

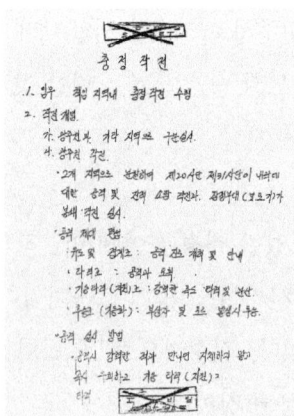

육군본부 작전지침

육군본부의 작전지침은 작전일시뿐 아니라 희생을 최소화 하라고 지시했다. 그러나 이 지침에는 폭도와 양민을 분리함으로써 광주 시민들이 저항을 '폭도'로 폄하하고 있다. 오늘날 5·18을 왜곡하는 세력들의 주된 주장이 '북한 특수부대 침투설'인데 반해 1980년 5월 군에서는 그 가능성만을 언급하고 있는 것이 이채롭다(5·18민주화운동기록관 소장).

일 이후 이성을 되찾아가는 징후를 보인다면서도, 폭도들이 광주의 주요 도로에 기관총과 장애물을 구축해서 공포 분위기를 조성하고 양민들을 위협하는 등 난동을 부리고 있다고 평가했다. 또 항쟁의 주체인 시민군이 흉악범과 불량배로 구성되어 있어 선무 활동의 효과나 지역 내의 회복 기능이 불가능하다며, 항쟁이 장기화되면 이를 이용하여 불순분자나 무장공비의 침투 가능성이 높아진다고 했다. 그리고 점차 시민들의 기세가 진정되며 공산주의자와 폭도, 양민이 분리되어 작전을 실시할 여건이 갖춰졌다고 판단했다. 이러한 인식 아래 계엄사령부는 전교사가 주관하여 5월 27일 00시 01분 이후 작전을 실시하며 희생을 최소화할 대책을 강구하라고 명령했다.[76]

사태 원인에 눈 감고 무력진압 강행

위의 지침은 상무충정작전을 준비하는 군의 인식이 광주의 상황을 얼마나 자의적이며 악의적으로 해석하고 있는가를 잘 보여준다. 흑백논리에 사로잡혀 '적 아니면 우리 편'이라는 지극히 이분법의 논리가 상무충정작전에 그대로 투영된 것이다.

특이한 점은 당시 계엄사령부에서조차 "항쟁이 장기화되면 이를 이용하여 불순분자나 북한의 무장공비의 침투 가능성이 높아진다"고 말했다는 점이다. 오늘날 5·18을 왜곡하는 세력들이 '북한 특수부대원들의 침투'를 5·18항쟁의 배경으로 내세우지만, 1980년 5월 당시에는 군에서조차 이를 인정하지 않고 있었던 것이다. 군에서조차 북한의 '침투 가능성'이라고 할 뿐이었다. 유의할 점은 군이 '북한의 사주 또는 침투'

라는 인식을 기저에 깔고 있었다는 사실이다. 오늘날 극우세력들의 주장인 '북한 특수부대 침투설'은 이미 1980년 5월부터 군의 논법에 배태되고 있었다.[77]

군의 선무공작은 계엄사령부의 지침에 따라 진행되지 않았다. 군에서 실행한 선무공작은 헬기를 통한 삐라 살포와 선무 방송 등이었다. 5월 24일까지 군은 광주와 서울 등지에 총 138만장의 유인물을 총 17회 살포했다.[78] 하늘의 헬기에서 뿌려진 군의 삐라가 사실을 왜곡하고 시민들을 협박하는 내용이었기에 과연 얼마나 실효성이 있었을지 의문이다.

지침에서처럼 당시 광주 시민들은 생활의 어려움을 겪고 있었다. 5월 22일 이후 계엄군이 광주 외곽을 봉쇄하고 있었기 때문에 발생한 어려움이었다. 북한의 침투가 예상된다고 했으나 북한은 특이 동향을 보이지 않았다. 북한의 위협에 대비하여 군은 비상경계 태세인 '진돗개 둘'을 발동하고 모든 지역에서 검문검색을 강화했다. 광주의 소식이 다

군의 경고문

계엄군이 5월 21일 오후 광주 시내에서 철수한 이후 군에서는 총 138만 장의 유인물을 광주 시내에 살포했다. 헬기로 살포한 유인물에는 5·18을 바라보는 군의 인식이 담겨 있다. 군의 유인물에는 사실을 왜곡하고 시민들을 협박한다. 그리고 이 같은 경고문은 상무충정작전에 고스란히 반영됐다(5·18민주화운동기록관 소장).

른 지역으로 전파되는 것을 막으려는 의도이기도 했다. 특히 광주 외곽은 대간첩작전이 임무이던 공수부대를 비롯한 계엄군이 철통같이 틀어막았기에 북한의 침투가 불가능에 가까웠다. 미국도 북한의 도발에 대비하며 조기경보기와 항공모함을 한반도에 배치했다. 이 같은 상황에서 희생을 최소화할 대책을 마련해야 한다는 지침은 상무충정작전에서 제대로 지켜지지 않았을 뿐 아니라 지켜질 수도 없었다.

초읽기에 들어간 무력진압작전

육군본부의 작전지침이 하달되기 전부터 2군사령부는 상무충정작전을 실행할 준비를 진행하고 있었다. 2군사령부는 5월 25일 12시 5분자 '작상전 517호(충정작전 유효 지시)'에서 전교사 사령관 지휘 아래 5월 27일 01시 이후에 상무충정작전을 실시하라고 지시했다. "(광주 시민들이) 이성을 되찾아가는 경향, 광주 시민은 생필품 고갈, 생활에 고통, 공산주의자와 폭도, 양민이 분리됨으로써 작전을 실시할 여건 조성, 전투병과교육사령부 사령관 책임하에 5. 27. 00:01 이후에 실시, 양민 및 계엄군 희생 최소로 감소, 작전 수행상 조치 및 착의사항(5. 23. 16:00) 적용, 고도의 보안을 요망"했다.[79]

5월 26일 전교사는 각 부대에 충정작전 제4호를 내렸다. 이 명령은 광주권과 기타 지역으로 구분하여 작전을 실시하되, 광주권 작전은 20사단과 31사단이 내곽에 대한 공격 및 잔적 소탕작전을 담당하고 잠정부대(보병학교, 포병학교, 기갑학교)가 외곽 봉쇄작전을 실시한다는 것이었다.[80]

상무충정작전을 실시하기에 앞서 가장 걸림돌이 되는 문제가 있었다. 당시 전남도청 회의실 지하에 있던 다량의 폭발물이었다. 이 폭발물은 군에서도 두려워하는 것이었다. 현실적으로 폭발물을 제거한 뒤 작전이 실행되어야 했다.

폭발물 해체작업은 폭발물을 관리하고 있던 한 시민군의 제안으로 실시됐다. 당시 호남신학대 학생이자 전도사이던 문용동이었다. 전남도청 지하실에 보관 중이던 TNT를 비롯한 폭발물을 관리하는 시민군의 '폭약반'으로 활동했던 그는 수거한 총기류를 들고 직접 전교사를 방문하여 폭발물 해체를 군에 먼저 제안했다. 상무충정작전을 앞둔 5월 24일 전교사는 폭발물 전문가인 군무원을 전남도청 지하실로 파견했다. 문용동을 비롯한 몇몇 시민군의 협조를 받은 전교사 군무원은 폭발물의 뇌관을 해체하는 데 성공했다. 이 군무원은 5월 27일 3공수여단 특공조를 전남도청까지 길 안내를 했다.

전교사로부터 신변안전을 보장받았던 문용동은 5월 27일 상무충정작전이 전개될 때 전남도청을 지키다 3공수여단 특공조의 무차별 총격을 받아 사망했다. 군은 그의 죽음을 폭도들이 벌인 살인의 한 가지 사례로 사실을 왜곡시켜 적극 활용했다. 그러나 그와 함께 폭약반으로 활동하던 시민군들은 그가 공수부대의 집중사격으로 사망했다고 증언했다.[81]

보안사 고급 장교들, 의문의 광주행

5·18항쟁의 왜곡과 관련해 또 언급되어야 할 부분은 보안사령부에서

고급 장교들을 광주에 파견한 점이다. 5·18이 발생하고 상황이 악화되자 보안사령부는 광주 현지로 보안사령부 요원들을 파견했다. 5월 19일 오전 9시경 보안사령부 참모회의에서 광주 상황에 대해 토의한 뒤 당시 보안사령부 기획조정실장인 최예섭 준장을 파견했다. 최예섭이 전교사에서 어떤 임무를 수행했는지는 현재까지 분명히 밝혀지지 않았지만, 505보안부대의 지휘권 장악 및 통제, 전교사의 주요 회의 참석, 광주 시내에 파견된 요원들과의 연락, 보안사령부에 보고하는 역할 등을 담당한 것으로 보인다.

이외에도 보안사령부는 합동수사본부 소속 치안본부 조정관으로 일하고 있던 광주일고·육사 출신의 홍성률 대령을 광주로 파견했다. 앞에서 살펴봤듯 홍성률 대령은 1979년 '10·26' 사건이 발생하자 당시 보안사령관 전두환이 9사단장 노태우에게 '대통령 유고' 소식을 알리는 개인 서신을 직접 전달한 인물이다.[82]

홍성률 대령은 5월 19일 15시경 권정달 보안사령부 정보처장으로부터 정보 수집 등의 임무를 지시받고 5월 20일에 광주에 도착했다. 그는 광주시 사동의 친척 집에 머무르며 전남도경 정보과 소속 경찰과 505보안부대의 정보과 요원의 지원을 받아 광주 시내에서 활동 중이던 군경의 정보조를 통합 지휘했다.

보안사령부 자료에는 "(5. 23.) 18:30 시내에 잠복하여 특수임무를 수행 중인 당 부대 홍성률 대령의 보고에 의하면, 극렬 폭도들의 약탈과 강제 동원 등으로 시민들은 불안과 공포에 쌓여 극히 지쳐 있고, 야음을 이용한 폭도들의 각종 횡포로 극심한 타격을 받고 있음에도 계엄군은 폭도들의 소탕을 외면하고 있다 하여 계엄군에 대한 원성이 고조되고 있으며, 심지어 이런 계엄군을 믿고 어떻게 방위세를 낼 수 있느냐 등 흥분하고 있는 상태임……"[83]이라고 쓰인 보고가 있다. 여기서 말하는 홍성률 대령의 '특수임무'가 무엇인지는 알려지지 않았다.

위의 보고처럼 그는 광주 시내로 잠입하여 5월 21일 09시경부터 이른바 '지하 정보 활동'을 전개한 것으로 전해진다. 이어서 5월 24일 광주 시내를 빠져나가 송정리비행장에서 대기하며 외국인 소재 파악에 나선 것으로 보인다. 5월 27일 상무충정작전이 끝난 뒤에는 전남도경을 지휘 감독하고 6월 초순 상경했다. 그 뒤 그는 보안사령관 전두환과 보안처장 정도영 앞에서 5·18 종합보고서를 보고했다고 한다.[84]

상무충정작전의 실행을 앞두고 보안사령부는 군의 진입에 앞서 시민군의 무선을 감청하려는 목적에서 515보안부대를 5월 26일 오후 7시 광주 지역으로 이동시켰다. 이 과정에서 송정리비행장과 전교사에 대기 중이던 계엄군들에게 총 6,300만원의 돈과 중식용 소 7마리가 내려졌다.[85] 이 중 보안사령관이 금일봉을 내린 게 흥미롭다. 대통령과 계엄사령관이야 내릴 수 있는 위치였으나 보안사령관이 적지 않은 금액의 금일봉을 내린 이유가 마땅치 않다. 당시 누가 권력을 잡고 있었는지 보여주는 상징적인 행위이다.

송정리비행장에서 진압작전을 준비하는 동안 미리 광주 시내에 침투한 군 요원들이 있었다. 상무충정작전을 앞두고 전교사는 '충정작전 제4호(1980. 5. 26)'를 지시했는데, 그중 '공격 실시 방법'의 하나로 "사전 침투한 편의 공작요원과의 연결작전을 실시한다"가 포함되어 있다.[86] 광주 시내에 침투해 활동하던 군 공작 요원들이 상무충정작전에서 특정 임무를 수행했음을 짐작케 하는 대목이다. 또 상무충정작전을 앞두고 직접 침투할 공수부대의 하사관들이 편의대 복장으로 시내로 들어가 사전 정찰을 실시했다.[87]

상무충정작전의 실행을 앞두고 광주에 있는 외국인들의 소재 파악과 소개는 계엄사령부의 또 다른 골칫거리였다. 군이 통제할 수도 없고 군의 통제를 받지도 않는 외국인(언론인)들이 광주 시내에는 많이 있었다. 군에서는 외국인들에 대해 조심하라고 지시하고 있었다. 전교사 사령관은 휘하 각 부대의 사령관들(31사단장, 20사단장, 보병학교장, 포병학교장, 기갑학교장)에게 아래의 지시문을 보냈다.

1. 광주 지역 소요사태를 취재하기 위하여 외국인 방문 시 각 부대 도로 차단 지역에서는 아래와 같은 사항을 숙지하고 근무할 것.
가. 외국인 방문 시 친절을 베풀 것.
나. 너무 딱딱하게 대함으로써 외국인에게 반감을 사는 일이 없도록 할 것.[88]

상무충정작전 도중에 외국인들에게 불상사가 발생하지 않는다고 어느 누구도 장담할 수 없었다. 5월 26일 오전 7시 10분경 계엄분소 홍 대령(보안사령부에서 파견한 홍성률 대령으로 추정 – 인용자)이 광주시청에 외국인 거주사항(국적, 성명, 신분, 현주소)을 오전 10시까지 파악하도록 요구했다.[89] 그리하여 이날 오후 5시 23분에 미 공군 소속 C-130 수송기 편으로 외국인 23명(미국 시민권자는 19명, 미국인 1명, 캐나다인 2명, 아프리카 1명)이 송정리비행장을 통해 오산기지로 소개됐으나,[90] 당시 광주 시내에는 소재 파악이 되지 않아 별다른 대책을 강구하지 못한 외국인들이 더 많았다. 계엄사령부에서 파악한 광주 지역 외국인은 중국인 1,400명, 미국인 25명, 일본인 15명, 기타 9명, 외신기자 479명 등이었다. 계엄사령부는 이들의 정확한 소재를 파악하는 것이 불가능하

여 별도의 보호대책을 강구할 수 없다고 결론내렸다.[91]

광주 내 모든 외국인에게 떠나도록 조치

5월 25일 외무부는 미국에 광주에 있는 모든 외국인들을 떠나도록 조치할 것을 요구했다. 이에 따라 주한미대사관과 미군 당국자들이 대응팀Task Force을 구성하고 논의했으나 현재로서는 탈출 방법이 없으니 적절한 곳에서 은신하는 게 안전할 것이라 결론내렸다. 주한미군사령관 위컴은 한미연합사에서 병력 동원에 합의했다는 보도가 나가자 이에 대해 항의했으나, 결론적으로 병력 동원에는 동의하며 피해를 최소화하기 위해 제한된 범위에서 병력 사용(이동)을 허락했다. 상무충정작전의 진행과정에서 미국의 주된 관심사는 광주에 있는 미국인들의 안전을 어떻게 확보할 수 있느냐였다. 5월 27일 광주에서 군의 작전이 완료된 직후 미국은 새롭게 구성될 국가보위비상대책위원회가 전두환의 권력을 강화시키는 데 도움이 될 것이며, 결과적으로 민간정부(최규하 정부-인용자)가 제거될 것이라 예상했다.[92] 그리고 며칠 지나지 않은 5월 31일 국보위가 출범하고 전두환이 상임위원장에 취임했다.

한편, 계엄군이 다시 들어온다는 소식을 접한 광주 시민들 가운데 광주 탈출을 시도하는 이도 있었다. 보안사령부에는 "광주 소요사태의 지속으로 불안에 떠는 시민들이 소로 및 하천 둑을 따라 화순 방면으로 피신하고 있는데, 12시 현재 300~400여 명의 피란자들이 목격된다"는 보고가 올라왔다.[93] 이 보고가 전부 맞다고 보기는 힘들지만, 광주 시민들은 계엄군이 재진입한다는 소식을 듣고 자신의 집을 떠나 '피란'을 떠나기도 했다. 또 당시 광주에는 솜이불이 계엄군의 총탄을 막는 방탄 효과가 있다는 말이 나돌았다. 이 때문에 5월 26일 밤부터 다음 날 새벽, 광주 시내의 가정집에서는 솜이불을 유리창에 두른 채 라디오를 타고 들려오는 선무방송을 들어가며, 총소리만 가득 퍼지는 그날의 새벽을 견뎌내고 있었다.

아!
5월 27일 새벽

상무충정작전을 앞두고 5월 26일 오후 7시 전교사에 다음과 같이 시내 동향이 보고됐다.

> 도청에 사용하는 있는 사무실 서무과, 지방국에 약 20명, 정문에는 4~5명을, 울타리 주변 5~6명 경계(무장).
> 도청을 바라보아 좌측 시민봉사실(2층) 결사대 50명, 도청에 있는 무장폭도 100명 미만으로 추정, 야간에는 100명 증가.
> 기관총은 옥상 거치 없고, 지엠시GMC 차량에 거치하여 혼용.
> 강경파 주모자는 조대 화공과 3년생 성명 미상.
> 총기는 시민봉사실 하층 구내식당에 약 3,000정과 다수 티.엔.티TNT 보관.
> 활동 지역(도청, 시민봉사실, 상무관).
> 차량에는 4~5명 탑승, 경찰 무전기 사용.[94]

위의 보고에서처럼 당시 시민군은 전남도청 1층 서무과와 지방국 등에 있었으며, 도청 정문과 주변 담장을 경계하고 있었다. 위에서 말하는 시민봉사실에 결사대가 모이고 수백여 명의 시민군이 무장하고 있었다. 위의 정보에 나오는 주모자는 김종배(조선대 화공과 3학년)이며, 시민들로부터 수거한 무기와 폭발물은 전남도청 지하실(구내식당)과 정문 수위실에 보관하고 있었다. 상무관은 희생자들 중 신원이 확인된 시신들이 옮겨진 곳이었다. 시민군은 경찰이 버리고 간 무전기를 사용하며 연락하고 있었다. 위의 보고만 놓고 볼 때 군은 전남도청 중심으로 활동 중인 시민들의 동향을 상세하고 정확하게 파악하고 있었다. 그리고 이러한 정보는 전교사로 전달되어 상무충정작전을 앞둔 부대에 통보됐다.

5월 26일 오전 10시 30분부터 전교사에서는 사령관이 주재하는 광주 지역 소탕작전회의가 열렸다. 이 회의는 상무충정작전에 동원될 부대들(3·7·11공수여단장, 20사단과 31사단장, 보병학교장, 포병학교장, 기갑학교장)의 사령관들이 모여 상무충정작전을 최종 점검하는 자리였다.

작전에 앞서 전교사 사령관은 '작전계획 지침'으로 '정확한 정보 및 첩보 수집, 작전보안 및 기도 비닉企圖 秘匿(감추라는 의미-인용자), 과감한 기습 및 동시 제압과 변연邊連(주변과 연락의 의미-인용자)한 연결, 인명피해의 억제' 등을 강조했다. 이중 과감한 기습으로 "효율적인 작전 수행을 위하여 폭도의 의표를 찌르는 완전 기습공격 감행, 시내 일원에 산재하고 있는 활동 거점을 은밀 침투, 동시 기습 제압으로 작전 주도권 장악, 특공부대와 공격부대 간의 조속한 연결로 변연히 작전을 종결토록 계획"하도록 지시했다.[95] 그런데 이 지시는 "선량 시민의 정서적 흥분을 유발하지 않도록 피아간 인명피해를 최대 억제. 부득이한 경우라도 사격하지 말고 생포 조치"하라는 지시와는 모순된다. 시민들의 저항이 예상되는 상황에서 '기습 제압'은 필연적으로 무력을 동반하기 때문이다.

상무충정작전에는 특공부대, 공격부대, 외곽봉쇄부대로 나뉘어 총 8개 부대 15개개 대대가 투입됐다. 〈표 6-3〉은 상무충정작전에 투입된 부대와 병력 수이다.

뒤이어 오후 2시경 각 부대에 작전 실시를 알리는 명령이 떨어지고, 각 공수여단에서 차출된 특공대와 작전에 참가하는 보병부대가 다시

〈표 6-3〉 상무충정작전 투입 부대 및 병력 수

특공부대	3공수여단	1개 지역대	14/66
	7공수여단	1개 지역대	39/224
	11공수여단	1개 중대	4/33
공격부대	20사단	사단	282/4,442
	31사단	대대	56/693
외곽 봉쇄부대	보교	대대	24/548
	포교	대대	36/620
	기교	대대(-)	19/350
계	8개 부대	15개 대대	474/6,976

* 출처: 육군본부, 〈광주소요사태 분석 및 교훈〉, 1981.

〈표 6-4〉 상무충정작전 특공조 병력 및 목표 지점

부대	3공수 공수여단	11공수 공수여단	7공수 공수여단
표적	도청	전일빌딩, 관광호텔	광주공원
병력 수	13/66	4/30	20/181
복장	보병과 같은 작업복에 단독무장		
장비	M-16소총, 수류탄, 방탄조끼, 개스탄, 번개탄(3공수팀에 한함).		

* 출처: 《5공 전사》 4편, 1693쪽.

모였다. 〈표 6-4〉는 이날 특공조로 차출된 공수부대 병력과 장비를 정리한 것이다.

특공조, '적'과의 전투로 간주한 임전태세

다음 날 새벽 광주 시내에 은밀하게 침투할 공수부대 특공조 요원들에게는 방탄복과 M-16 소총과 실탄, 수류탄과 가스탄 및 신경탄 등이 지급됐다. 특공조로 선발된 공수부대원들은 송정리비행장을 출발하기에 앞서 각 여단별로 자신들의 이름과 주소를 적어 냈다. 이름과 주소를 써 내고 머리카락과 손톱을 잘라내는 행동을 한 것은 전투를 앞두고 죽음에 대비한 의식이다. 당시 특공작전에 차출된 공수부대원들은 '적'과의 전투를 앞둔 병사들이고, 진압작전인 상무충정작전은 적과의 전투인 셈이었던 것이다. 광주 시민들을 폭도로 간주한 군의 논리가 실제 진압작전에 어떻게 반영됐는가를 보여준 상징적인 행위였다.

송정리 공군비행장 격납고에 대기 중이던 공수부대 특공조에게 침투 지시가 내려진 시각은 5월 26일 밤 8시경이고, 뒤이어 밤 9시경에 야간이동 및 시가전에 대비한 예행연습이 실시됐다.[96] 이후 각 공수여단이 광주 시내로 들어간 시각과 경로는 부대마다 차이가 있다. 7공수여단은 차량으로 국군통합병원 쪽에서 내려 도보로 광주공원으로 들어가고, 3공수여단과 11공수여단은 헬기로 지원동 주남마을까지 이동한 뒤 도보로 광주 시내에 들어갔다. 출발 시간은 7공수여단이 5월 26일 밤 11시 15분경에 송정리비행장을 출발하고, 3공수여단과 11공수여단은 자정을 전후하여 광주 시내로 들어갔다. 공수부대가 행동을 개시한 시각은 5월 27일 01시경부터였으며, 03시 30분부터 미리 정해진 광주 시내의 주요 지점으로 은밀히 침투했다. 상무충정작전이 본격 시작된 것이었다. 이와 동시에 5월 27일 00:00시를 기해 광주 시내의 전화가 끊어졌다.[97]

먼저 공수부대 특공대원들이 목표지점으로 침투했다. 광주공원을 맡았던 7공수여단도 교전이 있어 사상자가 발생했으나 전남도청과 전일빌딩, YWCA가 있던 금남로 인근 지역의 상황은 더욱 심각했다. 항쟁 기간 금남로가 항쟁의 중심지이며 또 군의 재진입을 알고 있던 시민군이 무장하고 있었기 때문이다.

새벽 1시경 송정리비행장을 출발한 공수부대는 차량과 헬기를 이용해 광주 시내로 들어온 뒤 걸어서 목표지점에 접근했다. 7공수여단은 화정동 지역에서부터 도보로 이동했고, 3공수여단과 11공수여단은 조선대를 거쳐 광주 시내로 진입했다. 3공수여단은 전남도청 정문과 후문을 넘어 전남도청으로 진입했다. 공수부대원들은 1층부터 꼭대기까지 각 방을 수색해가며 시민들을 향해 무차별 발포했다. 간혹 손들고 나오라는 권유도 있었지만 이와는 정반대로 손들고 나오는 시민들을 향해 발포하기도 했다. 전일빌딩과 YWCA도 마찬가지였다.

살아남은 자들의 부끄러움과 책무

애초부터 잘 훈련된 특수부대 병사들과 시민들의 교전은 성립되지 않았다. 간혹 시민들의 총격에 사상당한 공수부대원들도 있었으나 시민군 중에는 눈앞에서 어른거리는 공수부대 병사들을 보면서도 발포하지 못하는 경우가 많았다. 그중에는 총소리에 놀라 예정된 자리를 지키지 못한 경우도 있었고, 때로는 총기를 제대로 작동시키지 못한 시민군도 있었다. 또 군의 재진입 소식을 듣고 도청을 빠져나간 시민들도 있었고, 항쟁 지도부는 군의 투입을 앞두고 여성과 중고생들, 사정이 있어 나갈 사람들을 미리 빠져나가도록 했다. 광주시 외곽의 경비를 서다 시내에서 들려오는 총소리에 합류하지 못한 시민군들도 있다. 이날 전남도청을 비롯한 주요 건물에 얼마나 많은 시민들이 있었으며 사상자가 얼마나 되는지 정확하지 않다. 5월 27일 새벽 전남도청 앞 수협 건물을 지키던 강용주는 나중에 어머니에게 그날의 두려움과 부끄러움을 고백했다.

〈살아남은 자의 고백〉

5월 27일 새벽 다시 수협 앞이여요. 탱크 굴러가는 소리가 들려오고 나는 두려움과 살아야겠다는 본능으로 뒷걸음치기 시작했어요. 사촌형을 화단 아래 남겨두고 총도 버려둔 채 도망쳤지요. 칼빈을 들고서 몇 번 방아쇠를 당길까 말까 망설였던 적이 있었어요. 계엄군이 도청 옥상에 모습을 드러냈을 때 조준까지 했지만 못 쏘겠더라구요. 쏘라는 신호가 안 떨어졌기도 했지만 내가 총을 쏴서 계엄군이 우리가 있는 곳을 알까 봐 두려워서요.

그런 망설임의 시간 동안 여명이 밝아오기 시작했지요. 담 넘어 수협 건물 안으로 내려온 나와 또 한 사람은 도망갈 길을 찾느라고 여기저기 기웃거렸지만 이미 계엄군이 길목마다 깔려있었어요. 짜장면으로 유명한 중국집 왕자관 쪽으로 넘어 갈려고 하니까 담 하나 사이에 두고 군홧발 소리가 들려왔어요. 막다른 골목에 몰린 토끼나 독 안에 든 쥐의 심정이 되어서 안절부절했습니다. ……

정신없이 또 담을 넘었는데 시간이 흐른 몇 개월 뒤 가서 봤더니 그 높은 담들을 어떻게 넘을 수 있었나 놀랍더군요. 궁지에 몰리니까 젖먹던 힘까지 다 썼나 봐요. 담을 넘고 넘어서 도착한 곳이 충장로 1가의 대로에 접한 건물이었습니다. 빠져나갈 길을 찾느라 건물 계단 위 아래를 아무리 오르내려도 열리는 문은 없었습니다. 절망적인 심정으로 지하실까지 내려갔더니 문이 열리는 게 아니겠어요. ……

난 물도 못 마실 만큼 겁에 질려 떨었어요. 물컵을 잡은 손이 덜덜 떨려서 마시는 물보다 흘리는 물이 많았지요. 그런 나를 보고 함께 도망쳤던 애가 "그렇게 무서워하는 놈이 왜 싸우겠다고 나왔느냐"고 윽박지르더군요. 그때는 그 말이 서운하다거나 부끄럽게 생각되지 않았어요. 오직 '살아야겠다, 도망쳐야 한다'는 생각밖에 없었으니까요. 그런데 그 말이 두고두고 내 가슴을 찌르더군요. 죽어가는 동지들을 놔두고 도망쳤다는 사실과 함께, 사촌 진광이 형을 수협 앞에 내팽개치고 혼자만 살겠다고 빠져나왔다는 죄책감과 같이요.

난 말이죠, 다시는 동지를 저버리고 혼자 살아남지 않겠다고 했는데, '살아남은 자의 부끄러움'을 결코 거듭 반복하지 않겠다고 다짐하고 다짐했는데, 또다시 그 부끄러운 짓을 하게 되더군요. ……

다시 본론으로 돌아와서, 좀 진정이 되니까 바깥 상황이 궁금해졌어요. 라디오를 켰지요. 처음엔 아무 소리가 안 나오다가 얼마 지나니까 방송이 나오는데 "폭도들은 들어라, 너희들의 아지트 도청과 광주공원은 군에 의해서 완전 장악되었다. 투항하라, 투항하라"고 위압적인 목소리로 말하더군요. 그 뒤를 이어서는 지금부터 가택수색을 하겠으니 시민들은 협조해 달라는 당부 방송을 했습니다. 그 말 듣고 나니까 금방이라도 계엄군이 문을 밀치고 들어올 것 같아서 숨을 크게 못 쉬겠더군요. 놀란 가

숨을 겨우 억누르며 있었지요. 계엄군에게 잡혀가는 공포감과 함께요. 그 방송 뒤를 이어선 광주에 있는 외국인들에게 알리는 내용을 영어로 여자 아나운서가 말했어요. '광주에 계신 외국인들께 알려 드립니다. 절대로 사무실 밖으로 나오지 마십시요!Listen! All the foreigners in Gwangju. Never coome out of your office"(근데 맞나?)라구요. 이걸 자상하게시리 몇 번 거듭하더군요.

십삼 년이 지난 지금도 그 당시 들었던 방송의 내용과 목소리가 전혀 잊혀지지 않아요. 오히려 더 뚜렷해지는 느낌이구요. 아무튼 계엄군이 이제나 올까, 저제나 가택수색할까 두려움에 떨면서 시간을 보냈습니다. 정지해 있는 듯하던 시간이 지나고 제법 시간이 되었다 느껴졌어요. 먼지와 흙에 범벅이 된 얼굴을 씻고 교련복을 털어 입고 건물 상층 계단으로 올라가 충장로 거리를 창문 사이로 쳐다보니까 사람들이 웅성웅성하며 모여 있는 게 보이더군요. 그걸 보자 집으로 갈 때는 바로 지금이다 싶어서 주인 아주머니더러 열쇠를 열어 달래 가지고 셔터를 열고 충장로를 막 나섰는데. 놀랍게도 바로 거기에 어머니가 서 계시는 게 아니겠어요. 나는 듯이 어머니 품에 안겼지요. 어머니는 나를 꽉 붙드시더니 아무 말 말라고 신호하시더군요. …… 아무리 해도 나를 찾을 수 없어서 거의 포기를 하고 서성이고 있는데 불쑥 내가 품에 안겨왔다더군요.

집으로 돌아와선 어머니랑 아침밥을 먹은 후 이불 펴고 죽음 같은 잠을 잤어요. 너무 피곤해서 견딜 수가 없더군요. 살았다는 안도감도 들구요.
1993년 5월 17일 대구교도소에서[98]

강용주의 고백처럼 살아남은 사람들은 '절망', '분노', '아픔', '부끄러움' 등등의 감정에 사로잡혔고, 이어지는 계엄군의 가택수색에 또다시

두려움에 떨어야 했다.[99]

무장 헬기의 지원과 남겨진 흔적

3공수여단이 새벽 4시 51분에 무장 헬기 지원을 요청했고, 전교사는 5시 35분에 헬기를 지원했다. 5시 28분에 군은 전남대병원을 점거했다. 특공 임무를 마친 공수부대가 보병부대에 점거시설을 인계하고 광주 시가지에서 철수를 완료한 시각은 3공수여단이 7시 5분, 7공수여단이 7시 15분, 11공수여단이 7시 25분이다. 뒤이어 보병부대가 광주 시내에 주둔하는 것으로 5월 27일 새벽에 전개된 상무충정작전은 일단락됐다. 붙잡힌 시민들에게는 '폭도', '극렬분자', '난동자', '총기 소유자' 등의 낙인이 등에 새겨졌고, 잡히는 순간부터 엄청난 폭력과 기합이 가해졌다.

5월 27일 5시 08분 기갑학교 정문을 통과한 전차 18대가 통합병원을 거쳐 예정된 배치 장소로 출동했다.[100] 그리하여 오전 7시 30분부터 두 시간 동안 탱크 18대, 장갑차 1대, 1/4트럭 1대가 광주 시내(금남로-도청-학동-도청-광주역-돌고개-부대)를 다니며 위력시위를 벌였다. 이보다 앞선 오전 6시부터 6시 50분까지 그리고 뒤이어 오전 7시 30분부터 오전 8시 10분까지 헬기(UH-1H 4대, AH-1J 2대, 500MD 5대)들이 광주의 하늘을 떠다니며 위력시위를 전개했다.[101]

현재 남아있는 총탄 흔적과 목격자의 진술에 따르면 이날 군은 헬기에서 사격했을 것이다. 광주시청의 기록에는 3공수여단은 04시 5분에 전남도청에 도착해 시민군들과 교전하며 무장 헬기의 지원을 요청했고,[102] 7공수여단은 04시 23분에 광주공원에서 교전했다. 11공수여단은 금남로에 위치한 광주관광호텔·전일빌딩·YWCA 등지에서 전투했다. 특히 11공수여단은 전일빌딩을 제압한 뒤 YWCA에서 날아온 총격에 놀라 05시 10분에 진입했는데,[103] 05시 17분에 도청 상공에 헬기 선회를 요청했다.[104] 05시 21분 전남도청에서의 작전이 끝났으나, 주요 목표 지점에 대한 점거는 05시 10분에 완료된 것으로 보고 되었다. 그러나[105] 전교사에는 YWCA를 6시 20분에 "완전 점령(포로 32명)" 한 것으로 보고됐다.[106]

이날의 총소리와 탱크뿐 아니라 헬기에서의 사격과 위력시위는 광주 시민들에게도 커다란 충격을 주었다. 5·18항쟁이 끝난 뒤로 광주 시민들은 한동안 헬기 소리에 깜짝 깜짝 놀랐다고 한다. 그해 6월 10일 강원도(춘천, 원주)에서 열린 전국 소년체전에 참가한 광주 출신들은 원주에서 자주 떠다니는 헬기 소리를 들으면 무척 놀랐다고 한다.[107] 1980년 5·18항쟁이 광주 시민들에게 남긴 트라우마였다.

상무충정작전의 개시와 함께 '외국인과 시민들에게는 외출하지 말라(영어도 병행-인용자)'는 안내와 투항을 강요하는 경고 방송으로 시작된 선무 방송은 군 작전에 전개에 따라 변화했다. 이윽고 공수부대 특공대원들이 장악하자 가사 없는 'When Johnny Comes Marching Home Again(영화 제17포로수용소 OST)'이 배경음악으로 깔리며 시내로 진입하는 계엄군 탱크가 등장했다. 전투의 '승리자'와 같은 화면과 함께 '계엄군이 주요 건물을 장악했으니 시민들은 안심하라'는 것과 '잔당殘黨들에게 무기를 버리고 투항하라'는 경고가 TV와 라디오를 타고 흘러나왔다.

전남도청을 비롯한 광주 시내 곳곳에는 시민들이 흘린 핏자국이 남겨지고 탄흔이 새겨졌다. 그렇게 5월 27일 아침이 찾아왔다.

공수부대 특공조의 진입작전이 성공한 것으로 확인되자 계엄사령부는 곧바로 보도문을 배포했다. 5월 27일 오전 7시 20분을 보도시간(엠바고)으로 정한 보도문은 다음과 같다.

계엄군은 생활고와 온갖 위협에 시달리는 선량한 광주 시민을 구출하기 위하여 80. 5. 27 03:30 군 병력을 광주 시내에 투입하였다. 도청 등에서 폭도들의 일부 저항이 있었으나 05:10분에 광주시 일원을 완전 장악하는 데 성공하였다. 이 기간 중 폭도 2명이 사망, 200여 명을 체포, 시민 인명피해는 없었으며 군인 4명이 부상이 있었다. 계엄 당국은 광주 일원의 치안이 유지될 때까지 광주 시내의 출입은 당분간 제한하기로 했다.[108]

군에서는 상무충정작전이 끝난 뒤 이날의 작전이 성공적이었다고 자평했다.[109] 공수부대 특공조 대원들의 광주 진입에 뒤이어 각 보병부대의 병력들이 순차적으로 작전을 개시했는데, 부대별로 작전 개시 시간이 다르다. 31사단(56/693)은 0시, 포병학교(36/620)는 03시 40분, 보병학교(54/548)는 04시 50분, 기갑학교(19/354)는 04시 48분, 20사단(283/4,4442)는 04시 30분에 출발했다.

아침이 되자 새벽의 끔찍함과 핏자국을 지우려고 전교사 공병단의 병력과 각종 장비들이 출동해 광주 시가지를 청소했다. 공무원들은 즉시 출근하라는 연락이 전해져, 이른 아침부터 전남도청 직원들은 총을 든 군인들에게 공무원증을 보이며 정문 쪽문으로 출입했다. 시민들의 함성으로 가득하던 전남도청 앞 광장과 금남로는 탱크가 자리했다. 국민들을 학살한 자들은 헬기를 타고 전남도청을 들락거렸다.

무차별 총격으로 일반 시민도 희생

상무충정작전이 끝난 뒤 광주는 슬픔과 두려움에 빠져들었다. 전남도청을 비롯한 관공서는 피해 신고와 무기 수거 때문에 부산했다. 전남도청 앞에는 계엄군의 탱크와 군대 참호가 설치됐고, 다른 한편으로 수거한 무기를 정리하고 구호품을 내리느라 바빴다. 도청과 상무관에 있던 오월 영령들은 의사의 검안을 거친 뒤 청소차에 실려 망월동으로 떠나갔다. 광주 시내의 요소요소에 검문소가 설치되어 무장한 군인들과 경찰들이 검문검색했다. 계엄군은 거리나 건물, 집을 수색하여 살아남은 시민군(원문은 거동수상자─인용자)을 연행해 갔다.

두려움에 떨며 길을 가던 시민들 중에는 계엄군의 총격에 의해 사망한 사람들이 많았다. 이금제는 근무지인 한약방으로 출근하다 전남여고 앞에서 계엄군의 총격을 받고 사망했다. 김성근은 광주 무진중학교 부근 우체국 근처에서 계엄군의 오인 사격으로 온몸에 총격을 받고 사망했다. 양동선과 오세현은 직장에서 근무하던 중 계엄군의 총격으로 사망했다. 김명숙은 계엄군의 검문을 두려워하여 도망치던 중 계엄군의 총격으로 사망하는데, 당시 나이 14세의 여중생이다. 16세의 염행렬은 계엄군의 총격에 배를 맞고 사망했다. 이날의 희생자들을 보면 당시 계엄군이 신분을 확인하지 않은 채 무차별 총격을 한 것이 증명된다. 상무충정작전의 지침 중에는 생포하라는 내용이 있었으나, 공수부대가 침투한 곳뿐 아니라 특공작전이 끝난 뒤의 광주 시내에서도 이는 제대로 지켜지지 않았다. 또 이날 환자를 수송하던 구급차가 길을 가던 도중에 보병들로부터 총격을 받아 운전병은 사망하고 같이 탔던 3공수여단 대위도 목에 찰과상을 입었다. 또 다른 오인 사격인 셈이었다.[110]

3공수여단과 11공수여단은 5월 29일에 각각 주둔지와 국민대, 경희대, 외대(11공수여단) 등으로 복귀하고, 7공수여단은 광주 시내와 무등산 등 광주시 주변 수색 활동을 계속했다. 수색과정에서 5월 29일 프로펠러 고장으로 헬기가 추락하여 7공수여단 병사들이 부상당하기도 했다.

시민을 상대로 한 전투의 후과

5·18항쟁 기간 광주에 배치된 병력을 살펴보면 대체 광주에서 어떤 일이 벌어졌는지 미루어 짐작할 수 있다. 〈표 6-5〉는 5·18항쟁 기간 광

〈표 6-5〉 5·18항쟁 기간 부대별 병력 수

부대		대대 수	인원	비고
계		(47)	4,727/15,590	47개 대대
특전사	3공수	5	265/1,212	10개 대대 504/2,091
	7공수	2	92/780	
	11공수	3	147/909	
20사단	60연대	3	87/1,563	9개 대대 297/4,667
	61연대	3	85/1,535	
	62연대	3	86/1,449	
	사단직할		21/120	
전교사	31사단	3	55/1,367	28개 대대 3,944/8,022 피교육생 포함
	보교	7	1,923/864	
	포교	7	1,165/1,700	
	기교	5	357/1,775	
	화교	2	75/253	
	직할	4	369/2,063	

* 출처: 보병 20사단, 〈광주권 충정작전 분석〉, 1980.

주에서의 충정작전에 동원된 병력 수이다.

　광주에 배치된 각 부대의 총 병력은 2만 365명(4,727/1만 5,590)이었다. 원래 전남·북 계엄분소인 전교사의 병력에 특전사령부 병력(3·7·11공수여단)과 20사단 병력이 더해진 통계이다. 총 47개 대대라는 엄청난 규모의 병력에 총 30대의 헬기와 항공기(O-1), 전차, 장갑차, 각종 차량 등의 장비까지 동원했으니 정부와 군, 신군부는 1980년 5월 18일부터 27일까지 광주에서 전쟁을 벌였던 셈이다. 5·18항쟁 기간 동안 총 2만 365명의 군인들은 총 51만 2,626발의 실탄을 사용했다. 〈표 6-6〉은 5·18항쟁기에 사용된 계엄군의 실탄 사용 현황표이다.[111] 발포하지 않은 계엄군을 감안하면 1인당 50여 발 이상 발포했고, 공수부대는 100여 발 이상의 실탄을 사용한 셈이다. 이는 5월 21일 이후 계엄군이 집단발포하고 무차별적으로 사격했음을 간접적으로 증명한다.

희생자, 내란죄로!

5월 27일 이후 전남합수단은 광주 국군통합병원에 입원 중이던 235명과 민간병원의 165명을 조사하기 시작했다. 수사가 계속되는 가운데 7월 15일 전남합수단에는 서울에서 검사 2명과 중앙정보부 수사관 2명 등이 파견되어 수사 상황을 검토했다. 주로 검토한 문제는, "5. 17. 이전 학생계열과 5. 22. 이후 홍남순계열 연결 문제, 5. 17. 이전 행위의 내란 공모 내용 확정, 5. 22. 이후의 소요에서 내란으로 변신 시기, 김대중과 광주사태의 연결" 등이었다. 검토를 마친 전남합수단은 내란 또는 소요죄는 정책적 결정이고, 광주 시민들은 김대중이 내란 수괴라야 납득할 것이며, 처벌 범위는 500여 명 정도로 결정하고, 주요 임무 수행자 30~40명은 극형에 처할 것 등을 건의했다.[112]

5월 18일 새벽 전후 예비검속되어 상무대에 수감되어 있던 연행자들은 처음에는 포고령 위반 혐의로 조사를 받았으나 이후 내란음모 혐의로 조서를 다시 작성한 것으로 기억한다.[113] 7월 31일 합수부에서는 전남합수단에게 다음 사항을 정동년의 피의자 심문조서에 넣도록 지시했다. 전남대 학생운동의 목표는 대규모 폭력사태 유발 및 전국적 민중봉기로 현 정부를 퇴진시키고 김대중을 추대하여 새로운 체제를 구축하는 것, 1980년 5월 5일 김대중 집에서 김대중에게 위 방침을 설명한 뒤 자금을 요청한 사실, 김대중으로부터 500만 원 수수 및 정동년의 지시에 따라 박관현이 전남대 시위를 주동했다는 것 등이었다.[114] 이 지시에 따라 예비검속 대상자들은 조서를 다시 작성하고, '5·18'은 김대중 내

〈표 6-6〉 5·18항쟁기 계엄군 실탄 사용 현황

구분	수량	비고
소화기	497,962	• 소화기 실탄 및 수류탄의 80퍼센트는 특전사에서 사용 • 무반동총은 아군 간 오인 교전 시 사용
권총	2,754	
기관총	10,759	
수류탄	194	
40M 유탄	60	
90M 무반동총	8	
기타(신호탄 등)	889	
계	512,626	
비고: 1. 출처: 〈충정상황〉 2. 출동 병력(11,852명) 1인당 40발 정도 소모		

란음모사건의 주요 근거로 활용됐다.

  1980년 5월 27일 새벽 상무충정작전 직후 전남대병원과 조선대병원 소속 의사들과 보건소 의사들이 민간인 희생자들의 시신을 검안했다. 의사가 먼저 시신들을 검안하고 사망진단서를 작성했다. 5월 29일까지 130구의 시신을 검안했는데, 사인은 〈표 6-7〉과 같이 분류됐다. 이후 검찰은 5월 30일 광주교도소 공동묘지 부근에 가매장된 8구의 시신과 추가 발견된 사망자 2구, 병원으로 이송된 2구 등 총 12구를 포함해 민간인 희생자 수를 총 142명으로 발표했다. 희생자들의 시신을 검안한 의사들은 사망진단서를 작성하고 검찰은 검시보고서 등 관련 서류를 작성했다. '폭도'들에게는 보상하지 않는다는 원칙을 세운 정부는 다음 단계로 희생자들을 재분류하는 작업을 진행했다. 처음에는 희생자 모두에게 보상하는 것을 고려했으나 군의 강력한 반대로 결국 '폭도'와 '비폭도'로 분류해 보상하는 것으로 결론이 났다.[115]

〈표 6-7〉 희생자 사인별 통계

사인별	숫자	비고
총상	94	카빈소총 : 25 / M16 소총 : 27 / 미상 : 42
자상	9	
타박상	18	
차량사고	4	
미상	5	
계	130	

* 출처: 광주지방검찰청, 〈광주사태 당시 학원동향〉, 1980.

희생자들의 분류

1980년 6월 초순에 의사 2명, 목사와 기자, 법무관, 경찰관, 보안부대 장교 등이 광주의 505보안부대 2층 사무실에 모였다. 합수단장이 주관하는 실무소위원회였다.[116] 이들은 보안부대에서 준비한 개인별 자료를 살펴보고 '비폭도'와 '폭도'를 분류했다. 〈검시결과 보고〉는 〈검시보고서〉와 〈사망진단서〉에 근거해 희생자들의 사망 경위를 알아본 뒤 작성됐다. 당시 희생자들의 분류를 주도한 505보안부대가 공수부대를 비롯한 계엄군 각 부대에 사망자들의 사망 이유를 확인한 뒤 재분류했다. 그렇기에 다른 자료들에서 빠진 사망 경위가 간략하게나마 적혀 있다. 간혹 〈검시결과 보고〉에 사망 경위가 누락되거나 틀리게 적힌 경우가 있었다.

희생자들의 분류는 군측에서 제시한 심사 원칙(착안사항)에 따라 진행됐다(〈표 6-8〉). 심사 원칙 중 '난동자' 항목은 5·18항쟁기 계엄군의 총격과 직접 관련됐다.

실무소위원회에 참가한 민간 측 위원들 중 조선대 의대 교수와 전남대병원 전공의 그리고 목사는 희생자들을 '난동자(폭도)'로 분류할 경우 이들에게 장례비 및 위로금이 지급되지 않으므로 최대한 많은 수의 희생자들을 '양민(비폭도)'으로 분류하려고 노력했다. 군측은 M-16 총격에 의한 사망자들을 군에 저항한 '폭도'로 분류하려 했으나 민간의 의사들과 목사 등이 강력 반대했다. 1차 분류를 마쳤을 때 20여 명이 조금 넘는 희생자들이 '폭도'로 분류됐으나, 군측이 이 정도 비율로는 곤란하다며 반대해 다시 분류를 진행시켜 최종적으로 38명이 '폭도'로 분류됐다고 한다. 사체검안위원회 회의 결과, M-16 소총의 총격보다는 M-1 소총이나 카빈 소총의 총격에 의한 사망자가 더 많아졌다. 〈표 6-9〉는 사체검안위원회가 분류한 사망자의 사인별 통계이다.[117]

〈표 6-9〉에서 확인 가능한 것처럼 희생자들의 가장 많은 사인은 M-1 소총과 카빈 소총의 총격에 의한 사망이다. 5·18항쟁 당시 계엄군은 M-16 소총으로 무장했으나, 시민군은 광주 인근의 예비군 무기

〈표 6-8〉 심사 원칙(착안사항)

양민(위로금 1인 400만 원)	난동자(위로금 미지급)
14세 미만인 자	1980. 5. 27. 도청 진입 시 대항하다가 사살된 자
50세 이상 고령자	교도소 경계 병력에 대항하다가 사살된 자
공직 수행자(공무원)	7, 11공수여단 경계 지역인 광주시 지원동에서 대항하다가 (5. 22. 08:30~5. 24. 12:00경) 사살된 자
부녀자	11공수부대가 주남에서 부대로 복귀 시 이에 대항하다가 사살된 자
교전이 없었던 지역에서 교통사고로 사망한 자	외지(서울, 목포 등) 거주자가 광주시에 지원, 난동에 가담한 자
사망 원인 중 타박사 사상자	

* 출처 : 보안사령부, 〈사망자심사결과보고〉

〈표 6-9〉 사망자 사인별 분류

사인별	인원 수
M1 소총, 카빈 소총 총사자(폭도 간 강온과 대립 및 오인 사살)	94
M16 소총 총사자(계엄군과 교전 사살)	24
기타 총사자(폭도 간 총기 조작, 미숙에 의한 오발)	14
타박사(탈취 차량에 의한 교통사고)	12
자상자(난동자 소행)	9
차량사	5
추가 사망자 발견	6
계	164

* 출처 : 보안사령부, 〈사망자 실사보고〉, 1980.

고에서 빼온 M-1 소총이나 카빈 소총으로 무장했다. 만약 자료 작성 과정이 알려지지 않았다면, 시민군의 오발사고가 많은 것으로 오해하기 쉽다. 또 사망자 중 자상자刺傷者가 있는데,[118] 〈표 6-9〉에 나타나듯이 '난동자'의 소행으로 정리됐다. 그러나 이는 사실과 전혀 다르다. 앞에 살펴보았듯이 대검은 광주 시내에서 시위 진압을 전개하던 공수부대원들이 사용했고, 자상이 사인인 희생자들도 있었다.

5·18항쟁에 대한 신군부의 입장은 전교사에서 발간한 〈광주소요사태 분석〉에도 그대로 반영됐다. 신군부는 5·18항쟁이 진압된 직후 발간한 이 보고서의 서문에서 5·18항쟁(원문에는 '광주사태' – 인용자)을 다음과 같이 정리했다.

학교 운영을 둘러싸고 학교 측과 학생 간의 심한 대립, 소요의 선동, 정부 전복 기도를 꾀한 일부 불순 정치세력의 배후 조종을 받는 복학생들의 학교 성토가 급진적이고 단계적으로 집단 소요화하면서 악성 유언비어를 날조, 일반 대중의 호응을 획책 난동화함으로써 치안 및 질서를 파괴하고 급기야 경찰, 보관 무기, 탄약과 방위업체에 보관 차량 및 장갑차를 탈취, 무장 기동화 폭도에 의하여 치안부재, 그야말로 무법천지화 상태가 야기되었고, 많은 인명과 재산파괴 등 엄청난 대가를 치르고 부득이 치안, 질서를 염원하는 국민들의 슬기와 단합된 협조, 계엄군의 효과적인 진압작전에 의하여 회복되었습니다.[119]

위의 자료는 당시 5·18항쟁을 군부가 어떻게 인식했는지를 잘 보여준다. '서울의 봄' 시기에 있었던 학원민주화운동이 정치투쟁으로 전환되고 이것이 무장투쟁으로 전환됐다는 기조이다. 또 5·18항쟁을 '불순분자'들의 선동에 따른 '폭도'들이 일으킨 '무법천지'의 난동이며, 군이 '폭도들의 도시'에서 치안과 질서를 회복시킨 것으로 인식했다.

또 다른 '국가폭력' 피해자들, 계엄군

1980년 광주 시내에 투입된 공수부대원들을 비롯한 계엄군은 명령에 따라 시민들에게 곤봉이나 총부리를 휘둘렀으며, 때로는 대검으로 찌르고 발포했다. 5·18항쟁 기간 시민들의 희생은 헤아릴 수 없을 만큼 컸지만, 다른 한편으로 공권력을 행사하던 계엄군들도 희생됐다. 5·18항쟁의 진압과정에서 군경은 27명(군인 23명, 경찰 4명)이 사망하고, 253명(군인 109명, 경찰 144명)이 다쳤다.[120] 피해를 입은 계엄군에게는 물질적 보상이 주어졌다. 그러나 정신적 상처를 치유할 기회는 주어지지 않았다. 분명 공수부대원들 중에는 광주·전남 출신이 있고, 그중에는 지금도 광주에 다녀온 과거를 감추는 사람들이 있을 것이다. 전라도 출신이 아닐지라도 그 이후 가슴에 멍에를 안고 살아가는 사람들도 많을 것이다.

분명 1980년 5월 광주에서 공수부대로 상징되는 계엄군은 가해자들이다. 그렇지만 이들도 '국가폭력'의 또 다른 피해자일 수 있다. '군인'이라는 신분에서 철저하게 '상명하복'에 충실한 죄이다.

상관의 명령은 절대선이 아니다. 부당하고 잘못된 명령은 장병들에게 씻을 수 없는 트라우마를 남길 수 있다. 그러나 책임은 부당한 명령을 수행했던 장병들에게 남겨진다. '12·12군사반란' 때 상관을 체포하러 갔거나 5·18항쟁을 진압하러 출동했던 병사들은 아무런 사전 고지

없이 현장에 도착하여 작전에 투입됐다. 하지만 적어도 공수부대 출신들에게 광주에서의 경험은 기억하고 싶지 않은 일로 남아 있을 것이다. 하지만 상관의 부당한 명령에 의한 살상행위가 공수부대원들 개개인에게 어떤 영향을 미쳤는지는 아직까지 기초적인 조사조차 이루어지지 않았다.

참고할 만한 통계로 1980년 특전부대원 징계처리 현황표가 있다. 이 자료에 따르면, 총 155명의 특전부대원이 징계를 받았다. 각 여단별로 분류하면, 1공수여단 7명, 3공수여단 23명, 5공수여단 14명, 7공수여단 29명, 9공수여단 18명, 11공수여단 44명, 13공수여단 15명, 특전교육대 3명 등이다.[121] 1980년 5월 광주를 다녀왔던 부대(3공수여단, 7공수여단, 11공수여단)는 모두 20명 이상이 징계를 받았다.[122]

다른 여단에 비해 이 여단들의 징계 건수가 많은 이유는 확실하지 않다. 이 중 11공수여단은 5월 19일의 폭력과 야만, 5월 21일 전남도청 앞 발포, 주남마을사건, 5월 24일 오인 사격 직후의 '보복 학살'을 저질렀던 부대였다. 위의 징계 통계에 보면, 11공수여단은 다른 부대에 비해 징계자 수가 월등히 많다. 1980년 5월 광주에서 겪은 경험들이 마음의 짐으로 남아 생긴 결과가 아닐까 싶다.

무력진압의 끝, 군사반란의 완성

광주를 무력 진압한 뒤 신군부는 광주를 '폭도들의 도시'로 만드는 동시에 '도움이 필요한 도시'로 선전했다. 5·18을 조사하는 정부의 진상조사반에서 '광주를 돕자'는 모금운동을 벌였다. 동시에 희생자들의 유족들에 대한 회유가 이어졌다. 그중에서도 망월묘역에 묻힌 희생자들의 시신을 이장하려는 시도는 제5공화국 내내 끊이지 않았다.

5·18을 무력진압하고 며칠 뒤 신군부는 국가보위비상대책위원회(이하 '국보위')를 발족시켰다. 국보위는 특별한 법안을 제정하지 않고 대통령령(제9897호. 1980. 5. 31. 제정 및 시행)으로 '국가보위비상대책위 설치령'를 통과시켜 출범했다.[123] 국무총리 이하 10인이 위원으로 임명됐지만, 실제 권한은 군인들이 주축인 상임위원회에 있었다.[124] 5·16군사쿠데타 이후 국가재건최고회의를 연상시키는 기구였다. 상임위원회는 2실(비서실, 연락실), 1처(사무처-공보실과 민원실)와 13개 분과위원회(운영, 법제사법, 외무, 내무-시도연락조정관과 새마을기획단, 재무, 경제과학, 문교, 농수산, 상공자원, 보건사회, 교통체신, 건설, 사회정화)로 구성됐다. 국보위는 '안보태세 강화', '경제난국 타개', '정치발전과 내실도모', '사회악 일소 등을 통한 국가기강 확립' 등을 기본 목표로 설정하고 정책을 추진했다.

국보위는 먼저 신군부의 집권에 걸림돌이 될 만한 세력들을 탄압했다. 야권 인사들을 구속하거나 가택연금시켜 일체의 자유를 허용하지 않았다. 김대중을 비롯한 36명이 군법회의에 회부됐고, 김영삼 신민당 총재도 8월 13일 정계 은퇴를 선언했다.

국가기강을 확립한다며 공무원들에 대한 숙청도 진행했다. 중앙정보부 300여 명에 이어 7월 9일 2급 이상 고위공무원 243명을 숙청했는데, 전체 2급 이상 공무원의 12.1퍼센트에 해당하는 비율이었다. 이들 외에도 입법부 11명, 사법부 61명, 공공기관 3,111명이 숙청됐다. 이어 7월 15일에는 3급 이하 공무원 5,237명을 해직시켰다.

'언론 자율정화와 언론인 자질 향상'을 명분으로 언론사를 압박해

717명의 기자들을 해직시키고, 정기간행물 172개를 등록 취소시켰다. 취소된 간행물 중에는 《기자협회보》, 《뿌리 깊은 나무》, 《씨올의 소리》, 《창작과 비평》, 《문학과 지성》 등이 포함됐다.

사회악을 일소한다며 삼청교육대를 설치·운영하는 일도 벌였다. 신군부는 "사회적 독소를 뿌리 뽑는다"며 법관의 영장도 없이 이른바 '불량배'를 단속했다. 그리하여 연행자들을 A, B, C, D등급으로 나누어 B, C등급을 삼청교육대로 연행했다. 영장 없는 체포를 비롯해 모든 게 불법이었다. 삼청교육대에서는 가혹한 구타와 폭력, 심지어 살인이 저질러졌다. 적어도 삼청교육대에서 인권은 있을 수 없는 권리였다.

8월 6일 전두환 보안사령관이 중장에서 대장으로 승진했다. 중장으로 승진한 지 불과 5개월여 만의 일이었다. 8월 16일 오전 9시 15분부터 9시 40분까지 국무위원, 국보위 대책위원, 청와대 수석 및 특보 등과 합동회의를 가진 최규하 대통령은 오전 10시에 하야 성명을 발표하고, 8월 18일 오전 10시 8분에 청와대를 나와 사저로 출발했다. 대한민국 제10대 대통령은 그렇게 사라져갔다.[125]

뒤이어 전두환을 대통령으로 추대하자는 움직임이 펼쳐졌다. 이날부터 통일주체국민회의 대의원 안보보고회를 비롯해 21일 전군주요지휘관회의가 열려 전두환 장군을 국가원수로 추대했다. 8월 27일 통일주체국민회의에서 그를 제11대 대통령으로 선출했는데, 총 투표자 2,525명 중 1명이 기권했다. 그리하여 9월 1일 전두환이 제11대 대통령에 취임했다.

〈새 시대의 개막〉이라는 문건이 있다. 이 문건은 문화공보부에서 시국 교육자료로 배포한 것을 강원도에서 동해시로 내려 보낸 문서의 첨부 문건이다.[126] 전두환의 집권 및 찬양, 그리고 새로운 시대로의 동참 등이 주요 내용이다. 〈새 시대의 개막〉에서는 전두환을 "석 달 만에 학원 소요와 …… 극도에 달한 혼란을 수습하고 안정과 질서를 회복"시켜 "100일도 못되는 기간에 부정부패의 일소와 사회정화 …… 과감히 해결"한 지도자로 묘사하며, 그에 맞춰 새 시대를 열어가자고 했다. 신군부가 12·12군사반란을 일으켜 군 지휘권을 장악하고 5·18항쟁을 무력 진압 한 이유이자 완성이었다.

마치며

5·18항쟁이 남긴 과제

항쟁 이후

시인인 고故 김남주에게 광주는 고향이나 다름없다. 한때의 모교인 광주일고와 전남대가 있으며, 최초로 '유신반대'를 외친 《함성》지를 만들어 배포한 곳이었다. 서점 '카프카'를 열어 벗들과 함께 세상을 바꾸려고 꿈꾸던 곳이었다. 남민전 사건으로 1980년 5월 감옥에 갇혀 있던 그는 5·18항쟁의 소식을 전해 듣고 통곡했다. 다음은 그때 지은 시이다.

> 학살 1
> 오월 어느 날이었다 80년 오월 어느 날이었다
> 광주 80년 오월 어느 날 밤이었다 ······
> 밤 12시 하늘은 핏빛의 붉은 천이었다
> 밤 12시 거리는 한 집 건너 울지 않는 집이 없었고
> 무등산은 그 옷자락을 말아올려 얼굴을 가려 버렸다

밤 12시 영산강은 그 호흡을 멈추고 숨을 거둬 버렸다

아 게르니카의 학살도 이렇게는 처참하지 않았으리
아 악마의 음모도 이렇게는 치밀하지 못했으리

시인의 시처럼 1980년 5월 광주는 꼭 그러했다. 1980년 5월 18일부터 27일까지 광주는 거센 폭풍우가 몰아치는 태풍의 한가운데 갇혀 있었다. 5월의 항쟁이 무참히 진압당한 뒤 광주 시민들의 가슴에는 깊고 넓은 상처가 새겨져 있었다. 쉽게 아물 수 없는 상처였다. 간간이 섞인 욕지거리나 농담 속에 가려진 말과 웃음에는 그날의 아픔과 상처가 칼날처럼 박혀 있었다. 그 잔인했던 날들을 견뎌야 했던 광주 시민들 대부분은 웃으면서도 '웃는 게 아닌' 그런 상태였다.

조작된 자료, 은폐된 진실

40년이 지났음에도 5·18은 아직 풀리지 못한 의문들이 남아 있다. 이는 무엇보다 자료의 조작과 은폐에서 기인한다. 40년 전 5월 18일 이후 군에서는 수많은 명령들이 오간 명령서와 그 행위를 증명하는 자료가 남아 있다. 하지만 그중 있어야 할 자료 중 상당수가 사라지고 조작됐다. 지금까지의 조사에서 밝혀진 바에 의하면, 5·18 이후 정부와 군은 진상규명에 대응하는 논리를 만들거나 자료를 없앤 것으로 추정된다.

먼저 1980년 5·18 직후 정부와 군에서는 광주에 다녀온 장교들을 대상으로 증언을 채록하거나 수기를 작성시켰다. 1982년도에 보안사령

부에서 《5공 전사》를 만들며 이전에 수집한 자료와 녹취록을 이용했다. 그런데 자료 중에서 오늘날까지도 밝혀지지 않는 의문들에 대한 답을 줄 수 있는 증언(녹취록)은 발굴되지 않고 있다. 또 군의 명령서 중 핵심 자료도 발굴되지 않고 있다.

국방부 특조위의 조사에 따르면, 1985년 6월에 안전기획부 주도 아래 범정부 차원의 '광주사태진상규명위원회(위원장 국무총리실 행정조정실장)'가 조직되어 '광주사태 진상규명 관계장관 대책회의'를 개최했다. 이 조직의 실무위원회는 '80위원회'라는 위장된 기구에서 5·18 관련 자료를 수집 검토했다. 이어 1988년 5월 국방부에서 국회 청문회에 대비해 '국회대책특별위원회'를 조직했는데, 육군(작전명령, 상황일지 등), 국방부 동원예비군국(국회 답변서 등), 국방부 법무관리관실(군사재판 기록), 보안사령부(합동수사기록, 유언비어 등), 한국국방연구원(시중 관련 책자, 신문 등) 등이 참여했다.

이후 국방부는 산하에 511연구위원회를 두고, 보안사령부는 511분석반을 편성했다. 511연구위원회는 군 자료의 수집 및 정리뿐 아니라 군에 불리한 자료를 은폐, 왜곡했다.[1] 국회 청문회에 대비해 관련 증인들을 합숙시키며 대비하기까지 했다. 511분석반도 보안사령부의 개입을 감추려고 시도했다.[2] 이 때문에 5·18 관련 핵심 자료들은 감쪽같이 사라졌다. 이렇듯 5·18 관련 자료에 대한 정권의 왜곡 시도는 계속됐다. 이는 오늘날까지 5·18의 진실을 밝히는 데 걸림돌로 작용하고 있다.

남겨진 과제들

5·18은 그 의의를 인정받아 지금도 세계 각지에서 기억되고 있으며, 5·18을 대표하는 노래〈임을 위한 행진곡〉은 세계 곳곳에서 불리고 있다.[3] 그럼에도 풀리지 않은 문제들이 남아 있다.

무엇보다 누가 대한민국 최정예 병사들에게 총검과 몽둥이를 쥐어 주고 '적과 전투를 치르듯이' 국민들을 상대하게 했는가라는 문제이다. 지금도 전일빌딩 10층에는 헬기 사격의 탄흔이 남아 있다. 일정한 간격으로 펼쳐진 탄흔이 선명하게 남아 있음에도, 누가 명령하고 누가 발포했는지 속시원하게 밝혀지지 않았다.

앞서 언급했듯이 5·18 기간 여성들에 대한 성폭력이 저질러졌다. 단순하게 한 개인의 고통이나 트라우마로 치부할 수 없다. 가해자를 찾지 못한 채 피해자들은 고통에서 헤어나지 못하고 있다. 또 정확한 통계를 내기 어려울 정도로 많은 사람들이 40년 전 5월 광주에서 사라진 뒤 돌아오지 않고 있다. 그렇기에 5·18은 현재 진행형일 수밖에 없다.

'교과서의 역사'로 기록될 것 같던 5·18항쟁이 최근 들어 다시 주목받고 있다. 언론이 선제적으로 남아 있는 문제들을 새롭게 제기하자 이후 국민적·사회적 관심이 높아졌다. 그 사이에 몇몇 의문들에 대해 정부 차원의 진상조사가 있었다. 그럼에도 명확하게 풀리지 않는 문제들이 남아 있어 제20대 국회는 '5·18민주화운동 진상규명을 위한 특별법(약칭 5·18진상규명법. 법률 제16759호, 2019. 12. 10. 일부 개정)'을 통과시켰다. 이 5·18진상규명법에 따라 5·18진상규명조사위원회가 출범했다.

5·18진상규명법에서는 진상규명의 범위를 제시하고 있다.[4] 법에 규정된 진상규명의 범위가 5·18의 현주소이다. 제대로 진상규명이 되지

않아 많은 의문들이 남아 있고, 동시에 계속된 왜곡과 조작이 시도되고 있다. 이러한 문제는 5·18진상규명조사위원회에서 해결하고 밝혀야 할 사안이다.

5·18에 대한 진상조사는 단순하게 사실을 밝히는 데 머물지 않는다. 국가폭력과 군의 정치적 동원, 계엄령 등의 문제는 사실을 밝히는 데서 한걸음 더 나아가 책임의 문제까지 제기한다. 향후 조사 활동에서 반드시 고려되어야 할 사안이자 앞으로 더욱 정밀한 연구가 필요한 부분이다.

이 책은 몇 가지 점에서 아직 미완성이다. 먼저 최대한 많은 자료를 인용하려 했으나 미흡한 부분이 많다. 이후 새로운 자료가 발굴되면 다시 검토할 것을 기약한다.

다음으로 여성들에 대한 이야기를 제대로 담지 못했다.[5] 5·18항쟁 기간 총을 들고 군에 맞선 이들은 대부분 남성들이었으나, 차명숙·전옥주 등 항쟁의 불길을 살린 여성들도 여럿 있었다. 항쟁 이전부터 민주화운동을 전개하던 송백회의 회원들 또한 다양한 방식으로 항쟁에 함께했다. 이들 외에 학생 신분으로, 아니면 개인적으로 전남도청 등지에서 항쟁에 함께 했던 여성들이 있었다. 여성들은 방송을 하거나 선전물을 만들고 밥을 짓고 헌혈을 하는 등 또 다른 주역으로 항쟁에 임했다. 마지막 날 항쟁 지휘부는 여성들과 중고생들의 피신을 권유했으며, 그들은 아쉬움과 미안함을 가진 채로 그곳을 빠져나왔다. 주역인 동시에 피해자, 그것도 반인륜적인 성폭력의 피해자들이었던 여성들의 피해는 상상을 초월한다. 그럼에도 필자의 능력이 못 미쳐 이들 여성들의 이야기를 제대로 담아내지 못했다. 또한 여성들의 아픔을 제대로 담아

내지 못했다. 또 다른 과제로 남겨둔다.

  5·18항쟁 기간에 미국은 광주의 실상을 비교적 정확하게 인지했다.[6] 그러나 미국의 주된 관심사는 '국익'이었을 뿐 한국의 인권과 민주주의가 아니었다. 비단 5·18항쟁 기간만이 아니었다. 한국 현대사에서 미국의 관심은 '한국'이 아니었다. 당시 미국은 '인권외교정책'을 표방한 카터 정부가 정권을 잡고 있었으나 대아시아 정책의 주된 관심은 이란을 향해 있었다. 한반도에 대한 미국의 주된 관심사는 한반도의 안정, 즉 북한의 도발에 대한 대비였다. 미국은 한국군의 작전지휘권을 가지고 있었음에도 공수부대의 폭력과 야만을 저지하려 하지 않았고, 상무충정작전을 제지하려는 노력도 기울이지 않았다. 이 문제는 그동안 발굴된 자료만으로 서술할 수는 있겠지만 좀 더 정리가 필요한 부분이 있어서 뒷날의 과제로 남겨둔다.

  넷째로 5·18항쟁 기간 보통 사람들의 이야기를 다루지 못했다. 하나하나에 저마다의 사연이 있으나 이 책에서는 다루지 못했다. 어찌 보면 5·18항쟁의 주역임에도 미흡한 서술에 머물렀다. 항쟁이 전남 각 지역으로 확산되는 과정도 적절히 살피지 못했다. 시간을 두고 좀 더 세밀하게 살펴봐야 할 과제로 남겨둔다.

  다섯째로 공수부대를 비롯한 계엄군의 트라우마이다. 공수부대는 광주 시내에서 폭력과 야만, 학살을 저질렀다. 하지만 그들에게도 1980년 5월 광주는 지우고 싶은 경험과 기억일 것이다. '악의 평범성'으로 손가락질하기는 쉽지만 그들의 상처에 손 내밀기는 어렵다. 이 책에서 이 문제에 대한 고민을 제대로 담아 내지 못했다. 광주를 다녀온 군인, 그중에서도 공수부대원들의 트라우마에 대한 조사가 턱없이 부족한 탓도 있다. 앞으로의 과제로 남겨둘 수밖에 없다.

40년이 흐른 만큼 진상규명 못지않게 새로운 방향을 모색해야 할 필요성도 제기된다. 무엇보다 5·18의 가치를 되새기는 교육이 필요하다. 교과서에 항쟁 관련 서술을 늘리고 잊지 않아야 할 역사로서 교육해야 한다. 주민들의 저항과 자랑스러운 민주주의 역사로서만이 아닌 국가폭력의 실체를 보여주는 역사로서의 교육도 필요하다.

5·18의 가치를 되새길 수 있는 다양한 시도도 계속되어야 한다. 〈화려한 휴가〉나 〈택시운전사〉와 같은 대작도 필요하지만 작은 영화나 다큐, 그 이외의 다양한 시도들이 5·18을 더욱 풍성하게 만들 것이다. 이는 5·18만이 아니라 한국 민주주의를 풍부하게 만드는 작업이기도 하다. 지난 40년을 되새기며 앞으로의 40년을 새롭게 준비하자는 말을 덧붙인다.

간혹 5·18이 일어나지 않았다면, 광주 시민들이 총을 들지 않았다면, 5월 27일 새벽에 총을 내려놓았다면 어찌 됐을까를 상상해본다. 그 답은 5·18을 되새기며 기억하는 모든 분들의 몫으로 남겨둔다.

이 책을 쓰면서 많은 분들에게 도움을 받았다. 지도교수님은 자료의 소중함과 실증의 중요성, 역사의 무게감, 한국 현대사를 몸소 보여주셨다. 지금도 연구실에 계실 서중석 선생님께 감사하며 늘 건강하시길 바란다. 무뚝뚝한 제자에게 많은 걸 베풀어주신 이종범 선생님께 감사의 마음을 전한다.

늘 함께 했던 학부의 동기, 선후배들에게 고맙다. 성균관대 대학원 사학과, 한국역사연구회, 민족문제연구소, 그 외에도 여러 공간에서 만난 분들은 내게는 또 다른 사표였다. 못난 선생의 강의를 들어주며 다정하게 인사해주는 학생들에게도 고마움을 전한다.

늘 따뜻하게 격려해주신 서울대 국사학과의 정용욱 선생님과 서울대 규장각한국학연구원 구술사팀에서 함께 했던 후배들에게 고맙다는 인사를 전한다. 그중 유독 생각나는 녀석은 고故 신승욱이다. 이 책을 보았으면 무척 좋아했을 것이다. 지금 같은 공간에 있는 분들께도 고마운 마음을 전한다. 정리되지 않은 원고를 깔끔하게 만들어 세상 밖으로 내주신 푸른역사 편집부 분들께도 감사의 마음을 전한다.

5·18항쟁의 주역 분들과 5월 단체 어르신들께 감사하다. 그 분들의 피맺힌 노력과 호의가 없었다면 이 책은 나오기 힘들었다. 이 책을 쓰며 5·18민주화운동기록관과 5·18기념재단에서 많은 도움을 받았다. 고마운 마음을 전한다. 특히 40년 전 그 엄혹한 순간을 기록으로 남겨주신 나경택 선생님께 존경의 마음을 전하며 늘 건강하시라는 말을 덧붙인다. 또 기꺼이 작품의 이용을 허락해주신 이상호 선배님께도 감사의 마음을 전한다. 1980년 5월 광주를, 공동체를 지키려 했던 광주 시민들에게 깊은 경의를 표한다. 윤상원 열사의 동생이며 친한 선배인 태원 형은 처음 5·18 책을 쓴다고 했을 때 기쁨과 걱정의 말씀을 전하셨다. 형과의 약속을 지킬 수 있어 기쁘다.

부모님과 장모님, 그리고 양쪽 집안 가족들은 늘 따뜻하게 품어주셨다. 이 책이 그분들께 작은 보답이기를 바란다. 늘 내 옆을 든든하게 지켜준 진과 두 딸에게 사랑의 마음을 전한다. 늘 발 동동거리는 진에게 이 책이 자그마한 보상이기를 바란다.

주석

들어가며

1. 5월운동은 다음을 참고. 나간채, 《한국의 5월 운동》, 한울아카데미, 2013.
2. 6월항쟁은 다음을 참고. 서중석, 《6월항쟁》, 돌베개, 2011.
3. 정부는 5·18을 '광주민주화운동'으로 규정하고 해마다 5월 18일에 국립 망월동묘지에서 기념식을 거행하며 이날을 기리고 있다. 하지만, 이 책에서 필자는 '5·18항쟁'으로 규정하겠다. 계엄군의 폭력과 야만에 맞선 시민들의 저항일 뿐 아니라 한국 사회에 미친 영향으로 볼 때 광주라는 한 지역에 한정시킨 민주화운동으로 부르기에는 그 파급력이 너무도 크기 때문이다. 다만, 본문에서 필요에 따라 '5·18'이나 다른 용어도 사용하겠다. 향후 5·18의 명칭과 관련한 추가 논의가 필요하다. 시기별 5·18의 명칭 변화는 다음을 참고. 정호기, 〈5·18의 주체와 성격에 관한 담론의 변화〉, 《황해문화》 67집, 새얼문화재단, 2010.
4. 재경전남도민, 〈8백만 서울시민에게 고함〉 1980. 5. 26.(광주광역시 5·18사료편찬위원회 편, 《5·18광주민주화운동자료총서》 2권, 105~106쪽. 이하 '5·18자료총서'로 줄임).
5. 김철원, 《그들의 광주, 우리들의 광주: 광주항쟁과 유월항쟁을 잇다》, 한울, 2017.
6. 김주형, '1980년 광주미문화원 방화' 35년 만에 만난 주역들, 《민중의 소리》 2015.

12. 10.
7   전남사회운동협의회, 《죽음을 넘어 시대의 어둠을 넘어: 광주 5월 민중항쟁의 기록》, 풀빛, 1985; 전남사회문제연구소, 《5·18 광주민중항쟁 자료집》, 도서출판 광주, 1988; 5·18 광주민중항쟁동지회, 《광주민중항쟁 비망록》, 남풍, 1989; 5·18 광주의 거청년동지회 편, 《5·18 광주민중항쟁 증언록 — 무등산 깃발》, 남풍, 1989; 5·18광주민중항쟁유족회 편, 《광주민중항쟁 비망록: 망월동 묘비명》, 남풍, 1989.
8   전남사회운동협의회, 앞의 책. 이 책은 2017년에 그동안의 성과가 반영한 새로운 복간본이 출간되어 5·18항쟁을 알리는 데 기여하고 있다. 황석영·이재의·전용호 기록, 광주민주화운동기념사업회 엮음, 《죽음을 넘어 시대의 어둠을 넘어》, 창비, 2017.
9   최정운, 《오월의 사회과학》, 풀빛, 1999(2012년 오월의 봄에서 복간).
10 광주광역시 5·18사료편찬위원회 편, 《5·18자료총서》 11~19권 참고.
11 전두환, 《전두환 회고록》 1~3, 자작나무, 2017. 이 중 1권과 3권이 5·18항쟁을 직접 겨냥하고 있다. 1권은 '혼돈의 시대', 3권은 '황야에 서다'라는 부제가 각각 달려 있다. 1권은 주로 5·18 전후한 시기이며, 3권은 퇴임 후 광주청문회와 문민정부 시절의 재판을 다루고 있다.
12 김영진, 《충정작전과 광주항쟁》 상·하, 동광출판사, 1989; 정상용·조홍규·이해찬·송선태·서대석·이강술·유시민·차영귀·송상규 함께 지음, 《광주민중항쟁: 다큐멘터리 1980》, 돌베개, 1990.
13 한국현대사사료연구소, 《광주 5월 민중항쟁사료전집》, 풀빛, 1990.
14 최정운, 앞의 책.
15 김정한, 《1980 대중봉기의 민주주의》, 소명출판, 2013.
16 김영택, 《5월 18일, 광주》, 역사공간, 2010.
17 김영택, 《10일간의 취재수첩》, 사계절, 1988; 김영택, 《5·18광주민중항쟁》, 역사공간, 1990; 김영택, 《5·18광주민중항쟁》, 창작시대사, 1996(1990년 책 수정판).
18 국방부 과거사진상규명위원회, 〈12·12, 5·17, 5·18 진상조사 보고서〉, 2007.
19 5월 18일 오후 2군사령관은 전교사와 31사단을 방문한 뒤 '충정작전 지침'을 추가했는데, 그중에는 "다수 편의대 운용 — 첩보 수집"을 지시한다. 31사단, 《작전상황 일지》 1980. 5. 19. 이들의 임무와 역할이 단순한 정보 수집이었는지, 아니면 그 외의 다른 임무가 있었는지 정확히 파악할 수 있는 자료를 발견하지 못했다. 광주 출신의 보안

사령부 소속 홍성률 대령이 5월 19일 광주로 급파되어 광주 시내에서 505보안부대원들과 만난 뒤 광주 시내에 들어가 각종 정보 수집활동을 전개했다. 국방부과거사진상규명위원회, 앞의 보고서, 112~114쪽.

20 5·18항쟁기 군 지휘계통은 '계엄사령부(육군본부)－2군지구계엄사령부(2군사령부)－전남북계엄분소(전투교육사령부)－31사단－공수부대'이다. 광주로 파견된 공수부대는 31사단으로 배속됐으나 실제 이 지휘체계가 제대로 작동했는지 의문이다.

21 육군본부,《작전상황 일지》; 계엄사령부,《충정업무 일일주요사항》; 계엄사령부,《충정상황》; 2군사령부,《광주권 충정작전간 군 지시 및 조치사항》; 2군지구 계엄사령부,《계엄상황일지》.

22 전투병과교육사령부,《상황일지》; 전투병과교육사령부 정보처,《광주사태시 전교사 정보처 일지》; 전투병과교육사령부,《광주사태시 전교사 작전일지》; 31사단,《작전상황일지》.

23 5월 20일 23시 20분 전교사 작전일지에는 "총성 소리가 3, 4발씩 계림동파출소에서 들린다고 신고함(민간인)"으로 기록됐다. 전교사,《광주사태시 전교사 작전일지》1980. 5. 20.

24 2군사령부,《광주권 충정작전간 군 지시 및 조치사항》, 1980. 5. 17.

25 육군본부,《소요진압과 그 교훈》,1980; 광주사태 진상조사단,《광주사태 진상조사 보고》, 1980; 교육사령부,《광주소요사태분석(교훈집)》, 1980; 전교사,《전투상보(충정작전결과)》, 1980; 특전사령부,《광주지역 소요사태 진압작전》, 1980; 보병20사단,《광주권 충정작전 상보》, 1980.

26 《광주사태 사과 요구 문제》, 1980.

27 합수단,《직무유기 경찰관 보고》, 1980

28 노영기,〈5·18항쟁기 민간인 희생자들을 위한 진혼곡〉,《역사비평》90호(역사비평사, 2010) 참고.

29 광주광역시 5·18사료편찬위원회 편,《5·18자료총서》, 20권, 99~100쪽.

30 광주지검,《광주사태 당시 학원 동향》, 1980.

31 광주광역시 5·18사료편찬위원회 편,《5·18자료총서》 2권, 22쪽.

32 《투사회보》는 자료총서 2권에 실려 있다.

33 광주광역시 5·18사료편찬위원회 편,《5·18자료총서》 23~25권.

34 보안사,《광주소요사태 불온전단집》 1980.

35 보안사령부, 《광주사태 상황보고》 1980; 보안사령부, 《광주사태 일일속보철》 1980; 보안사령부, 《광주소요사태 상황일지》 1980; 보안사령부, 《광주소요사태 관련철》 1980; 보안사령부, 《광주 소요 동정》 1980; 505보안부대, 《광주사태시 상황일지》 1980.

36 노영기, 〈5·18항쟁 초기 군부의 대응〉, 《한국문화》 62집, 서울대 규장각한국학연구원, 2103; 김희송, 〈5·18항쟁 시기 군부의 5·18담론〉, 《민주주의와 인권》 13권 3호, 전남대 5·18연구소, 2013; 노영기, 〈5·18항쟁의 배경과 참여세력〉, 《역사와 현실》 98호, 한국역사연구회, 2014; -, 〈1980년 5월 21일 계엄군의 발포와 희생〉, 《민주주의와 인권》 15권 3호, 전남대 5·18연구소, 2015; -, 〈상무충정작전의 입안과 실행〉, 《사림》 52집, 수선사학회, 2015; -, 〈5·18민주화운동의 재구성 - 계엄군의 사격행위를 중심으로〉, 《민주주의와 인권》 17권 2호, 전남대 5·18연구소, 2017; -, 〈5·18 기록물의 생성과 유통〉, 《역사와 현실》 104호, 한국역사연구회, 2017; 김희송, 〈5·18민주화운동의 재구성 - 계엄군의 사격행위를 중심으로〉, 《민주주의와 인권》 17권 2호, 전남대 5·18연구소, 2017.

37 현대한국사연구회, 《第5共和國前史》 1~6편, 1982.

38 〈창간 72주년 기획 - 단독 입수 5공 전사〉, 《경향신문》 2018. 10. 5.~12. 20.

39 2군사령부, 〈광주권 충정작전간 군 지시 및 조치사항〉, 1980.

40 5·18민주화운동 헬기 사격 및 전투기 출격대기 관련 국방부 5·18특별조사위원회, 《조사결과보고서》, 28~93쪽, 2019. 2. 10.

41 국방부과거사진상규명위원회, 앞의 보고서, 16~17쪽.

42 5·18민주화운동 헬기 사격 및 전투기출격대기 관련 국방부 5·18특별조사위원회, 《조사결과보고서》 2019. 2. 10.

43 한 연구자는 2019년 10월까지 총 46명이 자살한 것으로 추정했다. 1980년대에 25명, 1990년대에 4명, 2000년대에 13명이다. 김명희, 〈5·18자살과 트라우마의 계보학〉(5·18기념재단, 《5·18 39주년 기념학술대회 - '5·18연구의 계보학' 자료집》, 2019, 132쪽에서 재인용.

1부 유신의 그림자

1   보안사령부에는 밤 8시 30분경 대통령비서실장이 국군서울지구병원으로 응급환자를 업고 들어온 것으로 보고됐다. 현대한국사연구회, 앞의 책, 3편, 623쪽.
2   유신체제 아래에서 사법부 통제는 1971년 1차 사법파동 때문에 발생했다. 검찰이 서울형사지방법원 이범렬 판사에 대한 구속영장을 청구한 사건으로부터 비롯됐다. 구속영장이 청구된 혐의는 뇌물죄였다. 그러나 실제로는 평소에 이범렬 판사가 반공법 위반 사건들에 대해 무죄 또는 선고유예를 판결한 것 때문이었다. 이를 계기로 서울지법의 판사들뿐만 아니라 변호사들까지 가세해 '사법권 독립'을 요구하기에 이르렀고, 박정희 정권은 유신헌법을 제정할 때 판사의 임면권을 비롯한 사법부를 통제할 수 있는 조항을 넣었다.
3   긴급조치 제1호 원문은 다음에 게시. 대한민국 총무처, 《관보》 제6643호, 1972. 1. 8(국가기록원(http://theme.archives.go.kr/viewer/common/archWebViewer.do?singleData=N&archiveEventId=0028061671#72.).
4   진실·화해를 위한 과거사정리위원회, 〈긴급조치위반 판결분석 보고서〉, 《2006년 하반기 조사보고서》, 2006, 279~296쪽.
5   김재홍, 〈쌍용 창업주는 왜 '콧수염 뽑기' 당했나. 측근도 예외 없었던 박정희의 '공포' 정치〉, 《오마이뉴스》 2011. 10. 28.
6   당시 재일동포간첩사건의 대표적인 피해자는 서승, 서준식 형제였다. 서준식, 《서준식 옥중서한 1971~1988》, 야간비행, 2002; 서승, 《옥중 19년(복간본)》, 진실의힘, 2018.
7   박정희 정권기 군을 정치적으로 동원한 사례는 다음을 참고. 조희연 지음, 《박정희와 개발독재시대—5·16에서 10·26까지》, 역사비평사, 2007, 144쪽.
8   한국군사혁명사 편찬위원회 편, 《한국군사혁명사》 상권, 1963, 202~203쪽.
9   김제민 구술. 2011년 4월 13일 서울대 규장각한국학연구원 2층.
10 공수부대의 특성은 다음을 참고. 조갑제, 〈공수부대와 광주사태〉, 《월간조선》 1988년 8월호(광주광역시 5·18 사료편찬위원회 편, 《5·18자료총서》 13권, 58~98쪽).
11 서울지방검찰청, 《5·18사건 수사기록》 15권, 24433쪽.
12 서울지방검찰청, 위의 자료, 24·434쪽. 12·12군사반란과 5·18항쟁의 진압에 핵심 역할을 했던 3공수여단 15대대 대대장 박종규도 자신이 "명령계통에 따라 맡겨진 임

무를 수행했으며 그러한 행위가 잘못된 것이라면 감수할 생각"이라고 진술했다. 서울지방검찰청, 같은 자료, 23345쪽.

[13] 육군본부, 《계엄사》, 1976, 230쪽.

[14] 민주화운동기념사업회 연구소 엮음, 《한국민주화운동사 2》, 돌베개, 2009, 303~349쪽.

[15] 신군부와 그 집권은 다음을 참고. 강창성, 《일본/한국 군벌정치》, 해동문화사, 1990, 357~396쪽; 김진, 《대통령비서실》, 중앙일보사, 1992, 38~69쪽; 한용원, 《한국의 군부정치》, 대왕사, 1993, 319~322쪽; 대한민국재향군인회, 《(12·12 5·18)實錄》, 1997; 국방부과거사진상규명위원회, 앞의 보고서, 20~36쪽; 한용원, 《한용원 회고록: 1980년 바보들의 행진》, 도서출판 선인, 2012, 41~86쪽. 문민정부 시절 군 내부에서 하나회가 숙청된 뒤 장태완은 대한민국 재향군인회 회장으로 선출됐다. 그가 재향군인회 회장이던 때 발간된 책이 《12·12, 5·18실록》이다. 군 내부 자료를 이용하여 12·12군사반란과 5·18항쟁을 비교적 잘 정리하고 있다. 12·12군사반란을 막지 못하고, 그로 인해 부친과 외동아들을 잃는 '단장斷腸의 아픔'을 겪은 그의 회한이 담긴 책으로 보인다.

[16] 한용원 구술. 2010년 12월 17일 민족문제연구소 5층 회의실에서 박한용·노영기 면담.

[17] 현대한국사연구회, 앞의 책, 3편, 1982, 921~922쪽.

[18] 대통령비서실, 《최규하 대통령의 면접인사기록부(국가기록원소장)》 1979. 12. 12. 11:05.

[19] 현대한국사연구회, 앞의 책, 3편, 1982, 953쪽.

[20] 대한민국재향군인회, 앞의 책, 46~47쪽.

[21] 보안사령부, 〈12.12 상황일지(전화통화 내용)〉; 현대한국사연구회, 앞의 책, 3권, 1081~1082쪽.

[22] 현대한국사연구회, 위의 책, 1094쪽.

[23] 현대한국사연구회, 위의 책, 1123~1125쪽.

[24] 국방부과거사진상규명위원회, 앞의 보고서, 137쪽. 12월 24일 계엄사령부 합동수사본부는 '정승화 전 육군참모총장 수사결과' 발표에서 3명 사망, 4명 중상, 16명 경상의 피해 상황이 있었던 것으로 발표했다.

[25] 보안사, 〈12·12 사태 관계 첩보 추가 하달〉 1979. 12. 31.

[26] 보안사, 〈보안뉴스〉(KBS 자료실 소장). 국방부과거사진상규명위원회, 앞의 보고서, 35~36쪽에서 재인용.

27 From ZBIGNIEW BRZEINSKI MEMORANDUM FOR THE PRESIDENT; Subject: Daily Report. 1979. 12. 3.

28 'Korean Coup', 〈플랫이 브레진스키에게 보내는 비망록〉 1979. 12. 13.

29 From Cyrus Vance MEMORANDUM FOR THE PRESIDENT. 1979. 12. 15.

30 MEMORANDUM FOR THE DIRECTOR OF CENTRAL INTELLIGENCE; SUBJECT: Developments in Korea. 1979. 12. 14.

31 From Cyrus Vance, Harold Brown MEMORANDUM FOR THE PRESIDENT; Subject: The Situation in the Republic of Korea(문서에는 일자가 없으나 분류항목에 1979. 12. 19.로 기록됐다 – 인용자).

32 대통령비서실, 앞의 자료, 1979. 12. 22.

33 대통령비서실, 위의 자료. 1980. 1. 6.

34 대통령비서실, 위의 자료, 1980년 1~2월.

35 박만규, 〈신군부의 광주항쟁 진압과 미국 문제〉, 《민주주의와 인권》 3권 1호, 전남대 5·18연구소, 2001, 212~217쪽에서 재인용; 정해구, 〈군 작전의 전개과정〉(광주광역시5·18사료편찬위원회 편, 《5·18민중항쟁사》, 2001, 260~262쪽).

36 서울지방검찰청, 앞의 자료, 15권, 24951쪽.

37 서울지방검찰청, 위의 자료, 24387쪽.

38 서울지방검찰청, 위의 자료, 24350쪽과 24592·24387쪽.

39 국방부과거사진상규명위원회, 《과거사진상규명위원회 종합보고서》 3권, 2007, 637쪽.

40 MBC 2019년 4월 22일 뉴스데스크 방영.

41 보안사령부, 〈부마지역 학생소요 사태 교훈〉, 1979.

42 민간인 학살은 다음 참고. 정찬대, 《꽃 같던 청춘, 회문산 능선 따라 흩뿌려지다》, 한울아카데미, 2017; 임영태, 《한국에서의 민간인 학살》, 통일뉴스, 2018.

43 육군본부, 〈충정작전대비지침〉.

2부 5·17 쿠데타 – 비상계엄 전국 확대

1 당시 국방부장관 주영복은 "발령이 난 후에 신문을 알았다"고 진술했다. 서울지방검찰청, 앞의 자료, 15권, 24915쪽.

2 서울지방검찰청, 앞의 자료, 16권, 25114쪽.
3 국가법령정보센터(http://www.law.go.kr/lsInfoP.do?lsiSeq=3426&efYd=19730310#0000).
4 FROM EAST ASIA/INTELLIGENCEE(GREGG) MEMORANDUM FOR ZBIGNIEW BRZEINSKI; Subject: Evening Report. 1980. 4. 16.
5 계엄위원회는 계엄사령부와 행정부의 차관들로 구성된 기구였다.
6 구성원은 도지사, 교육감, 경찰국장, 지방검찰청장, 시장, 지방법원장, 대학 총학장, 중정 지부장 등이었다.
7 계엄사령부, 〈계엄일지〉 1980. 5. 8.; 보안사령부, 〈긴급계엄회의 결과보고〉 1980. 5. 8.; 국방부과거사진상규명위원회, 앞의 보고서, 40~42쪽.
8 《동아일보》 1980. 5. 7.
9 공한의 전문은 《동아일보》 1980. 5. 8.
10 보안사령부, 〈광주사태 상황보고〉 1980. 5. 10.
11 《동아일보》 1980. 5. 10.
12 박만규, 앞의 논문. 3쪽.
13 서울지방검찰청, 앞의 자료, 15권, 24594쪽.
14 육군본부, 〈학생시위 대처방안〉, 1980.
15 한국군사혁명사편찬위원회, 《한국군사혁명사》 상, 1963, 207~208쪽.
16 《동아일보》 1980. 5. 12.
17 개헌특위가 작성한 헌법 전문은 다음에 전재. 《동아일보》 1980. 5. 16.
18 대통령비서실, 앞의 자료, 1980. 5. 31.
19 국가비상보위대책위원회, 《국보위 백서》, 1980.
20 보안사령부, 〈광주사태 상황보고〉 1980. 5. 12.; 계엄사령부, 〈작전상황일지〉 1980. 5. 12. 이날 회의는 다음의 대학에서 총학생회장 또는 학생 대표들이 참가했다. 서울대, 동국대, 홍익대, 한양대, 명지대, 서강대, 서울여대, 경희대, 숭전대, 단국대, 고려대, 산업대, 중앙대, 상명여대, 외대, 이대, 성대, 숙대, 연세대, 국민대, 덕성여대, 성신여대, 인하대, 대우공전, 조선대.
21 보안사령부, 〈광주사태 상황보고〉, 1980. 5. 16.
22 《동아일보》 1980. 5. 16.
23 서울지방검찰청, 앞의 자료, 22권, 30505쪽.
24 이들의 발언 요지는 다음을 참고. 육군본부, 《계엄사-10·26사태와 국난극복》,

1982, 237~239쪽.
25 국방부 과거사진상규명위원회, 앞의 보고서, 42쪽.
26 육군본부, 〈소요진압 공중지원 방안 연구〉; 국방부 과거사진상규명위원회, 앞의 보고서, 44~45쪽.
27 5·18민주화운동 헬기 사격 및 전투기 출격대기 관련 국방부 5·18특별조사위원회, 앞의 보고서, 2019. 2. 10. 28~93쪽.
28 11공수여단, 〈광주 소요사태(상황일지)〉, 1980.
29 육군본부 작전교육참모부, 〈인계인수서〉, 1980. 6. 10(서울지방검찰청, 앞의 자료, 19권, 27492쪽에서 재인용); 육군본부 작전교육참모부, 〈작전조치사항〉, 1980. 5. 19(서울지방검찰청, 앞의 자료, 19권, 27533~27534쪽에서 재인용).
30 From ZBIGNIEW BRZEZINSKI, Memorandom for The President:Daily Report, May 9, 1980.
31 서울지방검찰청, 앞의 자료, 16권, 25111~25112쪽.
32 〈충정업무 대비현황〉, 1980. 5. 16.
33 육군본부, 《육군사》, 1980, 787쪽.
34 5월 18일 1해병사단 3연대(74/1,454명, 차량 72대, APC 2대)는 부산에, 2연대(81/1,146명, 차량 77대, APC 2대)는 대구에 배치됐다. 육군본부, 《작전상황일지》 1980. 5. 18. 01:10.
35 육군본부, 〈소요사태 진압준비상태 점검결과(요약보고)〉 1980. 5. 8(서울지방검찰청, 앞의 자료, 19권, 27525쪽 재인용).
36 KBS, 전일빌딩, MBC, CBS 등에 계엄군이 배치됐다. 31사단, 〈작전상황일지〉 1980. 5. 13.
37 전투병과교육사령부 작전처 상황실, 〈상황일지(5. 14~5. 27)〉, 1980. 5. 14.
38 전투병과교육사령부 작전처 상황실, 위의 자료, 1980. 5. 14.
39 《충정업무 대비현황》 1980. 5. 17.
40 정상용 외, 앞의 책, 112~119쪽.
41 THE WHITE HOUSE)THE SITUATION ROOM CHECKLIST. 1980. 5. 14.
42 《동아일보》 1980. 1. 8.
43 자료에 기록된 순서이다. 대통령비서실, 《최규하 대통령의 면접인사기록부》 1980. 5. 16.

44 서울지방검찰청, 앞의 자료, 1권, 318~328쪽.

45 국방부 과거사진상규명위원회, 앞의 보고서, 47쪽.

46 육군본부 정보참모부, 〈북괴 남침설 분석〉, 1980. 5. 10(서울지방검찰청, 앞의 자료, 41162~41174쪽에서 재인용).

47 계엄사령부, 〈일반참모회의록〉 1980. 5. 12.

48 국방부, 〈대침투작전 태세 강화 지시〉 1980. 5. 17.

49 보안사령부, 〈전군 주요지휘관 회의록(수기)〉. 뒤에 검찰 수사 때 이들은 공통으로 전군 주요 지휘관 회의가 기억나지 않는다며 자신들의 발언을 부인했다.

50 서울지방검찰청, 앞의 자료, 18권, 26,834~26,841쪽.

51 대북정보의 왜곡과 전군 주요 지휘관회의는 다음을 참고. 국방부 과거사진상규명위원회, 앞의 보고서, 47~54쪽.

52 대통령비서실, 앞의 자료, 1980. 5. 17.

53 서울지방검찰청, 앞의 자료, 16권, 25224쪽.

54 《제42회 임시국무회의록》 1980. 5. 17. 21:42~21:50.

55 《동아일보》 1980. 5. 19.

56 〈대통령 최규하 특별성명〉, 1980. 5. 18.(광주광역시 5·18사료편찬위원회 편, 《5·18자료총서》 2권, 20쪽).

57 계엄사령부, 〈포고령 10호〉 1980. 5. 17.(광주광역시 5·18사료편찬위원회 편, 《5·18자료총서》 2권, 19쪽).

58 2군사령부, 〈광주권 충정작전간 군 지시 및 조치사항〉 1980. 5. 17.

59 《동아일보》 1980. 5. 19. 예비검속자 명단은 1980년 5월 6일에 작성됐다. 《경향신문》 2018. 10. 8. 이들 외에도 예비검속된 '권력형 부정축재자에 대한 계엄사 수사결과 발표문'도 포함됐다. 현대한국사연구회 편, 부록 2, 639~677쪽과 774~809쪽.

60 서울지방검찰청, 앞의 자료, 15권, 24691쪽.

61 보안사령부, 〈광주사태 합동수사〉, 1980. 31사단은 "수사기관 수사 실시"로 기록했다. 31사단, 앞의 자료, 1980. 5. 18. 예비검속자 명단은 다음과 같다. 박관현, 윤한봉, 정동년, 박선정, 윤목현, 한상석, 안진, 윤강옥, 문덕희, 하태수, 박형선, 김상윤(이상 전남대). 박종민, 김운기, 이경, 유소영, 송찬석, 이강래, 유제도, 이권섭, 양희승, 구교성. 이들 중에서 정동년, 박선정, 윤목현, 김상윤, 박형선, 문덕희, 하태수, 김운기, 유소영, 유제도, 이권섭, 양희승(이상 조선대) 등이 연행됐고, 나머지는 미리 피신했다.

62 김상윤·정현애·김상집, 《녹두서점의 오월》, 한겨레출판, 2019, 43~50쪽.
63 정상용 외, 앞의 책, 1990, 144쪽.
64 계엄사령부, 〈계엄 상황일지〉, 1980.
65 이하 서술은 보안사령부의 《광주사태 상황보고》에 기초하며 전거는 생략함.
66 보안사령부, 〈광주사태 상황보고〉 1980. 5. 1~5. 17.
67 원래 학도호국단은 1948년 10월 발생한 여순사건 직후인 1949년 이승만 정권이 만들었던 단체이다. 1960년 4월혁명으로 이승만 정권이 무너진 직후인 5월 3일 허정 과도정부에서 '대한민국 학도호국단규정 폐지에 관한 건'을 공포함으로써 해체됐다. 그러나 1960년대 후반 박정희 정권은 삼선개헌 문제에 직면하여 '정권 위기'를 '안보 위기'로 호도하며 1969년 학생들에게 다시 군사훈련(교련)을 시키기 시작했다.
68 '들불야학'은 1978년 7월 노동운동의 토대를 강화하고 민중생존권투쟁의 불길을 피워 올리기 위해, 그리고 현장활동을 통한 지식인과 민중의 연대를 강화하기 위해서 문을 열었다. 들불야학은 문을 연 이후 활발한 교육활동을 해나가다가 1980년 5·18항쟁 당시 《투사회보》를 제작 배포하고, 항쟁지도부를 구성했다. 5월 27일 새벽 최후 항쟁에 참여해 들불야학의 많은 성원들이 희생되고, 그 이후로도 많은 사람들이 세상을 등졌다. 박기순은 불의의 사고로 희생되고, 박관현은 1982년 옥중단식투쟁 중에 사망했다. 윤상원과 박용준은 1980년 5월 27일 희생됐고, 그 뒤로도 신영일, 박효선, 김영철 등은 5·18항쟁으로 입은 후유증으로 희생됐다. 현재는 들불야학을 기억하는 사람들이 열사들을 기리며 (사)들불기념사업회를 만들어 활동하고 있다(http://deulbul.co.kr/).
69 전투병과교육사령부, 〈작전상황일지〉, 1980. 5. 15.
70 이날 오후 1시 10분경 전주공업전문대학 학생들(350~400여 명)이 가두시위를 전개했다. 이날 학생들은 "유신 잔당 물러가라. 명분 없는 비상계엄 해제하라"는 플래카드를 들고 시위했다. 경찰이 출동했으나 별다른 상황은 발생하지 않았다. 전투병과교육사령부, 〈광주사태시 전교사 작전일지〉, 1980. 5. 16.
71 전투병과교육사령부, 위의 자료, 1980. 5. 16.
72 광주광역시5·18사료편찬위원회 편, 《5·18자료총서》 1권, 725~726쪽. 작성자로 참여한 대학은 다음과 같다. 동신실업전문대학 학생회, 목포공업전문대학 자율화추진위원회, 목포대학 학생회, 성인경상전문대학 학생회, 전남대학교 총학생회, 조선대학교 민주투쟁위원회, 조선대학교 공업전문대학.

73 광주광역시5·18사료편찬위원회 편, 《5·18자료총서》 1권, 735쪽. 이 메시지는 박석무, 전홍준, 이경준 등이 김상윤에게 학생들이 너무 상황을 낙관하고 있다고 비판했다. 이에 김상윤이 군부에 쐐기를 줄 목적으로 작성했다고 한다. 한국현대사사료연구소, 사료전집, 557쪽.
74 주) 72와 같음.
75 당시 전남도청 앞에서 전남대 총학생회장 박관현의 연설을 들은 사람들 사이에서 '리틀 김대중이 나왔다'는 이야기가 돌았다고 한다.
76 한국현대사사료연구소, 사료전집, 547쪽.
77 한국현대사사료연구소, 사료전집, 155쪽.
78 전남사회운동협의회 편, 황석영 기록, 앞의 책, 풀빛, 1985, 22~29쪽; 정상용 외, 앞의 책, 1990, 153~154쪽.

3부 5·17 쿠데타의 의미

1 보안사령부, 《광주사태 일일 속보철》, 1980. 5. 19.
2 노영기, 〈5·16쿠데타 주체세력 분석〉, 《역사비평》 2000년 여름호, 역사비평사, 172쪽.
3 보안사령부, 《광주사태 일일 속보철》, 1980. 5. 19.
4 삼청교육대는 1949년 결성된 국민보도연맹을 떠올리게 한다. 1949년 4월 결성된 국민보도연맹은 이후 '지역 할당제'를 통해 연맹원들을 모집했으나 1년 뒤 한국전쟁이 발발하자 국민보도연맹은 '살생부'로 기능했다. 다소 사실과 차이가 있으나 영화 〈태극기 휘날리며〉의 주인공 중 한 명인 영신(고故 이은주 분—인용자)이 죽음을 앞두고 '보리쌀 준다기에 이름을 올렸다'는 대사가 실재했다. 진실·화해를 위한 과거사정리위원회의 직권 조사에 따르면 보도연맹 가입은 다음의 몇 가지 사례로 구분된다. 첫째, 각지의 경찰에 가입인원이 할당되어 좌익과 무관한 사람들을 가입시킨 사례이다. 둘째, 가맹집행기관의 구타, 협박, 고문 등의 가혹행위에 의해 강제로 가입시킨 사례이다. 셋째, 사적 감정에 의해 강제 가입시킨 사례이다. 넷째, 비료와 배급 등의 각종 혜택을 미끼로 가입시킨 사례이다. 다섯째, 통행이나 상업 등을 제안하여 가입시킨 사례이다. 진실·화해를 위한과거사정리위원회, 《2009년 하반기 조사보고서[2009. 7. 8.~2009. 12. 31.] 07—진실화해위원회 제8차 보고서》, 매경미디어, 2009년,

374~381쪽 참고.
5   보안사령부, 〈광주사태 상황보고〉, 1980. 5. 28.
6   보안사령부, 《광주사태 일일 속보철》, 1980. 5. 18.
7   최근 당시 재판에 회부된 피해자 분들의 재심이 열리거나 재심 청구가 사법부에 의해 받아들여졌다.
8   박근혜 정권 시절에 탄핵이 기각됐을 경우를 대비하여 기무사령부에서 비상계엄을 선포하는 계획안을 작성했다. 이 '계엄대비' 문건에서는 국회의 표결을 막을 수 있는 방안을 찾고 있었다. 이것을 보고 많은 사람들이 계엄령이 선포되어도 야당이 주도하여 국회에서 계엄 해제를 결의하면 된다고 생각했을지 모른다. 하지만, 그건 무척 순진하며 대단히 낙관적인 생각이다. 대한민국 정부 수립 이후 계엄령이 선포된 뒤 국회가 계엄해제 결의안을 통과시킨 적이 없었으며, 독재자들이 계엄령을 선포한 이유이기도 했다.
9   부산정치파동기의 발췌개헌안 통과는 다음을 참고. 서중석, 《이승만과 제1공화국》, 역사비평사, 2007, 103~112쪽.
10 계엄령의 위력이 유감없이, 그리고 강력하게 자주 발휘된 때는 박정희 정권기이다. 박정희 정권은 국민들의 저항이 드높아질 때마다 계엄령을 선포해 군을 동원해서 국민들의 시위를 한순간에 물리력으로 진압했다. 1964년 6·3항쟁과 1979년 부마항쟁 때의 상황이다. 박정희 정권이 몰락한 이후인 5·18항쟁 때도 군이 민간사회를, 국민들의 시위를 힘으로 억눌렀다. 계엄령이 비록 시행되지 않았으나 1987년도 6월항쟁 때도 검토됐다. 전두환 정권이 미국과 군부 내부, 그리고 국민들의 반대에 직면하여 계엄령을 선포하지는 않았으나 계엄령을 검토했던 것 자체가 문제이다. 언제든지 정치적 목적으로 군을 동원하는 것은 곧바로 민간사회에 직접적이며 크나큰 영향을 미친다. 군대가 국민들의 일상을 통제하고 감시하며, 종국에는 국가폭력이 자행될 가능성이 많기 때문이다. 1960년 4·19혁명 때는 계엄사령관 송요찬의 의지는 아니었으나 출동한 군이 총구를 내렸다.
11 글라이스틴 주한 미대사는 서울에서 계엄 선포(비상계엄 전국 확대-인용자)를 중지시킬 어떠한 기회도 찾기 어려웠다고 미국에 보고했다. From ZBIGNIEW BRZEINSKI MEMORANDUM FOR THE PRESIDENT; Subject: Daily Report. 1980. 5. 19.
12 육군본부, 〈작전상황일지〉 1980. 5. 17. 16:50.
13 2군사령부, 〈광주권 충정작전간 군 지시 및 조치사항〉, 1980.

14   육군본부, 〈작전상황일지〉 1980. 5. 17.
15   《동아일보》 1980. 1. 21.
16   특전사령부, 〈광주 지역 소요사태 진압작전(총괄)〉, 1980; 김일옥, 〈7공수 35대대의 상황일지〉 1981. 6. 8.
17   전투병과교육사령부, 〈작전상황일지〉, 1980. 5. 18.; 전투병과교육사령부, 〈광주사태 시 전교사 작전일지〉 1980. 5. 18.
18   국회사무처, 《2004년도 국정감사 교육위원회 회의록 – 피감사기관 전북도교육청》 2004. 10. 11.
19   한국현대사사료연구소, 사료전집, 519~520쪽.
20   한국현대사사료연구소, 사료전집, 565~566쪽.
21   한국현대사사료연구소, 사료전집, 132쪽.
22   한국현대사사료연구소, 사료전집, 597쪽.

4부 폭력과 야만의 시간

1   전투병과교육사령부, 〈작전상황일지〉, 1980. 5. 18. 11:06. 한국현대사사료연구소, 사료전집, 594~595쪽.
2   505보안부대, 앞의 자료, 1980. 5. 18. 12:40; 한국현대사사료연구소, 앞의 책, 594쪽. 비슷한 상황은 이날 오전 10시경에도 발생했다. 한국현대사사료연구소, 사료전집, 611쪽. 전투병과교육사령부, 위의 자료, 1980. 5. 18. 각종 자료가 있으나 이날 전남대를 점거한 11공수여단 33대대장과 정문과 후문을 경계 중이던 지대장은 공수부대원들이 구타했다는 점을 부인했다.
3   광주시청, 《학원사태개요》(광주광역시 5·18사료편찬위원회 편, 《5·18자료총서》 20권, 97쪽); 505보안부대, 위의 자료, 1980. 5. 18.; 31사단, 앞의 자료, 1980. 5. 18.; 전투병과교육사령부, 위의 자료, 1980. 5. 18. 11:00; 31사단, 앞의 자료, 5. 18. 11:00; 전남도청, 〈5·18사태 주요 사건일지(5.14~5. 27)〉 1980. 5. 18. 10:50과 11:15.; 한국현대사사료연구소, 사료전집, 887~888쪽. 이 플래카드는 김상집과 윤상원 등이 만들었다. 김상집은 녹두서점의 주인인 김상윤의 동생으로 5월 18일 새벽 형이 예비검속으로 잡혀가자 녹두서점을 열고 선전물과 공수부대에 대항할 수 있는 화염병을 만들

었다. 김상윤, 정현애, 김상집, 앞의 책, 71쪽과 162쪽.

4 505보안부대, 앞의 자료, 1980. 5. 18.

5 이재의, 〈5·18당시 발포거부 전남도경국장의 광주비망록〉,《월간 말》1994년 5월호 (광주광역시 5·18사료편찬위원회 편, 5·18자료총서, 11권에서 재인용).

6 당시 합동수사본부장 전두환은 안병하 등 주요 직위자는 합수부에서 직접 수사하며, 나머지 68명의 경찰관은 경찰 자체에서 처리도록 명령했다. 〈합수 조치 내용〉, 1980.

7 〈전남 도경국장 직무유기 피의사건〉, 1980.

8 참여정부 시절 경찰청 과거사위원회는 안병하 국장의 해직사건을 진상규명 대상 사건으로 선정, 조사했다. 조사 결과를 토대로 전남지방경찰청은 2006년 8월에 "직무 수행과 관련해 불법 구금, 고문, 혹독한 심문으로 인해 상이(상처)를 입었고 그 후유증으로 투병 중 사망하였다"고 평가하고, "공무 수행과 법률상, 의학상 상당한 인과관계가 인정된다"며 그를 '순직 경찰'로 인정하여 국립 현충원 경찰묘역으로 이장했다. 2017년 전남지방경찰청은 그의 흉상을 제작해 청사 현관에 건립했다.국방부 과거사진상규명위원회, 앞의 보고서, 66~67쪽.

9 광주지검, 앞의 자료, 1980. 5. 18. 11:50; 광주시 동구, 〈5·18사태 일지〉, 1980. 5. 18. 12:00(광주광역시 5·18사료편찬위원회 편,《5·18 자료총서》, 20권, 10쪽.); 505보안부대, 앞의 자료, 1980. 5. 18. 11:40.

10 전투병과교육사령부, 앞의 자료, 1980. 5. 18. 12:30; 광주지검, 위의 자료, 1980. 5. 18.

11 보안사령부, 〈광주사태 상황보고〉, 1980. 5. 18; 광주지검, 위의 자료, 1980. 5. 19.

12 보안사령부,《광주사태 일일 속보철》, 1980. 5. 18.

13 서울지방검찰청, 앞의 자료, 15권.

14 광주시청 일지(광주광역시 5·18사료편찬위원회 편,《5·18자료총서》20권, 10쪽); 505보안부대, 앞의 자료, 1980. 5. 18. 11:40; 전투병과교육사령부, 〈작전상황 일지〉, 1980. 5. 18; 전투병과교육사령부, 〈광주사태시 전교사 정보처 일지〉, 1980. 5. 18.; 전투병과교육사령부, 〈광주사태시 전교사 작전일지〉, 1980. 5. 18.

15 전라남도경찰국, 〈진압작전 전개〉, 1980. 5. 18. 09:00~5. 19. 13:00.

16 현대한국사연구회, 앞의 책, 4편, 1635쪽.

17 특전사령부, 〈충정작전보고〉, 1980. 5. 18. 12:45.; 보안사령부, 〈광주소요사태 진행상황〉, 1980. 5. 18.; 보안사령부,《광주사태 일일 속보철》, 1980. 5. 18.

18 505보안부대, 앞의 자료, 1980. 5. 18.; 31사단, 앞의 자료, 1980. 5. 18.; 전투병과교육사령부, 〈광주사태시 전교사 정보처 일지〉, 1980. 5. 18.; 보안사령부, 〈광주사태 상황보고〉, 1980. 5. 18.; 보안사령부, 《광주사태 일일 속보철》, 1980. 5. 18.

19 '전두환의 광주살륙작전'(광주광역시 5·18사료편찬위원회 편, 《5·18자료총서》 2권, 27~28쪽).

20 이 유인물의 필자는 김현장으로 알려졌다.

21 광주시 동구, 앞의 자료, 1980. 5. 18.(광주광역시 5·18사료편찬위원회, 《5·18자료총서》 20권, 9~13쪽과 150쪽).

22 광주시 동구, 앞의 자료, 1980. 5. 18.(광주광역시 5·18사료편찬위원회 편, 《5·18자료총서》 20권, 10쪽); 광주시청, 〈학원사태개요〉(5·18사료편찬위원회 편, 《5·18자료총서》 20권, 97쪽.); 광주시, 〈5·18사태 상황 및 조치사항〉(광주광역시 5·18사료편찬위원회 편, 《5·18자료총서》 20권, 149쪽).

23 한국현대사사료연구소, 사료전집, 220쪽.

24 한국현대사사료연구소, 사료전집, 327쪽.

25 사진 속 젊은이는 시민군 상황실장 박남선의 동생인 박남규로 알려졌다. 당시 그는 택시기사였으나 계엄군의 곤봉에 상처입고, 이에 분노한 형은 시민군으로 참여해 상황실장을 지냈다.이정국, 〈계엄군 곤봉에 맞던 청년……5·18 사진 속 주인공의 분노 — 아직 제대로 사과 받지 못한 광주 가해자 악행 고백시키려 만든 영화 〈반성〉〉, 《오마이뉴스》 2019. 5. 17.

26 한국현대사사료연구소, 사료전집, 362쪽.

27 한국현대사사료연구소, 사료전집, 132쪽과 600~601쪽.

28 광주시청, 《학원사태 개요》, 1980. 5. 18.(《5·18자료총서》 20권, 99~100쪽).

29 국방부 과거사진상규명위원회, 보고서, 139~140쪽.

30 육군본부, 〈특전부대(공통)〉, 1979. 12. 31, 143~161쪽.

31 전투병과교육사령부, 〈작전상황 일지〉, 1980. 5. 18.

32 광주지검, 〈검시조서〉(광주광역시 5·18사료편찬위원회 편, 《5·18자료총서》 20권); 505 보안부대, 〈광주사태 검시참여 결과보고〉, 1980.

33 국방부 과거사진상규명위원회, 앞의 보고서, 74쪽 재인용.

34 광주 국군통합병원에서 검시한 명단은 다음과 같다. 강정배, 김경철, 김평용, 박종길, 박종길, 양해남, 정지영, 함광수, 송정교, 김재평, 전재서, 왕대경, 임정식, 박재

영, 임종인, 조규영. 이 중 강정배는 6월 2일 가족들이 조선대 병원에서 시신을 발견해 인수했다고 한다. 505보안부대, 위의 자료. 검찰은 1980년 5월 25일 국군광주통합병원에서 검시한 결과 전재서와 정지영 2명을 귀 뒷부분 맹관 총상으로 적고 있다. 광주지검, 〈광주지검 검시조서〉(광주광역시 5·18사료편찬위원회 편, 《5·18자료총서》 20권).

35 5월 25일 15시 25분부터 16시 10분까지 21명의 병력과, 포크레인 1대 및 덤프트럭 2대를 이용해 상무대의 백일사격장에 굴토작업을 진행했다. 전투병과교육사령부, 앞의 자료, 1980. 5. 25. 상무대 6급양대에 보관 중이던 시신 14구는 5월 27일 부검을 마친 뒤 다음 날 백일사격장에 매장됐다. 보안사령부, 〈광주사태 상황보고〉, 1980. 5. 28.

36 5·18민주유공자유족회 구술, 5·18기념재단 엮음, 앞의 책, 1권, 17~22쪽.

37 5·18기념재단 엮음, 《오월의 사진첩— 기념사진으로 보는 18인의 삶과 기억의 공간》, 아카이브북스, 2008, 19~31쪽.

38 사망진단서에는 '맹관 총상'으로 기록됐으나 다른 자료와 정황상 타박상과 열상이 맞을 것 같다. 광주광역시 5·18사료편찬위원회 편, 《5·18자료총서》 20권, 415~416쪽.

39 김준태, 〈아아 광주여, 우리나라의 십자가여〉 중.

40 보병 20사단, 〈광주권 충정작전 분석〉, 1980.

41 제7특전여단, 앞의 자료.

42 내용으로 볼 때 5월 27일 이후 광주시청이 정리한 자료로 보인다. 광주시청, 《학원사태 개요》, 1980. 5. 19.(광주광역시 5·18사료편찬위원회 편, 《5·18자료총서》 20권, 105쪽).

43 광주시, 《상황보고》, 1980. 5. 18.(광주광역시 5·18사료편찬위원회 편, 《5·18자료총서》 20권, 82쪽).

44 서울지방검찰청, 앞의 자료, 15권, 24394쪽.

45 2군사령부, 〈계엄상황일지〉, 1980. 5. 19.; 계엄사령부, 〈계엄상황일지〉, 1980. 5. 19. 07:00; 국군광주통합병원, 《국군광주병원 진료 부상자》(광주광역시 5·18사료편찬위원회 편, 《5·18자료총서》 23권, 415~422쪽); 전투병과교육사령부, 앞의 자료, 1980. 5. 18. 24:00; 계엄사령부, 《계엄(치안)상황보고》, 1980. 5. 19.

46 김상봉, 〈"헌혈하고 간 여고생 시체로 다시 왔다"— 의사가 겪은 5·18 참상〉, 《월간 예향》 2월호, 1996(광주광역시 5·18사료편찬위원회 편, 5·18자료총서, 11권, 212쪽).

47 특전사령부, 〈광주 지역 소요사태 진압작전(총괄)〉, 1980.

48 서울지방검찰청, 앞의 자료, 15권, 24601~24602쪽.

49 서울지방검찰청, 앞의 자료, 15권, 24391~24392쪽.

50 505보안부대, 앞의 자료, 1980. 5. 18.

51 광주지검, 앞의 자료, 1980. 5. 18.

52 2군사령부, 〈계엄상황 일지〉, 1980. 5. 18. 20:40.

53 광주의 예비검속 대상자는 전남대 12명, 조선대 10명 등 총 22명이었다. 5월 17일 밤부터 시작된 검속으로 총 12명이 검거됐다. 국방부 과거사진상규명위원회, 앞의 보고서, 61쪽.

54 박정희 정권기를 겪은 민주화운동세력은 죽을 수 있다는 두려움 때문에 도피했을 것이다. 윤한봉은 정용화에게 "이번에 잡히면 죽으니까 광주를 빠져나가자"고 말했다고 한다. 인혁당 재건위 관련자들의 죽음을 목격한 그에게 죽음은 현실이었을 것이다. 한국현대사사료연구소 편, 사료전집, 536쪽.

55 박찬승, 〈선언문·성명서·소식지를 통해본 5·18〉(광주광역시 5·18사료편찬위원회 편, 앞의 책, 2001, 377~403쪽)을 참고.

56 한국현대사사료연구소 편, 사료전집, 887~888쪽; 김상윤·정현애·김상집, 앞의 책, 2019.

57 전투병과교육사령부, 〈광주사태시 전교사 작전일지〉, 1980. 5. 18.; 전라남도, 〈5·18사태 주요 사건일지〉, 1980. 5. 18.

58 전투병과교육사령부, 위의 자료, 1980. 5. 19.

59 전라남도, 앞의 자료, 1980. 5. 19. 07:00; 광주지검, 앞의 자료, 1980 5. 19.

60 전투병과교육사령부, 〈광주사태시 전교사 작전일지〉, 1980. 5. 19.; 보안사령부, 《광주사태 일일 속보철》, 1980. 5. 19.

61 전투병과교육사령부, 위의 자료, 1980. 5. 19.; 전남도청, 앞의 자료, 1980. 5. 19. 14:00.

62 보안사령부, 《광주사태 일일 속보철》, 1980. 5. 19.; 전투병과교육사령부, 위의 자료, 1980. 5. 19.; 광주지검, 앞의 자료; 2군사령부, 〈계엄상황일지〉, 1980. 5. 19.

63 전투병과교육사령부, 〈광주사태시 전교사 정보처 일지〉, 1980. 5. 19.; 전투병과교육사령부, 위의 자료, 1980. 5. 19.; 보안사령부, 〈광주사태 상황보고〉, 1980. 5. 19.

64 광주시 동구, 앞의 자료, 1980. 5. 19. 10:47(광주광역시 5·18사료편찬위원회 편, 《5·18자료총서》 20권, 11쪽).

65 2군사령부, 〈광주권 충정작전 간 군 지시 및 조치사항〉, 1980. 5. 19.

66 광주지검, 앞의 자료, 1980. 5. 19.

67 광주광역시 5·18사료편찬위원회 편, 《5·18자료총서》 20권, 12~14쪽.

68 광주시, 〈상황보고〉, 1980. 5. 19.(광주광역시 5·18사료편찬위원회 편, 《5·18자료총서》 20권, 85쪽).

69 한국현대사사료연구소 편, 사료전집, 220쪽과 1,514쪽.

70 광주시, 《학원사태》, 1980. 5. 19.(광주광역시5·18사료편찬위원회 편, 《5·18자료총서》 20권, 108~109쪽); 광주시, 《5·18사태 상황 및 조치사항》, 1980. 5. 19.(광주광역시 5·18사료편찬위원회 편, 《5·18자료총서》 20권, 154쪽).

71 2군지구계엄사령부, 〈계엄상황일지〉, 1980. 5. 19.

72 광주광역시5·18사료편찬위원회 편, 《5·18자료총서》 2권, 22쪽.

73 광주서석고등학교 제5회 동창회 엮음, 《5·18, 우리들의 이야기》, 삼미안, 2019.

74 보안사령부, 〈광주사태 상황보고〉, 1980. 5. 19.; 2군사령부, 〈계엄상황일지〉, 1980. 5. 19.

75 전투병과교육사령부, 〈작전상황일지〉, 1980. 5. 19.

76 광주시 동구, 〈5·18사태일지〉, 1980. 5. 19.(광주광역시 5·18사료편찬위원회 편, 《5·18 자료총서》 20권, 14쪽); 광주시청, 《5·18사태 상황 및 조치사항》, 1980. 5. 19.(광주광역시 5·18사료편찬위원회 편, 《5·18자료총서》 20권, 153쪽); 505보안부대, 앞의 자료, 1980. 5. 19.

77 광주시청, 위의 자료, 1980. 5. 19.(광주광역시 5·18사료편찬위원회 편, 《5·18자료총서》 20권, 153쪽); 505보안부대, 위의 자료, 1980. 5. 19. 17:30과 5. 20. 15:50.

78 전남대병원 응급실 자료에는 5시 35분에 도착했으며 40분 전인 4시 55분에 상처 입은 것으로 기록됐다. 광주광역시 5·18사료편찬위원회 편, 《5·18자료총서》 20권, 457쪽.

79 보병 20사단, 〈광주권 충정작전 분석〉, 1980.

80 특전사령부, 〈광주사태작전〉, 1980.

81 보안사령부, 《광주사태 일일 속보철》, 1980. 5. 20. 01:00.

82 〈5·18 첫 총상자와 그를 구한 의사의 만남〉, 《연합뉴스》 2007. 5. 11.; 국방부 과거사진상규명위원회, 앞의 보고서, 79~80쪽.

83 계엄사령부, 〈충정업무 일일 주요 사항〉.?

84 서울지방검찰청, 앞의 자료, 17권, 26454~26455쪽.

85 광주시 동구청, 〈5·18사태일지〉(광주광역시 5·18사료편찬위원회 편, 《5·18자료총서》 20권, 14~15쪽).
86 전투병과교육사령부, 〈작전상황일지〉, 1980. 5. 20.
87 전투병과교육사령부, 〈광주사태시 전교사 정보처일지〉, 1980. 5. 19.
88 광주지검, 앞의 자료, 1980. 5. 19.
89 보안사령부, 《광주사태 진전과정 분석》, 1980.
90 광주시, 《5·18사태 상황 및 조치사항》(광주광역시 5·18사료편찬위원회 편, 《5·18자료총서》 20권, 150~1511쪽).
91 전투병과교육사령부, 〈작전상황일지〉, 1980. 5. 20. 11:30.
92 광주지검, 앞의 자료, 1980. 5. 20.
93 31사단, 앞의 자료, 1980. 5. 19.
94 전투병과교육사령부, 〈작전상황일지〉, 1980. 5. 19.
95 보안사령부, 《광주사태 일일 속보철》, 1980. 5. 19.
96 505보안부대, 앞의 자료, 1980. 5. 19.
97 보안사령부, 〈광주사태 상황보고(5. 18~5. 23)〉, 1980. 5. 19. 17:30.
98 505보안부대, 앞의 자료, 1980. 5. 18.
99 505보안부대, 앞의 자료, 1980. 5. 20.; 전남합수단, 〈광주사태시 전투병과교육사령부 정보일지〉, 1980. 5. 21. 03:30.
100 보병 20사단, 〈광주권 충정작전 분석〉, 1980.
101 보안사령부, 〈광주사태 상황보고(5. 18~5. 23)〉, 1980. 5. 20. 20:25.
102 전남지방경찰청, 《5·18 민주화운동 과정 전남경찰의 역할— 경찰관 증원과 자료를 중심으로 한》, 2017, 79~81쪽.
103 광주지검, 앞의 자료, 1980. 5. 20.; 전투병과교육사령부, 〈작전상황일지〉, 1980. 5. 20.
104 보안사령부, 〈광주사태 상황보고(5. 18~5. 23)〉, 1980. 5. 20. 14:30. 이 통계도 잠정적인 집계였다.
105 505보안부대, 앞의 자료, 1980. 5. 19. 19:35; 보안사령부, 앞의 자료, 1980. 5. 19. 20:00.
106 보안사령부, 《광주사태 일일 속보철》, 1980. 5. 19.
107 보안사령부, 위의 자료, 1980. 5. 19.

[108] 2군사령부, 앞의 자료, 1980. 5. 19.

[109] 3공수여단, 〈광주소요사태진압작전(전투상보)〉, 1980.

[110] 계엄사령부, 《상황일지》, 1980. 5. 19.

[111] 보안사령부, 《광주사태 일일 속보철》, 1980. 5. 19.

[112] 참석자들은 군에서는 전교사 사령관, 전교사 부사령관, 전교사 참모장, 전교사 교육훈련부장, 31사단장, 특전사령관, 전교사 참모장, 11공수여단장, 3공수여단장, 7공수여단장(10명), 전남도지사, 전남교육감, 감사장, 전남 도경국장, 광주시장, 재향군인회 지부장, 중정지부 2과장, 민간에서는 한완석 목사, 천주교전남교구장 윤공희 대주교 등이었다.

[113] 여성가족부, 〈5·18 계엄군 등 성폭력 공동조사단 조사 결과 발표—5·18 계엄군 등에 의한 성폭행 등 다수의 여성인권침해행위 발견〉, 2018. 10. 13.

[114] 보안사령부, 〈광주소요사태 상황일지전문〉, 1980. 5. 20.

[115] 보안사령부, 위의 자료.

[116] 광주시 의사협회, 〈광주시 의사협회 수첩〉, 1980. 5. 20.(광주광역시 5·18사료편찬위원회 편, 《5·18자료총서》 23권, 231~232쪽).

[117] 〈내가 보낸 '화려한 휴가'—광주사태 당시 투입됐던 한 공수부대원의 수기〉(윤재걸, 《작전명령—화려한 휴가》, 실천문학사, 1989, 31~34쪽에서 발췌.

[118] 김영철(가명), 〈'다 같은 피해자, 참회의 마음을'—광주사태에 투입된 어느 계엄군의 고백〉, 《월간경향》 1998년 3월호(광주광역시 5·18사료편찬위원회 편, 《5·18자료총서》 11권, 320~323쪽).

[119] 한국현대사사료연구소 편, 사료전집, 1531쪽.

[120] 31사단, 앞의 자료, 1980. 5. 18. 16:28.

[121] 2군사령부, 《광주권 충정작전 간 군 지시 및 조치사항》, 1980. 5. 17.

[122] 《충정업무 일일주요사항》, 1980. 5. 19.

[123] 보안사령부, 《광주사태 일일 속보철》, 1980. 5. 19.

[124] 윤재걸, 앞의 책, 39쪽에서 재인용.

[125] 이상의 성폭력은 다음의 보도자료를 요약한 것임. 여성가족부, 앞의 발표.

[126] 보안사령부, 《광주사태 일일 속보철》, 1980. 5. 18.

[127] 2군사령부, 〈계엄상황 일지〉, 1980. 5. 19.

[128] 2군사령부, 위의 자료, 1980. 5. 19.

129 보안사령부, 위의 자료, 1980. 5. 19.

130 보안사령부, 《광주사태 일일 속보철》, 1980. 5. 19.

131 전남도청, 앞의 자료, 1980. 5. 19.

132 한국현대사사료연구소, 사료전집, 598쪽.

133 전남도청, 앞의 자료, 1980. 5. 19. 14:00.

134 보안사령부, 《광주사태 일일 속보철》, 1980. 5. 20. 16:00.

135 전남북계엄분소, 《계엄협의회 건의 및 토의사항 검토》, 1980. 5. 29.

136 금남로의 공간과 정치사회적 의미는 다음을 참고. 정호기, 〈지배와 저항, 그리고 도시공간의 사회사—충장로, 금남로를 중심으로〉, 《현대사회과학연구》, 전남대학교 사회과학연구소, 1996.

137 안종철, 《광주전남현대사연구》, 한울, 1991.

138 광주의 4·19혁명은 다음 참고. 김재희, 《青春義血: 역사를 창조한 젊은 사자들》, 호남출판사, 1960.

139 황석영, 앞의 책, 1985, 39~40쪽; 정호기, 앞의 논문, 1996; 김종헌, 〈거리의 정치와 공공미술—광주 금남로 조각의 거리를 중심으로〉, 《민주주의와 인권》 7권 1호, 전남대 5·18연구소, 2007.

140 목포시·목포시사편찬위원회, 《다섯 마당 목포시사 1권—향도 목포》, 이문, 2017, 462~472쪽.

141 광주서석고등학교 제5회 동창회 엮음, 앞의 책.

142 한국현대사사료연구소, 사료전집, 212쪽과 245쪽, 273~274쪽, 300~301쪽, 353쪽.

143 계엄사령부, 《광주지역 난동》, 1980. 5. 20(추정).

144 전투병과교육사령부, 〈광주소요사태분석〉, 1980. 9.; 2군사령부, 《光州地域事態分析》, 1980.

145 육군본부, 《소요 진압과 그 교훈》, 1981, 44쪽.

146 전남합수단, 《광주내란 및 소요사건 수사결과 보고 시나리오》, 1980.

147 505보안부대, 앞의 자료, 1980. 5. 20. 13:30과 14:10.

148 505보안부대, 위의 자료, 1980. 5. 20. 13:40.

149 보안사령부, 〈광주사태 상황보고(5. 18.~5. 23)〉, 1980. 5. 20. 14:40.

150 계엄사령부, 〈작상전 80-215호〉 1980. 5. 19.; 3공수여단의 〈전투상보〉에는 730개로 기록됐다. 3공수여단, 〈광주소요사태 진압작전(전투상보)〉, 50쪽.

151 505보안부대, 앞의 자료, 1980. 5. 20.
152 전투병과교육사령부, 《광주사태시 전교사 작전일지》, 1980. 5. 20.
153 보안사령부, 〈광주사태 상황보고(5. 18~5. 23)〉 1980. 5. 20.
154 2군사령부, 〈계엄상황 일지〉, 1980. 5. 20.

5부 항쟁과 발포 사이

1 한국현대사사료연구소, 사료전집, 241쪽.
2 보안사령부, 〈광주사태 상황보고〉, 1980. 5. 20.; 전투병과교육사령부, 〈광주사태시 전교사 작전일지〉, 1980. 5. 20.
3 당시 조선일보사(동구청 3층 위치) 옥상에서 차량 대열을 본 조광흠은 너무도 감동적이어서 눈물이 나왔다는 소감을 밝혔다. 조광흠 구술. 2019. 7. 16.
4 505보안부대, 앞의 자료, 1980. 5. 20. 19:45.
5 전투병과교육사령부, 앞의 자료, 1980. 5. 20. 20:00.
6 보안사령부, 〈광주사태 상황보고〉, 1980. 5. 20.
7 한편, 시민들은 군경을 대상으로 돌이나 화염병을 던지는 것에서 나아가 소방서로 향했다. 이는 광주 시민들이 공권력에 얼마나 분노하고 있었는지를 보여주는 상징적인 사건이다. 보안사령부, 〈광주사태 상황보고〉, 1980. 5. 20. 1960년 4월 19일에 고등학생들이 주역으로 나서 시위를 이끌었는데, 이날 경찰의 폭력 진압과 발포가 있자 시민들은 광주소방서에서 소방차를 끌고 나와 공권력에 대항했다. 그로부터 꼭 20년이 흐른 뒤에 금남로에서 비슷한 상황이 다시 발생했다. 국가폭력의 주체가 경찰에서 군대로 달라졌으나, 변함없이 시민들에게 자행되는 국가폭력의 결과는 20년 전과 비슷한 상황을 만들었다
8 보안사령부, 《광주사태 일일 속보철》, 1980. 5. 21. 04:05.
9 보안사령부, 위의 자료, 1980. 5. 21. 08:40. 5월 22일에는 시민들이 전신전화국에 몰려와 시외전화를 복구시키지 않으면 건물을 폭파하겠다고 압박하기도 했다. 505보안부대, 앞의 자료, 5. 22. 12:30.
10 보안사령부, 위의 자료, 1980. 5. 20. 22:27;《한겨레》 2006. 5. 18.
11 김영진, 앞의 책, 222쪽.

12 광주지검, 앞의 자료, 1980. 5. 20.
13 서울지방검찰청, 앞의 자료, 21권, 29642~29643쪽.
14 전투병과교육사령부, 〈광주사태시 전교사 작전일지〉, 1980. 5. 20. 23:55과 5. 21. 00:26.
15 현대한국사연구회, 앞의 책, 4편, 1557~1558쪽.
16 보안사령부, 《광주사태 일일 속보철》, 1980. 5. 20. 23 : 30.
17 보안사령부, 〈광주사태 상황보고〉, 1980. 5. 20. 23:10.
18 동구청, 〈상황일지〉, 1980. 5. 20. 23:00(광주광역시 5·18사료편찬위원회 편, 《5·18자료총서》 20권, 26쪽).
19 31사단, 앞의 자료, 1980. 5. 20. 23:20.
20 보안사령부, 《광주사태 일일 속보철》, 1980. 5. 20. 22:00.
21 31사단, 앞의 자료, 1980. 5. 21; 전투병과교육사령부, 〈광주사태시 전교사 작전일지〉, 1980. 5. 21.
22 전투병과교육사령부, 위의 자료, 1980. 5. 21.; 보안사령부, 《광주사태 일일 속보철》, 1980. 5. 20. 23:10.; 광주지검, 앞의 자료, 1980. 5. 20.; 전남도경, 앞의 자료, 1980. 5. 20.
23 전투병과교육사령부, 위의 자료, 1980. 5. 21; 보안사령부, 위의 자료, 1980. 5. 21.; 505보안부대, 앞의 자료, 1980. 5. 21. 05:20.
24 서울지방검찰청, 앞의 자료, 15권, 24401쪽.
25 505보안부대, 앞의 자료, 1980. 5. 21. 07:00.
26 광주광역시 5·18사료편찬위원회 편, 《5·18자료총서》 2권, 1997. 23쪽.
27 보안사령부, 〈광주사태 상황보고〉, 1980. 5. 20. 20:40.
28 광주지검, 앞의 자료, 1980. 5. 20.
29 전남합수단, 〈광주사태시 전교사 정보일지〉, 1980. 5. 21. 03:30. 실탄은 31사단에서 통합보관하고 있었다. 2군사령부, 〈계엄상황 일지〉, 1980. 5. 21.
30 정호기, 앞의 논문, 2010; 김희송, 2013, 앞의 논문.
31 이 시기 군부의 용어 변화는 다음을 참고. 김희송, 위의 논문, 2013.
32 보안사령부, 《광주사태 일일 속보철》, 1980. 5. 20.
33 광주역의 피해자는 정상용 외, 앞의 책, 1990, 212~214쪽 참조.
34 검시조서와 사망진단서에는 5월 23일로 기록됐다.

35 5·18민주유공자유족회 구술, 5·18기념재단 엮음, 앞의 책, 2권, 404~405쪽.
36 노영기, 앞의 논문, 2010.
37 505보안부대, 앞의 자료, 1980. 5. 21.
38 보안사령부, 《광주사태 일일 속보철》, 1980. 5. 21.; 보안사령부, 〈광주사태 상황보고〉, 1980. 5. 21.
39 광주시, 〈5·18사태 조치사항 및 구호복구계획〉(광주광역시 5·18사료편찬위원회 편, 《5·18자료총서》 20권, 115쪽).
40 국가통계포털(http://kosis.kr).
41 광주시, 〈5·18사태 조치사항 및 구호복구계획〉(광주광역시 5·18사료편찬위원회 편, 《5·18자료총서》 20권, 115쪽).
42 보안사령부, 《광주사태 일일 속보철》, 1980. 5. 21. 군 자료에는 수산국장실로 기록됐으나 당시 전남도청 간부와 언론의 보도는 상공국장실이라는 주장이 많아 정확한 장소를 특정하기가 마땅치 않다. 면담은 전남도청 별관 2층의 어느 국장실에서 이루어진 것으로 보인다.
43 보안사령부, 〈광주사태 상황보고〉, 1980. 5. 21.
44 현대한국사연구회, 앞의 책, 4편, 1645~1646쪽.
45 주한 미대사가 국무장관에게 1980. 5. 21. 0956Z.
46 2군사령부, 〈광주권 충정작전간 군 지시 및 조치사항〉, 1980.
47 국무장관이 미국대표부(제네바), 주일미대사관, 주한미대사관, 태평양사령부(호놀루), 주중대사관에게 1980. 5. 26. 14:25Z.
48 대통령비서실, 앞의 자료, 1980. 5. 22과 5. 23.
49 서울지방검찰청, 앞의 자료, 18권, 26735쪽.
50 서울지방검찰청, 위의 자료, 27293~27294쪽.
51 서울지방검찰청, 앞의 자료, 21권, 29657쪽.
52 서울지방검찰청, 앞의 자료, 24권, 31131~31132쪽.
53 전투병과교육사령부, 〈광주사태시 전교사 작전일지〉, 1980. 5. 21.; 31사단, 앞의 자료, 1980. 5. 21. 08:00.
54 11공수여단 **, 〈11공수단원의 진압작전 수기〉.
55 서울지방검찰청, 앞의 자료, 24권, 31149쪽.
56 〈7공수 **대대 상황일지〉.

57 사북항쟁은 다음을 참고. 이원갑, 〈1980년 사북항쟁과 나〉, 《내일을 여는 역사》 제34호, 내일을 여는 역사재단, 2008.
58 1군사령부 보안부대, 〈동원탄좌사태 진전 상황〉, 3~30쪽.
59 진실·화해를 위한 과거사정리위원회, 《2008년 상반기 조사보고서》, 2008, 139~218쪽.
60 광주MBC, 〈그의 이름은〉, 2017년 5월 21일 방영.
61 대통령비서실, 앞의 자료, 1980. 5. 21.
62 육군참모총장비서실.
63 노영기, 앞의 논문, 2014, 262~264쪽.
64 전남도경찰국, 〈집단사태 발생 및 조치상황〉, 1980. 5. 21.
65 광주지검, 〈광주사태 당시 학원동향〉, 1980. 5. 21.
66 전라남도, 〈5·18사태 주요 사건일지〉, 1980. 5. 21.
67 광주시청, 〈상황일지〉, 1980. 5. 21.(광주광역시 5·18사료편찬위원회, 《5·18자료총서》 20권, 164쪽).
68 동구청, 〈상황일지〉(광주광역시 5·18사료편찬위원회 편, 《5·18자료총서》 20권, 30쪽).
69 보안사령부, 〈광주사태 상황보고〉, 1980. 5. 21.
70 505보안부대, 앞의 자료, 1980. 5. 21.
71 전남합수단, 〈광주사태 일지〉, 1980. 5. 21.
72 전투병과교육사령부, 〈광주사태시 전교사 작전일지〉, 1980. 5. 21.
73 31사단, 앞의 자료, 1980. 5. 21.
74 전남지방경찰청, 앞의 보고서, 2017.
75 공수부대가 조준 사격은 하지 않았다는 주장이 있으나 출동 장비(조준경)와 임무에서 볼 때 근거 없는 주장이다. 국방부 과거사진상규명위원회, 앞의 보고서, 89쪽.
76 〈9전차대대 장갑중대 김○○ 상병 면담〉, 2006. 9. 19(국방부 과거사진상규명위원회, 앞의 보고서, 86쪽에서 재인용).
77 광주광역시 5·18사료편찬위원회, 《5·18자료총서》 11권, 213쪽.
78 노영기, 앞의 논문, 2010.
79 노영기, 앞의 논문, 2010.
80 정상용 외, 앞의 책, 221~226쪽.
81 전투병과교육사령부, 〈광주사태시 전교사 정보처 일지〉, 1980. 5. 21. 15:50; 계엄사령부, 〈작전상황일지〉, 1980. 5. 22. 15:10.

82 광주지검, 앞의 자료, 1980. 5. 24. 또 5월 25일 오후 1시 현재 보고에 따르면, 5·18 항쟁과 관련해 사망 97명(경찰 4, 민간 89, 군 4), 입원 244명(종합병원 217, 개인병원 27)이었다. 광주지검, 같은 자료, 1980. 5. 25.

83 광주광역시 5·18사료편찬위원회, 《5·18자료총서》 23권, 353~836쪽; 광주광역시 5·18사료편찬위원회, 《5·18자료총서》 24권.

84 한국기자협회, 무등일보, 시민연대모임 엮음, 《5·18 특파원리포트》, 풀빛, 1997, 126~127쪽.

85 광주광역시 5·18사료편찬위원회 편, 《5·18자료총서》 2권, 63쪽.

86 한국현대사사료연구소, 사료전집, 206쪽.

87 한국현대사사료연구소, 사료전집, 378쪽.

88 한국현대사사료연구소, 사료전집, 382쪽.

89 보안사령부, 《광주사태 일일 속보철》, 1980. 5. 21.; 505보안부대, 앞의 자료, 1980. 5. 21; 전남도경, 〈집단사태 발생 및 조치사항〉, 1980. 5. 21.

90 이하 경찰 자료의 조작 가능성은 전남지방경찰청의 보고서를 참고했음. 전남지방경찰청, 앞의 보고서, 2017, 36~44쪽.

91 전남지방경찰청, 위의 보고서, 40쪽.

92 광주서석고등학교 제5회 동창회 엮음, 앞의 책, 225~226쪽과 425쪽; 김상윤, 정현애, 김상집, 앞의 책, 141~142쪽과 212~213쪽.

93 보안사령부, 《광주사태 일일 속보철》, 1980. 5. 21. 14:50.

94 조광흠 구술. 2019년 7월 16일 면담.

95 보안사령부, 《광주사태 일일 속보철》 1980. 5. 21.; 보안사령부, 〈광주사태 상황보고〉 1980. 5. 21. 16:50과 17:30.

96 보안사령부, 《광주사태 일일 속보철》, 1980. 5. 21; 2군사령부, '사태수습을 위한 참모총장 지시(작상전 455호)', 〈광주권 충정작전간 군 지시 및 조치사항〉, 1980. 5. 21.

97 보안사령부, 《광주사태 일일 속보철》, 1980. 5. 21. 16:15.

98 육군본부 작전상황실, 〈작전상황 일지〉, 1980. 5. 21. 16:00; 전투병과교육사령부, 〈광주사태시 전교사 작전일지〉, 1980. 5. 21. 16:10.

99 보안사령부, 《광주사태 일일 속보철》, 1980. 5. 21; 보안사령부, 〈광주사태 상황보고〉, 1980. 5. 21.

100 전투병과교육사령부, 〈광주사태시 전교사 작전일지〉, 1980. 5. 25.

[101] 광주지검, 앞의 자료, 1980. 5. 22.

[102] 2군사령부, 〈광주권 충정작전 간 군 지시 및 조치사항〉, 1980. 5. 22. 11:00.

[103] 20사단, 《충정작전상보(1980. 5. 21~5. 29)》, 1980.

[104] 서울지방검찰청, 앞의 자료, 15권, 24500쪽.

[105] 최정기, 〈5·18과 양민 학살〉 참고(광주광역시 5·18사료편찬위원회 편, 《5·18민중항쟁사》, 고령, 2001).

[106] 정상용 외, 앞의 책, 258~263쪽.

[107] 광주광역시, 《5·18자료총서》 20권, 450쪽.

[108] 전남합동수사단, 〈광주교도소 습격기도사건〉. 류영선은 다음을 참고. 5·18민주유공자회 구술, 5·18재단 엮음, 《그해 오월 나는 살고 싶었다 2》, 한얼미디어, 2006, 392~403쪽. 505보안부대는 1989년까지도 류소영을 비롯한 5·18 관련자들에 대해 내사를 진행하며 사찰했다. 류소영 외에도 김상윤(녹두서점 운영), 장두석(양서조합. 5·18 당시 광주사태 수습위원으로 참여. 가톨릭농민회) 등을 불온유인물 제작 살포로, 전춘심을 악성 유언비어 선동 혐의로, 류소영을 간첩 연고자로, 안용섭(전남대 법대 교수)을 용공분자로 분류, 내사했다. 605보안부대, 〈업무보고〉.

[109] 광주지검, 앞의 자료, 1980. 5. 22과 5. 23.

[110] 보안사령부, 〈광주사태 상황보고〉, 1980. 5. 22. 18:35.

[111] 전투병과교육사령부, 〈광주사태시 전교사 작전일지〉, 1980. 5. 22; 보안사령부, 위의 자료, 1980. 5. 22; 그러나 7공수여단의 〈전투상보〉에는 트럭을 소각한 사실만 기록됐다. 7공수여단, 〈전투상보〉, 286쪽.

[112] 진상조사단은 6월 5일에 파견됐다.

[113] 보안사령부, 〈광주사태 진상조사단 동정(중간보고)〉, 1980.

[114] 광주사태 진상조사단, 〈광주사태 진상조사보고〉, 1980, 15쪽.

[115] 광주시, 〈5·18사태 상황 및 조치사항〉(광주광역시 5·18사료편찬위원회 편, 《5·18자료총서》 20권, 169쪽).

[116] 보안사령부, 〈광주사태 상황보고〉, 1980. 5. 23; 보안사령부, 〈광주소요사태 상황일지〉, 1980. 5. 23. 12:20.

[117] 광주시 동구청, 〈사태일지〉(광주광역시 5·18사료편찬위원회 편, 《5·18자료총서》 20권, 31쪽).

[118] 계엄사령부 치안처, 〈치안사항보고〉, 1980. 5. 23. 23~26쪽.

[119] 2006년 10월 19일 면담.
[120] 김○○, 2005. 9. 7.
[121] 곽○○, 2006. 10. 19.
[122] 박○, 2006. 12. 1.
[123] 홍금숙 면담. 2006년 9월 23일과 2007년 6월 2일.
[124] 보안사령부, 〈광주소요사태 상황일지 전문〉.
[125] 보안사령부, 위의 자료. 《투사회보》 제작팀 이재의의 수첩에도 지원동에서 오후에 교전이 있었음이 기록됐다.
[126] 전투병과교육사령부, 〈상황일지〉, 1980. 5. 23. 15:30.
[127] 전투병과교육사령부, 〈광주사태시 전교사 작전일지〉 1980. 5. 23.; 당시 계엄군의 발포 및 살상에 대해 시민군 측에서 보복 차원의 공격을 했다는 증언이 있다. 박○ 면담. 2006년 12월 1일.
[128] 광주지검, 앞의 자료, 1980. 5. 24.
[129] 5. 23. 19:30 보고. 계엄사령부 치안처, 《치안사항 보고》, 1980. 5. 23. 23~9과 23~10.
[130] 박○○ 면담. 2006년 12월 12일.
[131] 확인된 신원은 채수길과 양민석이다. 사망 당시 채수길은 주민등록증이 있었으며, 정○○ 중사가 주머니를 뒤져 이름을 말하기도 했다고 한다.
[132] 광주시 동구, 〈5·18사태 일지〉, 1980. 5. 25(광주광역시 5·18사료편찬위원회 편, 《5·18자료총서》 20권, 45쪽).
[133] 광주시 동구, 위의 자료, 1980. 5. 28.(광주광역시 5·18사료편찬위원회 편, 《5·18자료총서》, 57쪽).
[134] 광주지검, 앞의 자료, 1980. 5. 28.
[135] 문형배 교수 면담. 2006년 11월 29일 원광대 의과대학.
[136] 보안사령부, 〈광주사태 관련자 신원사항〉.
[137] 광주시 동구청, 〈5·18사태일지〉, 1980. 5. 23.(광주광역시 5·18사료편찬위원회 편, 《5·18자료총서》 20권, 31쪽).
[138] 광주시, 〈상황보고〉, 1980. 5. 23.(광주광역시 5·18사료편찬위원회 편, 《5·18자료총서》 20권, 170쪽).
[139] 노영기, 앞의 논문, 2010.
[140] 노영기, 앞의 논문, 2010.

141 작성된 시각도 잘못됐다. 전남합수단, 〈광주사태 일지〉, 1980. 5. 24. 22:20.
142 전투병과교육사령부, 〈작전상황 일지〉, 1980. 5. 24.
143 전투병과교육사령부, 〈전투상보〉, 1980. 5. 24.
144 보안사령부, 《광주사태 일일 속보철》, 1980. 5. 23.
145 보안사령부, 위의 자료, 1980. 5. 21, 22.
146 《경향신문》 1980. 5. 26.
147 보안사령부, 〈광주사태 상황보고〉, 1980. 5. 20.
148 보안사령부, 위의 자료, 1980. 5. 22과 5. 23.
149 보안사령부, 위의 자료, 1980. 5. 26.
150 소중한, 지만원과 가까웠던 장군, 왜 절연했을까. "5·18북한군 침투설 주장해 소리 질렀다. [인터뷰] 5·18 당시 육군본부 인사참모부 차장, 박경석 예비역 준장". 오마이뉴스. 2019. 2. 26. http://www.ohmynews.com/NWS_Web/View/at_pg.aspx?CNTN_CD=A0002514595&PAGE_CD=ET001&BLCK_NO=1&CMPT_CD=T0016.
151 보안사령부, 〈광주사태 상황보고〉, 1980. 5. 26.
152 전투병과교육사령부, 〈전투상보〉, 1980. 5. 24.
153 〈광주사태진상조사단 동정(중간보고)〉, 1980.
154 광주사태 진상조사단, 〈광주사태 진상조사보고〉, 1980, 15쪽.
155 전투병과교육사령부, 〈광주소요사태 분석〉, 1980.
156 〈광주사태진상조사단 동정(중간보고)〉, 1980.
157 광주시 의사협회, 앞의 책, 51~52쪽.
158 서울지방검찰청, 앞의 자료, 15권, 24304쪽.
159 대통령비서실, 앞의 자료, 1980. 5. 23.

6부 일어서는 광주

1 광주광역시 5·18사료편찬위원회 편, 《5·18자료총서》 2권, 28쪽.
2 황금선은 5월 24일부터 조직이 체계를 잡아갔다고 구술했다.
3 광주광역시 5·18사료편찬위원회 편, 《5·18자료총서》 2권, 41~42쪽.
4 보안사령부, 〈광주사태 상황보고〉, 1980. 5. 22. 08:30.

5 505보안부대, 앞의 자료, 1980. 5. 22.
6 한국현대사사료연구소 편, 사료전집, 209쪽.
7 한국현대사사료연구소 편, 사료전집, 833~834쪽.
8 한국현대사사료연구소 편, 사료전집, 845쪽.
9 광대 회원들은 5월 22일부터 녹두서점에서 유인물을 제작하다가 5월 25일 YWCA로 옮겼다. 한국현대사사료연구소 편, 사료전집, 834쪽, 836쪽.
10 김상윤·정현애·김상집, 앞의 책.
11 당시 검사 2명과 함께 참가한 한 언론인은 상무대와 국군통합병원에서 검안하고 상무대 앞 여관에서 잠을 자고난 다음날 헬기를 타고 광주교도소로 갔던 것으로 기억했다. 조광흠 2019년 7월 16일 면담.
12 광주지검, 앞의 자료, 1980. 5. 23.
13 보안사령부는 소속 불명의 청년들이 주동하고 있다고 파악했다. 보안사령부, 〈광주사태 상황보고〉, 1980. 5. 22. 10:15.
14 군의 정보에 의하면, 시민들은 광주공원 동물원에 무기와 탄약을 비치했다. 보안사령부, 위의 자료, 1980. 5. 21. 22:05. 또한 지원동 버스종점과 광주공원에서 무기를 공급하고 있다고 했다. 보안사령부, 같은 자료, 1980. 5. 21. 17:40.
15 한국현대사사료연구소, 사료전집, 214쪽과 477쪽.
16 보안사령부, 앞의 자료, 1980. 5. 22. 21:00.
17 보안사령부, 위의 자료, 1980. 5. 22. 18:35.
18 현대사사료연구소, 앞의 책, 438쪽.
19 대장은 윤석루, 부대장은 이재호였다고 한다.
20 한국현대사사료연구소, 사료전집, 483쪽.
21 시민 지휘부 변화는 다음을 참고. 최정기, 〈5월운동과 지역 권력구조의 변화〉, 《지역사회연구》 12권 2호, 2009.
22 한국현대사사료연구소, 사료전집, 189쪽
23 보안사령부, 〈광주사태 상황보고〉, 1980. 5. 22; 전교사도 "요구사항 상호 합의했다"고 적고 있다. 전투병과교육사령부, 〈작전상황일지〉, 1980. 5. 22. 12:00~15:00.
24 현대사사료연구소, 앞의 책, 203쪽과 206쪽.
25 전투병과교육사령부, 〈작전상황일지〉, 1980. 5. 22. 15:00.
26 한국현대사사료연구소, 사료전집, 163쪽, 202~204쪽, 206쪽, 213~214쪽, 239쪽.

27 보안사령부, 〈광주사태 상황보고〉, 1980. 5. 23.
28 5월 23일 오전 시민들은 "우리는 무기를 반납했다. 시민들도 모두 총기를 반납하자, 각종 차량에는 일련번호를 부착하자, 거리질서를 바로잡자, 가게 문을 열자, 거리청소를 실시하자"고 가두방송 했다. 보안사령부, 위의 자료, 1980. 5. 23. 10:30.
29 보안사령부, 위의 자료, 1980. 5. 23.
30 전남사회문제연구소, 앞의 책, 1988, 125쪽.
31 2군사령부, 〈광주권 충정작전간 군 지시 및 조치사항〉, 1980.
32 전투병과교육사령부 작전처 상황실, 〈작전상황일지(5. 14~5. 27)〉, 1980.
33 현대사사료연구소, 앞의 책, 207쪽.
34 무기를 회수하러 다니던 이성학 장로는 날씨가 쌀쌀하니 시민군 내의라도 사주자며 수습위원들에게 모금해 시민군들에게 전달했다고 한다. 한국현대사사료연구소 편, 사료전집, 191쪽.
35 전남합수단, 〈광주사태 일지〉, 1980. 5. 24.
36 한국현대사사료연구소, 사료전집, 190~191쪽.
37 한국현대사사료연구소, 사료전집, 422쪽.
38 당시 가두방송 내용은 다음과 같다. "우리는 무기를 반납하였다. 시민들도 모두 무기를 반납하자. 각종 차량에 일련번호를 부착하자. 거리질서를 바로잡고 청소를 실시하자. 가게 문을 열자."
39 보안사령부, 〈광주소요사태 상황일지 전문〉, 1980. 5. 25.
40 보안사령부, 〈광주사태 상황보고〉, 1980. 5. 27.
41 블레들리 마틴, 한국기자협회·무등일보 엮음, 〈윤상원 그의 눈길에 담긴 체념과 죽음의 결단〉, 앞의 책, 133쪽.
42 한국현대사사료연구소 편, 사료전집, 778쪽, 786쪽, 846쪽.
43 보안사령부, 〈광주소요사태 관련철〉, 1980. 5. 26. 13:30.
44 편집자는 이 문건을 '민주시민 회보 제10호'의 제작 원고로 추정했다. 전남사회연구소 편, 앞의 책, 1988, 119쪽.
45 전남합수단에서는 다음과 같이 기록하고 있다. "유류 지원, 장례비 지원, 식량 지원, 사망자관 지원, 시내버스 운행, 치안은 경찰이 하라(비무장). 사망자 도민장", 전남합수단, 〈광주사태 일지〉, 1980. 5. 26. 19:50.
46 광주시, 《5·18사태 상황 및 조치사항》, 1980. 5. 26.(광주광역시 5·18사료편찬위원회

편, 《5·18자료총서》 20권, 185쪽).

47 700보안부대, 〈광주사태 동향〉, 1980. 5. 27. 03:20.
48 광주시, 《5·18사태 상황 및 조치사항》 1980. 5. 26.(광주광역시 5·18사료편찬위원회 편, 《5·18자료총서》 20권, 184쪽).
49 보병 20사단, 〈광주권 충정작전 분석〉, 1980.
50 보안사령부, 《광주사태 일일 속보철》, 1980. 5. 21.
51 5·18항쟁 주체들에 대한 인식 변화는 다음을 참고. 정호기, 2010, 앞의 논문.
52 김동춘, 《전쟁과 사회》, 돌베개, 2006.
53 광주광역시 5·18사료편찬위원회 편, 《5·18자료총서》 2권, 29쪽.
54 701보안부대, 〈호남출신 장교 선무활동 귀대 후 언동사항〉, 1980. 5. 24.
55 전투병과교육사령부, 〈전투상보〉, 1980. 5. 25.
56 보안사령부, 〈광주사태 상황일지 전문〉, 1980. 5. 23.
57 보안사령부 언론반, 〈5·17계엄지역 확대조치 및 포고령 제10호에 의한 보도통제지침〉, 1980. 5. 19. 최종 결재자는 보안사령관 전두환이다.
58 육군본부 작전참모부, 〈전투병과교육사령부 방문결과 보고〉, 1980. 5. 25.
59 〈조찬회의 자료〉.
60 2군사령부, 〈광주권 충정작전간 군 지시 및 조치사항〉, 1980. 5. 25.
61 20사단, 《충정임무 수행개요》, 1980: 서울지방검찰청, 앞의 자료 15권, 24·349쪽.
62 보안사령부 자료에 따르면 이날의 회의를 '총장 주재 대책회의'이며 5월 23일 오전 9시이고, 참석자는 10명(육군 참모총장, 육군 참모차장, 육군본부 정보참모부장, 육군본부 작전교육부장, 육군본부 군수참모부장, 육군본부 전략기획부장, 계엄사령부 참모장, 2군사령관, 2군사령부 작전참모, 육군본부 군수운영처장)이었다. 의제는 '전남 지역 폭도 소탕계획'이었다. 내용과 참석자로 볼 때 동일한 회의였을 것이다. 보안사령부, 〈광주소요사태 상황일지전문〉, 1980. 5. 23.
63 701보안부대, 〈긴급보고: 광주사태 소탕작전 회의동정〉, 1980. 5. 23.
64 보안사령부, 〈광주사태 상황보고〉, 1980. 5. 26. 08:00.
65 보안사령부, 〈광주 소요사태 상황일지 전문〉, 1980. 5. 21. 24:10.
66 505보안부대, 앞의 자료, 1980. 5. 22. 09:40; 보안사령부, 〈광주 소요사태 상황일지 전문〉 1980. 5. 22. 11:49; 보안사령부, 〈광주사태 상황보고〉, 1980. 5. 22.
67 전투병과교육사령부, 〈광주사태시 전교사 작전일지〉, 1980. 5. 22. 11:11; 505보안

부대, 위의 자료, 1980. 5. 22. 11:20; 보안사령부, 〈광주 소요사태 상황일지 전문〉, 1980. 5. 22. 19:52.

[68] 《동아일보》1980. 5. 23.

[69] 보안사령부, 〈광주사태 상황보고〉, 1980. 5. 25.

[70] 광주광역시 5·18사료편찬위원회 편, 《5·18자료총서》2권, 70쪽.

[71] 광주광역시 5·18사료편찬위원회 편, 《5·18자료총서》2권, 61쪽.

[72] 보안사령부, 〈광주소요사태불온전단집〉, 1980.

[73] 〈서울의 주한미대사관에서 워싱턴 국무부에 보내는 긴급 전문 6562〉, 1980. 5. 25. 03:14Z(광주국제교류센터, 《'79~80년' 미국정부기관 문서번역(영한) 사업 – 국영문 번역본 Vol. 1》). 팀 셔록은 5·18민주화운동기록관에 기증했다. 이후 이 자료들은 (사)광주국제교류센터에서 번역했다. 번역해주신 분들께 감사의 인사를 전한다. 그 외 특별한 인용이 없는 경우는 필자가 번역한 부분이다.

[74] 김수환, '6·25동란 30주년을 맞이하여'(보안사령부, 《광주소요사태 불온전단집》, 1980에서 재인용.)

[75] 보안사령부, 〈광주 소요사태 관련철〉, 1980. 5. 26. 11:20.

[76] 육군본부, 〈육군본부 작전지침(상무충정작전)〉, 1980. 5. 26.

[77] 이 같은 논법은 1960년 3월 15일 부정선거에 분노한 마산 시민들의 시위를 공산당의 사주를 받은 것으로 몰아가려 했던 이승만 정권과 자유당의 왜곡을 떠오르게 한다. 1960년 3·15부정선거 직후 마산에서 시위가 격렬해지자 자유당은 현지로 조사단을 파견했다. 3월 28일 열린 자유당 당무회의에서 조사반원들은 "경찰의 발포는 부득이한 사태였으며, 소요의 수법으로 보아 공산당의 사주의 징후가 농후하다"고 발표했다. 역사가 이전과 똑같이 반복되는 것은 아니지만, 잘못된 역사를 제대로 청산하지 못한 채 남겨둔 역사의 빚은 훗날 꼭 되살아나 사실과 현재, 그리고 미래를 왜곡한다.

[78] 시민들에 대해 계엄사령관 경고문(3회, 44만 매), 전남계엄분소장 호소문(1회 5만 매), 전남계엄분소장 안내문(2회 25만 2,000매) 등 각종 선전물을 광주 시내에 살포했는데, 5월 24일 01시 30분 현재 총 6회에 74만 2,000매를 살포했다. 보안사령부, 〈광주소요사태 상황일지 전문〉, 1980. 5. 24.; 〈충정업무 일일 주요사항〉, 1980. 5. 25.

[79] 2군사령부, 앞의 자료.

[80] 전교사 명령 사본은 20사단, 〈전투상보〉.

[81] 국방부과거사진상규명위원회, 앞의 보고서, 118~119, 122쪽.

82 현대한국사연구회 편, 앞의 책, 3편, 921쪽.
83 보안사령부, 〈광주사태 상황보고〉, 1980. 5. 23.
84 국방부 과거사진상규명위원회, 앞의 보고서, 112~113쪽을 재인용.
85 대통령 3,000만원, 육군참모총장 3,000만원, 보안사령관 300만원이었다. 국방부 과거사진상규명위원회, 위의 보고서, 122쪽.
86 전투병과교육사령부, 〈충정작전 제4호〉, 1980. 5. 26.
87 2군사령부, 〈광주권 충정작전간 군 지시 및 조치사항〉, 1980. 5. 26.
88 전투병과교육사령부, 〈외국인 방문 대책 지시〉, 1980. 5. 2○(판독불능).
89 광주시, 《5·18사태 상황 및 조치사항》, 1980. 5. 26(《5·18자료총서》 20권, 184쪽).
90 보안사령부, 〈광주소요사태 관련철〉, 1980. 5. 26.
91 계엄사령부, 〈충정작전〉, 1980. 10:28.
92 From Edmund S. Muskie MEMORANDUM FOR THE PRESIDENT. 1980. 5. 27.
93 보안사령부, 〈광주소요사태 관련철〉, 1980. 5. 26.
94 전투병과교육사령부, 〈광주사태시 전교사 정보처 일지〉, 1980. 5. 26.
95 전투병과교육사령부, 《광주소요사태분석》 1980. 9.
96 특전사령부 대위 ***(*공수 **대대 *지역대 *중대장), 〈80 충정작전 광주사태 시 7공수 병력의 진압과정에 관한 자료〉, 1981.
97 광주지검, 앞의 자료, 1980. 5. 27.
98 이 편지는 강용주의 얼굴책에서 내려받았다. 기꺼이 이용을 허락해주신 강용주 선생님께 감사의 말을 전한다.
99 이에 대한 분석은 다음을 참고. 정문영, 〈'부끄러움'과 '남은 자들'—최후항전을 이해하는 두 개의 키워드〉, 《민주주의와 인권》 제12권 2호, 2012, 전남대 5·18연구소.
100 전투병과교육사령부, 〈광주사태시 전교사 작전일지〉, 1980. 5. 27.
101 계엄사령부, 〈조찬회의 자료(광주사태)〉, 1980.
102 보안사령부, 《광주소요사태 관련철》 1980. 5. 27.
103 제11특전여단, 《광주지역 소요사태 진압작전》 1980.
104 보안사령부, 《광주소요사태 관련철》 1980. 5. 27.
105 작성자가 분명하게 명시되어 있지는 않지만 내용으로 볼 때 계엄사령부에서 작성한 것으로 보이는 자료에는 "05. 10. 광주시 완전 점령 완료. 부분적 소탕 실시 중"으로 기록됐다. 〈작전조치사항(5. 27. 06:00~28. 06:00)〉.

106 전투병과교육사령부,《광주사태 시 전교사 작전일지》1980. 5. 27. 06:20.

107 2019년 7월 15일 나경택 면담과 2019년 7월 17일 박화강 면담. 당시 나경택과 박화강은《전남매일신문》소년체제 특별취재팀이었다고 한다.

108 보안사령부, 〈광주소요사태 관련철〉, 1980. 5. 27.

109 〈충정작전결과〉, 1980. 5. 27.

110 제3특전여단,《광주지역소요사태 진압작전》1980.

111 〈충정 일일 주요사항〉, 1980. 6. 19.

112 보안사령부, 〈합수조치 내용〉.

113 양희승 진술. 2006년 1월 4일.

114 보안사령부, 〈합수조치 내용〉. 그러나 이 구도에서 가장 중요한 인물 중 한 명인 전남대 총학생회장 박관현이 체포되지 않았다. '내란예비음모, 계엄령 위반' 등으로 수배된 그는 1982년 4월 체포돼 50일의 옥중단식 끝에 같은 해 10월 12일 사망했다.

115 〈광주사태 사망자 검시결과 보고〉(이하 〈검시결과보고〉로 줄임)는 재분류 과정에서 만들어진 자료다. 〈충정 일일 주요사항〉, 1980. 6. 17.

116 〈광주사태 추가신고자 확인조사 결과(사망자, 행불자, 간접피해자)〉, 1989.

117 보안사령부, 〈사망자 실사보고〉, 1980, 344~359쪽. 505보안부대에서 열린 검안위원회에 참가한 문형배는 5·18의 성격이 그렇게 빨리 바뀔 것((내란에서 항쟁 – 인용자)으로 예상하지 못했다고 증언했다. 문형배 증언. 2006년 11월 29일.

118 자상자는 송정교, 전재서, 박금희, 김명철, 박민환, 허봉, 윤상원, 김종철, 박현숙이다.

119 전투병과교육사령부, 〈광주소요사태 분석(교훈집)〉, 1980. 9. 16.

120 6월 7일 8시까지의 통계이다. 보안사령부, 〈광주사태 상황보고〉, 1980. 6. 7.

121 국방부 과거사진상규명위원회, 앞의 보고서, 136~137쪽 재인용. 사실 이 통계는 보고되고 처벌받은 수일 가능성이 높으며, 징계 받지 않은 인원까지 포함한다면 그 수는 더욱 늘어날 것으로 추정된다.

122 육군본부, 〈소요 진압과 그 교훈〉.

123 이하 국보위에 대해서는 다음을 참고했으며 주는 생략함. 현대한국사연구회,《제5공화국 전사 제5편: 국가보위비상대책위원회의 설치와 국기회복》, 1982; 정해구,《전두환과 80년대 민주화운동 – '서울의 봄'에서 군사정권의 종말까지》, 역사비평사, 2011.

124 백석주(연합사 부사령관), 김담원(국제정치특보), 진종채(2군사령관), 유학성(3군사령

관), 윤성민(1군사령관), 황영시(육군참모차장), 차규헌(육사 교장), 김정호(해군2참모차장), 노태우(수경사령관), 정호용(특전사령관) 등이 국보위 위원으로 임명됐다. 국보위 상임위원장에는 전두환, 국보위상임위원으로는 정관용(사무처장), 이기백(육군소장, 운영분과위원장), 문상익(대검찰청 검사, 법사분과위원장), 노재원(공사, 외무분과위원장), 이광로(육군 준장, 내무분과위원장), 김재익(2급 공무원, 경제과학분과위원장), 심유선(육군소장, 재무분과위원장), 오자복(육군소장, 문공분과위원장), 김주호(1급 공무원, 농수산분과위원장), 조영길(해군 준장, 보사분과위원장), 이유재(육군준장, 교통분과위원장), 이규효(1급, 건설분과위원장), 금진호(1급, 상공자원분과위원장), 김만기(1급, 정화분과위원장) 등이 임명됐다. 국보위 임명직 위원으로 이희근 공군참모차장(공군 중장), 신현수 합동참모본부장(육군 중장), 차규헌 육사 교장, 정원민 해군 제1차장(해군 중장), 강영식 6군단장(육군 중장), 박노영 수도군단장(육군 중장), 김윤호 1군단장(육군 중장), 권영옥 합참 5국장(육군 소장), 김홍한 육군인사참모부장(육군 소장), 노태우 수경사령관(육군 소장), 정호용 특전사령관(육군 소장), 김인기 공사 교장(공군 소장), 안치순 정무비서관, 민해영 경제 비서관, 최재호 민원 비서관, 차현수 사정 비서관 등이 임명됐다. 이들 외에 국무총리와 각부 장관이 당연직 위원으로 임명됐다.

[125] 대통령비서실, 앞의 자료, 1980. 8. 15~18.

[126] 강원도 동해시, 《지방 240 - 1452: 시국 교육자료 송부》 1980. 9. 4.

마치며

[1] 5·18민주화운동 헬기사격 및 전투기출격대기 관련 국방부 특별조사위원회, 《보도자료》, 2018. 2. 7.

[2] 국방부과거사진상규명위원회, 앞의 보고서, 2007.

[3] 정근식, 〈'임을 위한 행진곡' - 1980년대 비판적 감성의 대전환〉, 《역사비평》 112, 역사비평사, 2015.

[4] 5·18진상규명법 제3조에서는 진상규명의 범위를 '1980년 5월 당시 군에 의해 반인권적으로 이루어진 민간인 학살, 헌정질서 파괴행위 등과 군에 의한 사망·상해·실종·암매장사건 및 중대한 인권침해사건 및 조작의혹사건, 5·18 당시 군의 최초 발포와 집단발포 책임자 및 경위, 계엄군의 헬기사격 전반, 1988년 국회 청문회를 대비한

보안사령부와 국방부의 '5·11연구위원회'의 조직 경위와 활동사항 및 진실왜곡·조작의혹사건, 집단학살지, 암매장지. 행방불명자, 5·18 당시 북한군 개입 여부 및 북한군 침투조작사건, 그 외 진상규명이 필요하다고 인정한 사건'으로 규정했다.

5   5·18항쟁기 여성들의 활동은 다음을 참고. 광주여성단체연합 기획, 이정우 편집, 《광주, 여성 – 그녀들의 가슴에 묻어 둔 5·18 이야기》, 후마니티스, 2000; 〈5·18민중항쟁과 여성활동가의 삶〉, 《한국사회학》 36–1, 한국사회학회, 2002; -, 〈5·18항쟁 역사에서 여성의 주체화〉, 《한국여성학》 20, 한국여성학회, 2004; 안진, 〈5·18광주항쟁에서의 여성의 피해, 그리고 생존〉, 《여성과 평화》 4, 한국여성평화원, 2005; 이윤정, 〈오월 광주항쟁의 송백회운동에 관한 연구: 참여와 연대의 동학을 중심으로〉, 조선대학교 대학원 정외과 박사논문, 2012; 송백회 구술사료집 발간위원회 엮음, 5·18기념재단 편, 《5·18의 기억과 역사 9 – 구술생애사를 통해 본 송백회 편》, 심미안, 2019.

6   이 시기 미국의 대한정책은 다음을 참고. 이 중 박선원의 논문은 미국보다는 일본의 역할에 주목하고 있다. 이삼성, 《미국의 대한정책과 한국민족주의》, 한길사, 1993; -, 〈특별연구: 광주학살, 미국 신군부의 협조와 공모 – 최근 미국 외교문서를 통해 본 5·17쿠데타, 광주학살과 미국의 대한정책-〉, 《역사비평》 34호, 역사비평사, 1996; 존 위컴, 김영희·유은영 옮김, 《12·12와 미국의 딜레마》, 중앙M&B, 1999; 윌리엄 글라이스틴, 황정일 옮김, 《알려지지 않은 역사》, 중앙M&B, 1999; 박선원, THE DYNAMICS OF TRIANGULAR INTRA–ALLIANCE POLITICS : POLITICAL INTERVENTIONS OF THE UNITED STATES AND JAPAN TOWARDS SOUTH KOREA IN REGIME TRANSITION 1979~1980, PD.D Department politics and international studies UNIVERSITY OF WARWICK, 2000; 박원곤, 《카터행정부의 대한정책 1977~1980 – 도덕외교의 적용과 타협-》, 서울대학교 대학원 외교학과 박사학위논문, 2008; 정일준, 〈전두환·노태우 정권과 한미관계〉, 《역사비평》 90호, 역사비평사, 2010; 준갑, 〈1980년대 초반(1980~1981) 한미관계 읽기〉, 《미국사연구》 38호, 한국미국사학회, 2013.

찾아보기

【ㄱ】

강용주 411
검시 결과 보고 169, 322, 421
검시조서 166, 169, 294, 316, 322
고건 101
고규석 324
고은 115
곽상훈 139
광대 22, 177, 346
광주사태 소탕작전회의 384
광주사태 진상조사단 317, 318, 336, 337
광주지역 소탕작전회의 405
구성주 365

국가보위비상대책위원회(국보위) 85, 136, 138, 426
권근립 326
권용운 273, 285
그레그 79
글라이스틴 60, 79, 93, 98, 140
김갑제 358
김경철 167, 169, 338
김광석 287
김기석 369, 370
김대중 85, 86, 87, 114, 115, 155, 207, 235, 236, 237, 238, 328, 329, 354, 418~419, 426

찾아보기　475

김대중 납치사건 44
김대중 내란음모사건 23, 236, 238
김동길 115
김명숙 415
김병삼 330, 331
김병연 324
김상봉 286
김상윤 116, 177
김상집 177
김성근 415
김성용 358, 369, 370
김성원 58
김수환 392
김순현 167
김승후 326
김안부 169
김영삼 86, 87, 117, 426
김영선 58, 101, 324
김영찬 199, 292
김영철 163, 166, 364, 365
김영택 267
김오랑 55
김옥길 80, 81, 117
김을곤(계엄사령부 계엄처장) 279
김의기 13
김인성 323
김재규(중앙정보부장) 40, 57, 59, 64, 101
김재명 278
김재화 260

김종락 115
김종배 298, 365, 405
김종철 326
김종필 83, 85, 114, 115, 117, 154
김종환 58, 65, 100, 101
김준봉 365
김진만 115
김진영 52, 54
김창길 355, 359, 362
김천배 358
김치열 115
김태종 346
김한용 58
김형욱 154

【ㄴ】

나동원(계엄사령부 참모장) 278
남북 총리회담 112, 113
노재현(국방부장관) 52, 55
노태우 16, 29~31, 50, 52, 58, 65, 65, 104, 105, 108, 266, 267
녹두서점 116~177, 344~346
닉 플랫 60

【ㄷ~ㄹ】

대학생수습위원회 355, 359, 362

들불야학 22, 119, 346, 364
리영희 115

【ㅁ】

명노근 358
문민정부 16
문익환 115
민관수습위원회 353
민관식 84
민족민주화성회 120, 176
민주시민투쟁위원회 364

【ㅂ】

박관현 116, 119, 122, 150, 177, 419
박금희 288, 290, 292
박기연 261
박기웅 262
박남선 365
박동진 100
박만천 324
박병현 324
박윤선 365
박정희 40, 42~45, 56~57, 83, 235
박정희 정권 41~48. 50~51, 72, 119, 216
박종규 55, 115

박준병 52, 78, 194
박철웅 120
박춘식 384~385
박충훈 386~387
박효선 346, 364
박희도 52
방광범 325
백기완 42
백남이 167, 211
백석주 58
백운택 52
백일사격장 169, 261
백제야학 177
번스 61
부마지역 학생소요사태 교훈 69~70, 75
부마항쟁 45, 48, 69, 70, 101~103, 109, 111, 112, 122, 223
브라운 61
브레진스키 60
블레들리 마틴 364

【ㅅ】

사망자 심사결과보고 422
사망진단서 322
사북항쟁 117~118, 276~277
사체검안위원회 421
삼청교육대 85, 137, 427
상무충정작전 132, 265, 303, 336, 358,

359, 367, 380, 384, 393, 397~398, 405~415
서울역 회군 85~86
소요진압 공중지원 방안 연구 90
소준열 19, 209, 338~339, 357
송기숙 122, 358
송정교 168
송정리비행장 174, 325~326, 329, 400
수습대책위원회 354, 358~359
시국수습을 위한 비상계엄 전국확대 선포회의 108
시민학생구국위원회 366
시민학생투쟁위원회 298
신현확(국무총리) 58, 65, 100, 107~109, 117, 264
심동선 287
10·26사건 100
10·27법난 85

【ㅇ】

아세아자동차 263, 306
안상수 146
안종훈 58, 104~107
양동선 415
양민 312
언론 통폐합 및 언론인 해직 85
역사 바로세우기 16
염행렬 415

예춘호 115
오세현 415
오원철 115
5·18광주민주화운동진상조사특별위원회 16
5·18광주민주화운동 등에 관한 특별법 16, 22
5·18민주화운동 헬기 사격 및 전투기 출격 대기 관련 국방부 5·18특별조사위원회(국방부 5·18특조위) 31, 277
5·18민중항쟁 전적 지도 126, 127
511분석반 32
511연구위원회 32, 198, 278
오재일 358
우종윤 52
위르게 힌츠페터 15, 295
위인백 358
위장우 361
위컴 266
유병현 58, 65
6월항쟁 233, 276
유학성 52~53, 58
윤강옥 364
윤강원 365
윤공희 390~392
윤기섭 331
윤상원 177, 344, 345, 346, 364, 365
윤성민 58
윤성호 287, 288
윤한봉 116, 177

윤흥정 95, 97, 145, 154, 209, 211, 213,
    338~339, 357
이건영 57~59
이경남 273
이광로 317
이규현 109
이금제 415
이기홍 358
이성학 358
이세종 146
이세호 115
이승룡 147
이승일 324
이양현 364, 365
이영생 358
이원홍 101, 267
이재의 163, 164
이재전 59
이정재 137
이종기 353, 358
이학봉 51, 64, 109
이현주 346
이후락 115
이희성 31, 63~65, 90, 100, 104~105,
    108, 111, 116, 134~136, 140, 154,
    209, 266, 278, 338
인명진 115
일본 내각조사실 101
임낙평 147
임병철 326

임은택 324

【ㅈ】

장기오 52
장동운 115
장두석 358
장사남 358
장세동 52, 54
장준하 42~43
장태완 53, 55, 57, 58
전두환 12, 16, 19, 22, 29~31, 49~53,
    55, 57, 59, 63~65, 70, 78, 85, 93,
    98, 100, 103, 107~109, 113, 117,
    135, 151, 155, 159, 160, 228, 264,
    266~267, 338~339, 344~345, 400,
    426~427
전옥주 289
전재서 168
전재수 325
정관철 253
정규완 358
정도영 400
정동년 419
정병주 53, 55, 57~59
정상용 364, 365
정승화 51~53, 55~56, 59
정시채 353~354
정웅 209

찾아보기 479

정은택 199
정지용 261
정태성 358
정현애 177
정형택 58
정호용 31, 58, 90, 104, 108L 174, 266
조경운 324
조남신 287, 288
조문환 58
조비오 360
조아라 358
조준 사격 261, 285, 288, 298, 308
조홍 53~54
주영복 31, 63, 64~66, 90, 100~101, 103~108, 116, 266
진돗개 둘 153
진돗개 하나 269, 275
진종채 31, 95, 141~143, 145, 154, 209, 266

【ㅊ~ㅍ】

차규헌 31, 52, 54, 58, 266
차량 시위 246, 298, 306, 289
차지철 41, 44
천만성 117
천주원 58
최광수 65, 101266~267
최규하 51, 55, 56, 63~64, 100, 108~ 112, 116~117, 140, 144, 264, 266, 278, 339, 344~345, 387~389, 427
최미애 288
최성택 103, 107, 108
최세창 52
최예섭 399
최종길 44
충정작전 대비지침 72
카터 61~62
K-공작 68
택시운전사 15, 295
80대책위원회 31, 198, 277~278
80위원회(광주사태 진상규명위원회) 31, 198, 277

【ㅎ】

학생수습대책위원회 342
학생수습위원회 298
학생시위 대처방안 83
학원대책 방향 79~81, 83
한미연례안보회의 79
한미연합사령부(한미연합사) 61~62, 333
한완석 212
허규정 365
허봉 260
허삼수 52
허화평 53

헌법개정심의특별위원회(개헌특위) 85, 87
헌혈운동 331, 332, 349
홍금숙 319, 321, 322
홍남순 176, 358, 418
홍성률 50, 399~400
황영시 52, 54, 58, 102, 278, 338, 384

그들의 5·18

2020년 5월 18일 초판 1쇄 인쇄
2025년 6월 23일 초판 4쇄 발행
글쓴이　　　　노영기
펴낸이　　　　박혜숙
디자인　　　　김정연
펴낸곳　　　　도서출판 푸른역사
　우) 03044 서울시 종로구 자하문로8길 13
　전화: 02)720-8921(편집부) 02)720-8920(영업부)
　팩스: 02)720-9887
　전자우편: 2013history@naver.com
　등록: 1997년 2월 14일 제13-483호

ⓒ노영기, 2025

ISBN 979-11-5612-166-4　93900

· 잘못 만들어진 책은 교환해드립니다.